사회를 한 권으로
가뿐하게!

사뿐

중학 사회 ②-1

📄 정답과 해설은 EBS 중학사이트(mid.ebs.co.kr)에서 다운로드 받으실 수 있습니다.

| 교 재 내 용 문 의 | 교재 내용 문의는 EBS 중학사이트 (mid.ebs.co.kr)의 교재 Q&A 서비스를 활용하시기 바랍니다. | 교 재 정오표 공 지 | 발행 이후 발견된 정오 사항을 EBS 중학사이트 정오표 코너에서 알려 드립니다. 교재학습자료 → 교재 → 교재 정오표 | 교 재 정 정 신 청 | 공지된 정오 내용 외에 발견된 정오 사항이 있다면 EBS 중학사이트를 통해 알려 주세요. 교재학습자료 → 교재 → 교재 선택 →교재 Q&A |

사뿐

중학 사회
중학 역사

사회를 한 권으로
가뿐하게!

중학 사회

①-1   ②-1   ①-2   ②-2

중학 역사

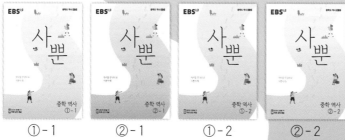

①-1   ②-1   ①-2   ②-2

사회를 한 권으로
가뿐하게!

사
뿐

✧ 이 책의 사용 설명서 ◁

이 책을 알차게 이용할 수 있는 방법을 소개합니다.
어떻게 공부할지 사용 설명서를 잘 읽어 보고 교재를 활용해 보세요.

01 인권 보장과 기본권

학습 내용 들여다보기

■ 인간의 존엄성
모든 사람은 인간이라는 이유로 존재 가치가 있으며, 존중받을 권리가 있다는 것

■ 우리나라 헌법에서 보장하는 기본권

제10조 모든 국민은 인간으로서의 존엄과 가치를 가지며, 행복을 추구할 권리를 가진다. 국가는 개인이 가지는 불가침의 기본적 인권을 확인하고 이를 보장할 의무를 진다.

■ 헌법에 보장된 기본권

1. 인권과 인권 보장

(1) 인권의 의미와 특징
  ① 의미: 인간이 마땅히 누려야 할 기본적 권리
  ② 특징

천부 인권	인간이 태어나면서 하늘로부터 부여받
자연권	국가의 법으로 보장받기 전부터 인간에
보편적 권리	인종, 성별 등에 관계없이 모든 사람이

(2) 인권 보장의 중요성
  ① 인간의 존엄성 실현과 행복한 삶의 기반임
  ② 최소한의 인간다운 삶을 영위하는 토대가

사용법 01   학습 내용 정리

중단원의 핵심 내용을 구조화하여 체계적으로 정리하였습니다. 배경 지식을 풍부하게 갖출 수 있도록 해 주는 '학습 내용 들여다보기'와 시험에 자주 나오는 자료, '용어 알기' 코너를 통해 핵심 개념을 완벽하게 학습하세요.

기본 문제

✔ 간단 체크

1 다음 설명이 맞으면 ○표, 틀리면 ✕표 하시오.

(1) 인간이 마땅히 누려야 할 기본적 권리를 인권이라고 한다. ( )
(2) 오늘날 대부분의 민주 국가는 헌법에 국민의 기본권을 규정하고 있다. ( )
(3) 평등권은 헌법이 보장하고 있는 모든 기본권이 궁극적으로 지향하는 근본적 토대이다. ( )
(4) 다른 기본권이 침해되었을 때 구제를 요청할 수 있는 기본권은 사회권이다. ( )
(5) 기본권은 국가 안전 보장, 질서 유지, 공공복리를 위해

01 인권에 대한 설명으로 옳지
  ① 천부 인권이라고도 한
  ② 인간이 태어나면서부터
  ③ 국가가 법으로 규정함
  ④ 인간의 존엄성 실현과
  ⑤ 인종, 성별 등에 관계
     권리이다.

사용법 02   간단 체크

학습 내용 정리에서 공부한 개념을 간단 체크를 통해 체계적이고 효율적으로 정리하세요.

사용법 03   기본 문제

중단원의 핵심 개념을 기본 문제를 통해 점검할 수 있도록 구성하였습니다. 학습 내용 정리에서 공부한 개념을 확실하게 이해하는 코너로 활용하세요.

실전 문제

01 A에 대한 설명으로 옳은 것을 〈보기〉에서 고른 것은?

A는 인간이라면 누구나 존중받고 인간답게 살 수 있는 권리로, 피부색, 성별, 나이, 장애의 유무 등에 상관없이 사람이라면 누구나 가지는 권리이다.

┤ 보기 ├
ㄱ. 다른 사람에게 양도할 수 있는 권리이다.
ㄴ. 인간이 태어나면서부터 가지는 권리이다.
ㄷ. 한 나라의 국민에게만 적용되는 권리이다.
ㄹ. 존엄한 인간으로서 살아가기 위해 기본적으로 필요한 권리이다.

03 다음 설명에 해당하는 기본
국가에 대하여 일정한
로 다른 기본권이 침해
는 권리이다.

① 자유권   ② 평
④ 청구권   ⑤ 사

04 다음 설명에 해당하는 기본

사용법 04   실전 문제

중단원의 핵심 개념을 실전 문제를 통해 확인할 수 있도록 구성하였습니다. 학습 내용 정리와 기본 문제를 통해 학습한 내용을 바탕으로 실전에 적용해 보는 코너로 활용하세요.

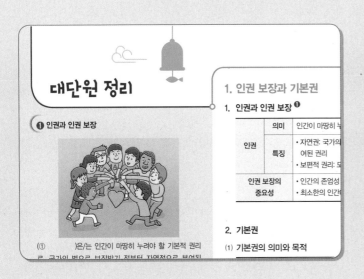

대단원 정리

사용법 05 대단원 정리

단원별 핵심 내용을 표와 자료로 일목요연하게 정리한 코너입니다. 빈칸의 핵심 개념을 채워가면서 주요 개념을 좀 더 확실하게 익히는 코너로 활용하세요.

사용법 06 대단원 마무리

대단원의 핵심 문제를 엄선하여 구성한 코너입니다. 선다형, 서술형 등 다양하고 풍부한 유형의 문제를 풀어보면서 학교 시험에 대비하는 코너로 활용하세요.

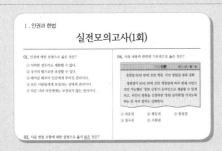

사용법 07 실전모의고사

학교에서 치러지는 시험지의 형식에 맞춰 실전 감각을 익힐 수 있게 구성한 코너입니다. 다양한 유형의 문제로 시험에 대한 막연한 두려움을 날려 보세요.

사용법 08 가뿐한 핵심 평가

중단원별 핵심 내용을 한눈에 살펴볼 수 있도록 구성한 코너입니다. 시험 전 최종 점검용 핸드북으로도 활용하세요.

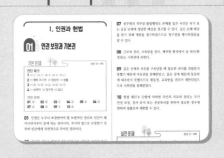

사용법 09 정답과 해설

모든 문항에 풍부한 해설을 곁들여 학습한 내용을 보완할 수 있도록 구성하였습니다. 오답을 피하는 방법도 자세하게 설명되어 있으니 꼭 짚고 넘어가세요!

✦ 이 책의 차례

I

인권과
헌법

01 인권 보장과 기본권

1. 인권과 인권 보장

(1) 인권의 의미와 특징
① 의미: 인간이 마땅히 누려야 할 기본적 권리
② 특징

천부 인권	인간이 태어나면서 하늘로부터 부여받은 권리
자연권	국가의 법으로 보장받기 전부터 인간에게 자연적으로 주어진 권리
보편적 권리	인종, 성별 등에 관계없이 모든 사람이 동등하게 누릴 수 있는 권리

(2) 인권 보장의 중요성
① 인간의 존엄성 실현과 행복한 삶의 기반임
② 최소한의 인간다운 삶을 영위하는 토대가 됨
③ 시민 혁명, 세계 인권 선언 등을 통해 인권 의식이 성장함 자료1 자료2

(3) 헌법과 인권 보장
① 헌법: 국민의 기본권과 국가의 통치 조직 및 운영의 기본 원리를 규정하는 국가
최고의 법 　→ 국회, 행정부, 법원 등이 있어.
② 헌법은 인권 침해 여부를 판단하는 기준이 되며 인권 침해를 예방하고 침해된
인권을 구제함

2. 기본권

(1) 의미: 국민이 살아가는 데 필요한 기본적인 권리 중 헌법에 보장되어 있는 권리
(2) 목적: 국가의 권력으로부터 국민의 자유와 권리 보호
(3) 종류

① 인간의 존엄과 가치 및 행복 추구권

의미	모든 인간이 인간이라는 이유만으로 그 가치를 보장받고 존중받으며 행복을 추구할 수 있는 권리
특징	• 모든 기본권이 궁극적으로 추구하는 가치 • 다른 기본권의 토대가 되는 권리

② 평등권 →형식적 평등(개인에게 주어진 선천적·후천적 차이를 고려하지 않고 동등하게 대우하는 것)과
상대적 평등(각 사람이 처한 상황이나 여건에 따라 대우하는 것)이 있어.

의미	모든 국민이 인종, 성별, 종교, 사회적 신분, 장애 등에 의해 부당한 차별을 받지 않고 동등하게 대우받을 권리
특징	다른 기본권 보장의 전제 조건
종류	법 앞에서의 평등, 교육의 기회균등 등

학습 내용 들여다보기

■ **인간의 존엄성**
모든 사람은 인간이라는 이유로 존재 가치가 있으며, 존중받을 권리가 있다는 것

■ **우리나라 헌법에서 보장하는 기본권**
제10조 모든 국민은 인간으로서의 존엄과 가치를 가지며, 행복을 추구할 권리를 가진다. 국가는 개인이 가지는 불가침의 기본적 인권을 확인하고 이를 보장할 의무를 진다.

■ **헌법에 보장된 기본권**

인간으로서의 존엄과 가치 및
행복 추구권

자유권 / 평등권 / 사회권 / 참정권 / 청구권

■ **행복 추구권**
국민이 물질적 풍요뿐만 아니라 정신적 만족을 추구할 수 있는 권리

🎓 용어 알기
• **토대** 어떤 사물이나 사업의 밑바탕이 되는 기초와 밑천을 비유적으로 이르는 말
• **궁극** 어떤 과정의 마지막이나 끝

자료1 시민 혁명

부르주아를 비롯한 시민들은 절대 군주와 봉건 세력을 무너뜨리고 인간의 자유와 권리를 쟁취하고자 시민 혁명을 일으켰다. 이 사건으로 근대 시민 사회의 기틀이 마련되었다.

자료2 세계 인권 선언

> **세계 인권 선언**
>
> 제1조 모든 사람은 태어날 때부터 자유롭고 존엄하며 평등하다. 모든 사람은 이성과 양심을 가지고 있으므로 서로에게 형제애의 정신으로 대해야 한다.
> 제2조 모든 사람은 인종, 피부색, 성별, 언어, 종교 등 어떤 이유로도 차별받지 않으며, 이 선언에 나와 있는 모든 권리와 자유를 누릴 자격이 있다.

제2차 세계 대전에서 벌어진 인권 침해를 반성하고 인간의 기본적인 권리를 존중하기 위해 1948년 12월 국제 연합(UN) 총회에서 세계 인권 선언문을 채택해 인권의 기준을 제시하였다.

③ 자유권

의미	개인이 국가 권력의 간섭이나 침해를 받지 않고 자유롭게 생활할 수 있는 권리
특징	역사상 가장 오래된 기본권
종류	신체의 자유, 양심의 자유, 직업 선택의 자유 등

④ 참정권

의미	국민이 국가의 의사 결정과 정치 과정에 참여할 수 있는 권리
특징	능동적 권리 →국민이 국가나 지방 자치 단체의 구성원이 되어 공무를 담당할 수 있는 권리를 말해.
종류	선거권, 공무 담임권, 국민 투표권 등

→국가 기관의 주요 공무원을 선출하는 권리를 말해.

⑤ 청구권

의미	국가에 대하여 일정한 행위를 요구할 수 있는 권리
특징	다른 기본권이 침해되었을 때 구제를 요구할 수 있는 권리
종류	청원권, 재판 청구권, 국가 배상 청구권 등

⑥ 사회권 → 복지 국가와 연관이 있는 권리를 말해.

의미	국가에 인간다운 생활의 보장을 요구할 수 있는 권리
특징	적극적 권리, 현대 사회에 등장한 권리
종류	교육을 받을 권리, 근로의 권리, 쾌적한 환경에서 살 권리 등

3. 기본권의 제한과 한계 자료3 자료4

(1) **제한의 목적**: 국가 권력의 남용을 방지하여 국민의 자유와 권리를 최대한 보장하기 위함

(2) **제한 요건**

① 국가 안전 보장: 국가의 존립이나 헌법의 기본 질서 등을 보호함

② 질서 유지: 타인의 권리를 침해하지 않고 사회의 공공질서 등을 유지함

③ 공공복리: 사회 구성원 전체에게 공통되는 복지나 이익을 추구함

(3) **제한의 방법(수단)**: 국회가 제정한 법률에 의해서만 제한할 수 있음 → 국민의 기본권이 함부로 국가에 의해 침해당하지 않도록 보장함

→명령이나 처분으로도 제한 가능한 경우로는 비상계엄, 긴급 명령 등 국가 비상사태 등이 있어.

(4) **제한의 한계**: 기본권을 제한하더라도 자유와 권리의 본질적인 내용은 침해할 수 없음(과잉 금지의 원칙)

학습 내용 들여다보기

■ **우리나라 헌법에 명시된 기본권 제한**

제37조 ② 국민의 모든 자유와 권리는 국가 안전 보장, 질서 유지 또는 공공복리를 위하여 필요한 경우에 한하여 법률로써 제한할 수 있으며, 제한하는 경우에도 자유와 권리의 본질적인 내용을 침해할 수 없다.

■ **법의 단계**

헌법
법률
명령
자치 법규
(조례, 규칙)

■ **과잉 금지의 원칙**

국민의 기본권을 제한함에 있어서 국가 작용의 한계를 명시한 것으로, 목적의 정당성 · 수단의 적합성 · 침해의 최소성 · 법익의 균형성을 의미하며 그 어느 하나에라도 어긋나면 위헌(違憲)이 된다는 헌법상의 원칙

🎓 용어 알기

● **청원권** 국가 기관이 권리를 침해하였을 때 그에 대한 구제를 요청하거나 국민이 국가 기관에 대해 자신의 의견이나 희망을 문서로 제출할 수 있는 권리

● **국가 배상 청구권** 국가 또는 공공 단체가 국민에게 손해를 입혔을 경우 이에 대한 배상을 청구할 수 있는 권리

● **위헌** 법령 등이 헌법 규정에 위배되는 것

자료3 **기본권 제한 사례 – 코로나 방역**

정부는 코로나19의 확산을 막기 위해 사회적 거리 두기 4단계를 마련하고 각 단계별로 방역 수칙을 정하였다. 사적 모임 인원 제한, 단계별 행사 및 집회의 제한, 식당 및 카페의 영업 시간을 제한하였다. 이는 국민의 안전과 공공복리를 위해 국민의 자유와 권리를 제한하는 경우에 해당한다.

자료4 **기본권 충돌 사례 – 흡연권 제한**

혐연권 vs 흡연권

2004년 헌법 재판소는 공공장소에서의 흡연권은 사생활의 자유이고 혐연권은 생명권까지 연결되므로 혐연권이 상위의 기본권이라고 결정하였다.

● 흡연권: 별다른 제재 없이 담배를 피울 수 있는 권리

● 혐연권: 담배를 피우지 아니하는 사람이 공공장소에서 담배 연기를 거부할 권리

기본 문제

1 다음 설명이 맞으면 ○표, 틀리면 ×표 하시오.

(1) 인간이 마땅히 누려야 할 기본적 권리를 인권이라고 한다.
( )

(2) 오늘날 대부분의 민주 국가는 헌법에 국민의 기본권을 규정하고 있다.
( )

(3) 평등권은 헌법이 보장하고 있는 모든 기본권이 궁극적으로 지향하는 근본적 토대이다.
( )

(4) 다른 기본권이 침해되었을 때 구제를 요청할 수 있는 기본권은 사회권이다.
( )

(5) 기본권은 국가 안전 보장, 질서 유지, 공공복리를 위해 필요한 경우에만 제한할 수 있다.
( )

2 밑줄 친 부분을 바르게 고쳐 쓰시오.

(1) 우리나라 헌법 제10조에서는 모든 국민은 인간으로서의 존엄과 가치 및 <u>자유권</u>을 가진다고 명시하고 있다.
( )

(2) <u>청구권</u>에는 선거권과 공직을 맡을 수 있는 공무 담임권이 있다.
( )

(3) 국민의 기본권을 제한하려면 원칙적으로 <u>명령</u>에 의해서만 가능하다.
( )

3 기본권의 종류와 그 내용을 옳게 연결하시오.

(1) 자유권 •

(2) 평등권 •

(3) 참정권 •

(4) 청구권 •

(5) 사회권 •

• ㉠ 인간다운 생활의 보장을 요구할 권리

• ㉡ 국가의 정치 과정에 참여할 권리

• ㉢ 권리 침해에 대한 구제를 요구할 권리

• ㉣ 국가 권력의 간섭을 받지 않을 권리

• ㉤ 부당한 차별을 받지 않을 권리

4 괄호 안의 내용 중 알맞은 말에 ○표 하시오.

(1) 인권은 성별, 종교, 사회적 신분 등에 관계없이 모든 사람이 동등하게 누리는 (보편적 , 제한적) 권리이다.

(2) (청구권 , 사회권)에는 청원권, 재판 청구권, 국가 배상 청구권 등이 있다.

(3) 기본권을 제한하는 경우 자유와 권리의 본질적인 내용을 침해할 수 (없다. 있다.)

01 인권에 대한 설명으로 옳지 않은 것은?

① 천부 인권이라고도 한다.

② 인간이 태어나면서부터 가지는 되는 권리이다.

③ 국가가 법으로 규정함으로써 인정되는 권리이다.

④ 인간의 존엄성 실현과 행복한 삶의 기반이 된다.

⑤ 인종, 성별 등에 관계없이 모든 사람에게 인정되는 권리이다.

02 다음 내용에 해당하는 개념으로 옳은 것은?

> 국민의 기본권과 국가의 통치 조직 및 운영의 기본 원리를 규정하는 국가 최고의 법

① 규칙   ② 조례   ③ 명령

④ 법률   ⑤ 헌법

03 다음 헌법 조항에 대한 설명으로 옳은 것을 〈보기〉에서 고른 것은?

> 제10조 모든 국민은 인간으로서의 존엄과 가치를 가지며, 행복을 추구할 권리를 가진다. 국가는 개인이 가지는 불가침의 기본적 인권을 확인하고 이를 보장할 의무를 진다.

┤ 보기 ├

ㄱ. 헌법에 보장된 모든 기본권의 토대가 된다.

ㄴ. 모든 기본권이 궁극적으로 추구하는 가치이다.

ㄷ. 다른 기본권의 보장을 위한 수단적 성격을 가진다.

ㄹ. 외국인에게는 원칙적으로 적용되지 않는 권리이다.

① ㄱ, ㄴ   ② ㄱ, ㄷ   ③ ㄴ, ㄷ

④ ㄴ, ㄹ   ⑤ ㄷ, ㄹ

04 다음 헌법 조항에 공통적으로 나타난 기본권에 대한 설명으로 옳은 것은?

> • 제12조 ① 모든 국민은 신체의 자유를 가진다.
> • 제18조 모든 국민은 통신의 비밀을 침해받지 아니한다.
> • 제23조 ① 모든 국민의 재산권은 보장된다.

① 모든 국민이 동등하게 대우받을 권리이다.
② 국민이 자유롭게 생활할 수 있는 권리이다.
③ 국가의 의사 결정 과정에 참여할 수 있는 권리이다.
④ 권리 침해에 대한 구제를 요구할 수 있는 권리이다.
⑤ 인간다운 생활을 요구할 수 있는 적극적인 권리이다.

05 평등권에 대한 설명으로 옳은 것은?

① 다른 사람에게 나누어 줄 수 있다.
② 사회적 약자들만이 가지는 권리이다.
③ 국가의 공무를 담당할 수 있는 권리이다.
④ 다른 기본권의 보장을 위한 전제 조건이다.
⑤ 최소한의 인간다운 생활을 보장받기 위한 권리이다.

06 그림과 관련 있는 기본권으로 옳은 것은?

① 자유권　　② 평등권　　③ 참정권
④ 청구권　　⑤ 사회권

07 다음 사례에서 행사된 기본권으로 옳은 것은?

> 갑은 살해 혐의로 억울한 옥살이를 하던 중 진범이 잡혀 국가를 상대로 손해 배상을 요구하는 소송을 제기하였다.

① 자유권　　② 평등권　　③ 참정권
④ 청구권　　⑤ 사회권

08 다음의 권리를 포괄하는 기본권으로 옳은 것은?

> • 근로의 권리
> • 교육받을 권리
> • 쾌적한 환경에서 살 권리

① 자유권　　② 평등권　　③ 참정권
④ 청구권　　⑤ 사회권

09 다음 사례의 갑, 을이 침해받은 기본권으로 옳은 것은?

> • 경찰이 갑을 체포하면서 불리한 진술을 거부할 수 있다는 것을 알려 주지 않았다.
> • 장애인 을은 가고 싶은 학교가 있었지만 장애인 편의 시설이 없다는 이유로 입학을 거부당하였다.

　　갑　　　을
① 자유권　　평등권
② 자유권　　참정권
③ 청구권　　평등권
④ 청구권　　사회권
⑤ 사회권　　자유권

10 ㉠에 들어갈 내용만을 〈보기〉에서 있는 대로 고른 것은?

> 국민의 자유와 권리는 (㉠)을/를 위하여 필요한 경우에 한하여 법률로써 제한할 수 있다.

| 보기 |
ㄱ. 질서 유지　　　　ㄴ. 공공복리
ㄷ. 경제 발전　　　　ㄹ. 국가 안전 보장

① ㄱ, ㄴ　　② ㄱ, ㄷ　　③ ㄷ, ㄹ
④ ㄱ, ㄴ, ㄹ　　⑤ ㄴ, ㄷ, ㄹ

01 A에 대한 설명으로 옳은 것을 〈보기〉에서 고른 것은?

A는 인간이라면 누구나 존중받고 인간답게 살 수 있는 권리로, 피부색, 성별, 나이, 장애의 유무 등에 상관없이 사람이라면 누구나 가지는 권리이다.

┤ 보기 ├
ㄱ. 다른 사람에게 양도할 수 있는 권리이다.
ㄴ. 인간이 태어나면서부터 가지는 권리이다.
ㄷ. 한 나라의 국민에게만 적용되는 권리이다.
ㄹ. 존엄한 인간으로서 살아가기 위해 기본적으로 필요한 권리이다.

① ㄱ, ㄴ   ② ㄱ, ㄷ   ③ ㄴ, ㄷ
④ ㄴ, ㄹ   ⑤ ㄷ, ㄹ

02 다음은 세계 인권 선언의 일부이다. 이에 대한 설명으로 옳지 않은 것은?

제1조 모든 인간은 태어날 때부터 자유롭고, 존엄하며, 평등하다.
제2조 모든 사람은 인종, 피부색, 성, 언어, 종교 등 어떠한 이유로도 차별받지 않으며, 이 선언에 규정된 모든 권리와 자유를 누릴 자격이 있다.

① 인권 보장의 국제 기준을 정립하였다.
② 인권은 보편적 권리임을 강조하고 있다.
③ 인권은 국가가 법으로 규정해야 인정되는 권리임을 알 수 있다.
④ 천부 인권 사상을 바탕으로 인간의 자유와 권리를 중시하고 있다.
⑤ 이 선언의 이념과 내용은 대부분 민주 국가의 헌법과 법률에 반영되어 있다.

03 다음 설명에 해당하는 기본권으로 옳은 것은?

국가에 대하여 일정한 행위를 요구할 수 있는 권리로 다른 기본권이 침해되었을 때 구제를 요구할 수 있는 권리이다.

① 자유권   ② 평등권   ③ 참정권
④ 청구권   ⑤ 사회권

04 다음 설명에 해당하는 기본권에 속하는 권리를 〈보기〉에서 고른 것은?

국민이 인간다운 생활을 위하여 국가에게 사회적 보장책을 요구할 수 있는 권리로, 현대 복지 국가에서 강조되는 권리이다.

┤ 보기 ├
ㄱ. 청원권   ㄴ. 근로의 권리
ㄷ. 교육받을 권리   ㄹ. 직업 선택의 자유

① ㄱ, ㄴ   ② ㄱ, ㄷ   ③ ㄴ, ㄷ
④ ㄴ, ㄹ   ⑤ ㄷ, ㄹ

★ 중요 ★
05 기본권 (가), (나)에 대한 설명으로 옳은 것은?

지난 시간에 배웠던 인간의 존엄과 가치 및 행복 추구권, 평등권에 이어 이번에는 (가), (나)를 알아볼까요?

기본권	관련 헌법 조항
(가)	제12조 ① 모든 국민은 신체의 자유를 가진다.
(나)	제25조 모든 국민은 법률이 정하는 바에 의하여 공무 담임권을 가진다.

① (가)는 법 앞에서 차별받지 않을 권리이다.
② (가)는 국가에 인간다운 생활을 요구할 수 있는 권리이다.
③ (나)는 역사가 가장 오래된 기본권이다.
④ (나)는 국가의 정치 과정에 참여할 수 있는 권리이다.
⑤ (가)는 (나)와 달리 법률로써 제한할 수 없다.

★중요★
06 다음 갑과 을이 침해받은 기본권 A, B에 대한 설명으로 옳은 것은?

> • 갑은 경찰관에게 체포 이유에 대한 어떤 이야기도 듣지 못한 채로 체포되어 A를 침해당했다.
> • 을은 국회 의원 선거에 투표를 하러 갔지만, 담당 공무원의 착오로 투표하지 못해 B를 침해당했다.

① A의 종류에는 재판 청구권이 있다.
② A는 정치 과정에 자유롭게 참여할 수 있는 권리이다.
③ B의 종류에는 공무 담임권이 있다.
④ B는 가장 최근에 등장한 현대적 권리이다.
⑤ A는 B와 달리 다른 기본권을 보장하기 위한 수단적 성격의 권리이다.

07 다음에서 설명하는 제도와 관련된 기본권으로 옳은 것은?

> 국민기초생활보장법은 국민에게 인간다운 최저 생활을 보장하고 절대적 빈곤 문제를 적극적으로 해결하기 위해 제정된 법으로, 가족이나 스스로의 힘으로 생계를 유지할 능력이 없는 절대 빈곤층의 국민들(가족의 소득 합계가 최저 생계비 이하인 가구)에게 생계, 교육, 의료, 주거 등의 기본적 생활을 국가가 보장해 주는 제도이다.

① 자유권　　② 평등권　　③ 참정권
④ 청구권　　⑤ 사회권

08 다음에서 제한하고 있는 기본권으로 옳은 것은?

> 개발 제한 구역(그린벨트)은 도시의 무질서한 팽창을 막고 도시 주변의 자연환경을 보전하여 도시 주민들에게 건전한 생활 환경을 제공하기 위해 설정된 녹지대로 개인의 토지 이용을 제한하는 것이다.

① 자유권　　② 평등권　　③ 참정권
④ 청구권　　⑤ 사회권

✍ 서술형 문제

09 A, B에 해당하는 기본권의 종류를 쓰고, 그 특징을 각각 서술하시오.

기본권	관련 헌법 조문
A	모든 국민은 능력에 따라 균등하게 교육을 받을 권리를 가진다.
B	모든 국민은 법률이 정하는 바에 의하여 국가 기관에 문서로 청원할 권리를 가진다.

10 우리나라 헌법에 다음과 같은 규정을 명시한 궁극적인 목적을 서술하시오.

> 헌법 제37조 ② 국민의 모든 자유와 권리는 국가 안전보장, 질서 유지 또는 공공복리를 위하여 필요한 경우에 한하여 법률로써 제한할 수 있으며, 제한하는 경우에도 자유와 권리의 본질적인 내용을 침해할 수 없다.

02 인권 침해와 구제

학습 내용 들여다보기

■ **인권**
인간이 마땅히 누려야 할 기본적 권리

■ **사생활의 침해**

점수가 잘못 나온 학생?

성적 공개를 해야 하나요?

개인의 동의 없이 개인 정보를 공개하는 것은 인권 침해의 사례이다.

■ **미란다 원칙**

당신은 묵비권을 행사할 권리가 있고 당신이 한 말은 법정에서 불리하게 작용할 수 있으며 당신은 변호사를 선임할 권리를 가지고 있습니다.

수사 기관(경찰, 검찰)이 피의자(범죄 용의자)를 체포 또는 구속할 때 그 이유와 변호인의 도움을 받을 수 있는 권리, 진술을 거부할 수 있는 권리 등이 있음을 미리 알려 주어야 한다는 원칙

용어 알기

• **관습** 어떤 사회에서 오랫동안 지켜 내려와 그 사회 구성원들이 널리 인정하는 것
• **공권력** 국가 또는 행정 기관에서 국민을 대상으로 행사하는 강제적인 명령이나 권력
• **피의자** 경찰이나 검사 등의 수사 기관으로부터 범죄의 의심을 받게 되어 수사를 받고 있는 자
• **검열** 언론, 출판, 보도, 영화, 우편물 따위의 내용을 사전에 심사하여 그 발표를 통제하는 일

1. 인권 침해의 의미와 유형

(1) **의미**: 개인이나 국가 기관이 다른 사람의 인권을 해치거나 방해하는 행위

(2) **발생 원인**
   ① 사회 구성원의 편견이나 고정 관념
   ② 사회 집단의 잘못된 관습이나 관행
   ③ 국가의 불합리한 법률이나 제도 등

(3) **유형 및 사례**
   ① 주체에 따른 인권 침해

국가 기관에 의한 인권 침해	• 정부의 공권력 행사로 인권이 침해되는 경우 → 정당하지 않은 방법으로 국민의 뒷조사를 하는 사찰 등이 있어. 예 국가가 정당한 이유 없이 시민의 일상을 감시하는 경우 • 필요한 공권력이 행사되지 않아 인권이 침해되는 경우 예 신도시에 학교가 건설되지 않아 학생의 교육권이 침해되는 경우
개인에 의한 인권 침해	• 다른 사람의 불법 행위 또는 범죄 행위로 인권이 침해되는 경우 예 무고한 사람을 일방적으로 폭행하는 경우 → 고의 또는 과실로 타인에게 손해를 가하는 위법 행위를 말해. • 합리적 이유 없이 불평등한 대우를 받는 경우 예 성별이나 외모에 따른 차별

② 인권 침해의 사례 [자료1] [자료2]

평등권 침해	간호사를 채용함에 있어 성차별 없이 우수 인력을 채용할 수 있음에도 불구하고 단순히 남성이라는 이유로 채용에서 배제하는 경우
신체의 자유 침해	피의자를 체포하면서 진술 거부권을 고지하지 않은 경우
사생활의 자유 침해	자격시험 결과를 발표할 때 수험 번호와 이름을 함께 공개하는 경우
양심의 자유 및 종교의 자유 침해	종교 단체가 설립한 학교에서 강제로 종교 과목 수업을 듣게 하는 경우
표현의 자유 침해	언론, 출판에 대해 국가가 지나치게 검열하는 경우

(4) **인권이 보장되는 사회를 만들기 위한 노력**
   ① 인권 감수성을 높임 → 나와 다른 사람이 가지는 권리의 소중함을 인식하고 인권 침해에 민감하게 반응하는 것을 말해.
   ② 어떠한 인권 침해가 발생하는지 주의 깊게 살피고 알아내려는 노력
   ③ 인권이 침해된 경우 구제받을 수 있는 방법을 적극적으로 모색함

자료1 차이와 차별

차이는 개인이나 집단이 고유하게 가지고 있는 소질과 적성, 개성과 능력이 다름을 인정하고 서로 존중하는 것을 의미하지만, 차별은 합리적 이유 없이 부당하게 대우하는 것을 의미한다.

성별	종교	장애	나이
사회적 신분	출신 지역	출신 국가	출신 민족
신체 조건	혼인 여부	임신·출산	가족 형태
인종	피부색	학력	기타

▲ 국가 인권 위원회의 차별 사유

자료2 장발과 미니스커트 단속

1970년대 박정희 정권은 사회 윤리 및 건전한 국민 정신, 미풍양속을 해친다며 장발족을 단속하면서 시민들의 머리를 깎은 뒤 집에 돌려보내기도 했으며, 미니스커트를 입은 여성을 단속하기도 하였다. 또한 영화·음악·도서 등의 검열을 강화하여 많은 금지곡들을 만들었다. 이는 신체의 자유 및 표현의 자유 등을 침해하는 것이다.

2. 인권 침해 시 구제 방법

(1) **법원** → 인권을 보장하는 대표적인 기관이면서 가장 보편적인 권리 구제 수단이야.

① 의미: 사법권을 행사하여 인권을 구제하는 대표적인 국가 기관

② 역할: 재판을 통해 국가 기관 또는 개인에 의해 침해된 권리를 구제함
   └→ 타인에 의한 권리 침해는 민사 재판, 범죄 행위로 인한 권리 침해는 형사 재판,
      행정 기관에 의한 권리 침해는 행정 재판을 통해 구제받을 수 있어.

(2) **헌법 재판소** 자료3

① 의미: 헌법 재판을 통해 헌법 질서를 수호하고 인권을 보장하는 국가 기관

② 역할

   • 헌법 소원 심판: 공권력에 의해 기본권이 침해된 국민이 권리 구제를 요청하면
     이를 심판함   └→ 제소

   • 위헌 법률 심판: 재판의 전제가 되는 법률이 헌법에 위반되는지의 여부를 심판함
     └→ 재판 과정에서 적용된 법률이야.

(3) **국가 인권 위원회** → 입법부, 사법부, 행정부 등 어떤 국가 기관에도 소속되지 않은 독립적인 국가 기구야.

① 의미: 인권의 전반적인 문제를 다루는 독립적인 국가 기관

② 역할 자료4

   • 인권 침해 개선 조사: 당사자의 진정에 의한 인권 침해나 차별 행위를 조사하고
     구제함

   • 인권 침해 사례 권고: 인권을 침해할 우려가 있는 법이나 제도의 문제점을 찾아
     개선을 권고함

(4) **국민 권익 위원회**

① 의미: 행정 기관의 잘못된 법 집행 등으로 침해된 권리를 구제하는 기관

② 역할

   • 국민의 인권 보호와 고충 처리를 위해 불합리한 행정 제도를 개선함

   • 공직 사회의 부패를 예방하고 규제하여 청렴한 공직과 사회 풍토를 확립함

   • 행정 재판을 통해 행정 기관의 위법·부당한 처분으로부터 국민의 권리를 보
     호함

(5) **그 밖의 인권 구제 기관**

① 언론 중재 위원회: 잘못된 언론 보도로 분쟁이나 피해가 발생했을 경우 이를 조
   정·중재함

② 대한 법률 구조 공단: 법률적 지식이 부족하거나 경제적으로 어려워 소송을 진행
   하기 어려울 때 무료로 법률을 상담해 주고 소송 진행 서비스를 제공함

③ 한국 소비자원: 물건을 구입한 소비자가 피해를 입어 소비자의 권리가 침해되었
   을 때 피해를 구제하거나 분쟁을 조정함

학습 내용 들여다보기

■ 재판의 종류

민사 재판	개인 간에 발생하는 문제를 해결하기 위한 재판
형사 재판	사회 질서를 어지럽히는 범죄의 유무를 가리고 형벌을 부과하는 재판
행정 재판	행정 기관의 처분에 대해 무효나 취소를 주장하는 분쟁을 해결하는 재판

■ 헌법 재판소
• 헌법 해석과 관련된 분쟁을 사법적 절차에 따라 해결하는 독립 기관으로, 정치적 중립을 유지함
• 법관의 자격을 가진 9명의 재판관으로 구성되며 국회에서 선출된 3명, 대법원장이 지명한 3명을 포함하여 대통령이 임명함

🎓 **용어 알기**
• **수호** 지키고 보호함
• **권고** 어떤 행위를 하도록 권유하는 것
• **조정** 분쟁 당사자 간의 분쟁 해결을 위해 제3자가 개입하여 조정안을 만들어 제시하고, 양 당사자가 모두 이를 수락하는 방법으로 분쟁을 해결하는 방법
• **중재** 당사자 간의 합의에 따라 제3자의 결정에 의해 분쟁을 해결하는 방식으로, 당사자 간의 자율적인 협상이나 조정이 어려운 경우에 활용함

자료3 위헌 법률 심판

헌법 재판소의 위헌 결정은 헌법 재판관 9명 중 6명이 찬성을 해야 위헌으로 결정돼. 위헌 결정은 너무 중요한 사안이기 때문에 과반수 찬성보다 더 엄격하지.

위헌 법률 심판

헌법 재판소는 법원에서 구체적인 사건에 대한 재판을 하면서 그 재판에 적용되는 법률이 헌법에 위반되는지가 문제가 될 때, 법원의 제청에 따라 위헌 여부를 판단하는 심판을 하는데, 이를 위헌 법률 심판이라고 한다.
헌법 재판소에서 위헌으로 결정된 법률 또는 법률 조항은 그 결정이 있는 날부터 효력을 상실한다.

자료4 국가 인권 위원회 권고 사례

인권위 "항공운항과 특별 전형 여성만 모집은 차별, 개선해야"

국가 인권 위원회는 ○○대학 항공운항과 특별 전형에서 여성만 지원 가능하다는 모집 기준은 지원 자격을 특정 성별로 제한하는 것으로 합리적 이유 없이 성별을 이유로 한 차별이라고 판단하고, 지원 자격에 성별을 제한하지 말 것을 권고했다(2019. 1. 23.자 결정 17진정 0145600).

1 다음 설명이 맞으면 ○표, 틀리면 ×표 하시오.

(1) 인권 침해는 국가 권력에 의해서만 발생한다. (　　　)

(2) 개인의 동의 없이 개인 정보를 알리는 것은 인권 침해이다.
(　　　)

(3) 법원은 재판을 통해 침해된 권리를 구제한다. (　　　)

(4) 국가 인권 위원회의 권고는 반드시 따라야 한다. (　　　)

(5) 인권 감수성이란 다른 사람의 권리를 소중하게 여기는
것이다. (　　　)

2 밑줄 친 부분을 바르게 고쳐 쓰시오.

(1) 피의자를 체포 및 구속하면서 진술 거부권을 고지하지
않은 것은 평등권이 침해된 사례이다. (　　　　　)

(2) 재판의 전제가 되는 법률이 헌법에 위반되는지 여부를
심판하여 권리를 구제하는 것을 헌법 소원이라고 한다.
(　　　　　)

(3) 형사 재판은 행정 기관의 잘못으로 피해를 입었을 때 청
구할 수 있다. (　　　　　)

3 국가 기관과 그 역할을 바르게 연결하시오.

(1) 헌법 재판소 • ・ ㉠ 인권 침해 행위 조사・
구제

(2) 국가 인권 위원회 • ・ ㉡ 행정 기관의 잘못으로 인
한 권리 침해 구제

(3) 국민 권익 위원회 • ・ ㉢ 헌법 질서를 수호하고 국
민의 기본권 보장

4 괄호 안의 내용 중 알맞은 말에 ○표 하시오.

(1) 개인 간에 발생하는 문제를 해결하기 위한 재판을 (민사
재판 , 형사 재판)이라고 한다.

(2) 잘못된 언론 보도로 피해를 보았을 때 (언론 중재 위원회 ,
국민 권익 위원회)를 통해 구제받을 수 있다.

(3) 권리 구제의 가장 보편적인 수단은 (재판 , 진정)이다.

01 인권 침해에 대한 설명으로 옳은 것을 〈보기〉에서 고른 것은?

┤ 보기 ├
ㄱ. 합리적 이유 없이 차별하는 것은 인권 침해이다.
ㄴ. 성차별, 집단 따돌림 등은 인권 침해에 해당한다.
ㄷ. 인권 침해는 사회적・경제적 약자에게만 일어난다.
ㄹ. 일상생활에서 인권 침해는 개인에 의해서만 일어
난다.

① ㄱ, ㄴ　　　　② ㄱ, ㄷ　　　　③ ㄴ, ㄷ
④ ㄴ, ㄹ　　　　⑤ ㄷ, ㄹ

02 밑줄 친 '이것'의 발생 원인으로 적절하지 않은 것은?

　　이것은 인간으로서 누릴 수 있는 기본적 권리를 해
치거나 방해하는 행위를 의미한다.

① 불합리한 법과 제도
② 사회의 잘못된 관습
③ 불법적인 공권력의 행사
④ 사람들의 편견과 고정 관념
⑤ 인권 감수성이 높은 국민 의식

03 인권 침해를 보여 주는 사례로 적절하지 않은 것은?

① 나이가 많다는 이유로 승진에서 배제되었다.
② 친구가 허락 없이 휴대 전화 문자를 훔쳐 봤다.
③ 장애인이라는 이유로 보험 가입을 거절당하였다.
④ 피부색이 다르다는 이유로 식당 출입을 못하였다.
⑤ 일정 신장 이하의 사람은 특정 놀이 기구를 탈 수 없다.

**04 개인에 의해 인권이 침해되었을 때 구제받을 수 있는 적절
한 방법만을 〈보기〉에서 있는 대로 고른 것은?**

┤ 보기 ├
ㄱ. 경찰서에 고소한다.
ㄴ. 법원에 민사 소송을 제기한다.
ㄷ. 국가 인권 위원회에 진정을 낸다.
ㄹ. 국민 권익 위원회에 행정 심판을 청구한다.

① ㄱ, ㄷ　　　　② ㄱ, ㄹ　　　　③ ㄴ, ㄹ
④ ㄱ, ㄴ, ㄷ　　　⑤ ㄴ, ㄷ, ㄹ

05 다음과 같은 역할을 하는 국가 기관으로 옳은 것은?

> • 사법권을 행사하여 국민의 기본권을 보장한다.
> • 재판을 통해 침해된 권리를 보장받을 수 있도록 하거나 인권을 침해한 행위를 처벌함으로써 인권을 보장한다.

① 법원
② 국회
③ 국가 인권 위원회
④ 언론 중재 위원회
⑤ 대한 법률 구조 공단

06 ㉠에 들어갈 권리로 가장 적절한 것은?

> 헌법 재판소는 1996년 영화 사전 검열 위헌 결정을 내렸다. 영화의 내용을 사전 심사하여 영화의 상영을 금지하는 등의 조치를 할 수 있었던 검열 제도는 영화인의 (㉠)을/를 침해한 것이라고 판단하였다.

① 신체의 자유
② 공무 담임권
③ 표현의 자유
④ 재판받을 권리
⑤ 차별받지 않을 권리

07 밑줄 친 '이 기관'에 해당하는 국가 기관으로 옳은 것은?

> 갑은 자동차 운전 중 휴대 전화 사용으로 벌금 10만 원을 부과받았다. 이에 화가 난 갑은 자신의 자유권이 침해되었다며 이 기관에 헌법 소원 심판을 제기하였다.

① 국회
② 법원
③ 헌법 재판소
④ 국가 인권 위원회
⑤ 국민 권익 위원회

08 국가 인권 위원회에 대한 옳은 설명만을 〈보기〉에서 있는 대로 고른 것은?

> ┤ 보기 ├
> ㄱ. 어떤 국가 기관에도 소속되지 않는 독립 기구이다.
> ㄴ. 법을 잘 모르는 사람들에게 무료로 법률 상담을 해 준다.
> ㄷ. 민사 재판을 통해 개인에 의해 침해된 인권을 구제한다.
> ㄹ. 인권 침해의 사례를 조사하여 시정이나 개선을 권고한다.

① ㄱ, ㄷ
② ㄱ, ㄹ
③ ㄴ, ㄷ
④ ㄱ, ㄴ, ㄹ
⑤ ㄴ, ㄷ, ㄹ

09 밑줄 친 '이 기관'에 해당하는 국가 기관으로 옳은 것은?

> 이 기관은 부패 방지와 규제를 통해 국민의 권익을 보호하며 고충 민원 처리, 불합리한 행정 제도 개선, 청렴한 공직 및 사회 풍토 확립에 이바지하고 있습니다.

① 법원
② 헌법 재판소
③ 국민 권익 위원회
④ 국가 인권 위원회
⑤ 대한 법률 구조 공단

10 (가), (나)에 해당하는 재판으로 옳은 것은?

> (가) 행정 기관의 처분에 대해 무효나 취소를 주장하는 분쟁을 해결한다.
> (나) 범죄 행위로 다른 사람의 권리를 침해한 사람을 처벌하고 범죄 예방을 통해 인권을 보호한다.

	(가)	(나)
①	민사 재판	형사 재판
②	민사 재판	행정 재판
③	행정 재판	민사 재판
④	행정 재판	형사 재판
⑤	형사 재판	민사 재판

01 A에 대한 설명으로 옳지 <u>않은</u> 것은?

> A는 인간으로서 누릴 수 있는 기본적 권리를 해치거나 방해하는 행위를 의미한다. 이는 우리 일상생활에서 다양하게 나타나고 있으며 다양한 국가 기관을 통해 구제받을 수 있다.

① A는 사람들의 편견 및 고정 관념에 의해 발생한다.
② 성적표를 학교 게시판에 공개한 것은 A로 볼 수 없다.
③ 인권 감수성이 높은 사회일수록 A의 발생이 줄어든다.
④ 회사 채용 기준을 미혼으로 한정한 것은 A의 사례이다.
⑤ A를 구제받을 수 있는 국가 기관에는 법원, 헌법 재판소 등이 있다.

02 다음 사례에 대한 설명으로 옳은 것은? (고난도)

> 1990년대 후반 인터넷이 본격적으로 보급되면서 인터넷상에서 언어폭력, 명예 훼손, 불법 정보의 유통 등 피해 사례가 증가하였다. 이에 국가는 본인 확인 절차를 거쳐야만 게시판을 이용할 수 있도록 법을 개정하였다. 갑은 이 법률이 자신의 기본권을 침해한다며 국가 기관에 위헌 심판을 청구하여 위헌 결정이 내려졌다.

① 갑은 헌법 소원을 청구하였다.
② 갑은 위헌 법률 심판을 청구하였다.
③ 갑은 국가 인권 위원회에 구제를 신청하였다.
④ 갑은 국가를 상대로 행정 재판을 청구하였다.
⑤ 갑은 자신의 참정권이 침해되었다고 판단하였다.

03 ㉠, ㉡에 들어갈 말로 옳은 것은?

> (㉠)은/는 헌법의 질서를 수호하고 국민의 기본권을 보장하기 위해 독립된 형태로 구성된 헌법 기관이며, 이 기관의 대표적인 권한 중 하나인 (㉡)은/는 재판의 전제가 되는 법률이 헌법에 위반되는지 여부를 심판하여 권리를 구제하는 것이다.

	㉠	㉡
①	법원	형사 재판
②	헌법 재판소	헌법 소원
③	헌법 재판소	위헌 법률 심판
④	국가 인권 위원회	헌법 소원
⑤	국가 인권 위원회	위헌 법률 심판

04 A에 해당하는 권리 구제 기관으로 옳은 것은?

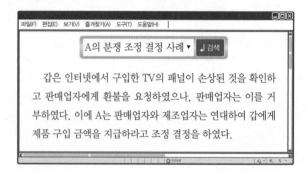

> A의 분쟁 조정 결정 사례 ▼ 검색
>
> 갑은 인터넷에서 구입한 TV의 패널이 손상된 것을 확인하고 판매업자에게 환불을 요청하였으나, 판매업자는 이를 거부하였다. 이에 A는 판매업자와 제조업자는 연대하여 갑에게 제품 구입 금액을 지급하라고 조정 결정을 하였다.

① 헌법 재판소　　② 언론 중재 위원회
③ 한국 소비자원　④ 대한 법률 구조 공단
⑤ 국민 권익 위원회

05 (가)에 들어갈 학생의 답변으로 옳지 <u>않은</u> 것은?

인권 침해 방지를 위한 바람직한 자세를 말해 볼까요?

(가)

① 인권 침해 시 구제 방법과 절차를 숙지해요.
② 헌법에 보장된 기본권의 종류를 알아야 해요.
③ 타인의 인권을 존중하는 인권 감수성을 키워요.
④ 다양한 인권 구제 기관의 종류와 특징을 알아둬요.
⑤ 일상생활에서 차별을 받으면 법원에 진정서를 제출해요.

06 밑줄 친 원칙으로 보장하고자 하는 기본권으로 옳은 것은?

> 미란다 원칙은 수사 기관(경찰, 검찰)이 피의자(범죄 용의자)를 체포 또는 구속할 때 그 이유와 변호인의 도움을 받을 수 있는 권리, 진술을 거부할 수 있는 권리 등이 있음을 미리 알려 주어야 한다는 원칙이다.

① 자유권   ② 평등권   ③ 참정권
④ 청구권   ⑤ 사회권

07 다음 사례의 국가 기관 A에 대한 설명으로 옳은 것은?

> • A는 성별에 맞는 한복을 입은 사람에게는 고궁 입장료를 받지 않고 성별에 맞지 않는 한복을 입은 사람에게는 고궁 입장료를 받는 것은 성별 표현 등을 이유로 한 차별 행위에 해당하므로 생물학적 성별과 맞지 않는 복장을 한 사람이 고궁 무료 관람 대상에서 제외되지 않도록 개정하는 등 재발 방지 대책을 마련할 것을 문화재청에 권고하였다.

① 인권 보장과 관련된 법률을 제정한다.
② 재판을 통해 침해된 권리를 구제한다.
③ 인권 침해나 차별 행위를 조사하여 구제한다.
④ 사회 질서에 어긋나는 범죄 행위를 처벌한다.
⑤ 공권력을 행사하여 침해된 기본권을 구제한다.

08 A에 해당하는 권리 구제 기관으로 옳은 것은?

> ○○ 신문   ○○○○년 ○○월 ○○일
>
> [역사 속 오늘]
> **A, 제대 군인 가산점 제도 위헌 결정**
>
> 오늘은 A가 제대 군인 가산점 제도는 위헌이라는 결정을 내린 날이다. 제대 군인 가산점 제도는 헌법상의 근거가 없으며, 여성·신체 장애자 등의 평등권 및 공무 담임권이 침해되어 헌법에 위배된다고 결정했다. … (후략)

① 법원   ② 헌법 재판소
③ 국민 권익 위원회   ④ 국가 인권 위원회
⑤ 대한 법률 구조 공단

09 다음 사례에서 침해된 기본권과 A에 해당하는 기관을 쓰고, 이 기관의 역할을 서술하시오.

> [A의 결정 요지]
> ○○회사의 기숙사는 개관 당시부터 현재까지 기숙사에 들어올 수 있는 인원을 여성 85%, 남성 15% 비율로 정하고 여성에게만 1인실을 배정한 것은 주거 시설 이용에서 성별을 이유로 남성의 기본권을 침해했다고 판단하고 해당 기숙사 대표 이사에게 입사 신청서의 성별 현황을 고려하여 합리적으로 운영할 것을 권고하였다.

10 다음 사례의 국가 기관 A를 쓰고, 갑이 제기할 수 있는 권리 구제 방법을 서술하시오.

> 갑은 사기죄로 구속된 을의 변호를 맡게 되었다. 을의 변호를 위해 경찰의 수사 기록 중 고소장과 피의자 신문 조서의 열람 및 등사를 신청하였으나 경찰은 ○○법을 근거로 비공개 결정을 내렸다. 이에 갑은 자신의 변호권과 알 권리를 침해당했다며 국가 기관 A를 통해 자신의 권리를 구제받고자 한다.

03 근로자의 권리와 보호

1. 근로자의 의미와 권리

학습 내용 들여다보기

■ **헌법에 보장된 근로자의 권리**

제32조 ① 모든 국민은 근로의 권리를 가진다. 국가는 사회적·경제적 방법으로 근로자의 고용의 증진과 적정 임금의 보장에 노력하여야 하며, 법률이 정하는 바에 의하여 최저 임금제를 시행하여야 한다.
제33조 ① 근로자는 근로 조건의 향상을 위하여 자주적인 단결권·단체 교섭권 및 단체 행동권을 가진다.

■ **근로 기준법**
헌법에 따라 근로 조건의 기준을 정함으로써 근로자의 기본적 생활을 보장·향상시키며 균형 있는 국민 경제의 발전을 꾀하는 것을 목적으로 제정된 법

■ **쟁의 행위**
근로자와 사용자 사이에 분쟁이 일어났을 때 그 주장을 관철하기 위해 정상적인 업무 운영을 방해하는 행위로, 근로자는 파업, 태업 등을 할 수 있고, 사용자는 직장 폐쇄를 할 수 있다.

▲ 파업

▲ 직장 폐쇄

(1) 근로자
→ 사업주, 사업 경영자를 말해.
- ① 의미: 사용자에게 근로를 제공하고 임금을 받는 사람
  → 사용자가 노동의 대가로 근로자에게 지급하는 일체의 금품을 의미해.
- ② 근로 조건
  - 근로자가 노동력을 제공하는 조건으로 임금, 근로 시간, 휴식 등이 포함됨
  - 인간다운 삶을 위해 법률로 근로 조건의 최저 기준을 제시함
  - 근로자와 사용자는 근로 계약서를 작성하여 근로 조건을 명시함
  - ☞ 근로자의 기본적 생활 보장을 위해 최소한의 근로 조건을 법률로 정함
- ③ 최소한의 근로 조건 [자료1] [자료2]
  - 임금: 최저 임금 이상을 계속적이고 지속적으로 지급해야 함
  - 근로 시간: 휴게 시간을 제외하고 1일 8시간, 1주 40시간을 기준으로 이를 초과할 수 없음
  - 휴일: 사용자는 근로자에게 1주일에 평균 1회 이상의 유급 휴일을 보장해야 함
  - 해고: 정당한 이유가 없는 한 일방적으로 근로자를 해고할 수 없음

(2) 근로자의 권리 [자료3]
- ① 의미: 근로 의사와 능력을 가진 사람이 국가에 대해 일할 기회를 보장받을 권리
  → 헌법 제32조에서 '모든 국민은 근로의 권리를 가진다.'라고 명시하고 있어.
- ② 내용
  - 최소한의 생활을 할 수 있는 최저 임금을 보장함
  - 근로 기준법을 통해 근로자의 권리와 근로 조건을 향상시킴

(3) 노동 3권(헌법 제33조)
→ 사용자는 정당한 이유 없이 교섭을 거부할 수 없어.

단결권	근로자가 근로 조건의 유지 및 개선을 위해 노동조합을 만들어 활동할 수 있는 권리 → 노동조합을 통해 사용자와 대등한 위치에서 협상할 수 있음
단체 교섭권	노동조합을 통해 사용자와 근로 조건에 관하여 협의할 수 있는 권리 → 노동조합과 사용자는 단체 교섭에 성실하게 임할 의무가 있음
단체 행동권	단체 교섭이 원만하게 이루어지지 않을 경우 일정한 절차를 거쳐 쟁의 행위를 할 수 있는 권리 ⑩ 파업, 태업 등 → 정당한 쟁의 행위에 대해서는 민형사상 책임이 면제됨

☞ 근로자는 사용자보다 약자의 위치에 있기 때문에 근로자의 권익을 위해 노동 3권을 헌법으로 보장하고 있음

용어 알기

- **유급 휴일** 급여가 지급되는 휴일
- **노동조합** 근로자가 근로 조건의 개선과 근로자의 경제적·사회적 지위 향상을 위해 조직하는 단체
- **교섭** 어떤 일을 이루기 위해 서로 의논하고 절충하는 것
- **파업** 일의 수행을 중단하는 것
- **태업** 업무를 불완전하게 수행하는 것

[자료1] 전태일 열사

아름다운 청년 전태일

전태일은 17세 때부터 동대문 평화 시장에 있는 봉제 공장에서 재단사로 일하던 근로자였다. 당시 노동 환경은 매우 열악하여, 그는 차 한 잔 값이던 50원을 일당으로 받으면서 하루에 14시간씩 고된 노동을 하였다. 전태일은 열악한 노동 환경 속에서 「근로 기준법」의 존재를 알게 되었고, 구청, 서울시 근로 감독관, 노동청에 찾아가 노동 환경 개선을 요구하기도 하였다. 1970년 11월 22세였던 젊은 전태일은 평화 시장 입구에서 「근로 기준법」 화형식을 하여 「근로 기준법」이 제 역할을 하지 못하는 현실을 고발하는 한편, "근로 기준법을 지켜라! 우리는 기계가 아니다!"라고 외치며 온몸에 불을 붙여 분신 자살하였다. 그의 죽음은 산업화 과정에서 희생당하던 당시 근로자의 삶이 사회 문제로 드러나는 계기가 되었고, 우리나라 노동 운동 발전에 큰 영향을 미쳤다.

– 전태일 재단 –

[자료2] 최저 임금 제도

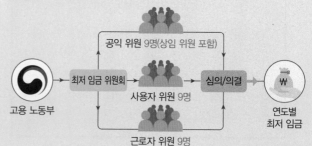

공익 위원 9명(상임 위원 포함)
고용 노동부 → 최저 임금 위원회 → 사용자 위원 9명 → 심의/의결 → 연도별 최저 임금
근로자 위원 9명

최저 임금 제도는 임금의 최저 수준을 보장하도록 법률로 정하여 근로자를 보호하는 제도이다. 근로자 위원 9명, 사용자 위원 9명, 공익 위원 9명으로 구성된 최저 임금 위원회의 심의·의결을 거쳐 고용 노동부 장관이 매년 고시한다. 2022년 최저 임금은 시간당 9,160원이다.

2. 노동권의 침해와 구제 방법 자료 4

(1) 부당 해고

① 의미: 정당한 이유 없이 근로자를 해고하거나 정당한 해고의 요건을 갖추지 않은 해고 행위

② 구제 방법
- 노동 위원회에 구제 요청
- 법원에 민사 소송(해고 무효 확인 소송) 제기 등

(2) 부당 노동 행위 → 노동조합 및 노동관계조정법에 명시되어 있어.

① 의미: : 사용자가 노동조합의 결성 또는 가입을 방해하거나 노동조합과의 단체 교섭을 정당한 이유 없이 거부하는 등 근로자의 노동 3권을 침해하는 행위

> **더 알아보기** 부당 노동 행위 사례(노동조합 및 노동관계조정법 제81조)
>
> ① 근로자가 노동조합에 가입하거나 기타 정당한 조합 활동을 한 것을 이유로 불이익을 주는 행위
> ② 근로자가 노동조합에 가입하지 않거나 또는 노동조합으로부터 탈퇴할 것을 고용 조건으로 하는 이른바 비열 계약을 체결하는 행위
> ③ 노동조합과의 단체 협약 체결 또는 단체 교섭을 정당한 이유 없이 거부 또는 해태하는·행위
> ④ 노동조합의 조직 또는 운영에 지배·개입하는 행위와 근로시간 면제한도를 초과하여 급여를 지급하거나 노동조합의 운영비를 원조하는 행위
> ⑤ 근로자가 정당한 단체 행위에 참가하거나 사용자의 부당 노동 행위를 신고한 것 등을 이유로 불이익을 주는 행위

② 구제 방법
- 노동 위원회, 법원에 권리 구제 요청
- 부당 노동 행위로 피해를 입은 근로자는 고용 노동부에 진정, 고소 등 사용자의 처벌을 요구할 수 있음

(3) 임금 체불 및 최저 임금액 미만의 지급

① 의미: 마땅히 지급해야 할 임금을 지급하지 않거나 최저 임금보다 적게 주는 것

② 구제 방법
- 고용 노동부에 진정서 제출
- 법원에 민사 소송 제기 등

(4) 기타 노동권의 침해 사례: 근로 계약서 미작성, 근로 기준법에 위배되는 근로 조건 강요 등

학습 내용 들여다보기

■ 정당한 해고의 요건
- 정당한 사유가 있어야 함
- 합리적이고 공정한 기준으로 해고 대상자를 선정해야 함
- 해고의 사유와 시기는 반드시 문서로 알려야 함
- 해고 30일 전에 해고 계획을 알려야 함

■ 부당 해고 사례

- 육아 휴직을 신청했다는 이유로 해고당한 경우
- 전화로 해고를 통지받은 경우

■ 노동 위원회
노사 문제를 신속하고 공정하게 처리하기 위해 근로자 위원·사용자 위원·공익 위원 3자로 구성된 합의제 행정 기관으로 노동 쟁의의 조정 및 중재, 부당 해고 및 부당 노동 행위 등의 심판, 비정규직 차별 처우 시정 등의 활동을 함

용어 알기
- **해고 무효 확인 소송** 자신에게 가해진 해고가 무효임을 확인해 달라는 소송으로, 민사 재판으로 진행
- **해태** 어떤 법률 행위를 할 기일을 이유 없이 넘겨 책임을 다하지 아니하는 일
- **고용 노동부** 고용 정책과 근로에 관한 업무를 관장하는 중앙 행정 기관

자료 3 청소년의 근로권 보장 – 청소년의 알바 십계명

1. 만 15세 이상 청소년만 근로할 수 있다.
2. 친권자 동의서, 가족 관계 증명서를 제출해야 한다.
3. 임금, 근로 시간, 휴일, 업무 내용 등이 포함된 근로 계약서를 작성해야 한다.
4. 성인과 동일한 최저 임금을 적용받는다.
5. 위험한 일이나 유해한 업종의 일은 할 수 없다.
6. 1일 7시간, 1주일에 35시간 초과하여 일할 수 없다.
7. 휴일 및 초과 근무 시 50%의 가산 임금을 받을 수 있다.
8. 1주일 개근하고 15시간 이상 일하면 하루의 유급 휴일을 받을 수 있다.
9. 일을 하다 다치면 산재 보험으로 치료와 보상을 받을 수 있다.
10. 상담은 국번 없이 1350과 1644-3199로 가능하다.
－ 고용 노동부

청소년의 근로권은 헌법 제32조 제5항에서 '연소자의 근로는 특별한 보호를 받는다.'라고 명시하여 특별히 보호하고 있다.

자료 4 노동권 침해의 구제 절차

피해 당사자 (근로자, 노동조합)
↓ 3개월 이내에 구제 신청
지방 노동 위원회
↓ 불복 시 재심 신청
중앙 노동 위원회
↓ 불복 시 행정 소송 제기
법원

사용자가 근로자의 단결권, 단체 교섭권 및 단체 행동권을 침해하거나 이를 이유로 하여 노동조합이나 근로자에게 해고 등 기타 불이익 처분을 한 경우(부당 노동 행위) 및 사용자가 정당한 이유 없이 해고, 휴직, 정직, 감봉 등을 한 경우(부당 해고 등)에 노동 위원회에 구제 신청을 할 수 있다.

1 다음 설명이 맞으면 ◯표, 틀리면 ✕표 하시오.

(1) 임금을 목적으로 사용자에게 노동력을 제공하는 사람을 근로자라고 한다. ( )
(2) 우리나라는 헌법에 근로자의 권리와 노동 3권을 명시하고 있다. ( )
(3) 근로자의 근로 시간은 원칙적으로 1일 8시간, 1주일 35시간을 초과할 수 없다. ( )
(4) 부당 해고를 당한 근로자는 노동 위원회에 구제 신청을 할 수 있다. ( )
(5) 임금을 받지 못한 노동자는 고용 노동부에 구제를 요청할 수 있다. ( )

2 밑줄 친 부분을 바르게 고쳐 쓰시오.

(1) <u>사용자</u>는 단결권, 단체 교섭권, 단체 행동권을 가진다.
( )
(2) 부당 해고가 되지 않으려면 최소 <u>10일</u> 전에 해고 계획을 문서로 알려야 한다. ( )
(3) 국가는 근로자가 적정 임금을 받을 수 있도록 <u>최고 임금</u>을 보장하고 있다. ( )

3 노동 3권의 유형과 그 내용을 바르게 연결하시오.

(1) 단결권 • • ㉠ 쟁의 행위 등을 할 수 있는 권리

(2) 단체 교섭권 • • ㉡ 노동조합을 조직·운영할 수 있는 권리

(3) 단체 행동권 • • ㉢ 근로 조건에 관하여 사용자와 협의할 수 있는 권리

4 괄호 안의 내용 중 알맞은 말에 ◯표 하시오.

(1) 근로 조건의 기준을 정함으로써 근로자의 기본적 생활을 보장·향상시키며 균형 있는 국민 경제의 발전을 꾀하는 것을 목적으로 제정된 법은 (헌법 , 근로 기준법)이다.
(2) 근로자의 노동 3권 행사에 대한 사용자의 침해 행위를 (부당 해고 , 부당 노동 행위)라고 한다.
(3) 정당한 해고가 되기 위해서는 해고 사유와 시기를 (구두 , 문서)로 알려야 한다.

01 근로자에 해당하지 않는 사람은?

① 중학교 교사
② 분식집 사장
③ 아르바이트 학생
④ 월급을 받는 회사원
⑤ 시청에서 일하는 공무원

02 근로자의 권리에 대한 설명으로 옳은 것은?

① 근로자는 최고 임금제를 보장받을 수 있다.
② 사용자는 근로자를 일방적으로 해고할 수 있다.
③ 근로 조건은 법률이 정한 기준보다 높아서는 안 된다.
④ 사용자는 한 달에 평균 1일 이상의 유급 휴일을 보장해야 한다.
⑤ 임금, 근로 시간, 휴일 등이 포함된 근로 계약서를 작성해야 한다.

03 노동 3권에 해당하는 권리만을 〈보기〉에서 있는 대로 고른 것은?

┤ 보기 ├
ㄱ. 단체 교섭을 할 수 있는 권리
ㄴ. 쟁의 행위를 할 수 있는 권리
ㄷ. 부당 해고를 당하지 않을 권리
ㄹ. 노동조합을 결성할 수 있는 권리

① ㄱ, ㄷ
② ㄱ, ㄹ
③ ㄴ, ㄷ
④ ㄱ, ㄴ, ㄹ
⑤ ㄴ, ㄷ, ㄹ

04 다음에서 설명하는 근로자의 권리로 옳은 것은?

> 근로자들이 자신의 주장을 관철하기 위해 합법적으로 정상적인 업무의 운영을 저해하는 쟁의 행위를 할 수 있는 권리로, 구체적인 방법에는 파업, 태업 등이 있다.

① 단결권
② 단체 교섭권
③ 단체 행동권
④ 재판 청구권
⑤ 공무 담임권

05 다음 설명에 해당하는 법률로 옳은 것은?

> 근로자의 기본적 생활을 보장·향상시키며 균형 있는 국민 경제의 발전을 꾀하는 것을 목적으로 제정된 법률

① 민법
② 근로 기준법
③ 최저 임금법
④ 소비자 기본법
⑤ 노동조합 및 노동관계조정법

06 청소년의 근로 조건에 대한 설명으로 옳은 것은?

① 청소년의 근로는 근로 기준법이 적용되지 않는다.
② 부모나 제3자가 근로 계약서를 대신 작성할 수 있다.
③ 청소년 근로도 성인과 동일한 최저 임금을 적용받는다.
④ 15세 이상 18세 미만의 청소년은 1일 7시간을 초과하여 일할 수 있다.
⑤ 1주일을 개근하고 35시간 이상 일을 해야 하루의 유급 휴일을 받을 수 있다.

07 부당 노동 행위에 해당하는 사례로 옳은 것은?

① 최저 임금을 보장받지 못한 경우
② 몇 달째 임금을 못 받고 있는 경우
③ 결혼식을 알렸더니 회사를 그만두라고 한 경우
④ 하루 8시간 근무를 했지만 휴게 시간을 주지 않은 경우
⑤ 노동조합에 가입했다는 이유로 승진 대상에서 제외한 경우

08 ㉠에 들어갈 사례로 적절하지 <u>않은</u> 것은?

(㉠)은/는 정당한 해고인가요?

(㉠)은/는 부당 해고입니다.

① 임신을 이유로 해고한 경우
② 정당한 이유 없이 해고한 경우
③ 해고 계획을 30일 전에 문서로 알린 경우
④ 노동조합 활동을 했다는 이유로 해고한 경우
⑤ 정당한 쟁의 행위를 했다는 이유로 해고한 경우

09 다음 설명에 해당하는 기관으로 옳은 것은?

> • 근로자와 사용자 사이에 발생하는 분쟁을 조정하고, 부당 노동 행위 및 부당 해고를 구제하는 행정 기관이다.
> • 근로자 위원, 사용자 위원, 공익 위원으로 구성된다.

① 법원
② 노동조합
③ 고용 노동부
④ 노동 위원회
⑤ 헌법 재판소

10 노동권 침해를 구제받는 가장 적절한 방법만을 〈보기〉에서 있는 대로 고른 것은?

> **보기**
> ㄱ. 고용 노동부에 신고한다.
> ㄴ. 법원에 소송을 제기한다.
> ㄷ. 지방 노동 위원회에 구제를 요청한다.
> ㄹ. 국민 권익 위원회에 구제를 요청한다.

① ㄱ, ㄴ
② ㄱ, ㄹ
③ ㄷ, ㄹ
④ ㄱ, ㄴ, ㄷ
⑤ ㄴ, ㄷ, ㄹ

01 A, B에 대한 설명으로 옳은 것은?

> A는 B에게 임금을 받기 위해 근로를 제공하는 사람으로 노동력을 제공하는 조건인 임금, 근로 시간, 휴가 등이 포함된 근로 계약서를 작성해야 한다.

① A는 사용자, B는 근로자이다.
② 공립 학교 교사는 A에 해당하지 않는다.
③ B는 최소한의 근로 조건을 보장받으며 일해야 한다.
④ B는 정당한 사유 없이 A를 해고할 수 없다.
⑤ A와 B는 모두 노동조합을 결성·운영할 수 있는 권리가 있다.

---

02 고난도
다음 사례에 대한 설명으로 옳은 것을 〈보기〉에서 고른 것은?

> ### 근로 계약서
>
> 갑: 사업주 ○○○(35세)
> 을: 종업원 □□□(17세)
>
> 갑과 을은 다음과 같이 ㉠ 근로 계약을 체결한다.
>
> 1. 계약 기간: 2021년 1월 1일~2021년 12월 31일
> … (중략) …
> 4. ㉡ 근로시간: 오전 10시부터 오후 6시까지(휴게 시간 1시간 포함)
> 5. ㉢ 임금: 시간당 8,000원
>
> 단, 2021년 최저 임금은 시간당 8,720원임

> ┤ 보기 ├
> ㄱ. ㉠은 을의 부모가 직접 체결할 수 있다.
> ㄴ. ㉡은 을의 1일 근로 시간을 초과하지 않는다.
> ㄷ. 을은 ㉢에 합의했더라도 최저 임금을 요구할 수 있다.
> ㄹ. 위 근로 계약서는 청소년과의 계약이므로 근로 기준법이 적용되지 않는다.

① ㄱ, ㄴ   ② ㄱ, ㄷ   ③ ㄴ, ㄷ
④ ㄴ, ㄹ   ⑤ ㄷ, ㄹ

---

03 ★ 중요 ★
노동권 침해에 해당하는 사례를 〈보기〉에서 고른 것은?

> ┤ 보기 ├
> ㄱ. 결혼을 이유로 퇴사를 강요받았다.
> ㄴ. 최저 임금보다 높은 임금을 지급받았다.
> ㄷ. 법정 근로 시간을 초과하는 근로 시간을 강요받았다.
> ㄹ. 근로 기준법에서 정한 기준에 맞게 근로 계약서를 작성하였다.

① ㄱ, ㄴ   ② ㄱ, ㄷ   ③ ㄴ, ㄷ
④ ㄴ, ㄹ   ⑤ ㄷ, ㄹ

---

04 ㉠, ㉡에 들어갈 말로 옳은 것은?

> 헌법 제32조 ① 모든 국민은 (㉠)의 권리를 가진다. 국가는 사회적·경제적 방법으로 근로자의 고용의 증진과 적정 임금의 보장에 노력하여야 하며, 법률이 정하는 바에 의하여 (㉡)을/를 시행하여야 한다.

	㉠	㉡
①	근로	최저 임금제
②	근로	최고 임금제
③	교육	의무 교육제
④	교육	최저 임금제
⑤	노동 3권	최저 임금제

---

05 다음은 수업 장면이다. 교사의 질문에 옳게 답한 학생은?

근로자의 권리 구제
1. (가)의 의미: 근로자의 노동 3권 행사에 대한 사용자의 방해 행위

(가)의 사례를 발표해 볼까요?

① 갑: 1주일에 1일의 유급 휴가를 받지 못했어요.
② 을: 임금 체불로 인해 가정 생활이 어려워졌어요.
③ 병: 회사가 정당한 이유 없이 단체 교섭에 응하지 않고 있어요.
④ 정: 회사에 채용되었지만 스스로 노동조합에 가입하지 않았어요.
⑤ 무: 회사에 입사한 지 얼마 되지 않았다는 이유로 해고를 당했어요.

06 다음에서 침해된 노동권을 구제받을 수 있는 방법으로 옳은 것은?

> 갑은 7개월 치 월급을 못 받았다. 지금까지 여러 번 밀린 월급을 달라고 요구했으나, 회사 사정이 어렵다며 주지 않았다.

① 고용 노동부에 신고한다.
② 법원에 행정 소송을 제기한다.
③ 지방 노동 위원회에 구제를 요청한다.
④ 국민 권익 위원회에 구제를 요청한다.
⑤ 언론 중재 위원회에 피해 개선을 요구한다.

★ 중요 ★

07 노동 3권에 대한 설명으로 옳지 <u>않은</u> 것은?

① 우리나라는 헌법에 노동 3권을 보장하고 있다.
② 노동조합을 결성할 수 있는 권리를 단결권이라고 한다.
③ 근로자뿐만 아니라 사용자에게도 노동 3권이 보장된다.
④ 쟁의 행위를 할 수 있는 권리를 단체 행동권이라고 한다.
⑤ 사용자와 근로 조건을 협의할 수 있는 권리를 단체 교섭권이라고 한다.

08 다음 사례에 대한 설명으로 옳은 것을 〈보기〉에서 고른 것은?

> 회사원 갑은 결혼 10년 만에 어렵게 임신을 했다. 이에 회사에 임신을 알리고 휴직을 하였다. 휴직 기간이 끝나자 사용자는 정당한 사유 없이 갑을 해고하였다.

┤ 보기 ├
ㄱ. 갑은 노동 3권을 침해당하였다.
ㄴ. 갑은 노동 위원회에 구제를 신청할 수 있다.
ㄷ. 갑에 대한 해고는 부당 노동 행위에 해당한다.
ㄹ. 갑은 법원에 해고 무효 확인 소송을 제기할 수 있다.

① ㄱ, ㄴ   ② ㄱ, ㄷ   ③ ㄴ, ㄷ
④ ㄴ, ㄹ   ⑤ ㄷ, ㄹ

📝 **서술형 문제**

09 다음 법 조항이 공통적으로 추구하는 목적을 서술하시오.

> • 헌법 제33조 ① 근로자는 근로 조건의 향상을 위하여 자주적인 단결권, 단체 교섭권 및 단체 행동권을 가진다.
> • 근로 기준법 제3조 이 법에서 정하는 근로 조건은 최저 기준이므로 근로 관계 당사자는 이 기준을 이유로 근로 조건을 낮출 수 없다.

_____
_____
_____
_____

10 다음은 근로자가 노동 3권을 행사하는 모습이다. 이에 해당하는 권리를 무엇이라고 하는지 쓰고, 그 의미를 서술하시오.

_____
_____
_____
_____

대단원 정리

❶ 인권과 인권 보장

(①   )은/는 인간이 마땅히 누려야 할 기본적 권리로, 국가의 법으로 보장받기 전부터 자연적으로 부여된 (②   )이며, 모든 사람이 동등하게 누릴 수 있는 (③   )이다.

답 ① 인권 ② 자연권 ③ 보편적 권리

❷ 기본권

기본권에는 자유롭게 생활할 수 있는 권리인 (①   ), 부당한 차별을 받지 않을 권리인 (②   ), 정치 과정에 참여할 수 있는 권리인 (③   ), 권리 침해에 대한 구제를 요구할 권리인 (④   ), 인간다운 생활을 보장받을 권리인 (⑤   )이/가 있다.

답 ① 자유권 ② 평등권 ③ 참정권 ④ 청구권 ⑤ 사회권

❸ 기본권의 제한과 한계

(①   )

(②   )

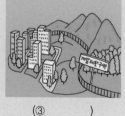
(③   )

국가는 (①   ), (②   ), (③   ) 을/를 위하여 필요한 경우 기본권을 법률로써 제한할 수 있다.

답 ① 국가 안전 보장 ② 질서 유지 ③ 공공복리

---

1. 인권 보장과 기본권

1. 인권과 인권 보장 ❶

인권	의미	인간이 마땅히 누려야 할 기본적 권리
	특징	• 자연권: 국가의 법으로 보장받기 전부터 자연적으로 부여된 권리 • 보편적 권리: 모든 사람이 동등하게 누릴 수 있는 권리
인권 보장의 중요성		• 인간의 존엄성 실현과 행복한 삶의 기반임 • 최소한의 인간다운 삶을 영위하는 토대가 됨

2. 기본권

(1) 기본권의 의미와 목적

의미	헌법에 보장되어 있는 기본적 권리
목적	국가의 권력으로부터 국민의 자유와 권리 보호

(2) 기본권의 종류 ❷

인간의 존엄과 가치 및 행복 추구권	모든 인간은 인간이라는 이유만으로 그 가치를 보장받고 존중받으며 행복을 추구할 수 있는 권리
평등권	모든 국민이 부당한 차별을 받지 않고 동등하게 대우받을 권리 예 법 앞에서의 평등
자유권	국가 권력의 간섭을 받지 않고 자유롭게 생활할 수 있는 권리 예 신체의 자유, 종교의 자유, 언론·출판의 자유 등
참정권	국가의 의사 결정과 정치 과정에 참여할 수 있는 권리 예 선거권, 공무 담임권, 국민 투표권 등
청구권	국가에 대하여 일정한 행위를 요구할 수 있는 권리 예 청원권, 재판 청구권, 국가 배상 청구권 등
사회권	국가에 인간다운 생활의 보장을 요구할 수 있는 권리 예 교육받을 권리, 근로의 권리, 환경권 등

3. 기본권의 제한과 한계 ❸

목적		국가 권력이 국민의 기본권을 함부로 침해할 수 없도록 하여 국민의 자유와 권리를 최대한 보장하기 위함
범위(조건)	국가 안전 보장	국가의 존립이나 헌법의 기본 질서 등을 보호
	질서 유지	타인의 권리를 침해하지 않고 공공질서 유지
	공공복리	사회 구성원들의 공통되는 이익 추구
		☞ 위 세 가지를 위해 필요한 경우에 한하여 제한함
방법(수단)		국회에서 만든 법률에 의해서만 제한함
한계		기본권을 제한하더라도 자유와 권리의 본질적인 내용은 침해할 수 없음 → 국가 권력의 남용을 방지함으로써 국민의 자유와 권리를 최대한 보장하기 위함

2. 인권 침해와 구제

1. 인권 침해의 의미와 유형

인권 침해	개인이나 국가 기관이 다른 사람의 인권을 해치거나 방해하는 행위
발생 원인	• 편견이나 고정 관념 • 잘못된 관습이나 관행 • 불합리한 법률이나 제도 등
유형	• 개인, 단체에 의한 인권 침해 • 국가 기관에 의한 인권 침해
사례	성차별, 장애인 차별, 인종 차별, 사생활 침해 등

2. 인권 침해의 구제 방법 ❹

법원	소송을 제기하면 재판을 통해 침해된 권리 구제
헌법 재판소	헌법 소원 심판, 위헌 법률 심판 등을 통해 국민의 기본권 보장
국가 인권 위원회	인권 침해나 차별 행위를 조사하여 법령이나 제도의 개선 권고
국민 권익 위원회	행정 기관의 잘못된 법 집행 등으로 침해된 권리 구제
기타	언론 중재 위원회, 대한 법률 구조 공단, 한국 소비자원

3. 근로자의 권리와 보호

1. 근로자의 의미와 권리 ❺

근로자	사용자에게 근로를 제공하고 대가로 임금을 받는 사람	
근로의 권리	일할 의사와 능력을 가진 사람이 국가에 대해 일할 기회를 보장받을 권리 • 최저 임금 보장: 근로자의 적정 임금의 보장을 명시함 • 근로 기준법 규정: 근로 조건의 기준을 제시함	
노동 3권	단결권	노동조합을 결성·활동할 수 있는 권리
	단체 교섭권	노동조합을 통해 사용자와 근로 조건에 대해 협의할 수 있는 권리
	단체 행동권	단체 교섭이 원만하게 이루어지지 않을 경우 쟁의 행위를 할 수 있는 권리

2. 노동권의 침해와 구제 ❻

노동권의 침해	• 부당 해고: 정당 해고의 요건을 갖추지 못한 해고 행위 • 부당 노동 행위: 근로자의 노동 3권을 침해하는 행위 • 기타: 임금 체불, 근로 계약서 미작성, 최저 임금 미준수 등

노동권 침해의 구제 방법	• 부당 해고, 부당 노동 행위
	  → 노동 위원회에 구제 신청, 법원에 소송 제기
	• 임금 체불 및 미지급
	  → 고용 노동부에 진정서 제출, 법원에 소송 제기

---

❹ 인권 침해의 구제 방법

(①   )   (②   )

(①   )은/는 헌법 소원 심판, 위헌 법률 심판 등을 통해 침해된 국민의 기본권을 구제한다. 반면 (②   )은/는 인권 침해 요소가 있는 법이나 제도의 개선을 권고하고, 인권 침해나 차별 행위를 조사·구제한다.

답 ① 헌법 재판소 ② 국가 인권 위원회

❺ 근로자의 권리

우리나라 헌법 제33조에서는 '근로자는 근로 조건의 향상을 위하여 자주적인 (①   ), (②   ), (③   )을/를 가진다.'고 명시하고 있다.

답 ① 단결권 ② 단체 교섭권 ③ 단체 행동권

❻ 노동권의 침해와 구제

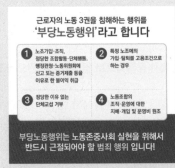

(   )은/는 근로자의 노동 3권 활동을 이유로 불이익을 주거나 정당한 노동조합 활동을 방해하는 사용자의 행위이다.

답 부당 노동 행위

대단원 마무리

01 그림은 수업 장면이다. 이에 대한 설명으로 옳지 <u>않은</u> 것은?

(가) 의 의미와 특징

1. 의미: 인간이라면 누구나 존중받고 인간답게 살 권리
2. 특징: _____(나)_____

① (가)는 '인권'이다.
② (가)는 국적에 따라 차별적으로 보장된다.
③ (가)는 인간 존엄성 실현과 행복한 삶의 기반이 된다.
④ (나)에는 '하늘로부터 부여받는 자연권'이 들어갈 수 있다.
⑤ (나)에는 '모든 사람이 동등하게 누릴 수 있는 권리'가 들어갈 수 있다.

02 다음 역사적 사건에 대한 설명으로 옳은 것은?

부르주아를 비롯한 시민들은 절대 군주와 봉건 세력을 무너뜨리고자 시민 혁명을 일으켰다. 이 사건으로 근대 시민 사회의 기틀이 마련되었다.

① 모든 시민에게 참정권이 부여되었다.
② 인간답게 살 권리인 사회권이 발달하였다.
③ 왕권이 강화되어 기본권 제한이 심화되었다.
④ 시민 혁명을 계기로 계몽사상이 등장하였다.
⑤ 개인의 자유와 권리가 천부의 권리임을 강조하였다.

03 다음에서 공통적으로 침해된 기본권으로 옳은 것은?

• 아파트 건설 현장에서 발생하는 먼지와 소음 때문에 생활하는 데 어려움이 있다.
• 장애인 편의 시설이 없다는 이유로 학교 입학을 거부당하였다.

① 자유권   ② 평등권   ③ 참정권
④ 청구권   ⑤ 사회권

04 다음 사례에 대한 설명으로 옳은 것을 〈보기〉에서 고른 것은?

이슬람권 일부 국가에서 행해지고 있는 명예 살인은 가족, 부족, 공동체의 명예를 더럽혔다는 이유로 조직 내 구성원을 다른 사람이 살인하는 행위를 말한다. 이는 명예를 지키기 위한 살인을 정당화할 수 있다는 명분으로 자행된다.

┤ 보기 ├
ㄱ. 인간이 가지는 기본적 권리가 침해되었다.
ㄴ. 편견과 고정 관념이 발생 원인이 될 수 있다.
ㄷ. 국가에 일정한 행위를 요구하는 권리가 침해되었다.
ㄹ. 최소한의 인간다운 생활을 보장받을 권리가 침해되었다.

① ㄱ, ㄴ   ② ㄱ, ㄷ   ③ ㄴ, ㄷ
④ ㄴ, ㄹ   ⑤ ㄷ, ㄹ

05 밑줄 친 기본권으로 옳은 것은?

해가 뜨기 전이나 해가 진 후에 시위를 금지한 '집회 및 시위에 관한 법률' 제10조는 헌법에 보장된 이 <u>기본권</u>을 과도하게 침해한다는 헌법 재판소의 결정이 나왔다. 헌법 재판소는 "해당 조항에 따르면 낮 시간이 짧은 동절기 평일에는 직장인이나 학생이 사실상 시위에 참여할 수 없어 기본권을 박탈하는 결과가 초래된다."라고 지적했다.

① 자유권   ② 평등권   ③ 참정권
④ 청구권   ⑤ 사회권

06 참정권에 대한 설명으로 옳은 것은?

① 모든 기본권의 토대가 되는 포괄적 권리이다.
② 어떠한 조건에 상관없이 평등하게 대우받을 권리이다.
③ 국가의 정치적 의사 결정 과정에 참여할 수 있는 권리이다.
④ 국가 권력에 의해 간섭받지 않고 자유롭게 생활할 권리이다.
⑤ 다른 기본권이 침해되었을 때 구제하기 위한 수단이 되는 권리이다.

07 밑줄 친 기본권에 속하는 권리를 〈보기〉에서 고른 것은?

> 이 기본권은 국가에 대하여 일정한 행위를 요구할 수 있는 권리로 다른 기본권이 침해되었을 때 그 구제를 요구할 수 있는 권리이기 때문에 수단적 권리라고도 한다.
>
> ┤ 보기 ├
> ㄱ. 청원권   ㄴ. 공무 담임권
> ㄷ. 재판 청구권   ㄹ. 근로의 권리

① ㄱ, ㄴ   ② ㄱ, ㄷ   ③ ㄴ, ㄷ
④ ㄴ, ㄹ   ⑤ ㄷ, ㄹ

08 ㉠에 들어갈 권리로 가장 적절한 것은?

> 간호사를 채용함에 있어 성차별 없이 우수 인력을 채용할 수 있음에도 불구하고 단순히 남성이라는 이유로 채용에서 배제하는 경우 (㉠)의 침해라고 할 수 있다.

① 자유권   ② 평등권   ③ 참정권
④ 청구권   ⑤ 사회권

09 교사의 질문에 대한 답변으로 옳지 <u>않은</u> 학생은?

① 갑   ② 을   ③ 병   ④ 정   ⑤ 무

10 다음과 같은 역할을 하는 국가 기관으로 옳은 것은?

> • 인권의 전반적인 문제를 다룬다.
> • 진정을 신청하면 인권 침해를 한 개인이나 기관에 시정, 개선, 구제 조치 등을 권고한다.

① 법원   ② 국회
③ 헌법 재판소   ④ 국가 인권 위원회
⑤ 국민 권익 위원회

11 (가), (나)에서 침해된 인권을 구제받을 수 있는 기관으로 옳은 것은?

> (가) 동의 없이 자신의 얼굴이 뉴스 자료 화면으로 사용된 갑은 권리를 침해당했다고 생각하였다.
> (나) 출근길에 파손된 도로로 자신의 차량이 훼손된 을은 권리를 침해당했다고 생각하였다.

	(가)	(나)
①	법원	언론 중재 위원회
②	헌법 재판소	국가 인권 위원회
③	언론 중재 위원회	법원
④	한국 소비자원	국민 권익 위원회
⑤	대한 법률 구조 공단	한국 소비자원

12 ㉠, ㉡, ㉢에 들어갈 말을 쓰시오.

> 갑은 5급 국가 공무원 공개 경쟁 채용 시험을 준비 중이다. 하지만 공무원 임용 시험령 제16조에 응시 연령 상한을 32세로 제한하고 있어 시험을 볼 수 없었다. 이에 갑은 이러한 제한이 평등권과 더불어 자신의 기본권인 (㉠)을/를 침해한다며 (㉡)에 해당 조항에 대한 위헌 여부를 심판해 달라고 (㉢)을/를 청구하였다. 이에 (㉡)은/는 해당 조항은 위헌이라고 심판하였다.

_____

_____

13 다음 헌법 조항에서 공통적으로 보장하는 기본권으로 가장 적절한 것은?

> • 제32조 ① … 국가는 사회적·경제적 방법으로 근로자의 고용의 증진과 적정 임금의 보장에 노력하여야 하며 …
> • 제34조 ⑤ 신체 장애자 및 질병·노령 기타의 사유로 생활 능력이 없는 국민은 법률이 정하는 바에 의하여 국가의 보호를 받는다.

① 자유권　　② 평등권　　③ 참정권
④ 청구권　　⑤ 사회권

14 A에 해당하는 사례를 〈보기〉에서 고른 것은?

> A는 인간으로서 누릴 수 있는 기본적 권리를 해치거나 방해하는 행위를 의미한다.

┤ 보기 ├
ㄱ. 영업 실적이 낮아 성과급을 적게 받았다.
ㄴ. 장애인이라는 이유로 보험에 가입할 수 없었다.
ㄷ. 청소년이라 밤 10시 이후에 노래방에 출입할 수 없었다.
ㄹ. 경찰에 체포당할 때 묵비권을 행사할 수 있다는 고지를 듣지 못했다.

① ㄱ, ㄴ　　② ㄱ, ㄷ　　③ ㄴ, ㄷ
④ ㄴ, ㄹ　　⑤ ㄷ, ㄹ

15 A에 해당하는 권리 구제 기관으로 옳은 것은?

> ○○ 신문　　○○○○년 ○○월 ○○일
> _____
> A, 이례적 피의자에 법률 지원 … "피의자 인권도 소중"
>
> 　수갑을 차고 포승줄에 묶인 피의자가 호송 차량에서 내리다가 굴러떨어져 다쳤다면 국가가 이를 배상해야 한다는 판결이 나왔다. 피의자의 억울한 사연을 전해 들은 A는 '피의자의 인권도 보호받아야 한다.'는 취지로 소송을 대리하여 지원하였다. … (후략)

① 법원　　　　　　② 헌법 재판소
③ 국민 권익 위원회　④ 국가 인권 위원회
⑤ 대한 법률 구조 공단

16 다음 사례에 대한 설명으로 옳은 것은?

> 　건강 기능 식품 판매업자 갑은 건강 기능 식품을 판매하면서 심의받은 내용과 다른 내용의 표시 광고를 했다는 이유로 영업 정지 처분을 받았다. 이에 갑은 이와 관련된 법이 위헌이라며 심판을 청구하였다. A는 건강 기능 식품 광고도 표현의 자유의 보호 대상이 되므로 사전 검열 금지 대상이 된다고 밝히면서 위헌 결정을 내렸다.

① 갑은 헌법 소원 심판을 청구하였다.
② 갑은 사회권을 침해받았다고 판단하였다.
③ 갑은 국민 권익 위원회에 구제를 신청하였다.
④ A는 행정 법원으로 행정 분쟁을 담당하는 기관이다.
⑤ A는 사전 검열은 표현의 자유를 침해하지 않는다고 판단하였다.

17 근로자의 근로 조건에 대한 설명으로 옳은 것을 〈보기〉에서 고른 것은?

┤ 보기 ├
ㄱ. 사용자와 근로자는 근로 조건에 관해 계약서를 작성해야 한다.
ㄴ. 근로자의 적정 임금 보장을 위해 최저 임금제를 실시하고 있다.
ㄷ. 근로 계약서상의 근로 조건은 법률이 정한 기준보다 높아서는 안 된다.
ㄹ. 근로자의 기본적 생활 보장을 위해 최대한의 근로 조건을 법률로 정하고 있다.

① ㄱ, ㄴ　　② ㄱ, ㄷ　　③ ㄴ, ㄷ
④ ㄴ, ㄹ　　⑤ ㄷ, ㄹ

18 (가), (나)에 대한 설명으로 옳은 것은?

(가)　　　　　　　　(나)

① (가)는 사용자의 쟁의 행위이다.
② (가)는 노동 3권 중 단체 행동권에 해당한다.
③ (나)는 노동자의 쟁의 행위이다.
④ (나)는 사용자의 단체 교섭권에 해당한다.
⑤ (가)와 (나) 모두 헌법상 보장된 단결권이다.

19 밑줄 친 (가)에 들어갈 답변으로 옳지 **않은** 것은?

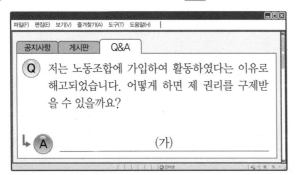

① 법원에 소송을 제기하세요.

② 고용 노동부에 신고하세요.

③ 노동 위원회에 구제를 신청하세요.

④ 국가 인권 위원회에 진정서를 내세요.

⑤ 헌법 재판소에 헌법 소원 심판을 청구하세요.

20 다음 수행 평가 점수로 옳은 것은?

※ 다음에서 부당 해고에 해당하면 ○, 아니면 ×를 표시하시오.(각 문항당 맞으면 1점, 틀리면 0점)

구분	답변
1. 문자로 해고 통보를 받은 경우	○
2. 해고 30일 전에 통보받은 경우	○
3. 결혼을 이유로 해고한 경우	○
4. 정당한 파업을 이유로 해고한 경우	×

① 0점　　② 1점　　③ 2점　　④ 3점　　⑤ 4점

21 다음에 해당하는 국가 기관에 대한 설명으로 옳은 것은?

근로자와 사용자 간의 분쟁을 조정하는 행정 기관으로 근로자 위원, 사용자 위원, 공익 위원으로 구성된다.

① 인권 침해에 대해 권고를 할 수 있다.

② 부당 노동 행위 및 부당 해고를 구제한다.

③ 잘못된 언론 보도로 발생한 피해를 개선한다.

④ 재판을 통해 근로자의 침해된 권리를 구제한다.

⑤ 소비자의 권리가 침해된 경우 조사하여 구제한다.

22 (가)에 들어갈 말로 옳은 것만을 〈보기〉에서 있는 대로 고른 것은?

 청소년이 아르바이트를 할 때 알아야 할 내용에는 어떤 것이 있을까?

 청소년이 근로를 할 때는 (가) 을/를 알아야 해.

┤ 보기 ├

ㄱ. 청소년의 근로도 근로 기준법이 적용된다는 것

ㄴ. 청소년도 성인이 할 수 있는 모든 업종에서 일할 수 있다는 것

ㄷ. 청소년은 미성년자이므로 계약서를 부모가 대신 작성해야 한다는 것

ㄹ. 15세 이상 18세 미만의 청소년은 1일 7시간을 초과하여 일할 수 없다는 것

① ㄱ, ㄷ　　　② ㄱ, ㄹ　　　③ ㄴ, ㄷ

④ ㄱ, ㄴ, ㄹ　　⑤ ㄴ, ㄷ, ㄹ

23 다음과 같은 제도를 규정한 공통적인 목적으로 옳은 것은?

• 헌법에 노동 3권 명시　　• 최저 임금제 시행

① 근로자의 권리를 제한하기 위해서

② 사용자의 권리를 보호하기 위해서

③ 노사 문제를 공정하게 해결하기 위해서

④ 근로자의 법 위반 행위를 규제하기 위해서

⑤ 근로자의 인간다운 생활을 보장하기 위해서

✐ 서술형

24 다음 사례에서 갑의 노동권을 구제할 수 있는 방법을 서술하시오.

갑은 ○○회사에 취업하기 위해 지원했다. ○○회사는 갑과 합의하에 노동조합에 가입하지 않을 조건으로 갑을 채용하였다. 하지만 갑은 회사 생활을 하면서 노동조합의 필요성을 알게 되었고, 노동조합에 가입하였다. 이에 회사는 갑이 근로 계약을 위반하였다며 갑을 해고하였다.

_____

_____

Ⅱ

헌법과
국가 기관

01 국회

1. 국회의 의미와 위상

(1) 국회의 의미
① 국민이 선출한 대표로 구성된 국민의 대표 기관
② 법을 만드는 기능이 중요하기 때문에 국회를 입법(立法)부라고 함

(2) 국회의 위상 [자료 1]
① 국민의 대표 기관: 국민이 직접 선출한 대표들로 구성됨 → 대의 민주제에서 국민은 국회를 통해 주권을 행사함 └→ 국회 의원을 말해.
② 입법 기관: 국민의 의견을 모아서 법률을 제정하거나 개정함
③ 국정 통제 기관: 정부의 권력 행사를 감시하고 견제함 → 국가 권력의 남용을 막고, 국민의 기본권 보장 및 권리 증진

2. 국회의 구성과 주요 기관

(1) 국회의 구성 → 국회 의원(300명)으로 구성되어 있어.

국회 의원	• 임기 4년, 국민이 직접 선출 • 지역구 국회 의원: 각 지역구에서 가장 많은 득표를 한 1명을 선출함 • 비례 대표 국회 의원: 각 정당이 전국에서 받은 득표율에 비례하여 의석수를 배분함

└→ 의원이 앉는 자리의 수=의원 수야.

(2) 국회의 주요 기관

의장단	국회 의장 1명, 부의장 2명을 국회 의원 중에서 선출
본회의 [자료 2]	• 국회 의원 전원으로 구성 • 각 상임 위원회에서 심사한 법률안, 예산안, 청원 등을 결정 • 특별한 규정이 없는 한 재적 의원 과반수 출석과 출석 의원 과반수 찬성으로 의결함 • 회의는 공개를 원칙으로 하되, 특별한 경우 비공개로 진행될 수 있음
위원회	• 효율적이고 전문적인 심의를 위해 본회의에서 심의·의결할 법률안이나 예산안 등을 먼저 심사함 • 상임 위원회와 특별 위원회가 있음
교섭 단체	• 국회의 의사 진행에 필요한 중요 안건을 협의함 • 20명 이상의 소속 의원을 가진 정당은 하나의 교섭 단체가 됨 • 다른 교섭 단체에 속하지 아니하는 20명 이상의 의원으로 따로 교섭 단체를 구성할 수 있음

(3) 국회의 회의
① 정기회: 100일 이내의 회기로, 매년 1회 개최
② 임시회: 대통령 또는 국회 재적 의원 4분의 1 이상의 요구가 있을 경우 집회, 회기는 30일 이내임

■ 헌법에 명시된 국회의 위상

제40조 입법권은 국회에 속한다.
제41조 ① 국회는 국민의 보통·평등·직접·비밀 선거에 의하여 선출된 국회 의원으로 구성한다.

학습 내용 들여다보기

■ 법률의 제정과 개정
새로운 법률을 만드는 것을 제정, 기존 법률을 고치거나 다시 정하는 것을 개정이라고 한다.

■ 국회 의원 선거
4년마다 시행하는 국회 의원 선거에서 우리나라는 1인 2표제를 시행하고 있다. 유권자는 두 장의 투표 용지를 받아 지역구 선거의 후보자를 뽑는 데 한 표, 자신이 지지하는 정당에 한 표를 행사한다.

용어 알기
• **배분** 각자의 몫을 나누어 가지는 것
• **과반수** 절반을 넘는 수(50% 초과)

[자료 1] 제헌 국회

우리나라 최초의 국회는 광복 후 1948년 5월 10일에 시행된 총선거로 구성되었다. 5·10 총선거에서는 총 198명의 국회 의원이 선출되었으며 같은 해 5월 31일 대한민국 최초의 제헌 국회가 탄생되었다. 제헌 국회는 헌법을 제정하고, 초대 정부 수립을 위해 정부 조직과 법률을 제정하였다.

[자료 2] 국회 본회의

국회의 의사 결정은 효율적이고 전문적인 심의를 위해 위원회 중심으로 운영하되, 의사 결정은 본회의에서 표결을 통해 이루어진다. 표결 결과 찬성과 반대의 수가 같은 경우를 가부동수라고 하는데, 법률안 투표가 가부동수인 경우에는 부결된 것으로 처리한다.

3. 국회의 기능

(1) 입법에 관한 권한 → 국회의 가장 본질적인 기능이야.

① 법률의 제정 및 개정 절차

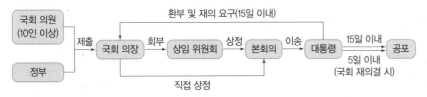

법률안 제출	국회 의원(국회 의원 10명 이상 또는 위원회) 또는 정부
심의 및 의결	해당 상임 위원회에서 전문적인 심사 → 본회의 상정 → 의결(재적 의원 과반수의 출석과 출석 의원 과반수의 찬성)
정부 이송	대통령이 15일 이내에 공포하거나 국회로 환부하여 재의 요구
효력 발생	공포한 날로부터 20일 후 효력 발생

② 헌법 개정안 제안 및 의결: 국회 재적 의원 과반수가 헌법 개정을 제안할 수 있고 제안된 헌법 개정안은 재적 의원 2/3 이상의 찬성으로 의결됨 [자료 3]

③ 조약 체결에 관한 동의권: 국회의 동의를 받은 국제 조약은 국내법과 동일한 효력을 가짐

(2) 재정에 관한 권한 [자료 4]

① 조세의 종목 및 세율 결정권 → 조세 법률주의

② 예산안 심의 및 확정권, 예산 집행의 결산 심사권

(3) 국정 통제 및 감시·견제 권한 → 국정이 바르게 운영되는지를 감시하여 행정부를 견제하는 거야.

① 국정 감사와 국정 조사권

국정 감사	매년 정기적으로 국정 전반에 대하여 감사하고 바로잡는 것
국정 조사	특정 사안이 발생했을 때 그 사안에 대하여 조사하고 바로잡는 것

② 국가 기관 구성권
→ 대통령의 인사권을 견제하는 수단이야.

임명 동의권	국무총리, 감사원장, 대법원장, 헌법 재판소장, 대법관의 임명은 국회의 동의를 얻어야 함
선출권	헌법 재판소 재판관과 중앙 선거 관리 위원회 위원 중 3명의 선출권을 가짐

③ 탄핵 소추 의결권 → 법을 위반한 고위 공무원을 해임하거나 처벌하는 제도야.

- 대통령, 국무총리, 행정 각부 장관, 헌법 재판소 재판관 등 법률이 정한 공무원이 헌법이나 법률을 위반한 경우 탄핵 소추를 의결할 수 있음
- 국회가 탄핵 소추를 의결하면 헌법 재판소에서 이를 심판하여 해당 공무원의 파면 여부를 결정함

■ **대통령이 거부권을 행사한 법률 재의결**
대통령이 거부권을 행사하면 법률안은 국회로 되돌려 보내지고 국회는 해당 법률안을 다시 심사하는데, 재적 의원 과반수 출석에 출석 의원 2/3 이상이 찬성하면 그 법률안은 법률로 확정된다.

■ **조세 법률주의**
국가 재정의 기반인 세금을 부과할 때 그 종목과 세율을 반드시 국회에서 만든 법률에 근거하도록 한 원칙으로, 국가 또는 지방 자치 단체는 국회에서 제정한 법률에 의해서만 조세를 부과·징수할 수 있으며, 국민은 법률에 의해서만 납세 의무를 진다.

■ **국정 감사**

국회가 국가 행정 전반에 관해 감사할 수 있는 권한으로, 국회 상임 위원회별로 매년 정기 국회 다음 날부터 30일 이내로 시행하며, 국정 운영의 잘못된 부분의 시정을 요구한다.

🎓 **용어 알기**

- **회부** 어떤 일의 처리를 맡기려고 넘기는 것
- **상정** 논의할 안건을 본회의에 내어 놓는 것
- **공포** 국민에게 알리는 것
- **조약** 국가 간의 정치적·외교적 사항에 관한 포괄적인 합의
- **재정** 정부가 세금을 걷고 사용하는 활동
- **감사** 감독하고 검사함
- **소추** 법적 심판을 받도록 요구하는 것

[자료 3] 헌법 개정 절차

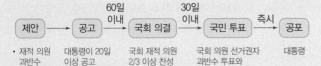

헌법 개정안 제안은 국회 재적 의원 과반수 또는 대통령에 의해 이루어지며, 국회 재적 의원 3분의 2 이상의 찬성이 있어야 하는 의결 과정을 거쳐 국민 투표로 최종 확정된다.

[자료 4] 예산 절차

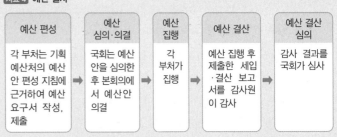

예산 편성	예산 심의·의결	예산 집행	예산 결산	예산 결산 심의
각 부처는 기획 예산처의 예산안 편성 지침에 근거하여 예산 요구서 작성, 제출	국회는 예산안을 심의한 후 본회의에서 예산안 의결	각 부처가 집행	예산 집행 후 제출한 세입·결산 보고서를 감사원이 감사	감사 결과를 국회가 심사

국회는 행정부가 제출한 예산안을 심의·확정하고, 정부가 1년 동안 예산을 제대로 집행하였는지를 심사하는 권한을 가진다.

✅ 간단 체크

1 다음 설명이 맞으면 ○표, 틀리면 ×표 하시오.

(1) 국회는 국민의 대표 기관으로서 법을 집행한다. (　　)

(2) 우리나라 국회는 지역구 국회 의원과 비례 대표 국회 의원으로 구성된다. (　　)

(3) 국회는 효율적이고 전문적인 심의를 위해 위원회 중심으로 운영된다. (　　)

(4) 우리나라에서 법률안은 국회 의원 또는 정부가 제출할 수 있다. (　　)

(5) 국회는 대통령이 주요 헌법 기관을 구성할 때 임명 동의권을 가진다. (　　)

2 밑줄 친 부분을 바르게 고쳐 쓰시오.

(1) 우리나라 국회 의원의 임기는 <u>5년</u>이다. (　　　)

(2) 법률안은 국회 재적 의원 과반수 출석과 출석 의원 <u>3분의 2 이상</u>의 찬성으로 의결한다. (　　　)

(3) 헌법 개정에 관한 권한은 국회의 <u>국정 통제 기능</u>에 해당한다. (　　　)

3 국회의 기능과 그 권한을 바르게 연결하시오.

(1) 입법 기능　　•　　　　•　㉠ 예산안 심의·확정권

(2) 재정 기능　　•　　　　•　㉡ 탄핵 소추 의결권

(3) 국정 통제 기능 •　　　•　㉢ 법률 제정 및 개정권

4 괄호 안의 내용 중 알맞은 말에 ○표 하시오.

(1) (정기회 , 임시회)는 매년 9월 1일에 시작하며 회기는 100일 이내이다.

(2) 법률 제정 절차에서 본회의에 앞서 (상임 위원회 , 교섭 단체)를 통해 관련 안건이나 법안을 심사한다.

(3) 국회에서 정기적으로 국정 전반을 살피고 조사하는 활동을 (국정 감사 , 국정 조사)라고 한다.

01 다음과 같은 위상을 가지는 국가 기관은?

- 입법 기관
- 국민의 대표 기관
- 국정 통제 기관

① 국회　　　　② 법원　　　　③ 행정부
④ 대통령　　　⑤ 헌법 재판소

02 국회에 대한 설명으로 옳은 것은?

① 법을 집행한다.
② 법률안 거부권을 가진다.
③ 정부 권력 행사를 견제한다.
④ 국회 의원의 임기는 6년이다.
⑤ 대통령이 선출한 국회 의원으로 구성된다.

03 ㉠에 들어갈 말로 옳은 것은?

(㉠)은/는 국회 의원 전원이 참여하는 국회의 최종적인 의사 결정 회의로 각 상임 위원회에서 심사한 법률안, 예산안 등을 결정한다.

① 의장단　　　② 본회의　　　③ 감사원
④ 교섭 단체　　⑤ 헌법 재판소

04 국회의 의사 결정 과정에 대한 설명으로 옳은 것을 〈보기〉에서 고른 것은?

┤ 보기 ├
ㄱ. 국회의 모든 의사 결정은 정기회에서 결정된다.
ㄴ. 효율적인 진행을 위해 회의는 비공개로 진행한다.
ㄷ. 상임 위원회를 두어 법률안, 예산안, 청원 등을 심사한다.
ㄹ. 국회 의원들의 다양한 의사를 조율하기 위해 교섭 단체를 둔다.

① ㄱ, ㄴ　　　② ㄱ, ㄷ　　　③ ㄴ, ㄷ
④ ㄴ, ㄹ　　　⑤ ㄷ, ㄹ

05 그림은 우리나라의 법률 제정 과정을 나타낸 것이다. 이에 대한 설명으로 옳은 것은?

① (가) - 국회 의원에 의해서만 가능하다.
② (나) - 교섭 단체에 의해 이루어진다.
③ (다) - 상임 위원회에서 진행된다.
④ (다) - 재적 의원 과반수의 출석과 출석 의원 과반수의 찬성이 필요하다.
⑤ (라) - 국회 의장에 의해 이루어진다.

06 A, B에 들어갈 말을 쓰시오.

> 국회 의원 선거에서 우리나라는 1인 2표제를 시행하고 있다. 유권자는 두 장의 투표 용지를 받아 지역 선거구의 후보자를 뽑는 데 한 표, 자신이 지지하는 정당에 한 표를 각각 행사한다. 이렇게 지역 선거구에서 선출된 국회 의원을 (A), 지지하는 정당의 득표율에 따라 선출된 국회 의원을 (B)(이)라고 한다.

07 밑줄 친 A에 해당하는 국회의 권한으로 옳은 것은?

> **○○ 신문**
>
> **국회, A에서 '해킹' 이슈**
>
> 이번 정기 국회에서 상임 위원별로 진행된 A에서 '해킹'이 뜨거운 감자로 떠올랐다. 국회 의원 갑은 행정 안전 위원회 A에서 직접 국가 기관 홈페이지를 시연하면서 공공 기관 홈페이지 중 많은 곳이 최소한의 보안 조치를 하지 않았다고 공개했다. … (후략)

① 국정 감사   ② 국정 조사   ③ 탄핵 소추
④ 예산안 심의   ⑤ 결산안 심사

08 다음 설명에 해당하는 국회의 권한으로 옳은 것은?

> 국회는 행정부를 감시하고 견제하는 기능을 하는데, 이는 국정 통제 기능이라고 볼 수 있다. 국정 통제란 국회가 국회 외의 국가 기관들을 감시하고 비판 및 견제하는 행위를 말한다.

① 법률 제정권   ② 국정 조사권
③ 조약 체결 동의권   ④ 예산안 심의·확정권
⑤ 헌법 개정안 제안권

09 ㉠에 들어갈 헌법 기관 구성원만을 〈보기〉에서 있는 대로 고른 것은?

> 국회는 주요 헌법 재판소 재판관 3인, 중앙 선거 관리 위원회 위원 3인을 선출할 수 있는 권한이 있고, (㉠) 등에 대한 임명 동의권을 가진다.

┤ 보기 ├
ㄱ. 국무총리   ㄴ. 대법원장
ㄷ. 국회 의장   ㄹ. 헌법 재판소장

① ㄱ, ㄴ   ② ㄱ, ㄷ   ③ ㄷ, ㄹ
④ ㄱ, ㄴ, ㄹ   ⑤ ㄴ, ㄷ, ㄹ

10 밑줄 친 (가)에 들어갈 권한으로 옳은 것은?

〈국회의 권한〉
• 입법에 관한 기능: …
• 재정에 관한 기능: (가)

① 국정 감사권   ② 법률 개정권
③ 탄핵 소추권   ④ 조약 체결 동의권
⑤ 예산안 심의·확정권

01 ★중요★ A, B에 대한 설명으로 옳은 것을 〈보기〉에서 고른 것은?

> A는 국민의 의사를 반영하여 법률을 제정하는 입법 기관으로 국민의 보통·평등·직접·비밀 선거에 의해 선출된 B로 구성된다.

┤ 보기 ├
ㄱ. A의 장(長)은 대통령이 임명한다.
ㄴ. A는 국정을 통제하고 감시하는 역할을 한다.
ㄷ. B의 임기는 4년이며 연임할 수 없다.
ㄹ. B는 지역구 국회 의원과 비례 대표 국회 의원으로 구성된다.

① ㄱ, ㄴ ② ㄱ, ㄷ ③ ㄴ, ㄷ
④ ㄴ, ㄹ ⑤ ㄷ, ㄹ

02 고난도 그림 (가), (나)는 국회 입법 절차의 일부이다. 이에 대한 설명으로 옳은 것을 〈보기〉에서 고른 것은?

(가)	(나)

헌법 개정안은 가결되었음을 선포합니다.

대통령으로부터 재의 요구된 ○○ 법률안은 가결되었음을 선포합니다.

┤ 보기 ├
ㄱ. (가)의 헌법 개정안은 국회 의원 10명 이상의 발의 또는 정부의 제출로 제안된다.
ㄴ. (가)를 위해서는 국회 재적 의원 3분의 2 이상의 찬성이 필요하다.
ㄷ. (나)를 위해서는 국회 재적 의원 과반수의 출석과 출석 의원 2/3 이상의 찬성이 필요하다.
ㄹ. (나) 이후 ○○법 개정 법률안은 국민 투표로 최종 확정된다.

① ㄱ, ㄴ ② ㄱ, ㄷ ③ ㄴ, ㄷ
④ ㄴ, ㄹ ⑤ ㄷ, ㄹ

03 사진의 국가 기관에 대한 설명으로 옳은 것은?

① 헌법과 관련된 분쟁을 해결한다.
② 국가의 예산안을 심의·확정한다.
③ 공무원의 직무에 대한 감찰을 담당한다.
④ 하급 법원의 판결에 대한 상고심을 담당한다.
⑤ 국가 원수와 행정부 수반의 지위를 동시에 가진다.

04 ㉠, ㉡에 들어갈 숫자의 합으로 옳은 것은?

> • 국회의 정기회는 그 기간이 (㉠)일을 넘지 못한다.
> • 교섭 단체는 국회 의원 (㉡)명 이상으로 구성된다.

① 60 ② 70 ③ 120
④ 140 ⑤ 150

05 ★중요★ 밑줄 친 ㉠~㉢에 대한 설명으로 옳지 <u>않은</u> 것은?

〈국회 의원 갑의 일정표〉

3일	㉠ □□법 일부 개정 법률안 발의를 위한 문구 검토
8일	국정에 관한 ㉡ 교섭 단체 대표 연설
9일	㉢ ○○ 조약 체결·비준 동의에 대한 내용 검토
15일	㉣ 상임 위원회 참석

① ㉠은 국회 의원 10명 이상이 발의할 수 있다.
② ㉡은 국회 의원 20명 이상으로 구성된다.
③ ㉢은 국회의 입법 기능에 해당한다.
④ ㉣은 일정 수 이상의 의원을 가진 정당에 의해 구성된다.
⑤ ㉡, ㉣ 모두 국회의 효율적인 의사 진행을 위한 것이다.

06 그림은 우리나라 헌법 개정 절차를 간략히 나타낸 것이다. 이에 대한 설명으로 옳은 것은?

① 국회 의원만 제안할 수 있다.
② 대통령이 공고한다.
③ 국회 재적 의원 과반수의 찬성으로 의결된다.
④ 대통령이 요구하면 국민 투표를 하지 않아도 된다.
⑤ 국회 의장이 공포한다.

07 A~C에 대한 설명으로 옳지 <u>않은</u> 것은?

> A는 대통령, 국무총리 등 법률이 정한 공무원이 그 직무를 집행하면서 헌법이나 법률을 위배한 때에는 B를 의결할 수 있다. B가 이루어지고 C에서 최종 결정되면 공직자는 그 직에서 파면된다.
> * 파면: 잘못을 저지른 사람에게 직무나 직업을 그만두게 함

① A는 국민의 대표 기관이다.
② 국무 위원은 B의 대상이 된다.
③ B는 국정 통제 기능에 해당한다.
④ C는 3심제의 최종심을 담당한다.
⑤ C의 장(長)은 A의 동의를 얻어 대통령이 임명한다.

08 다음과 관련된 국회의 기능으로 옳은 것은?

> "법률의 근거 없이는 국가는 조세를 부과·징수할 수 없고, 국민은 조세의 납부를 강요받지 않는다."라는 원칙이 있다. 우리 헌법은 "모든 국민은 법률이 정하는 바에 의하여 납세의 의무를 진다.", "조세의 종목과 세율은 법률로 정한다."라고 규정함으로써 조세 법률주의 원칙을 선언하고 있다.

① 사법 기능
② 입법에 관한 기능
③ 국정 통제 기능
④ 재정에 관한 기능
⑤ 국가 기관 구성 기능

서술형 문제

09 A, B에 들어갈 말을 쓰고, A, B와 같은 조직을 두는 이유를 서술하시오.

구분	조직
A	20명 이상의 국회 의원이 소속된 단체로, 의원들의 의사를 조정한다.
B	재정, 국방, 외교 등의 분야로 나누어 각 분야에 전문성을 가진 의원들이 본회의에 앞서 법률안을 미리 조사·심의한다.

10 (가), (나)에 들어갈 국회의 권한을 한 가지씩 쓰시오.

> 〈국회의 기능〉
> • 입법에 관한 권한: 법률 제정 및 개정권 등
> • 재정에 관한 권한: _____(가)_____ 등
> • 국정 통제에 관한 권한: _____(나)_____ 등

02 행정부와 대통령

학습 내용 들여다보기

■ 행정 작용

▲ 학교 교육 ▲ 교통 정리

■ 헌법 기관

국가 기관 중 헌법에 근거하여 설치된 기관을 말한다. 헌법 기관을 폐지하거나 권한을 변경하려면 헌법을 개정하여야 하므로 법률에 근거하여 설치된 기관보다 존속과 독립을 보장받을 수 있다.

■ 감사원 상징 마패(馬牌)

삼국 시대로부터 사정부, 어사대, 사헌부 전통을 이어 받은 감사원은 민간의 억울함을 풀어 주고 탐관오리를 징벌한 암행어사의 신분 증표였던 마패를 감사원의 주요 상징물 중 하나로 사용하고 있다.

🎓 용어 알기

- **집행** 법률을 실제로 실행하는 일
- **정책** 사회 문제를 해결하기 위한 정부 활동의 지침
- **통할** 모두 거느려 다스림

1. 행정부

(1) 행정의 의미와 행정부

① 행정의 의미
- 국회가 제정한 법률을 집행하고 각종 정책을 만들어 실행하는 것
- 사례: 도로 건설, 치안 및 국방, 국민의 일자리 마련, 코로나19 백신 접종 등

② 행정부: 행정을 담당하는 국가 기관

(2) 행정부의 기능

① 국회에서 만든 법률을 현실에서 구체적으로 실현함

② 공익 실현, 복지 증진, 국민 보호 등을 위한 여러 가지 정책을 만들어 수행함

③ 현대 국가에서의 행정부: 사회 복지, 교육 등에 대한 요구로 행정부의 역할이 커지고 전문화되고 있음 → 행정 국가화 현상

2. 행정부의 조직과 기능 자료 1

(1) 대통령

① 행정부 최고 책임자

② 행정부를 지휘·감독하며 행정부의 일을 최종적으로 결정함

(2) 국무총리

① 대통령을 보좌하며 행정 각부를 통합하여 관리·감독함

② 대통령의 자리가 공석일 경우 대통령의 권한을 대행함

③ 대통령이 국회의 동의를 얻어 임명함

④ 국무 위원 임명 제청 및 해임 건의권을 가짐 →맡은 임무를 그만두게 하는 것을 말해.

→대통령에게 추천하면서 임명해 줄 것을 요청하는 것을 말해.

(3) 국무 회의 자료 2

① 정부의 주요 정책을 심의하는 행정부의 최고 심의 기관

② 대통령(의장), 국무총리(부의장), 국무 위원으로 구성

(4) 행정 각부

① 구체적인 행정 사무를 집행

② 행정 각부의 장은 부처의 업무를 지휘·감독하며, 국무 위원으로서 국무 회의에 참석하여 국정 전반에 관한 의견을 제시함

자료 1 행정 조직

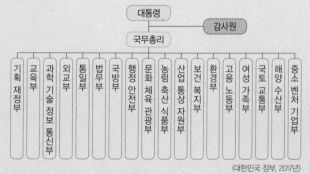

```
            대통령
             │──── 감사원
           국무총리
```
기획재정부 | 교육부 | 과학기술정보통신부 | 외교부 | 통일부 | 법무부 | 국방부 | 행정안전부 | 문화체육관광부 | 농림축산식품부 | 산업통상자원부 | 보건복지부 | 환경부 | 고용노동부 | 여성가족부 | 국토교통부 | 해양수산부 | 중소벤처기업부

(대한민국 정부, 2017년)

정부 조직은 대통령이 바뀔 때마다 조금씩 변화한다. 우리나라의 행정부는 대통령을 중심으로 국무총리와 국무 회의, 감사원, 행정 각부로 구성된다.

자료 2 국무 회의

헌법 제88조에 따라 정부의 권한에 속하는 주요 정책을 심의하는 최고 정책 심의 기관으로, 대통령 및 국무총리, 15명 이상 30명 이하의 국무 위원으로 구성된다. 국무 회의의 의장은 대통령이 되며, 국무총리는 부의장이 된다.

(5) 감사원

→ 정부가 지출하는 일체의 경비를 말해.

① 대통령 직속 기관의 독립적 행정부 최고 감사 기관

② 국가의 세입 · 세출의 결산 검사

③ 행정 기관 및 공무원의 직무 감찰

→ 정부가 세금으로 거두어들이는 수입을 말해.

3. 대통령

(1) 대통령의 선출과 임기 자료 3

① 선출: 국민이 민주 선거를 통해 직접 뽑음

② 임기: 5년 단임제(중임 불가)

→ 장기 집권에 따른 독재로 국민의 자유와 권리가 침해되는 것을 막기 위함이야.
(헌법 제70조 대통령의 임기는 5년으로 하며, 중임할 수 없다.)

(2) 대통령의 지위와 권한 자료 4

① 행정부 수반으로서의 권한 → 행정부의 가장 높은 자리에 있는 사람을 말해.

행정부 지휘 · 감독권	국무 회의 의장으로서 모든 행정 작용에 최종적인 권한을 가지고 책임을 짐
국군 통수권	국군의 최고 사령관으로서 국군을 지휘하고 통솔함
공무원 임면권	국무총리, 국무 위원, 행정 각부의 장 등 법률이 정한 고위 공무원을 임명하고 해임할 수 있음
대통령령 발포권	법률에서 위임받은 사항과 법률을 집행하는 데 필요한 사항에 대해 명령을 만들 수 있음
법률안 거부권	국회에서 만든 법률에 대해 거부권을 행사할 수 있음

② 국가 원수로서의 권한 → 그 나라를 대표하는 최고 통수권을 갖춘 사람을 말해.

대외적 국가 대표권	조약 체결 및 비준권, 외교 사절 접견, 선전 포고와 강화권 등
헌법 기관 구성권	국회의 동의를 얻어 대법원장, 헌법 재판소장, 감사원장 등에 대한 임명권
국가와 헌법 수호권	국가에 위태로운 상황이 생겨 긴급한 조치가 필요한 경우 긴급 명령이나 계엄을 선포할 수 있음
국정 조정 권한	국회 임시회 소집 요구권, 헌법 개정안 제안권, 국민 투표 제안권, 사면권 등

→ 죄를 용서하여 형벌을 면제해 주는 것을 말해.

(3) 행정에 대한 민주적 통제

① 입법부에 의한 통제: 국회의 각종 동의 및 승인권, 탄핵 소추권

② 사법부 및 헌법 재판소에 의한 통제: 명령 · 규칙 · 처분 심사권, 탄핵 심판권

③ 국민의 선거나 여론을 통한 통제

자료 3 **대통령 취임 선서문과 대통령의 의무**

대통령은 국가 원수와 행정부 수반의 지위를 동시에 가지기 때문에 막중한 책무를 진다. 이에 따라 대통령은 취임식에서 헌법 제69조에 규정하고 있는 다음과 같은 선서를 한다.

"나는 헌법을 준수하고 국가를 보위하며 조국의 평화적 통일과 국민의 자유와 복리의 증진 및 민족 문화의 창달에 노력하여 대통령으로서의 직책을 성실히 수행할 것을 국민 앞에 엄숙히 선서합니다."

자료 4 **대통령의 지위에 따른 권한 행사**

〈행정부 수반으로서의 권한〉

▲ 국군 통솔 · 지휘

▲ 국무 회의 주재

〈국가 원수로서의 권한〉

▲ 외교 사절 접견

▲ 헌법 기관 구성

간단 체크

1 다음 설명이 맞으면 ○표, 틀리면 ×표 하시오.

(1) 행정은 법률에 따라 정책을 만들고 집행하는 국가의 활동이다. ( )

(2) 현대 국가에서는 행정의 역할과 전문성이 낮아지고 있다. ( )

(3) 대통령의 임기는 5년이며 중임할 수 없다. ( )

(4) 국무총리는 대통령의 동의를 얻어 국회 의장이 임명한다. ( )

(5) 감사원은 대통령 직속 기관이기 때문에 대통령의 명령을 받아 공직자를 감찰한다. ( )

2 밑줄 친 부분을 바르게 고쳐 쓰시오.

(1) 국무 회의는 정부의 주요 정책을 논의하는 행정부의 최고 <u>의결</u> 기관이다. ( )

(2) 헌법 개정안 제안권은 대통령의 <u>행정부 수반</u>으로서의 권한에 속한다. ( )

(3) 현대 국가에서는 국민의 복리와 행복 증진을 위해 <u>입법부</u>의 역할이 강조된다. ( )

3 행정부의 주요 조직과 그 역할을 바르게 연결하시오.

(1) 대통령 •　　　　　• ㉠ 행정 각부 통할 및 조정

(2) 국무총리 •　　　　　• ㉡ 행정부의 최고 책임자

(3) 감사원 •　　　　　• ㉢ 행정부 최고 심의 기관

(4) 국무 회의 •　　　　　• ㉣ 국가의 세입·세출 검사

4 괄호 안의 내용 중 알맞은 말에 ○표 하시오.

(1) (입법부 , 행정부)는 법률에 따라 정책을 만들고 집행하는 국가 기관이다.

(2) (국무총리 , 감사원)은/는 대통령 직속 기관으로 행정 기관과 공무원에 대한 직무를 감찰한다.

(3) 대법원장, 감사원장 등에 대한 임명권은 대통령의 (국가 원수로서의 권한 , 행정부 수반으로서의 권한)이다.

01 행정에 대한 설명으로 옳은 것을 〈보기〉에서 고른 것은?

┤ 보기 ├

ㄱ. 법률을 제정하고 개정하는 국가 작용이다.

ㄴ. 법률의 내용을 적용하여 재판을 진행한다.

ㄷ. 국가의 목적이나 공익을 실현하는 국가 작용이다.

ㄹ. 현대 복지 국가에서는 그 역할이 점점 확대되고 있다.

① ㄱ, ㄴ　　　② ㄱ, ㄷ　　　③ ㄴ, ㄷ

④ ㄴ, ㄹ　　　⑤ ㄷ, ㄹ

02 ㉠에 들어갈 사례로 적절하지 않은 것은?

행정은 법률을 집행하고 정책을 수립하여 실행하는 적극적인 국가 작용이다. 예를 들면 (㉠)하는 것 등이 있다.

① 주정차 위반 차량에 과태료를 부과

② 국민 건강을 위해 무료 예방 접종을 실시

③ 범죄자의 재판을 진행하여 벌금형을 부과

④ 출산율을 높이기 위해 출산 보조금을 지급

⑤ 새로운 대학 입시 제도를 통해 교육 제도를 개선

03 우리나라 대통령에 대한 설명으로 옳은 것은?

① 국무 회의의 부의장이다.

② 국민의 간접 선거로 선출된다.

③ 임기는 5년이고 중임할 수 있다.

④ 국가 원수로서 대외적으로 국가를 대표한다.

⑤ 법원의 요청을 받아 행정 각부의 장관을 임명한다.

04 다음과 같은 역할을 하는 국가 기관으로 옳은 것은?

대통령의 자리가 공석일 때 대통령의 권한을 대행하며, 국무 위원의 임명 제청 및 해임을 대통령에게 건의할 수 있는 권한이 있다.

① 국무총리　　② 국회 의원　　③ 감사원장

④ 대법원장　　⑤ 헌법 재판소장

05 (가), (나)에 해당하는 행정부의 주요 조직으로 옳은 것은?

> (가) 대통령을 보좌하며, 행정에 관하여 대통령의 명을 받아 행정 각부를 통할한다.
> (나) 법률의 제정안과 개정안, 예산안 등 행정부의 주요 정책을 심의하는 기관이다.

	(가)	(나)
①	국무총리	감사원
②	국무총리	국무 회의
③	국무 회의	국무총리
④	국무 회의	행정 각부
⑤	행정 각부	감사원

06 다음과 성격이 같은 대통령의 권한으로 옳은 것은?

▲ 국군 통솔 및 지휘

① 공무원 임면권　　② 대법원장 임명권
③ 선전 포고 · 강화권　　④ 조약 체결 · 비준권
⑤ 긴급 명령 및 계엄 선포권

07 다음 기관에 관한 설명으로 옳지 <u>않은</u> 것은?

▲ 국무 회의

① 행정 각부의 장이 참석한다.
② 행정부의 최고 심의 기관이다.
③ 행정부의 중요한 정책을 의논한다.
④ 국민이 선출한 국무 위원들로 구성된다.
⑤ 대통령이 의장, 국무총리가 부의장을 맡는다.

08 국가 원수로서의 대통령의 권한만을 〈보기〉에서 있는 대로 고른 것은?

┤ 보기 ├
ㄱ. 외국과 조약을 체결하고 외교 사절을 맞이한다.
ㄴ. 국무 회의를 주재하고 정책을 최종적으로 결정한다.
ㄷ. 국회의 동의를 얻어 헌법에 명시된 기관을 구성한다.
ㄹ. 위급한 상황에 긴급 조치를 명령하는 긴급 명령권을 행사한다.

① ㄱ, ㄴ　　② ㄱ, ㄷ　　③ ㄴ, ㄹ
④ ㄱ, ㄷ, ㄹ　　⑤ ㄴ, ㄷ, ㄹ

09 A에 해당하는 국가 기관으로 옳은 것은?

> A는 행정부의 최고 감사 기관으로서 조직상으로는 대통령에 소속되어 있지만, 업무상으로는 독립되어 있는 헌법상의 필수 기관입니다.

① 국회　　② 감사원　　③ 국무총리
④ 헌법 재판소　　⑤ 국민 권익 위원회

10 (가), (나)에 해당하는 권한으로 옳은 것은?

> 우리나라 대통령은 대외적으로 국가를 대표하는 ⎡(가)⎤의 지위를 가진다. 또한 행정권이 정부에 속한다는 헌법 규정에 따라 대통령은 ⎡(나)⎤의 지위를 겸한다.

	(가)	(나)
①	국군 통수권	법률안 거부권
②	공무원 임면권	대통령령 발포권
③	감사원장 임명권	헌법 개정안 제안권
④	조약 체결 · 비준권	긴급 명령 및 계엄 선포권
⑤	국회 임시회 소집 요구권	공무원 임면권

실전 문제

01 A에 대한 설명으로 옳은 것은?

> A는 고전적인 의미에서 입법부가 만든 법률을 집행하는 국가 작용을 가리킨다. 하지만 현대적 의미에서는 법률을 집행하고 공익을 실현하기 위하여 정책을 수립하고 실행하는 국가 작용을 의미한다.

① A는 국회가 담당한다.
② A는 소극적인 국가 작용이다.
③ 범죄인에 대한 재판은 A의 사례이다.
④ A를 담당하는 국가 기관은 법률을 제정하거나 개정한다.
⑤ 현대 복지 국가에서는 A를 담당하는 국가 기관의 역할이 증대되고 있다.

02 ★중요★ 다음 사례의 A, B에 대한 설명으로 옳은 것은?

> ○○신문　○○○○년 ○○월 ○○일
>
> **'대체 공휴일' 개정안 A 심의**
>
> 그동안 설과 추석 연휴, 어린이날에만 적용되던 대체 공휴일을 앞으로 삼일절, 광복절, 개천절, 한글날 등 국경일에도 확대 적용하는 '관공서의 공휴일에 관한 규정' 개정안이 A의 의장인 B의 주재로 열렸다. … (후략)

① A는 행정 기관 및 공무원의 직무를 감찰한다.
② A는 정책 집행을 위한 예산안을 심의·의결한다.
③ B는 법률이 헌법에 위배되는지를 심판한다.
④ B는 국가 원수와 행정부 수반의 지위를 가진다.
⑤ B는 A를 도와 행정 각부를 총괄한다.

03 그림은 우리나라 정부 조직의 일부를 나타낸 것이다. A에 대한 설명으로 옳은 것을 〈보기〉에서 고른 것은?

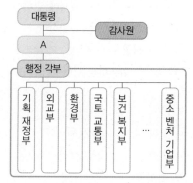

┤ 보기 ├
ㄱ. 국회의 동의를 얻어 대통령이 임명한다.
ㄴ. 국무 위원의 임명 제청 및 해임 건의권을 가진다.
ㄷ. 외국과 조약을 체결하고 비준하는 권한을 가진다.
ㄹ. 국무 회의의 부의장으로 행정 각부 장관을 임명한다.

① ㄱ, ㄴ　　② ㄱ, ㄷ　　③ ㄴ, ㄷ
④ ㄴ, ㄹ　　⑤ ㄷ, ㄹ

04 A에 해당하는 국가 기관으로 옳은 것은?

① 국회　　② 감사원　　③ 국무 위원
④ 국무총리　　⑤ 행정 안전부

05 ★중요★ (가)에 들어갈 학생의 답변으로 옳은 것은?

> 교사: 우리나라 대통령의 지위와 역할에 대해 발표해 볼까요?
> 학생: ＿＿＿＿＿(가)＿＿＿＿＿

① 임기는 4년입니다.
② 국회에서 다수결로 선출됩니다.
③ 국무총리의 동의를 얻어 감사원장을 임명합니다.
④ 위법한 행위를 한 국무 위원을 탄핵할 수 있습니다.
⑤ 국무 회의의 의장으로 행정부의 최고 책임자입니다.

고난도

06 다음 대통령의 권한에 대한 수행 평가 점수로 옳은 것은?

※ 대통령의 국가 원수로서의 권한이면 '국', 행정부 수반으로서의 권한이면 '행'이라고 쓰시오.(각 문항당 맞으면 1점, 틀리면 0점)

구분	답변
1. 법률이 정하는 공무원을 임면할 수 있다.	행
2. 긴급 명령을 내리거나 계엄을 선포할 수 있다.	국
3. 국회의 동의를 얻어 대법원장을 임명할 수 있다.	행
4. 국회 임시회를 소집하거나 헌법 개정안을 제안할 수 있다.	국

① 0점　　② 1점　　③ 2점　　④ 3점　　⑤ 4점

07 교사의 질문에 옳게 답한 학생은?

(가)에 들어갈 권한을 발표해 볼까요?

[대통령의 지위와 권한]
1. 행정부 수반으로서의 권한:
(가)

헌법 개정안을 제안할 수 있어요.

사면권을 행사할 수 있어요.

계엄 선포권이 있어요.

갑　을　병　정　무

외국과 조약을 체결할 수 있어요.

고위 공무원을 임명하고 해임할 수 있어요.

① 갑　　② 을　　③ 병　　④ 정　　⑤ 무

08 밑줄 친 'A의 장(長)'에 대한 설명으로 옳은 것은?

　우리나라 행정부는 대통령, 국무총리, A 등으로 구성된다. A는 구체적인 행정 사무를 집행하는 역할을 한다. A의 장(長)은 소관 사무에 관해 결정하고 집행하며, 소속 직원들을 지휘·감독한다.

① 대통령과 임기가 같다.
② 국회의 동의를 얻어야 임명된다.
③ 국무총리 해임 건의권을 가진다.
④ 대통령이 국무 위원 중에서 임명한다.
⑤ 공무원의 직무를 감찰하는 권한을 가진다.

✎ **서술형 문제**

09 다음 신문 기사에 나타난 대통령의 지위를 쓰고, 그 권한을 한 가지 서술하시오.

□□신문

대통령, ○○국과 정상 회담 … 반도체 생산 협력

　우리나라 대통령이 ○○국 총리와 화상으로 정상 회담을 한다고 청와대가 밝혔다. 대통령은 ○○국 총리와 화상 정상 회담을 가지고 양국 관계 및 전 세계 이슈에 대해 논의할 예정이라고 청와대 대변인이 밝혔다. 이번 정상 회담은 3년 만에 개최되는 것으로 수교 60주년을 맞아 ○○국이 먼저 제안해 이루어졌다. … (후략)

_____

_____

_____

10 대통령의 권한 행사 시 다음과 같은 절차를 거치도록 하는 이유를 서술하시오.

• 대통령의 국법상 행위는 문서로써 하며, 그 문서에는 국무총리와 관계 국무 위원이 부서한다.
• 국가 안전 보장에 관련되는 대외 정책, 군사 정책과 국내 정책의 수립에 관하여는 국가 안전 보장 회의의 자문을 받는다.

_____

_____

_____

_____

03 법원과 헌법 재판소

학습 내용 들여다보기

■ 정의의 여신상

정의의 여신상은 법을 대표하는 상징물이다. 로마 신화에 나오는 정의의 여신 유스티티아는 왼손에는 '평등의 저울', 오른손에는 '칼'을 들고 있지만 우리나라 정의의 여신상은 오른손에 '저울', 왼손에는 '법전'을 들고 있다. 이는 공정한 재판을 통해 정의를 실현한다는 의미이다.

■ 우리나라의 법원 조직

특허 법원은 고등 법원과 동급의 법원이고, 가정 법원 및 행정 법원은 지방 법원과 동급의 법원이다.

■ 지방 법원 합의부 1심 사건
• 2억 원을 초과하는 민사 사건
• 사형, 무기 또는 1년 이상의 징역 또는 금고에 해당하는 형사 사건

🎓 용어 알기
• **항소** 1심 판결에 대해 다시 재판을 요청하는 것
• **가사 사건** 가족, 친족 간의 분쟁 사건
• **특허** 특정인의 이익을 위하여 일정한 법률적 권리를 설정하는 행정 행위

1. 사법과 사법권의 독립

(1) 사법(司法)과 법원의 기능
① 사법: 법을 해석하고 적용하여 분쟁을 해결하는 국가 작용
② 법원: 재판을 통해 사법을 담당하는 국가 기관으로 사법부라고 함 → 분쟁을 해결하여 사회 질서를 유지하고, 국민의 권리를 보호하는 역할을 함

(2) 사법권의 독립
① 의미: 외부 기관의 간섭과 압력으로부터 법원과 법관을 독립시킴
② 목적: 공정한 재판 실현 → 국민의 기본권 보장
③ 내용

법원의 독립	헌법 제101조 ① 사법권은 법관으로 구성된 법원에 속한다. → 입법부나 행정부로부터 법원의 독립적 지위 보장
재판의 독립	헌법 제103조 법관은 헌법과 법률에 의하여 그 양심에 따라 독립하여 심판한다. → 법관의 재판은 소송 당사자나 국가 기관 등으로부터 독립하여 이루어져야 함
법관의 신분 보장	법관의 자격은 법률로 정하고, 임기는 헌법에 규정하여 법관의 신분 보장

→ 헌법 제105조, 제106조에 명시되어 있어.

2. 법원의 주요 조직과 심급 제도

(1) 법원의 조직 자료1

대법원		• 사법부의 최고 법원으로 최종심 담당 • 대법원장(1명)과 대법관(13명)으로 구성
고등 법원		지방 법원의 1심 판결에 대한 항소 사건 담당
지방 법원	단독부(판사 1명)	민사 및 형사 사건의 1심 재판을 담당
	합의부(판사 3명)	• 민사 및 형사 사건의 1심 재판을 담당(중한 사건) • 지방 법원 단독부 1심 판결에 대한 항소 사건(2심)
특수 법원	가정 법원	가사 사건, 소년 보호 사건 담당
	특허 법원	특허권과 관련된 사건 담당
	행정 법원	행정 기관이나 국가와 관련된 행정 사건 담당

자료1 민사 재판과 형사 재판

민사 재판	주체		형사 재판
피해를 입었다고 주장하면서 재판을 청구한 사람	원고	검사	죄지은 사람을 벌 주자고 주장하는 사람
원고의 주장에 의하여 재판을 받게 된 사람	피고	피고인	범죄를 저질렀다고 의심을 받아 기소된 사람
원고나 피고의 편에 서서 재판을 이기게 도와주는 사람	소송 대리인	변호인	피고인의 편에 서서 변호해 주는 사람

민사 재판은 개인 간의 분쟁을 해결하기 위한 재판이고, 형사 재판은 범죄의 유무를 가려 범죄 행위를 처벌하기 위한 재판이다.

자료2 우리나라의 심급 제도

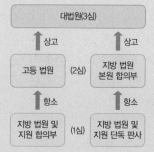

우리나라는 공정한 재판을 위해 심급 제도를 두고 있는데, 3심제를 원칙으로 한다. 따라서 하급 법원의 판결이나 결정 및 명령에 불복하는 경우 상급 법원에 다시 재판을 청구할 수 있다.

(2) 심급 제도 자료2

의미	공정한 재판을 위해 법원에 급을 두어 여러 번 재판을 받을 수 있도록 하는 제도	
구성	항소	1심 판결에 불복하여 2심 재판을 청구하는 것
	상고	2심 판결에 불복하여 3심 재판을 청구하는 것

(3) 법원의 기능 자료3

① 재판을 통한 법적 분쟁 해결: 법원의 가장 기본적이고 중요한 기능
② 위헌 법률 심판 제청권: 법률이 헌법에 위반되는지 여부가 재판의 전제가 된 경우 각급 법원이 헌법 재판소에 제청하는 권한
③ 명령·규칙·처분 심사권: 명령·규칙·처분이 헌법이나 법률에 위반되는지에 대해 법원이 심사할 수 있는 권한으로 대법원이 최종 심사권을 가짐

3. 헌법 재판소의 위상과 구성

(1) 헌법 재판소의 위상 → 정치적 사법 기관으로 정치적 중립 유지가 중요해.(사법부 소속이 아님)

① 헌법 수호 기관: 헌법의 해석과 관련된 분쟁 해결, 법률의 위헌 여부 판단
② 기본권 보장 기관: 국가 권력에 의해 침해된 국민의 기본권 구제

(2) 헌법 재판소의 구성

① 헌법 재판관: 법관의 자격을 가진 9명의 재판관으로 구성, 임기는 6년이며 연임할 수 있음
② 헌법 재판소장: 헌법 재판관 중 국회의 동의를 얻어 대통령이 임명

(3) 헌법 재판소의 권한 자료4
→ 위헌 결정이 내려지면 해당 법률은 그 결정이 있은 날부터 효력을 잃게 돼.

위헌 법률 심판	• 재판에 적용되는 법률이 헌법에 위반되는지를 판단하는 심판 • 법원의 위헌 법률 심판 제청으로 이루어짐
헌법 소원 심판	• 국가 권력이나 제도에 의해 국민의 기본권이 침해된 경우 최종적으로 이를 구제하는 심판 • 기본권을 침해받은 국민의 청구로 이루어짐
탄핵 심판	• 대통령, 국무총리, 법관처럼 법률이 정한 고위 공무원이 직무상 헌법이나 법률을 위반하였을 때 그 파면 여부 심판 • 국회의 탄핵 소추 의결로 이루어짐
정당 해산 심판	• 정당의 목적이나 활동이 헌법에서 정한 민주적 기본 질서에 어긋날 때 정당의 해산 여부 심판 • 정부의 제소로 이루어짐
권한 쟁의 심판	• 국가 기관 사이에 발생한 권한 다툼 심판 • 국가 기관의 신청으로 이루어짐

■ 헌법 재판소의 구성

법관의 자격을 가진 9명의 재판관으로 구성된다. 재판관은 대통령이 임명하는데, 이 중 3명은 국회에서 선출하는 자, 3명은 대법원장이 지명하는 자를 임명한다. 이는 특정 국가 기관의 영향력을 배제하고 독립적으로 운영하기 위해서이다.

■ 헌법 재판소의 결정 기준
법률의 위헌 결정, 탄핵 결정, 정당 해산의 결정, 헌법 소원에 관한 인용 결정을 할 때에는 재판관 6인 이상의 찬성이 있어야 한다.

■ 위헌 법률 심판 과정

위헌 법률 심판 완료 시까지 소송 중지

당사자 → 법원 → 헌법 재판소

위헌 법률 심판 제청 신청 / 위헌 법률 심판 제청

■ 정당
정치권력의 획득을 목표로 공통의 정치적 견해를 가진 사람들이 모여 결성한 자발적 조직

📖 용어 알기

• 제청 어떤 안건을 제시하여 결정해 달라고 청구하는 것
• 명령 행정 기관에 의하여 제정되는 국가의 법령
• 규칙 헌법이나 법률에 입각하여 정립되는 제정법의 한 형식으로 입법·행정·사법 각부에서 제정
• 처분 행정 또는 사법 기관에서 특별한 사건에 대하여 해당 법규를 적용하는 행위
• 제소 소송을 제기함

자료3 권력 분립의 원리 - 견제와 균형

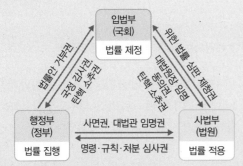

입법부 (국회) 법률 제정
행정부 (정부) 법률 집행
사법부 (법원) 법률 적용

사면권, 대법관 임명권
명령·규칙·처분 심사권

우리 헌법은 국가 권력을 서로 다른 기관이 나누어 맡도록 하여 서로 견제하게 함으로써 국가 권력의 집중과 남용을 방지하고 국민의 자유와 권리를 보장하고자 한다.

자료4 헌법 재판소의 권한

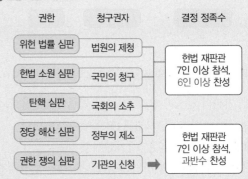

권한	청구권자	결정 정족수
위헌 법률 심판	법원의 제청	헌법 재판관 7인 이상 참석, 6인 이상 찬성
헌법 소원 심판	국민의 청구	
탄핵 심판	국회의 소추	
정당 해산 심판	정부의 제소	
권한 쟁의 심판	기관의 신청	헌법 재판관 7인 이상 참석, 과반수 찬성

간단 체크

1 다음 설명이 맞으면 ○표, 틀리면 ✕표 하시오.

(1) 법원은 분쟁을 해결하여 사회 질서를 유지하고 국민의 권리를 보호하는 역할을 한다. ( )

(2) 대법원은 헌법 해석과 관련된 분쟁을 해결한다. ( )

(3) 대법원장은 국회의 동의를 얻어 대통령이 임명한다. ( )

(4) 지방 법원은 1심 판결만을 담당한다. ( )

(5) 헌법 재판소의 재판관 9명은 국회에서 선출된 3명, 대법원장이 지명한 3명을 포함하여 대통령이 임명한다. ( )

2 밑줄 친 부분을 바르게 고쳐 쓰시오.

(1) 대법원은 국회의 탄핵 소추가 의결되면 고위 공직자에 대한 파면을 심판한다. ( )

(2) 고등 법원은 1심 판결에 대한 상고 사건을 담당한다. ( )

(3) 헌법 재판소장은 국회의 동의를 얻어 대법원장이 임명한다. ( )

3 헌법 재판소의 권한과 그 청구 주체를 바르게 연결하시오.

(1) 위헌 법률 심판 • • ㉠ 국민

(2) 헌법 소원 심판 • • ㉡ 국회

(3) 탄핵 심판 • • ㉢ 정부

(4) 정당 해산 심판 • • ㉣ 법원

(5) 권한 쟁의 심판 • • ㉤ 국가 기관

4 괄호 안의 내용 중 알맞은 말에 ○표 하시오.

(1) 외부 기관의 간섭과 압력으로부터 법원과 법관을 독립시키는 것을 (입법권 , 사법권)의 독립이라고 한다.

(2) (대법원 , 고등 법원)은 3심 재판에서 최종심을 담당한다.

(3) (위헌 법률 심판 , 헌법 소원 심판)은 재판의 전제가 된 법률이 헌법에 위반되는지 여부를 심판하는 것이다.

01 ㉠에 들어갈 말로 옳은 것은?

> 우리는 일상생활에서 크고 작은 분쟁이나 사건들과 마주치기도 한다. 이때 국가가 법을 적용하여 옳고 그름을 밝히는 것을 (㉠)(이)라고 하고, 이러한 국가 작용을 담당하는 기관이 법원이다.

① 입법 ② 행정 ③ 사법
④ 정치권력 ⑤ 권력 분립

02 우리나라의 각급 법원에 대한 설명으로 옳지 않은 것은?

① 고등 법원은 상고 사건의 판결을 담당한다.
② 지방 법원은 1심 판결 및 2심 판결을 담당한다.
③ 특허 법원은 특허권과 관련된 사건을 담당한다.
④ 대법원은 위헌 명령에 대한 최종 심사권을 가진다.
⑤ 가정 법원은 이혼, 상속 등 가정에서 일어나는 사건을 담당한다.

03 공정한 재판을 실현하기 위한 사항을 〈보기〉에서 고른 것은?

> **보기**
> ㄱ. 다른 국가 기관의 간섭으로부터 사법권을 독립시켜야 한다.
> ㄴ. 모든 재판을 비공개로 진행하여 외부의 영향력을 줄여야 한다.
> ㄷ. 법관은 오직 헌법과 법률에 의하여 양심에 따라 판결해야 한다.
> ㄹ. 국가 원수인 대통령의 명에 따라 법원을 조직하고 법관의 신분을 보장한다.

① ㄱ, ㄴ ② ㄱ, ㄷ ③ ㄴ, ㄷ
④ ㄴ, ㄹ ⑤ ㄷ, ㄹ

04 A에 해당하는 국가 기관으로 옳은 것은?

> 아동을 학대하여 입양아를 숨지게 한 혐의 등으로 1심에서 무기징역을 선고받은 양부모가 항소심을 담당한 A에서 자신의 혐의를 부인하였다.

① 국회 ② 대법원 ③ 감사원
④ 고등 법원 ⑤ 헌법 재판소

05 그림은 우리나라 법원의 조직을 나타낸 것이다. (가), (나)에 대한 설명으로 옳은 것은?

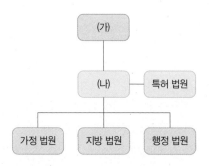

① (가)는 고등 법원, (나)는 대법원이다.
② (가)는 명령·규칙·처분에 대한 최종 심사권을 가진다.
③ (나)는 법률의 위헌 여부를 심판한다.
④ (나)는 상고 사건에 대한 판결을 담당한다.
⑤ (가)와 (나)의 장(長)은 국회의 동의를 얻어 임명된다.

06 다음에서 설명하는 국가 기관으로 옳은 것은?

> 헌법 해석과 관련한 분쟁을 해결하는 기관으로, 헌법을 수호하고 국민의 기본권을 보장하는 역할을 한다.

① 국회   ② 대통령   ③ 감사원
④ 대법원   ⑤ 헌법 재판소

07 다음에서 설명하고 있는 헌법 재판소의 권한으로 옳은 것은?

> 헌법상 보장된 국민의 기본권을 국가 기관이 부당하게 침해하였는지를 심판하는 것으로 공권력의 행사 또는 불행사로 헌법상 기본권을 침해받은 국민은 그 행위의 효력을 없애 줄 것을 헌법 재판소에 청구할 수 있다.

① 탄핵 심판   ② 위헌 법률 심판
③ 헌법 소원 심판   ④ 정당 해산 심판
⑤ 권한 쟁의 심판

08 (가)에 들어갈 권한으로 옳은 것은?

> 권력은 한 곳에 집중되면 남용될 수 있기 때문에 우리 헌법에서는 입법부, 행정부, 사법부가 각각 권한을 나누어 서로 견제하며 균형을 이루도록 하고 있다.
> _____(가)_____ 은/는 사법부가 입법부를 견제하는 기능을 한다.

① 탄핵 소추권   ② 국정 감사권
③ 대법관 임명권   ④ 위헌 법률 심판 제청권
⑤ 명령·규칙·처분 심사권

09 (가)에 들어갈 가장 적절한 내용을 〈보기〉에서 고른 것은?

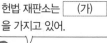

헌법 재판소는 어떤 권한을 가지고 있지?

헌법 재판소는 ___(가)___ 을 가지고 있어.

> **보기**
> ㄱ. 특허권에 관련된 사건을 심판하는 권한
> ㄴ. 위헌 정당의 해산 여부를 심판하는 권한
> ㄷ. 민사 사건에 대해 최종적으로 심판하는 권한
> ㄹ. 고위 공직자에 대한 탄핵 여부를 심판하는 권한

① ㄱ, ㄴ   ② ㄱ, ㄷ   ③ ㄴ, ㄷ
④ ㄴ, ㄹ   ⑤ ㄷ, ㄹ

10 (가), (나)에 해당하는 권한으로 옳은 것은?

> (가) 법원의 제청이 있을 경우 국회가 만든 법률이 헌법에 위반되는지의 여부를 심판하는 것
> (나) 국가 기관 간, 국가 기관과 지방 자치 단체 상호 간에 권한과 의무의 범위에 관한 다툼이 생긴 경우 이를 심판하는 것

	(가)	(나)
①	탄핵 심판	권한 쟁의 심판
②	헌법 소원 심판	위헌 법률 심판
③	헌법 소원 심판	탄핵 심판
④	위헌 법률 심판	정당 해산 심판
⑤	위헌 법률 심판	권한 쟁의 심판

실전 문제

01 A, B에 대한 설명으로 옳은 것을 〈보기〉에서 고른 것은?

> A는 법을 적용하고 해석하는 국가 작용으로 당사자의 신청을 전제로 법적 분쟁을 해결하기 위해 법의 내용을 확인하는 것이다. 현행 헌법에서 A에 대한 권한은 B에 속한다고 선언하고 있다.

┤ 보기 ├
ㄱ. A는 사법, B는 법원이다.
ㄴ. A는 공익을 위해 법을 집행하는 국가 작용이다.
ㄷ. B는 최고 법원인 대법원과 각급 법원으로 조직된다.
ㄹ. B는 헌법에 위반되는 법률을 심판하는 권한을 가진다.

① ㄱ, ㄴ   ② ㄱ, ㄷ   ③ ㄴ, ㄷ
④ ㄴ, ㄹ   ⑤ ㄷ, ㄹ

고난도
02 그림은 우리나라의 법원 조직을 간략히 나타낸 것이다. 이에 대한 설명으로 옳은 것은?

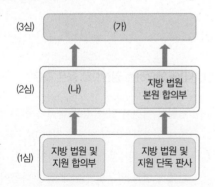

① (가)는 9명의 재판관으로 구성된다.
② (가)는 위헌 정당의 해산 여부를 심판하는 권한을 가진다.
③ (나)는 명령·규칙·처분에 대한 최종 심사권을 가진다.
④ (나)의 장(長)은 국회의 동의를 얻어 대통령이 임명한다.
⑤ (나)의 판결에 불복하여 (가)에 재판을 요구하는 것을 상고라고 한다.

03 A에 해당하는 국가 기관으로 옳은 것은?

> **○○신문**
> A "음주 차량에 사망한 의대생, 전문직 수입 기준 배상해야"
> 　의사 국가고시에 합격할 가능성이 큰 의대생이 사고로 사망한 경우, 전문직 소득을 기준으로 해서 배상해야 한다는 판결이 나왔다. A는 의과 대학에 재학 중이던 갑이 교통사고로 사망하자 갑의 부모가 보험사를 상대로 낸 손해 배상 소송 상고심에서 원심을 깨고 … (후략)

① 대법원   ② 고등 법원   ③ 특허 법원
④ 가정 법원   ⑤ 헌법 재판소

04 밑줄 친 (가)에 들어갈 국가 기관으로 옳은 것은?

> 　통고 제도는 보호자 또는 학교, 사회 복리 시설, 보호 관찰소의 장이 경찰이나 검찰과 같은 수사 기관을 거치지 않고, 소년 보호 사건을 ___(가)___ 에 직접 접수시키는 절차이다. 이는 가정이나 학교에서 청소년의 문제 행동이 심각하여 규정과 절차에 따라서 학교가 해결할 수 있는 방법이 한계에 다다랐을 때 생각할 수 있는 대안이다.

① 대법원   ② 고등 법원   ③ 특허 법원
④ 가정 법원   ⑤ 행정 법원

05 다음 사례에 나타난 헌법 재판으로 옳은 것은?

> 　1997년 민법 제809조는 촌수와 관계없이 일률적으로 동성동본의 혼인을 금지하고 있었다. 동성동본 부부 갑과 을이 제출한 신청을 가정 법원이 받아들여 헌법 재판소에 그 심판을 요청하였다. 이에 헌법 재판소는 동성동본 금혼은 국민의 행복 추구권과 혼인의 자유를 침해한다고 심판하였다. 이후 2005년 민법이 개정되면서 동성동본 금혼은 역사 속으로 사라지게 되었다.

① 탄핵 심판   ② 위헌 법률 심판
③ 헌법 소원 심판   ④ 정당 해산 심판
⑤ 권한 쟁의 심판

06 그림은 사회 수업 장면이다. 국가 기관 A에 대한 설명으로 옳은 것은?

국가 기관 A
1. A의 위상
 • 헌법 수호 기관
 • 기본권 보장 기관
2. A의 구성
 • 9명의 재판관으로 구성

① 위헌 법률 심판 제청권을 가진다.
② 재판관의 임기는 5년이며 연임할 수 있다.
③ 국가 기관 사이에 발생한 다툼을 심판한다.
④ 사법부의 최고 법원으로 최종심을 담당한다.
⑤ 명령·규칙·처분에 대한 최종 심사권을 가진다.

07 (가), (나)에 해당하는 헌법 재판소의 권한으로 옳은 것은?

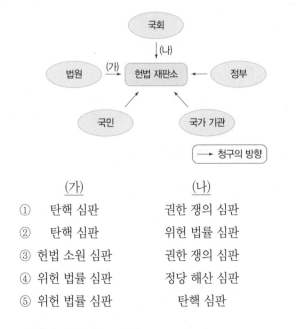

	(가)	(나)
①	탄핵 심판	권한 쟁의 심판
②	탄핵 심판	위헌 법률 심판
③	헌법 소원 심판	권한 쟁의 심판
④	위헌 법률 심판	정당 해산 심판
⑤	위헌 법률 심판	탄핵 심판

서술형 문제

08 다음 헌법 조항이 궁극적으로 추구하는 목적을 서술하시오.

• 제101조 ① 사법권은 법관으로 구성된 법원에 속한다.
   ③ 법관의 자격은 법률로 정한다.
• 제103조 법관은 헌법과 법률에 의하여 그 양심에 따라 독립하여 심판한다.

09 그림은 입법부, 행정부, 사법부가 서로 견제하는 모습을 나타낸 것이다. (가), (나)에 해당하는 견제 수단을 서술하시오. (단, 화살표는 견제 권한을 의미한다.)

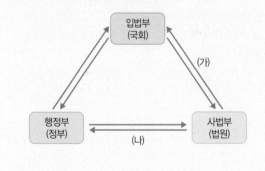

대단원 정리

❶ 국회의 위상

대한민국 국회

(①   )은/는 국민이 선출한 대표로 구성된 국민의 대표 기관으로 법률을 제정·개정하는 (②   ) 기관, 정부의 권력 행사를 감시하고 견제하는 (③   ) 기관의 위상을 가진다.

답 ① 국회 ② 입법 ③ 국정 통제

❷ 국회의 주요 기관

(①   ) (②   )

(①   )은/는 국회 의원 전원이 참여하여 국회의 최종적인 의사를 결정하는 회의이며, (②   )은/는 각 전문 분야별로 관련 법률안이나 청원을 미리 조사하고 심의하는 국회의 조직이다.

답 ① 본회의 ② 위원회(상임위원회)

❸ 국회의 기능

(①   ) (②   )

(①   )은/는 매년 정기회에 국정 전반에 대하여 감사하고 바로잡는 것이며, (②   )은/는 특정 사안이 발생했을 때 그 사안에 대하여 조사하고 바로잡기 위한 국회의 권한이다.

답 ① 국정 감사 ② 국정 조사

1. 국회

1. 국회의 위상 ❶

국민의 대표 기관	국민의 선거로 선출된 국회 의원으로 구성
입법 기관	법률을 제정하거나 개정
국정 통제 기관	정부의 권력 행사를 감시하고 견제

2. 국회의 구성과 주요 기관

(1) 국회 의원

구성	지역구 의원	각 지역구에서 가장 많은 표를 얻은 1명을 선출
	비례 대표 의원	각 정당이 전국에서 받은 득표율에 비례하여 의석 수를 배분
임기		4년

(2) 주요 기관 ❷

의장단	국회 의장 1명, 부의장 2명을 국회 의원 중에서 선출
본회의	• 국회 의원 전원이 참여하는 국회의 최종적인 의사 결정 회의 • 각 상임 위원회에서 심사한 법률안, 예산안, 청원 등을 결정 • 재적 의원 과반수 출석과 출석 의원 과반수의 찬성으로 의결
위원회	• 효율적이고 전문적인 심의를 위해 본회의에서 심의할 법률안을 미리 조사·심의하는 합의체 • 상임 위원회(전문 분야별로 조직)와 특별 위원회(특별한 사안에 임시 구성)가 있음
교섭 단체	• 국회 의사 진행에 필요한 중요 안건 협의 • 20명 이상의 국회 의원으로 구성

3. 국회의 기능 ❸

입법 기능	• 법률의 제정 및 개정 • 헌법 개정안 제안 및 의결 • 조약의 체결·비준에 관한 동의권
재정 기능	• 조세의 종목 및 세율 결정권(조세 법률주의) • 예산안 심의 및 확정권 • 예산의 결산 심사권
국정 통제 및 감시·견제 기능	• 국정 감사 및 국정 조사권 • 국무총리·감사원장·헌법 재판소장·대법관 임명 동의권 • 탄핵 소추 의결권

2. 행정부와 대통령

1. 행정과 행정부

행정	법률에 따라 정책을 만들고 집행하는 국가의 적극적 활동
행정부	행정을 담당하는 국가 기관

2. 행정부의 주요 조직

대통령	행정부 최고 책임자, 행정부의 정책을 최종적으로 결정
국무총리	• 대통령을 보좌하며, 행정 각부를 통할하여 관리·감독 • 국회의 동의를 얻어 대통령이 임명 • 국무 위원의 임명 제청 및 해임 건의권
국무 회의	• 정부의 주요 정책을 논의하는 행정부의 최고 심의 기관 • 대통령(의장), 국무총리(부의장), 국무 위원으로 구성
행정 각부	구체적인 행정 사무 집행
감사원	국가의 세입·세출의 결산 검사, 공무원의 직무 감찰

3. 대통령 ❹

선출	국민의 직접 선거를 통해 선출	
임기	5년, 단임제	
권한	**행정부 수반으로서의 권한**	**국가 원수로서의 권한**
	• 행정부 지휘·감독권 • 국군 통수권 • 공무원 임면권 • 대통령령 발포권 • 법률안 거부권	• 대외적 국가 대표권 • 헌법 기관 구성권 • 국가와 헌법 수호권 • 국정 조정권

3. 법원과 헌법 재판소

1. 사법권 독립

법원의 독립	사법권은 법원에 속함
법관의 신분 보장	법관의 자격은 법률로, 임기는 헌법에 규정함

2. 법원의 주요 조직 ❺

대법원	사법부의 최고 법원, 최종심 담당(3심)
고등 법원	1심 판결에 대한 항소심 담당(2심)
지방 법원	민사 및 형사 사건의 1심 판결 담당
기타	• 가정 법원: 가사 및 소년 보호 사건 담당 • 특허 법원: 특허권과 관련된 사건 담당 • 행정 법원: 행정 관련 사건 담당

3. 헌법 재판소의 구성과 권한 ❻

구성	대통령이 임명하는 9명의 재판관으로 구성, 이 중 3명은 국회에서 선출하는 사람, 3명은 대법원장이 지명하는 사람을 임명	
권한	위헌 법률 심판	법률이 헌법에 위반되는지 심판
	헌법 소원 심판	공권력이 국민의 기본권을 침해했는지 심판
	탄핵 심판	위법 행위를 한 고위 공직자의 파면 여부 심판
	정당 해산 심판	위헌 정당에 대한 해산 여부 심판
	권한 쟁의 심판	국가 기관 사이의 권한 관련 분쟁 심판

❹ 대통령의 권한

(①   )   (②   )

▲ 외교 사절 접견   ▲ 국무 회의 주재

우리나라 대통령은 국민의 직접 선거를 통해 선출되며, (①   )(으)로서의 지위에 따른 권한과 (②   ) (으)로서의 지위에 따른 권한을 동시에 가진다.

정답 ① 국가 원수 ② 행정부 수반

❺ 법원의 조직

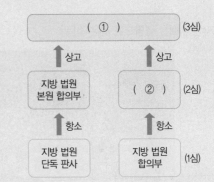

우리나라 법원은 (①   )와/과 각급 법원으로 조직되어 있다. (①   )은/는 사법부의 최고 법원이며, (②   )은/는 주로 1심 판결에 대한 항소 사건을 담당한다.

정답 ① 대법원 ② 고등 법원

❻ 헌법 재판소

헌법 재판소는 법관의 자격을 가진 9명의 재판관으로 구성되는데 재판관은 모두 (①   )이/가 임명하지만, 이 중 3명은 (②   )에서 선출하는 사람, 3명은 (③   )이/가 지명하는 사람을 임명한다.

정답 ① 대통령 ② 국회 ③ 대법원장

대단원 마무리

01 밑줄 친 A에 대한 설명으로 옳은 것은?

> 오늘날 대부분 국가에서는 국민이 직접 국가 정책을 담당하는 것이 아니라, 국민이 선출한 대표를 중심으로 국가 의사와 공공 정책을 결정하고 있다. 이때 국민의 대표가 모여 나라의 중요한 일을 논의하고 결정하는 곳을 우리나라에서는 A라고 한다.

① A의 장(長)은 대통령이 임명한다.
② A는 재판을 통해 국민의 기본권을 보장한다.
③ A는 법을 제정하고 집행하는 국가 기관이다.
④ A의 구성원은 임기가 4년이며 연임할 수 없다.
⑤ A는 지역구 의원과 비례 대표 의원으로 구성된다.

02 사진에 대한 설명으로 옳은 것은?

① 매달 1일 개최되는 정기회이다.
② 국회의 최종적 의사 결정을 하는 본회의이다.
③ 20명 이상의 국회 의원으로 구성된 교섭 단체이다.
④ 법률안을 미리 조사하고 심의하는 상임 위원회이다.
⑤ 재적 의원 과반수 찬성이 있어야 법률안을 의결할 수 있다.

03 교섭 단체에 대한 설명으로 옳은 것을 〈보기〉에서 고른 것은?

> ┤ 보기 ├
> ㄱ. 국회를 대표하여 정부와 협상을 담당한다.
> ㄴ. 국회 의원들의 의사를 사전 통합하고 조정한다.
> ㄷ. 국회의 원활한 의사 진행을 돕기 위한 기구이다.
> ㄹ. 10명 이상 소속 의원을 가진 정당이 구성할 수 있다.

① ㄱ, ㄴ   ② ㄱ, ㄷ   ③ ㄴ, ㄷ
④ ㄴ, ㄹ   ⑤ ㄷ, ㄹ

04 다음은 법률 제정 절차를 간략히 나타낸 것이다. 이에 대한 설명으로 옳은 것을 〈보기〉에서 고른 것은?

> ┤ 보기 ├
> ㄱ. (가)를 위해서는 국회 의원 10명 이상이 필요하다.
> ㄴ. (나)는 국회 의원 전원이 참석하는 본회의에서 진행된다.
> ㄷ. (다)를 위해서는 재적 의원 과반수 출석과 출석 의원 과반수 찬성이 필요하다.
> ㄹ. (라)는 국회 의장의 권한으로 대통령의 동의가 필요하다.

① ㄱ, ㄴ   ② ㄱ, ㄷ   ③ ㄴ, ㄷ
④ ㄴ, ㄹ   ⑤ ㄷ, ㄹ

05 그림은 헌법 개정 절차를 나타낸 것이다. (가)~(마)에 대한 설명으로 옳지 <u>않은</u> 것은?

① (가) - 대통령이나 국회 의원이 할 수 있다.
② (나) - 개정안이 제안되면 국회 의장이 공고해야 한다.
③ (다) - 국회 의원 전원이 참석하는 본회의에서 진행된다.
④ (라) - 국민 투표가 통과되면 헌법 개정안은 확정된다.
⑤ (마) - 대통령이 가지는 권한이다.

06 ㉠에 들어갈 수 있는 사람으로 옳지 <u>않은</u> 것은?

> 우리나라 국회의 가장 대표적인 기능은 법률을 제정 및 개정하는 입법 기능이다. 또한 국회는 (㉠) 임명 등에 동의권을 행사하여 국가 기관을 구성하는 기능도 있다.

① 대법관   ② 대법원장   ③ 감사원장
④ 국회 의장   ⑤ 헌법 재판소장

07 밑줄 친 ㉠~㉤에 대한 설명으로 옳은 것은?

> 제○○호　　　　　　○○신문
>
> **여야, 국회 의사 일정 합의**
>
> 양당 원내 대표가 서명한 합의문에 따르면, 먼저 9월 16일에는 ㉠ 정기 국회 제1차 본회의를 개회하여, 민생 현안에 대한 다수의 ㉡ 법률 개정안과 ㉢ 대법관 임명 동의안 등을 처리할 예정이다. 또한 18일부터는 각 ㉣ 상임 위원회 활동과 병행해 지난해 ㉤ 결산 심사를 위한 예산 결산 특별 위원회의 활동을 시작한다.

① ㉠의 회의 기간은 30일 이내이다.
② ㉡이 의결되려면 재적 의원 과반수가 찬성해야 한다.
③ ㉢은 국회의 국정 통제 및 감시 기능에 해당한다.
④ ㉣은 20명 이상의 국회 의원으로 구성된다.
⑤ ㉤은 국회의 입법 기능에 해당한다.

08 (가), (나)에 대한 설명으로 옳은 것은?

> (가)는 입법부에서 제정한 법률을 집행하고 국가 목적과 공익을 적극 실현하는 국가 작용을 말한다. 반면 (나)는 법을 적용하고 해석하는 국가 작용이다.

① 우리나라에서 (가)는 법원에서 담당한다.
② 국가가 도로를 건설하는 것은 (가)의 사례이다.
③ (가)는 현대 복지 국가에서 그 역할이 감소하고 있다.
④ 외국과의 조약을 체결하는 국가 작용은 (나)의 사례이다.
⑤ (나)는 법을 제정 및 해석하면서 국민의 기본권을 보장한다.

09 다음에 나타난 대통령의 권한과 성격이 다른 것은?

▲ 외교 사절 접견

① 공무원 임면권　　　② 대법원장 임명권
③ 선전 포고·강화권　　④ 조약 체결·비준권
⑤ 긴급 명령 및 계엄 선포권

10 A, B에 해당하는 국가 기관으로 옳은 것은?

> • A는 국회의 동의를 얻어 대통령이 임명하며 행정 각 부를 통할한다.
> • B는 정부의 권한에 속하는 중요한 정책을 심의하며, 대통령은 B의 의장이 되고, A는 부의장이 된다.

	A	B
①	국무총리	감사원
②	국무총리	국무 회의
③	국무 회의	국무총리
④	국무 회의	감사원
⑤	행정 각부	감사원

11 국가 기관 A에 대한 설명으로 옳지 <u>않은</u> 것은?

> • A의 임기는 5년으로 하며 중임할 수 없다.
> • A는 헌법과 법률이 정하는 바에 의하여 국군을 통수한다.

① 법률안 거부권을 가진다.
② 국민의 직접 선거로 선출한다.
③ 행정부의 지휘·감독권을 가진다.
④ 국가의 세입 및 세출 결산을 검사한다.
⑤ 헌법 재판소장에 대한 임명권을 가진다.

서술형
12 밑줄 친 국가 기관 A를 쓰고, A의 권한 두 가지를 서술하시오.

> **48년간 불량 탄약통 납품받은 군(軍), A 경고**
>
> 대통령 직속의 독립 기관 A가 공개한 '탄약 조달 및 관리 실태' 보고서에 따르면, 군은 48년간 규격과 다르게 제작된 불량 탄약 보관통을 납품받은 것으로 드러났다. A는 작년 말부터 올해 1월까지 탄약통 5종의 품질 검사를 실시한 결과, 불량품으로 드러나 국방부 장관에게 보완 대책을 수립하도록 하고 업체의 참가 자격을 제한하는 방안을 마련하라고 통보했다.… (후략)

_____

_____

_____

_____

13 A, B에 대한 설명으로 옳은 것을 〈보기〉에서 고른 것은?

> 헌법 제86조 ① A는 국회의 동의를 얻어 B가 임명한다. ② A는 B를 보좌하며, 행정에 관하여 B의 명을 받아 행정 각부를 통할한다.

┤ 보기 ├
ㄱ. A는 국무 회의의 의장으로 국무 회의를 주재한다.
ㄴ. B는 행정의 최고 책임자로 정책을 최종적으로 결정한다.
ㄷ. A는 B의 자리가 공석일 경우 B의 권한을 대행한다.
ㄹ. B는 A의 동의가 있어야 행정 각부의 장을 임명한다.

① ㄱ, ㄴ　　　② ㄱ, ㄷ　　　③ ㄴ, ㄷ
④ ㄴ, ㄹ　　　⑤ ㄷ, ㄹ

14 다음 헌법 조항이 공통으로 추구하는 목적으로 가장 적절한 것은?

> • 제60조 ② 국회는 선전 포고, 국군의 외국에의 파견 또는 외국 군대의 대한민국 영역 안에서의 주류에 대한 동의권을 가진다.
> • 제82조 대통령의 국법상 행위는 문서로써 하며, 이 문서에는 국무총리와 관계 국무 위원이 부서한다. 군사에 관한 것도 또한 같다.

① 대통령의 권한 행사를 신중히 하기 위해
② 입법부가 행정부의 견제를 강화하기 위해
③ 행정부에서 신속한 정책을 결정하기 위해
④ 입법부와 행정부의 권력 분립을 강화하기 위해
⑤ 행정부가 입법부와 사법부를 감시·견제하기 위해

15 밑줄 친 '법원'으로 옳은 것은?

> ○○회사와 □□회사가 진행 중인 얼음 정수기 소송에서 ○○회사의 특허를 인정해야 한다는 법원의 판단이 나왔다. 한편 □□회사는 이번 판결에 대해 판결문을 검토한 후에 대법원에 다시 심판을 요청하려 하고 있다.

① 가정 법원　　② 고등 법원　　③ 지방 법원
④ 특허 법원　　⑤ 행정 법원

16 그림에 대한 설명으로 옳지 않은 것은?

① ㉠은 1심 판결에 불복하여 2심 재판을 청구하는 항소이다.
② ㉡은 2심 판결에 불복하여 3심 재판을 청구하는 상고이다.
③ A는 가사 및 소년 사건을 전문적으로 처리한다.
④ B는 명령·규칙·처분에 대한 최종 심사권을 가진다.
⑤ A, B 모두 위헌 법률 심판 제청권을 가진다.

17 다음 헌법 조항이 추구하는 목적으로 가장 적절한 것은?

> • 제101조 ① 사법권은 법관으로 구성된 법원에 속한다.
> • 제103조 법관은 헌법과 법률에 의하여 그 양심에 따라 독립하여 심판한다.
> • 제106조 ① 법관은 탄핵 또는 금고 이상의 형의 선고에 의하지 아니하고는 파면되지 아니하며, …

① 사법부의 효율적 운영
② 공익을 위한 법 집행 강화
③ 신속한 재판을 통한 사법부 위상 강화
④ 공정한 재판을 통한 국민의 기본권 보장
⑤ 사법부의 입법부와 행정부에 대한 감시·견제

18 국가 기관 A~C의 권한으로 옳은 것은?

뉴스 브리핑
A. ○○법 개정안 의결
B. 헌법 재판소장 임명
C. □□사건 상고심 판결

① A – 탄핵 심판권　　② A – 법률안 거부권
③ B – 국정 조사권　　④ B – 공무원 임면권
⑤ C – 정당 해산 심판권

19 A에 해당하는 국가 기관으로 옳은 것은?

> 지폐를 위조하여 사용하였다는 범죄 사실로 갑은 지방 법원 합의부에서 징역 2년 6월을 선고받았다. 갑은 항소심에서 '특정 범죄 가중 처벌 등에 관한 법률' 제10조에 대해 위헌 법률 심판 제청 신청을 하였고 법원에서 이를 받아들여 A에 제청하였다. 이에 A는 해당 조항은 위헌이라는 결정을 내렸다.

① 감사원　　② 대법원　　③ 고등 법원
④ 행정 법원　　⑤ 헌법 재판소

20 교사의 질문에 대해 적절하지 <u>않은</u> 답변을 한 학생은?

> 교사: 헌법 재판소의 권한에는 어떤 것이 있을까요?
> 갑: 위헌 법률 심판 제청권이 있어요.
> 을: 탄핵 심판권이 있어요.
> 병: 헌법 소원 심판권이 있어요.
> 정: 권한 쟁의 심판권이 있어요.
> 무: 정당 해산 심판권이 있어요.

① 갑　② 을　③ 병　④ 정　⑤ 무

21 우리나라 헌법 기관 A~C에 대한 설명으로 옳은 것은?

> • A는 행정부 최고 심의 기관의 의장이다.
> • B는 국정 감사권 및 조사권를 통해 행정부를 견제한다.
> • C는 국가 기관 상호 간의 권한 쟁의 심판권을 가진다.

① A는 국가의 예산안을 심의하고 확정한다.
② B는 정부의 제소에 따라 정당의 해산을 결정한다.
③ C는 3심제의 최종심을 담당한다.
④ A는 탄핵 소추권을 통해 B를 견제한다.
⑤ C의 장(長)은 B의 동의를 얻어 A가 임명한다.

[22~23] 그림은 국가 기관 간의 견제 관계를 나타낸 것이다. 물음에 답하시오.

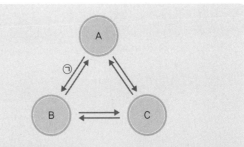

* 화살표는 견제 방향을 의미한다.
** A~C는 각각 국회, 대통령, 대법원 중의 하나이며, A의 장(長)은 B의 동의를 받아야 임명된다.

22 A~C에 대한 설명으로 옳은 것은?

① A는 법률을 제정하거나 개정한다.
② B는 국가 예산안을 심의·확정한다.
③ C는 재판을 통해 국민의 기본권을 구제한다.
④ A의 구성원과 C는 국민의 직접 선거로 선출된다.
⑤ C는 A의 장(長)과 달리 탄핵 소추의 대상이 될 수 있다.

23 ㉠에 해당하는 견제 수단으로 옳은 것은?

① 국정 감사권
② 탄핵 소추권
③ 법률안 거부권
④ 대법관 임명권
⑤ 위헌 법률 심판 제청권

서술형
24 다음 설명에 해당하는 헌법 재판을 쓰고, 재판관 9명의 임명 방법을 서술하시오.

> 재판 과정에서 법률이 헌법에 위배되는지 여부가 재판의 전제가 될 경우 법원의 제청에 의해 해당 법률의 위헌 여부를 재판관 9명으로 구성된 헌법 재판소에서 6명 이상이 찬성해야 위헌으로 결정된다.

_____
_____
_____
_____

경제생활과 선택

01 경제 활동과 경제 체제

1. 경제 활동

(1) 의미와 대상

① 의미: 사람이 생활에 필요한 재화나 서비스를 생산하고 분배하며 소비하는 활동

② 대상

재화	인간의 필요와 욕구를 충족시켜 주는 형태가 있는 물건 예 자동차, 공책, 책상, 옷 등
서비스	인간의 필요와 욕구를 충족시켜 주는 인간의 가치 있는 활동 예 교사의 수업, 의사의 진료, 가수의 공연 등

(2) 종류

생산	생활에 필요한 재화와 서비스를 만들어 내거나 그 가치를 높이는 활동 예 학용품을 만드는 일, 의사가 환자를 진료하는 것, 상품의 운반·저장·판매 활동 등
소비	재화나 서비스를 사용하여 만족감을 얻는 활동 예 영화를 관람하는 것, 물건을 구매하는 것 등
분배	생산 과정에 참여한 대가를 나누어 가지는 활동 예 생산에 참여한 대가로 임금, 지대, 이자를 받는 것 등

(3) 주체 자료1

가계	• 재화와 서비스를 소비하는 경제 주체 • 노동, 자본 등과 같은 생산 요소를 제공함
기업	• 생산 활동을 하는 경제 주체 • 재화나 서비스를 생산하여 공급함
정부	가계와 기업에서 거두어들인 세금으로 공공재 등을 생산하여 공급함

└→ 모든 사람들이 공동으로 이용할 수 있는 물건이나 시설을 말해.

2. 합리적 선택

(1) 자원의 희소성 → 희소성이 클수록 가격이 높아져.

① 의미: 인간의 욕구에 비해 이를 충족시킬 자원의 양이 상대적으로 부족한 상태

② 특징 자료2

• 상대성: 자원의 절대적 양에 의해서만 결정되는 것이 아니라 인간의 욕구 정도에 따라 달라짐
└→ 어떤 자원의 양이 매우 적더라도 그것을 원하는 사람이 없다면 그 자원은 희소하지 않아.

• 가변성: 시대와 장소에 따라 희소성은 달라질 수 있음 예 무상재였던 물이 경제재로 변화함

③ 선택의 문제 발생: 자원이 한정되어 있으므로 선택의 문제가 나타남

학습 내용 들여다보기

■ 경제 활동의 대상

우리의 필요와 욕구를 충족하는 것 중 형태가 있는 물건은 재화, 형태는 없지만 사람에게 편리함을 주는 행위는 서비스라고 한다.

■ 경제 활동의 종류

■ 무상재와 경제재

무상재	대가를 치르지 않고도 얻을 수 있는 재화 → 희소성이 없음
경제재	대가를 치러야만 얻을 수 있는 재화 → 희소성이 있음

🎓 용어 알기

• **대가** 재화나 서비스를 얻기 위해 지불해야 하는 금전적인 비용이나 일정한 결과를 얻기 위해 하는 노력 또는 희생
• **임금** 근로자가 노동의 대가로 사용자에게 받는 보수
• **지대** 토지와 같은 자연 자원을 사용한 대가로 그 소유자에게 지급하는 금전적인 비용이나 물건
• **이자** 다른 사람에게 돈을 빌려 쓴 대가로 치르는 일정한 비율의 돈

자료1 경제 주체 간의 상호 작용

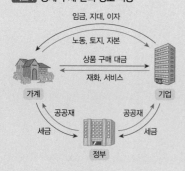

경제 활동은 경제 주체가 서로 긴밀하게 연결되어 상호 작용하면서 이루어진다. 가계는 기업에 생산 요소를 제공하여 얻은 소득으로 소비 활동을 한다. 기업은 가계로부터 제공받은 생산 요소로 상품을 생산한다. 정부는 가계와 기업이 낸 세금으로 국방, 치안 등을 담당하고 시장의 경제 질서를 유지한다.

자료2 자원의 희소성

• 과거에는 깨끗한 물이 사람들의 필요와 욕구에 비해 많아 물을 사서 마신다는 생각을 하지 못했으나, 오늘날에는 환경 오염으로 깨끗한 물의 희소성이 커져 생수를 사 마시기도 한다. 이처럼 희소성은 시대에 따라 다르게 나타날 수 있다.

• 무더운 열대 지방에서는 에어컨의 양이 많더라도 그것을 원하는 사람들의 수가 더 많기 때문에 에어컨은 희소하지만, 추운 극지방에서는 에어컨의 양이 적더라도 에어컨을 원하는 사람이 매우 적기 때문에 에어컨은 희소하지 않다. 이처럼 희소성은 장소에 따라 다르게 나타날 수 있다.

(2) **기회비용** → 사람마다 선택에 따른 만족이 다르므로 기회비용은 개인에 따라 다를 수 있어.

  ① 의미: 어떤 것을 선택함으로써 포기하는 대안 중 가장 가치가 큰 것

  ② 구성: 선택에 따른 비용뿐만 아니라 선택으로 인해 포기한 것의 가치까지 포함

(3) **합리적 선택** → 비용과 편익을 고려해야 해.

  ① 의미: 가장 작은 비용으로 가장 큰 편익을 얻을 수 있는 대안을 선택하는 것

  ② 방법

   • 같은 비용이 드는 일이라면 편익이 가장 큰 것을 선택함

   • 같은 편익을 얻는 일이라면 비용이 가장 작은 것을 선택함

3. 경제 문제와 경제 체제

(1) 기본적인 경제 문제

  ① 발생 원인: 자원의 희소성

  ② 종류 [자료 3]

생산물의 종류와 수량 결정	무엇을, 얼마나 생산할 것인가?
생산 방법 결정	어떻게 생산할 것인가?
생산물의 분배 결정	누구를 위하여 생산할 것인가? ┌→ '누구에게 얼마만큼 분배할 것인가?'와 같은 의미야.

(2) 경제 체제의 종류

  ① 시장 경제 체제

의미	시장 가격을 통해 기본적인 경제 문제를 해결하는 경제 체제
특징	사유 재산의 소유와 사익 추구 인정, 자유로운 경제 활동 보장 등
장점	활발한 경쟁을 통한 개인의 창의성 발휘, 사회 전체의 효율적인 자원 배분 등
단점	빈부 격차, 환경 오염 등의 부작용 발생

  ② 계획 경제 체제

의미	정부의 계획이나 명령에 의해 기본적인 경제 문제를 해결하는 경제 체제
특징	생산 수단의 국유화, 경제 활동의 자유 제한, 사회의 공동 목표 추구 등
장점	국가가 설정한 목적을 신속하게 달성, 소득 분배의 형평성 추구 등
단점	근로 의욕 저하, 개인의 자유로운 경제 활동 제한, 경제적 효율성 저하 등

  ③ 혼합 경제 체제 [자료 4]

의미	시장 경제 체제와 계획 경제 체제의 특성이 혼합된 경제 체제
특징	오늘날 대부분 국가에서 채택하는 경제 체제, 국가마다 혼합 정도가 다름

학습 내용 들여다보기

■ **합리적 선택**

기회비용보다 편익이 큰 선택을 하는 것이 합리적이다.

■ **기본적인 경제 문제**

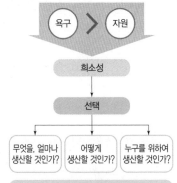

세 가지 기본적인 경제 문제

여러 경제 문제 중에서 모든 사회에서 공통으로 해결해야 할 경제 문제를 기본적인 경제 문제라고 한다.

■ **시장 경제 체제와 계획 경제 체제의 비교**

구분	시장 경제 체제	계획 경제 체제
장점	자원의 효율적 배분	소득의 평등한 배분
단점	소득 불평등	노동 의욕 저하

■ **생산 수단**
재화나 서비스를 생산하는 데 도움이 되는 것으로, 토지, 자원, 기계 등이 있음

🎓 **용어 알기**

• **편익** 어떤 행위를 통하여 얻게 되는 이익이나 만족감

• **경제 체제** 기본적인 경제 문제를 해결하는 제도나 방식

• **사유 재산** 개인의 의사에 따라 소유, 사용, 처분이 자유로운 재산

[자료 3] **기본적인 경제 문제**

▲ 무엇을, 얼마나 생산할 것인가?

▲ 어떻게 생산할 것인가?

▲ 누구를 위해 생산할 것인가?

'무엇을, 얼마나 생산할 것인가?'는 생산물의 종류와 수량을 결정하는 문제이고, '어떻게 생산할 것인가?'는 생산 방법을 결정하는 문제이며, '누구를 위해 생산할 것인가?'는 생산의 이득을 누구에게 얼마나 나누어 주느냐 하는 분배의 문제이다.

[자료 4] **우리나라의 경제 체제**

> 헌법 제119조 ① 대한민국의 경제 질서는 개인과 기업의 경제상의 자유와 창의를 존중함을 기본으로 한다.
> ② 국가는 균형 있는 국민 경제의 성장 및 안정과 적정한 소득의 분배를 유지하고, 시장의 지배와 경제력의 남용을 방지하며, 경제 주체 간의 조화를 통한 경제의 민주화를 위하여 경제에 관한 규제와 조정을 할 수 있다.

우리나라는 헌법 제119조 ①항을 통해 경제 활동의 자유를 인정하지만, ②항에서처럼 필요한 경우에는 정부가 경제 활동에 개입하여 규제와 조정을 할 수 있도록 규정하고 있다. 이를 통해 우리나라가 시장 경제 체제를 기본으로 계획 경제 체제의 일부 요소를 받아들인 혼합 경제 체제를 채택하고 있음을 알 수 있다.

✅ 간단 체크

1 빈칸에 들어갈 알맞은 말을 쓰시오.

(1) 사람이 생활에 필요한 재화나 서비스를 생산하고 분배하며 소비하는 활동을 (   )(이)라고 한다.

(2) 자원의 (   )은/는 인간의 욕구를 충족하는 데 필요한 자원이 부족한 상태를 말한다.

(3) (   )은/는 어떤 것을 선택함으로써 포기하는 대안 중 가장 가치가 큰 것을 말한다.

(4) 가장 작은 비용으로 가장 큰 편익을 얻을 수 있는 대안을 선택하는 것을 (   )(이)라고 한다.

(5) (   ) 경제 체제는 정부의 계획이나 명령에 의해 기본적인 경제 문제를 해결하는 경제 체제이다.

2 다음 설명이 맞으면 ○표, 틀리면 ×표 하시오.

(1) 인간의 필요와 욕구를 충족시켜 주는 구체적인 형태가 있는 물건을 서비스라고 한다. (   )

(2) 가수의 콘서트를 관람하는 것은 서비스를 소비하는 사례에 해당한다. (   )

(3) 희소성은 시대와 장소에 따라 달라질 수 있다. (   )

(4) 같은 비용이 드는 일이라면 편익이 가장 큰 것을 선택하는 것이 합리적이다. (   )

(5) 우리나라는 혼합 경제 체제를 채택하고 있다. (   )

3 경제 주체와 그 역할을 바르게 연결하시오.

(1) 가계 •　　　• ㉠ 재화와 서비스를 생산하여 공급함

(2) 기업 •　　　• ㉡ 노동, 자본 등과 같은 생산 요소를 제공함

(3) 정부 •　　　• ㉢ 사회 간접 자본과 공공 서비스를 제공함

4 괄호 안의 내용 중 알맞은 말에 ○표 하시오.

(1) 상품을 판매, 운반, 저장하는 것은 (생산 활동 , 분배 활동)에 해당한다.

(2) (가계 , 기업)은/는 재화와 서비스를 소비하는 경제 주체이다.

(3) '무엇을, 얼마나 생산할 것인가?'는 (생산 방법 결정 , 생산물의 종류와 수량 결정)과 관련 있는 경제 문제이다.

(4) 시장 가격을 통해 기본적인 경제 문제를 해결하는 경제 체제는 (시장 경제 체제 , 계획 경제 체제)이다.

01 경제 활동 중 종류가 다른 하나는?

① 동네 서점에서 사회 문제집을 샀다.

② 병원에서 독감 예방 주사를 맞았다.

③ 시장 과일 가게에서 사과를 구매하였다.

④ 영화관에서 최근 개봉한 영화를 관람하였다.

⑤ 정비 공장에서 고장난 자동차를 수리하였다.

02 밑줄 친 ㉠~㉤ 중 재화에 해당하지 않는 것은?

> 지난 여름에 주형이는 가족과 함께 ㉠ 자동차를 타고 바닷가로 피서를 갔다. 가는 길에 휴게소에 들러 ㉡ 우동과 ㉢ 김밥을 사 먹었다. 바닷가에 도착하여 해수욕을 하고, 저녁에는 근처 재래시장에 가서 ㉣ 음료수와 김을 샀다. 시골에 사는 친척들에게도 김을 ㉤ 택배로 보내드렸다.

① ㉠　　② ㉡　　③ ㉢　　④ ㉣　　⑤ ㉤

03 자원의 희소성에 대한 설명으로 옳은 것을 〈보기〉에서 고른 것은?

┤ 보기 ├
ㄱ. 자원의 양이 많을수록 희소성은 커진다.
ㄴ. 자원의 희소성은 경제 문제를 발생시킨다.
ㄷ. 자원의 희소성은 사람들의 욕구와 관련 있다.
ㄹ. 자원의 희소성은 시대와 장소에 상관없이 일정하다.

① ㄱ, ㄴ　　② ㄱ, ㄷ　　③ ㄴ, ㄷ
④ ㄴ, ㄹ　　⑤ ㄷ, ㄹ

04 다음에 나타난 기본적인 경제 문제로 가장 적절한 것은?

> ○○일보   20○○년 ○○월 ○○일
>
> 올해 여름은 평균 기온이 평년보다 높을 것이라는 기상청의 예보가 있자, 아이스크림 제조업체는 생산량을 작년 대비 10%가량 늘리기로 결정하였다.

① 누가 생산할 것인가?
② 어디서 생산할 것인가?
③ 어떻게 생산할 것인가?
④ 누구를 위해 생산할 것인가?
⑤ 무엇을, 얼마나 생산할 것인가?

05 밑줄 친 재화에 해당하지 <u>않는</u> 것은?

> 인간의 필요와 욕구를 충족시키기 위해서는 많은 재화와 서비스가 필요하다. 재화 중 그 양이 무한하여 대가 없이 얻을 수 있는 것도 있지만, 대부분은 <u>대가를 지불해야 얻을 수 있는 것들</u>이다.

① 공기   ② 생수
③ 자동차   ④ 만화책
⑤ 스마트폰

06 (가), (나)의 경제 개념에 대한 옳은 설명만을 〈보기〉에서 있는 대로 고른 것은?

> (가) 인간의 욕구는 무한한 데 비해 이를 충족시켜 줄 수 있는 자원의 양은 상대적으로 부족한 상태이다.
> (나) 최소의 비용으로 최대의 편익을 얻을 수 있도록 선택하는 것이다.

┤ 보기 ├
ㄱ. (가)는 자원의 희소성을 의미한다.
ㄴ. (가)는 '바다는 메워도 사람 욕심은 못 메운다.'는 속담과 관련 있다.
ㄷ. (나)는 '같은 값이면 다홍치마'와 맥락이 같다.
ㄹ. (나)에 따르면 기회비용이 큰 것을 선택하는 것이 합리적이다.

① ㄱ, ㄷ   ② ㄱ, ㄹ   ③ ㄴ, ㄹ
④ ㄱ, ㄴ, ㄷ   ⑤ ㄴ, ㄷ, ㄹ

07 합리적인 선택에 대한 설명으로 옳지 <u>않은</u> 것은?

① 기회비용을 고려하여 선택한다.
② 비용이 같을 경우 편익이 가장 큰 것을 선택한다.
③ 편익이 같을 경우 기회비용이 작은 것을 선택한다.
④ 편익에서 비용을 뺀 것이 가장 작은 대안을 선택한다.
⑤ 최소의 비용을 들여 최대의 편익을 얻을 수 있도록 선택한다.

08 표는 농부 갑의 농사 계획을 나타낸 것이다. 이에 대한 설명으로 옳지 <u>않은</u> 것은? (단, 한 가지 농작물만 재배하고, 각 작물의 재배 비용은 모두 같다.)

재배 작물	예상 수입
참외	3,000만 원
수박	2,500만 원
토마토	2,000만 원

① 참외를 재배하는 것이 합리적이다.
② 참외를 재배할 때의 기회비용은 2,500만 원이다.
③ 토마토를 재배할 때의 기회비용은 2,500만 원이다.
④ 수박과 토마토를 재배할 때의 기회비용은 같다.
⑤ 참외와 수박을 재배할 때의 기회비용은 다르다.

09 다음 경제 체제에서 나타날 수 있는 문제점으로 가장 적절한 것은?

> 경제 주체가 자유롭게 경쟁하면서 시장에서의 자발적인 교환에 의해 경제 문제가 해결되는 경제 체제

① 근로 의욕의 저하
② 지나친 사익 추구
③ 경제적 효율성 저하
④ 자원의 희소성 축소
⑤ 창의성과 생산성 저하

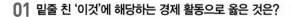

실전 문제

01 밑줄 친 '이것'에 해당하는 경제 활동으로 옳은 것은?

> 이것은 생산 활동에 참여하고 임금, 지대, 이자 등
> 과 같은 대가를 받는 활동이다.

① 회사원이 성과급을 받았다.
② 미용실에서 머리 염색을 하였다.
③ 택배 기사가 물건을 배달하였다.
④ 교사가 교실에서 수업을 하였다.
⑤ 인터넷 쇼핑몰에서 신발을 구매하였다.

02 밑줄 친 ㉠~㉤에 대한 설명으로 옳은 것은?

> 현우는 지인이 운영하는 가게에서 ㉠ 아르바이트를
> 하고, 은행에 들러 ㉡ 아르바이트비 급여를 찾았다.
> 그리고 ㉢ 지하철을 타고 서점에 들러 ㉣ 참고서를 구
> 입하고, 병원에 가서 ㉤ 안과 진료를 받았다.

① ㉠은 소비 활동이다.
② ㉡은 ㉠에 대한 대가를 받은 것이다.
③ ㉢은 재화를 구입한 것이다.
④ ㉣은 인간의 가치 있는 활동이다.
⑤ ㉤은 형태가 있는 물건이다.

03 ★중요★ 표는 질문에 따라 경제 주체를 구분한 것이다. 이에 대한 설명으로 옳은 것을 〈보기〉에서 고른 것은? (단, A~C는 각각 가계, 기업, 정부 중 하나이다.)

질문	A	B	C
재화와 서비스를 소비하는 경제 주체인가요?	○	×	×
생산 활동의 주체인가요?	×	×	○
경제 활동을 규제하고 조정하는 역할을 하나요?	×	○	×

(○: 예, ×: 아니요)

┤ 보기 ├
ㄱ. A의 경제 활동은 세금을 바탕으로 한다.
ㄴ. B는 공공재를 생산한다.
ㄷ. A는 C에게 생산에 필요한 생산 요소를 제공한다.
ㄹ. B는 C에게 임금, 이자, 지대 등을 지급한다.

① ㄱ, ㄴ   ② ㄱ, ㄷ   ③ ㄴ, ㄷ
④ ㄴ, ㄹ   ⑤ ㄷ, ㄹ

04 ★중요★ 다음 사례에서 두 발 가재가 외발 가재보다 더 비싸게 팔리는 이유로 가장 적절한 것은?

> 북태평양 연안에서 잡히는 집게발이 하나인 바닷가
> 재는 두 개의 집게발을 가진 바닷가재보다 개체 수가
> 더 적은 희귀종이다. 하지만 두 발 가재는 외발 가재
> 보다 소비자에게 더 비싼 가격으로 팔리고 있다.

① 외발 가재의 편익이 더 작기 때문에
② 두 발 가재의 기회비용이 더 크기 때문에
③ 두 발 가재의 생산 비용이 더 크기 때문에
④ 두 발 가재보다 외발 가재가 더 희귀하기 때문에
⑤ 외발 가재보다 두 발 가재의 희소성이 더 크기 때문에

05 다음 사례에서 갑의 병원 개업에 따른 기회비용은? (단, 주어진 조건 이외의 병원 개업에 따른 비용은 없다고 가정한다.)

> 종합 병원에서 연봉 8천만 원을 받으며 근무하고
> 있던 갑은 사표를 내고 개인 병원을 개업하였다. 갑은
> 첫 1년 동안 3억 원의 수입을 올렸고, 의료 기기 사용
> 료, 인건비 등으로 2억 원을 지출하였다.

① 8천만 원   ② 2억 원   ③ 2억 8천만 원
④ 3억 원   ⑤ 3억 8천만 원

06 다음 글을 바탕으로 한 추론으로 적절하지 <u>않은</u> 것은?

> 친구 생일 선물을 사고 나면 용돈 3만 원이 남는다.
> 하굣길에 가끔 친구들과 떡볶이를 사 먹으려면 1만 원
> 정도는 남겨 두어야 하고, 그러면 용돈은 2만 원밖에
> 남지 않는다. 그 돈으로는 평소에 사고 싶었던 책과
> 옷 중 한 가지밖에 살 수 없다.

① 모든 경제적 선택에는 대가가 따른다.
② 경제 문제는 희소성 때문에 발생한다.
③ 경제적 선택에서 기회비용을 고려해야 한다.
④ 하나를 선택할 경우 다른 선택을 포기해야 한다.
⑤ 편익보다 비용을 우선 고려하여 경제적 선택을 해야
한다.

07 다음 사례에 대한 설명으로 옳은 것을 〈보기〉에서 고른 것은?

> 의류 공장을 운영 중인 갑은 최근 인건비가 상승하자 종업원의 수를 감축하고 자동화 기계를 도입하고자 하였다.

┌ 보기 ┐
ㄱ. 생산 방법의 결정 문제에 해당한다.
ㄴ. 계획 경제 체제에서만 나타나는 문제이다.
ㄷ. 자원의 희소성으로 인해 발생하는 문제이다.
ㄹ. '무엇을 생산할 것인가?'의 문제가 나타나 있다.

① ㄱ, ㄴ   ② ㄱ, ㄷ   ③ ㄴ, ㄷ
④ ㄴ, ㄹ   ⑤ ㄷ, ㄹ

08 경제 체제 A, B에 대한 설명으로 옳은 것을 〈보기〉에서 고른 것은?

> **사회 학습지**
> ○반 ○번 ○○○
>
> 〈경제 체제에 따른 경제 문제의 해결〉
>
> | 경제 체제 | 경제 문제의 해결 방식 |
> |---|---|
> | A | 정부의 계획이나 명령에 의한 해결 |
> | B | 시장 가격의 원리에 의한 해결 |

┌ 보기 ┐
ㄱ. A에서는 사유 재산권이 보장된다.
ㄴ. A에서는 개인의 창의성이 최대한 발휘될 수 있다.
ㄷ. B에서는 자유로운 경제 활동이 보장된다.
ㄹ. A와 B 모두에서 기본적인 경제 문제가 발생한다.

① ㄱ, ㄴ   ② ㄱ, ㄷ   ③ ㄴ, ㄷ
④ ㄴ, ㄹ   ⑤ ㄷ, ㄹ

✎ 서술형 문제

09 다음과 같은 문제가 발생하는 근본적인 이유를 서술하시오.

> 우리는 일상생활 속에서 늘 선택의 문제에 직면한다. "자장면을 먹을까?, 짬뽕을 먹을까?", "영화를 볼까?, 옷을 살까?" 등과 같은 문제에 대해 어떤 것을 선택해야 하는지 고민한다.

10 다음 사례에서 갑의 선택에 따른 기회비용을 쓰시오.

> 갑은 주말에 2시간 동안 어떤 일을 할지 고민에 빠졌다. 치킨 가게에서 아르바이트를 하면 시간당 10,000원을 받을 수 있고, 편의점에서 일하면 시간당 9,000원을 받을 수 있다고 한다. 그러나 갑은 학교 동아리 축제가 얼마 남지 않았기 때문에 2시간 동안 친구들과 축제 준비를 하기로 결정하였다.

02 기업의 역할과 사회적 책임

1. 기업의 의미와 역할

(1) **의미**: 생산 활동을 통해 이윤의 극대화를 추구하는 경제 주체

(2) **역할** 자료1

① **생산 활동**: 이윤을 얻기 위해 소비자에게 필요한 재화와 서비스를 생산하여 시장에 공급함

② **고용과 소득 창출**: 일자리를 만들어 근로자를 고용하고, 생산에 참여한 사람들에게 임금, 지대, 이자 등을 지급하여 가계의 소득을 창출함

③ **소비자 만족 증진**: 소비자는 기업이 생산한 제품을 구입·사용함으로써 만족감을 얻음 └→ 생산 요소인 노동, 토지, 자본 등을 제공한 대가야.

④ **국가 재정 기여**: 정부에 세금을 납부함으로써 국가 재정에 기여함

⑤ **경제 성장 촉진**: 기술 혁신을 위한 연구 개발, 투자를 통해 경제 성장을 촉진함

2. 기업의 사회적 책임과 기업가 정신

(1) **기업의 사회적 책임** 자료2

① **의미**: 이윤 추구와 함께 사회 구성원으로서의 역할을 다해야 한다는 윤리적 책임 의식

② **특징**: 오늘날 기업의 활동이 사회와 국가 경제에 미치는 영향력이 커지면서 기업에 요구되는 사회적 책임도 강조되고 있음

③ **내용** └→ 근로 기준법이나 공정 거래법 등 기업 활동과 관련된 법을 말해.
  • 사회 규범과 법을 준수하고 공정한 경쟁과 투명한 기업 경영 추구
  • 안전한 제품 생산을 통한 소비자의 권익 보호
  • 정당한 임금 지급 및 쾌적한 작업 환경 제공을 통한 노동자의 권리 보호
  • 교육, 문화, 사회 복지 사업 지원에 대한 적극적인 참여
  • 생산 과정에서의 생태계 보호 및 환경 오염의 최소화

④ **사회적 기업**: 취약 계층에게 일자리를 제공하는 등 사회적 목적을 우선으로 추구하면서 이윤을 추구하는 기업

학습 내용 들여다보기

■ **기업의 세금 납부**

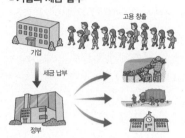

기업이 낸 세금은 다양한 곳에 사용된다.

■ **공정 거래법**
정식 명칭은 「독점 규제 및 공정 거래에 관한 법률」로, 시장을 지배하는 기업의 횡포를 막고 기업들의 불공정 거래 등을 규제하도록 정해 놓은 법률

 **용어 알기**

• **이윤** 총수입에서 비용을 빼고 남는 순이익
• **재정** 국가 또는 지방 자치 단체가 행정 활동이나 공공 정책을 시행하기 위해 자금을 만들어 관리하고 이용하는 경제 활동

자료1 기업의 역할

4차 산업 혁명이란 인공 지능(AI), 로봇 기술, 생명 과학이 주도하는 차세대 산업 혁명을 의미한다. 로봇이나 인공 지능을 통해 실재와 가상이 통합되고 사물을 자동으로 제어할 수 있는 시스템 구축이 가능한 시대가 다가온 것이다. 이에 따라 기업들도 변화하고 있다.

▲ 가정용 로봇

사물 인터넷 기술을 기반으로 집 안의 사물을 원격으로 제어할 수 있는 상품들이 속속 개발되고 있으며, 빅 데이터를 기반으로 소비자의 선호를 파악하여 맞춤형 상품을 제공하는 기업들이 증가하고 있다.
— 클라우스 슈밥, 「제4차 산업 혁명」

기업은 새로운 기술 변화에 빠르게 적응하고 이를 바탕으로 소비자들이 원하는 상품을 시장에 내놓을 수 있도록 노력해야 한다.

자료2 기업의 사회적 책임

기업의 사회적 책임은 일반적으로 다음과 같은 4단계로 구분된다. 제1단계는 경제적인 책임으로, 이윤 극대화와 고용 창출 등이다. 제2단계는 법적인 책임으로, 회계의 투명성, 성실한 세금 납부, 소비자의 권익 보호 등이다. 제3단계는 윤리적인 책임으로, 환경·윤리 경영, 제품 안전, 약자에 대한 공정한 대우 등을 말한다. 제4단계는 자선적인 책임으로, 사회 공헌 활동 또는 자선·교육·문화·체육 활동 등에 대한 기업의 지원을 의미한다.
— 기획 재정부, 「시사 경제 용어 사전」

오늘날 기업의 활동은 소비자, 근로자와 밀접하게 관계를 맺을 뿐만 아니라 국가 경제 전반에 영향을 미치고 있다. 따라서 사회에 대한 책임도 함께 짊어져야 한다는 기업의 사회적 책임에 대한 관심이 높아지고 있다.

(2) 기업가 정신 [자료 3]

① 의미: 미래의 불확실성과 위험을 감수하며, 혁신과 창의성을 바탕으로 생산 활동을 하면서 기업을 성장시키려는 도전 정신

② 내용

- 혁신적인 사고: 새로운 제품을 개발하고, 기존의 생산 기술이나 방법을 새로운 것으로 대체하려는 사고방식 [자료 4]
- 시장의 변화에 능동적으로 대처할 수 있는 새로운 경영 조직
- 미래의 불확실성 속에서의 장래 예측 및 변화 모색
  └→ 기업가가 남과 다른 시각에서 혁신적인 사고를 할 때 기업이 경쟁력을 확보할 수 있어.
- 고부가 가치를 창출하는 신상품 개발
- 판매처를 확보하기 위한 새로운 시장 개척
- 품질 개선 및 기술 개발
- 생산비 절감을 통한 새로운 수익 창출

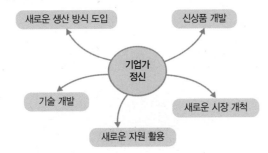

③ 영향

- 새로운 가치 창출에 이바지하여 경제를 발전시키는 원동력이 됨
- 새로운 기술 및 상품 개발로 소비자의 삶이 더 풍요로워짐

[더 알아보기] 올바른 기업가 정신

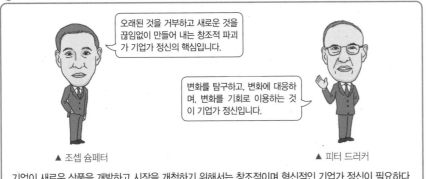

오래된 것을 거부하고 새로운 것을 끊임없이 만들어 내는 창조적 파괴가 기업가 정신의 핵심입니다.

변화를 탐구하고, 변화에 대응하며, 변화를 기회로 이용하는 것이 기업가 정신입니다.

▲ 조셉 슘페터   ▲ 피터 드러커

기업이 새로운 상품을 개발하고 시장을 개척하기 위해서는 창조적이며 혁신적인 기업가 정신이 필요하다.

[학습 내용 들여다보기]

■ **혁신**
이제까지 이루어지지 않았던 새로운 방법을 도입하여 관습, 조직 등을 획기적으로 바꿔 새롭게 하는 것

■ **슘페터의 '창조적 파괴'**
슘페터는 기업가들이 새로운 경영 조직을 만들고 새로운 시장을 개척하고 새로운 제품을 개발하는 등 새로운 생산 활동을 하는 과정을 '창조적 파괴'라고 불렀다.

[용어 알기]

- **기업가** 기업의 경영을 담당하는 사람
- **고부가 가치** 생산 과정에서 새롭게 부가된 높은 가치

[자료 3] 기업가 정신

'기업가 정신'을 말하다

- 기술 혁신을 통해 새로운 것을 창조하는 '창조적 파괴' 과정이 기업의 원동력이다. – 슘페터
- 변화를 탐구하고, 변화에 대응하며, 변화를 기회로 이용하는 정신이 기업가 정신이다. – 피터 드러커

시장 경제에서 기업이 지속적으로 이윤을 얻고 다른 기업들과의 경쟁에서 살아남기 위해서는 효율적으로 기업을 경영해야 한다. 이때 기업가에게는 기업가 정신이 필요하다. 기업가 정신은 미래의 불확실성과 높은 위험 속에서도 주도적으로 기회를 잡으며, 혁신과 창의성을 바탕으로 한 생산 활동을 통해 기업을 성장시키려는 도전 정신을 말한다.

[자료 4] 혁신의 사례

10-30-15의 숨겨진 비밀

붙임쪽지로 유명한 세계적인 기업 ○○은 끊임없이 신상품을 개발하고 인기 상품을 내놓아 혁신의 사례로 꼽힌다. 이 기업의 혁신에는 10-30-15의 원칙이 숨어 있다. 먼저, 최근 1년 이내에 개발한 신제품의 매출이 전체 매출의 10%가 되어야 하고, 총 매출의 30%를 최근 4년 이내에 출시한 신제품이 내야 한다는 것이다. 그리고 이 두 가지 원칙을 지킬 수 있도록 15% 원칙을 만들었다. 이는 직원이 본인의 고유 업무 이외에 관심 있는 분야에 근무 시간의 15%를 쓸 수 있도록 한 것이다. 직원들은 이 15%의 근무 시간 동안 자신이 원하는 프로젝트를 자유롭게 진행할 수 있다. 이러한 원칙을 통해 ○○은 기업 혁신의 대표적인 사례로 자리 잡게 되었다. – 김민주, 「세계 100대 기업」

기업가 정신의 핵심은 혁신이다. 기업가는 미래의 불확실성 속에서도 장래를 예측하고 변화를 모색해야 하며, 남들과는 다른 시각에서 혁신적인 사고를 해야 한다.

✅ 간단 체크

1 빈칸에 들어갈 알맞은 말을 쓰시오.

(1) 기업의 (   )(이)란 기업이 사회 전반에 걸쳐 윤리적·법적·자선적 책임을 져야 한다는 것을 의미한다.

(2) 공익을 우선적으로 추구하면서 영업 활동을 수행하는 기업을 (   )(이)라고 한다.

(3) (   )은/는 미래의 불확실성과 위험을 감수하며, 혁신과 창의성을 바탕으로 생산 활동을 하면서 기업을 성장시키려는 도전 정신을 말한다.

(4) (   )(이)란 이제까지 이루어지지 않았던 새로운 방법을 도입하여 관습, 조직 등을 획기적으로 바꿔 새롭게 하는 것을 말한다.

2 다음 설명이 맞으면 ○표, 틀리면 ×표 하시오.

(1) 가계는 생산 활동을 통해 이윤의 극대화를 추구한다.
(   )

(2) 기업이 이윤을 증대시키기 위해 노력하는 과정에서 소비자의 만족감이 높아질 수 있다. (   )

(3) 신상품 개발, 새로운 시장의 개척 등은 기업가 정신의 사례에 해당한다. (   )

(4) 기업은 환경을 훼손하더라도 생산 비용을 절감하여 이윤을 많이 남겨야 한다. (   )

3 기업의 역할과 그 내용을 바르게 연결하시오.

(1) 고용과 소득 창출 • | • ㉠ 일자리를 만들고 생산에 참여한 사람들에게 임금, 지대, 이자 등을 지급함

(2) 국가 재정 기여 • | • ㉡ 소비자에게 필요한 상품을 생산하여 시장에 공급함

(3) 생산 활동 • | • ㉢ 정부에 세금을 납부함

4 괄호 안의 내용 중 알맞은 말에 ○표 하시오.

(1) 기업은 근로자를 고용하고 노동의 대가로 (임금 , 지대)을/를 주어 일자리와 소득을 창출한다.

(2) 소비자는 기업이 생산한 제품을 구입·사용함으로써 (이윤 , 만족감)을 얻는다.

(3) 기업은 사회적 책임을 다하기 위해 장애인 및 여성의 고용을 (확대 , 축소)해야 한다.

01 기업의 경제 활동에 대한 설명으로 옳지 않은 것은?

① 노동자에게 일자리를 제공한다.
② 재화와 서비스를 생산·판매하여 이윤을 얻는다.
③ 이윤 극대화를 위해 상품 가격을 최대한 인상한다.
④ 품질 좋고 안전한 상품을 생산하여 시장에 공급한다.
⑤ 노동자에게 쾌적한 환경을 제공하기 위해 노력한다.

02 밑줄 친 내용에 해당하는 기업의 역할로 가장 적절한 것은?

기업은 소비자, 근로자, 정부와 서로 영향을 주고받으면서 국가 재정에 도움을 주고 경제 발전에 이바지하고 있습니다.

① 일자리를 제공한다.
② 생산 요소를 제공한다.
③ 정부에 세금을 납부한다.
④ 재화와 서비스를 생산한다.
⑤ 이윤의 극대화를 추구한다.

03 밑줄 친 역할을 하는 기업을 무엇이라고 하는지 쓰시오.

취약 계층에게 일자리를 제공하는 등 사회적 목적을 추구하면서 영업 활동을 하는 기업이 있다면서요?

네. 서울의 한 제과점은 직원의 90%가 발달 장애인이라고 합니다. 발달 장애인의 특성을 고려하여 작업 과정을 여러 단계로 나누어서 단순한 일을 반복할 수 있도록 했어요.

04 다음 수행 과제에 대한 학생의 진술로 옳지 <u>않은</u> 것은?

> 수행 과제 : 기업이 사회적 책임을 다하기 위해 하는 노력을 제시하시오.

① 이윤의 일부를 사회에 환원해야 해요.
② 다른 기업과 공정하게 경쟁해야 해요.
⑤ 안전한 제품을 생산해야 해요.
③ 장애인의 고용을 확대해야 해요.
④ 생산 과정에서 자연환경을 최대한 개발하여 이윤 극대화를 추구해야 해요.

05 다음 신문 기사에 공통으로 나타난 기업의 활동은?

○○일보
A 기업은 소비자가 신발 한 켤레 구매 시 아프리카 어린이에게 신발 한 켤레를 기부하는 방식으로 소비자들의 착한 소비를 이끌면서 사회 공헌 활동을 하고 있다.

△△일보
B 기업은 유해 물질이 검출되지 않는 안전한 제품을 만들기 위해 연구 설비에 아낌없이 투자하고 있다.

① 기업의 연구 개발
② 기업의 소득 창출
③ 기업의 세금 납부
④ 기업의 일자리 창출
⑤ 기업의 사회적 책임

06 다음과 같은 역할을 하는 경제 주체를 쓰시오.

> 새로운 생산 방식을 도입하여 신상품 개발, 새로운 자원의 활용, 새로운 시장 개척 등 여러 분야에서 새롭게 도전해야 한다.

07 혁신의 사례로 적절하지 <u>않은</u> 것은?

① 중동 지역에 새로운 판매 시장을 개척하였다.
② 새로운 품종의 버섯을 재배하여 수확량을 늘렸다.
③ 소비자들의 입맛을 사로잡는 새로운 라면을 개발하였다.
④ 할인 판매로 손님이 늘어나자 대형 마트의 영업 시간을 연장하였다.
⑤ 신소재를 개발하여 더 튼튼하고 가벼운 등산 용품을 시장에 선보였다.

08 기업가 정신에 대한 설명으로 옳은 것을 〈보기〉에서 고른 것은?

> **보기**
> ㄱ. 시장의 변화에 적극적으로 대처하는 것이다.
> ㄴ. 회사의 이익과 소비자 이익을 대립 관계로 본다.
> ㄷ. 이익 실현의 과정보다 성과를 중시하는 것이다.
> ㄹ. 생산비 절감을 위해 새로운 생산 기술을 도입하는 것이다.

① ㄱ, ㄴ   ② ㄱ, ㄹ   ③ ㄴ, ㄷ
④ ㄴ, ㄹ   ⑤ ㄷ, ㄹ

09 기업이 사회적 책임을 다하고 있는 가장 적절한 사례를 〈보기〉에서 고른 것은?

> **보기**
> ㄱ. 제품 생산 과정에서 친환경적인 생산 방법을 도입한 회사
> ㄴ. 이윤의 일부를 사회에 기부하여 사회적 약자를 돕고 있는 회사
> ㄷ. 비용 절감을 위해 안전성이 검증되지 않은 물질을 사용하여 제품을 생산하고 있는 회사
> ㄹ. 커피 생산 과정에서 아동이나 여성의 노동력을 착취하여 막대한 수익을 올리고 있는 회사

① ㄱ, ㄴ   ② ㄱ, ㄷ   ③ ㄴ, ㄷ
④ ㄴ, ㄹ   ⑤ ㄷ, ㄹ

01 그림에 나타나 있는 경제 주체에 대한 설명으로 옳은 것은?

• 생산 활동의 주체이다.
• 이윤의 극대화를 추구한다.

이 경제 주체는 누구일까요?

① 임금, 이자 등을 받는다.
② 재화나 서비스를 구입한다.
③ 사회 간접 자본을 제공한다.
④ 노동, 자본, 토지를 구입한다.
⑤ 세금을 바탕으로 재정 활동을 수행한다.

02 다음 신문 기사에 나타난 기업의 역할로 가장 적절한 것은?

> **○○신문**
>
> A 전자는 저소득층 가정에 컴퓨터를 보급하고 해당 가정의 아이들에게 컴퓨터 교육을 지원하는 공익 사업을 매년 진행해 오고 있다.

① 가계로부터 세금을 징수한다.
② 국민의 생활 수준을 향상시킨다.
③ 근로자의 권리와 이익을 보호한다.
④ 사회 복지 사업에 적극적으로 지원한다.
⑤ 세계 시장에서 국가의 경쟁력을 높인다.

03 기업의 역할에 해당하지 <u>않는</u> 것은?

① 생산에 필요한 생산 요소를 제공한다.
② 기술 혁신을 위한 연구 개발에 투자한다.
③ 상품 생산을 통해 일자리와 소득을 창출한다.
④ 세금 납부를 통해 국가 재정 활동에 기여한다.
⑤ 좋은 품질의 제품을 제공하여 소비자의 만족을 높인다.

04 그림의 갑의 주장에 부합하는 사례로 가장 적절한 것은?

기업은 사회의 일원으로서 사적인 이윤 추구와 동시에 공공성을 추구할 필요가 있습니다.

갑

① 새로운 상품을 개발하여 시장에 내놓았다.
② 상품 홍보를 위해 과대 과장 광고를 하였다.
③ 경쟁 기업을 합병하여 거대 기업을 만들었다.
④ 지역 사회를 위한 복지 시설을 설립·운영하였다.
⑤ 생산 과정에서 발생한 오염 물질을 강에 흘려 버렸다.

05 다음과 같은 사회적 기업의 특징에 대한 설명으로 옳은 것을 〈보기〉에서 고른 것은?

> 보청기 한 개의 가격은 100만 원에 달한다. 그런데 보청기를 시중 가격보다 40%나 저렴하게 판매하는 곳이 있다. ○○ 기업은 5명의 대학생이 모여 창업한 벤처 기업으로, 저소득 노인들이 난청 문제로 어려움을 겪는 것을 해결하기 위해 보청기를 저렴하게 만들어 판매하고 있다. 벤처 기업은 창의, 혁신, 도전적 요소를 가진 사회적 기업이다.

┤ 보기 ├
ㄱ. 사회적 서비스를 확충한다.
ㄴ. 이윤의 극대화를 최고의 목표로 한다.
ㄷ. 지역 사회에 지속 가능한 일자리를 제공한다.
ㄹ. 기존 가치만을 고수하여 새로운 가치를 거부한다.

① ㄱ, ㄴ   ② ㄱ, ㄷ   ③ ㄴ, ㄷ
④ ㄴ, ㄹ   ⑤ ㄷ, ㄹ

06 밑줄 친 '이것'에 대한 설명으로 옳은 것은? ★중요★

> 이것은 불확실한 경제 여건 속에서도 끊임없는 혁신을 통해 새로운 수익을 창출하고 경쟁력을 확보하려는 기업가의 능력과 의지를 말한다.

① 대기업보다는 중소기업에 필요하다.
② 현재 상태를 유지하려고 노력하는 것이다.
③ 위험을 회피하고 안정적인 성장을 도모한다.
④ 기업 윤리를 지키기 위해 노력하는 정신이다.
⑤ 여러 분야에서 위험을 무릅쓰고 새롭게 도전하는 것이다.

서술형 문제

08 다음 글에 나타난 기업의 역할을 서술하시오.

> 기업은 상품 생산을 위해 토지와 건물을 임대하고, 자본을 투자하여 생산 설비를 갖추며 노동자를 고용한다. 이 과정에서 기업은 임대료, 이자, 임금 등을 지급한다.

_____

_____

_____

_____

---

07 다음 사례에서 강조되는 기업의 역할로 옳은 것을 〈보기〉에서 고른 것은?

> 사회적 기업인 A 기업은 노숙자들을 잡지 판매원으로 고용하여 그들의 자활을 적극적으로 지원한다. 노숙자들은 잡지 판매 대금의 절반 이상을 받게 되며, 잡지를 구성하는 기사문이나 인터뷰 내용은 대부분 유명인들의 재능 기부로 이루어진다. 노숙자들은 판매 과정에서 몇 가지 원칙을 지켜야만 계속하여 잡지를 판매할 수 있는데, '구걸로 비춰지지 않도록 반드시 서서 팔 것', '깔끔한 외모로 정해진 복장을 입고 판매할 것', '시민의 통행을 방해하지 말 것', '하루 수익의 절반은 저축할 것' 등이다.

| 보기 |
ㄱ. 사익보다는 공익 추구에 힘써야 한다.
ㄴ. 기업의 사회적 책무를 소홀히 해서는 안 된다.
ㄷ. 효율성을 증대시키기 위해 최선을 다해야 한다.
ㄹ. 기업의 행위가 사회에 미치는 영향을 고려해야 한다.

① ㄱ, ㄴ   ② ㄱ, ㄹ   ③ ㄴ, ㄷ
④ ㄴ, ㄹ   ⑤ ㄷ, ㄹ

---

09 (가)에 들어갈 개념을 쓰고, 그 의미를 서술하시오.

> 오늘은 [(가)]에 대해 알아보겠습니다.
>
> (가)
> • 슘페터는 기업을 발전시키는 원동력이라고 하였다.
> • 기업이 시장에서 경쟁력을 가지려면 반드시 필요하다.
> • 사업을 성공시키는 데 필요한 핵심 역량이다.

_____

_____

_____

_____

03 금융 생활의 중요성

1. 생애 주기에 따른 경제생활

(1) **생애 주기**: 시간의 흐름에 따른 개인이나 가족의 삶의 변화를 단계별로 나타낸 것

(2) **생애 주기에 따른 경제생활** 자료1

유소년기	경제적 자립이 어려워 주로 부모의 소득에 의존하여 소비 생활을 하는 시기 → 바람직한 경제생활 태도를 형성하는 것이 중요함
청년기	취업과 함께 소득이 발생하나 소득과 소비가 모두 적은 시기 → 저축을 통해 결혼, 자녀 출산 등에 대비해야 함
중·장년기	소득이 증가하나 자녀 교육, 주택 마련으로 소비가 증가하는 시기 → 소비를 줄이고 소득을 저축해야 안정된 노후 생활을 할 수 있음
노년기	은퇴 이후 소득이 크게 줄거나 없어져 노후 대비 자금이나 연금으로 생활하는 시기 → 고령화 시대에 따라 중요성이 증가하고 있음

2. 자산 관리의 의미와 필요성

(1) **자산**

① 의미: 자신이 소유하고 있는 것 중에서 경제적 가치를 지닌 것

② 종류

- 금융 자산: 현금, 예금, 주식, 채권, 보험, 연금 등
- 실물 자산: 부동산, 자동차, 귀금속 등

(2) **자산 관리의 의미와 필요성** 자료2

① 의미: 자신의 소득이나 재산을 활용하여 언제, 얼마만큼 소비할지, 어떻게 자산을 모으고 처분할지 미리 계획하는 것

② 필요성

- 소비 생활은 평생 지속되지만 생산 활동을 통해 소득을 얻는 기간은 한정됨
- 지속 가능한 경제생활을 위해 일생 동안의 소득과 소비를 고려한 자산 운영이 필요함
- 평균 수명 연장으로 은퇴 이후 생활 기간이 늘어나 노년기를 대비할 필요성이 커짐

학습 내용 들여다보기

■ **재무 계획**
제한된 수입을 현재와 미래의 생활에 어떻게 배분할 것인지를 사전에 면밀히 검토해 보는 것

■ **자산 관리의 과정**

목표 설정
↓
자산 파악
↓
자금 마련 계획 수립
↓
실행
↓
평가

개인의 소비 생활은 평생 꾸준히 이루어지지만, 소득을 얻는 기간은 일정하지 않다. 평생 안정적인 생활을 유지하려면 일찍부터 자산 관리를 시작해야 한다.

용어 알기

- **저축** 소득 중에서 미래의 소비를 위해 쓰지 않고 남긴 부분
- **은퇴** 직위에서 물러나거나 사회 활동에서 손을 떼고 한가히 지내는 것

자료1 생애 주기에 따른 소득과 소비

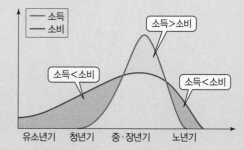

인간의 생애 주기를 보면 생산 활동으로 소득을 얻을 수 있는 기간은 한정되어 있지만 소비 생활은 평생 동안 지속된다. 소득은 대체로 청년기부터 중·장년기에 이르기까지 점차 증가하다가 은퇴를 하는 시점부터 감소하기 시작한다. 안정적인 경제생활을 지속하려면 일생의 소득과 소비를 고려한 재무 계획을 수립하여 자산을 운영해야 한다.

자료2 분산 투자

'달걀을 한 바구니에 담지 마라.'라는 말이 있다. 자산을 여러 군데 나누어 운영함으로써 위험을 분산시키는 투자 방식을 말한다. 달걀을 한 바구니에 담으면, 바구니를 떨어뜨렸을 때 모두 깨질 위험이 있으니 각각 나누어 담으라는 뜻이다. 이는 포트폴리오 투자, 즉 분산 투자를 통해 한 곳에서 손해를 보더라도 다른 곳에서 손해를 보충할 수 있는 안정적인 자산 운영을 나타낸 말이다.

(3) 합리적인 자산 관리 방법

① 자산 관리의 기본 원칙 [자료 3]

안전성	투자한 원금이 손실되지 않고 보장되는 정도
수익성	투자를 통해 수익을 얻을 수 있는 가능성의 정도
유동성	쉽고 빠르게 현금으로 전환할 수 있는 정도

② 금융 자산의 종류

예금	금융 기관에 일정 금액의 돈을 예치하여 이자를 받는 상품
적금	계약 기간 동안 일정 금액을 납입하여 이자를 받는 상품
주식	기업이 사업 자금을 마련하기 위해 회사 소유권의 일부를 투자자에게 주는 증표
채권	정부나 기업 등이 자금을 마련하기 위해 이자 지급을 약속하고 발행하는 차용 증서
펀드	금융 기관이 투자자에게서 모은 자금을 주식, 채권 등에 투자한 후 그 수익을 투자자에게 나누어 주는 상품
보험	미래에 발생할 수 있는 위험에 대비하기 위해 일정한 보험료를 납부하고 사고나 질병이 발생하면 일정 금액을 받는 상품
연금	청년기 또는 중·장년기에 벌어들인 소득의 일부를 저축하여 노령, 퇴직 등의 사유가 발생했을 때 일정 금액을 받는 상품

③ 자산 관리 방법
- 자신의 소득이나 재산 상태, 미래의 지출 규모 등을 고려함
- 수익성, 안전성, 유동성 등을 고려하여 금융 상품을 선택함

3. 신용 거래와 신용 관리

(1) **신용과 신용 거래** → 할부 거래, 은행 대출, 신용 카드 등이 이에 해당해.

① 신용: 돈을 갚을 것을 약속하고 상품이나 돈을 빌려 쓸 수 있는 능력 → 개인의 지불 능력에 대한 사회적 평가

② 신용 거래의 장단점

장점	현금 없이도 상품 구매 가능, 미래의 소득을 앞당겨 활용할 수 있으므로 현재의 소득보다 더 많은 소비가 가능함 → 갚아야 할 빚이 늘어나는 것을 말해.
단점	충동구매나 과소비 우려, 신용은 언젠가는 갚아야 할 빚이므로 미래의 경제생활에 큰 부담이 될 수 있음

(2) **신용 관리의 중요성**: 현대 사회에서 신용을 바탕으로 한 거래가 확대되고, 지불 능력을 고려하지 않은 소비는 신용을 잃어 경제생활에 지장을 초래할 수 있음 [자료 4]

학습 내용 들여다보기

■ 예금의 종류

보통 예금	자유롭게 입금과 출금을 할 수 있는 예금
정기 예금	일정 금액을 일정 기간 동안 예치하는 예금
정기 적금	매월 정해진 금액을 정해진 날에 일정 기간 입금

■ 주식과 채권의 비교

주식

주식을 샀으니 나도 이 회사의 주인이야.

노란색 부분은 내가 주인이지.

채권

자금을 모으려고 국가나 회사에서 채권을 발행하고,

약속한 기간이 지나면 채권을 산 투자자에게 이자와 원금을 갚는 거야.

용어 알기
- **자금** 사업을 경영하는 데 밑천이 되는 돈
- **충동구매** 본래 물건을 살 생각이 없었으나, 광고를 보거나 구경하다가 갑자기 사고 싶어서 사는 행위

자료 3 안전성과 수익성

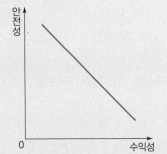

안전성은 투자한 원금의 손실을 주지 않는 정도를 말하고, 수익성은 투자를 통해 이익을 얻는 정도를 말한다. 수익성이 높은 금융 자산은 안전성이 낮은 경우가 많고, 안전성이 높은 금융 자산은 수익성이 낮은 경우가 많다.

자료 4 개인의 신용 등급 관리 방법

상환 능력을 고려하여 대출을 신중히 한다. / 휴대 전화 요금, 공과금 등을 연체하지 않는다. / 자신의 신용 정보를 확인하고 관리한다. / 주거래 은행을 만들어 꾸준히 거래한다.

개인의 신용에는 등급이 매겨지며, 신용 정보를 관리하는 기관에서 신용을 관리하고 있다. 신용 등급은 개인의 노력 여부에 따라 달라질 수 있고, 신용 등급에 따라 신용 거래의 조건이 정해지므로 신용 관리를 철저히 해야 한다.

기본 문제

간단 체크

1 빈칸에 들어갈 알맞은 말을 쓰시오.

(1) (　　　　　)(이)란 시간의 흐름에 따른 개인이나 가족의 삶의 변화를 단계별로 나타낸 것을 말한다.

(2) 제한된 수입을 현재와 장래의 생활에 어떻게 배분할 것인지를 사전에 면밀히 검토해 보는 것을 (　　　　)(이)라고 한다.

(3) 주식, 채권, 예금 등을 여러 종류의 금융 상품에 분할하여 투자하는 방법을 (　　　　　) 투자라고 한다.

(4) (　　　　)은/는 정부나 기업 등이 자금을 마련하기 위해 이자 지급을 약속하고 발행하는 차용 증서이다.

(5) 돈을 갚을 것을 약속하고 상품이나 돈을 빌려 쓸 수 있는 능력을 (　　　　)(이)라고 한다.

2 다음 설명이 맞으면 ○표, 틀리면 ×표 하시오.

(1) 노년기에는 본격적으로 생산 활동에 참여하여 소득을 형성하지만 그 크기가 작다. (　　)

(2) 자산은 경제적 가치가 있는 것으로, 금융 자산과 실물 자산으로 구분한다. (　　)

(3) 예금은 계약 기간 동안 일정 금액을 납입하여 이자를 받는 금융 상품이다. (　　)

(4) 위험성을 줄이면서 적정한 수익성을 얻으려면 자산을 적절히 분산하여 장기적으로 운용해야 한다. (　　)

3 자산 관리의 기본 원칙에 대한 설명을 바르게 연결하시오.

(1) 안전성 •

(2) 유동성 •

(3) 수익성 •

• ㉠ 투자를 통해 수익을 얻을 수 있는 가능성의 정도

• ㉡ 쉽고 빠르게 현금으로 전환할 수 있는 정도

• ㉢ 투자한 원금이 손실되지 않고 보장되는 정도

4 괄호 안의 내용 중 알맞은 말에 ○표 하시오.

(1) 경제적 자립이 어려워 부모의 소득에 의존하여 소비 생활을 하는 시기는 (유소년기 , 청년기)이다.

(2) (투자 , 예금)(이)란 약속한 이자를 받으려고 금융 기관에 돈을 맡기는 것이다.

(3) 기업이 사업 자금을 마련하기 위해 회사 소유권의 일부를 투자자에게 주는 증표는 (주식 , 채권)이다.

(4) 현대 사회에서는 (대출 , 신용)을 바탕으로 한 거래가 확대되고 있다.

01 생애 주기에 따른 경제생활에 대한 설명으로 옳은 것을 〈보기〉에서 고른 것은?

┤ 보기 ├

ㄱ. 유소년기에는 주로 부모의 소득에 의존하여 생활한다.

ㄴ. 청년기에는 취업을 통해 소득이 형성되어 일생 중 소득이 가장 많다.

ㄷ. 중·장년기에는 자녀 양육과 자녀 결혼 등에 따른 지출로 소비가 소득보다 많다.

ㄹ. 노년기에는 은퇴로 소득이 크게 줄어들거나 거의 없어져 소득보다 소비가 많다.

① ㄱ, ㄴ　　　② ㄱ, ㄹ　　　③ ㄴ, ㄷ
④ ㄴ, ㄹ　　　⑤ ㄷ, ㄹ

02 자산에 대한 설명으로 옳지 않은 것은?

① 수입의 원천이 되기도 한다.

② 사람들에게 편리함을 제공해 주기도 한다.

③ 금융 자산과 실물 자산으로 구분할 수 있다.

④ 현금, 예금, 주식, 채권 등은 금융 자산에 속한다.

⑤ 실물 자산은 금융 자산에 비해 유동성이 높은 편이다.

03 합리적으로 자산 관리를 하고 있는 사람으로 보기 어려운 것은?

① 원금을 손실하지 않기 위해 예금을 한 갑

② 고수익을 기대하기 위해 주식을 구입한 을

③ 질병, 사고 등에 대비하기 위해 보험에 가입한 병

④ 현금이 필요한 경우를 대비해 부동산에 투자한 정

⑤ 예금, 주식, 부동산 등에 분산 투자를 하고 있는 무

04 (가)~(다)에 해당하는 자산 관리의 기본 원칙을 바르게 연결한 것은?

(가)	투자한 원금이 손실되지 않고 보장되는 정도
(나)	투자한 금액에 비해 이익을 낼 수 있는 정도
(다)	쉽고 빠르게 현금으로 전환할 수 있는 정도

	(가)	(나)	(다)
①	수익성	안전성	유동성
②	수익성	유동성	안전성
③	안전성	수익성	유동성
④	안전성	유동성	수익성
⑤	유동성	수익성	안전성

05 자산의 유형별 특징으로 옳은 것을 〈보기〉에서 고른 것은?

┤ 보기 ├
ㄱ. 주식은 예금에 비해 수익성이 높다.
ㄴ. 적금은 채권에 비해 위험성이 높다.
ㄷ. 예금은 주식에 비해 안전성이 낮다.
ㄹ. 부동산은 주식에 비해 유동성이 낮다.

① ㄱ, ㄴ   ② ㄱ, ㄹ   ③ ㄴ, ㄷ
④ ㄴ, ㄹ   ⑤ ㄷ, ㄹ

06 자산 관리에 대한 설명으로 옳은 것은?

① 소득이 줄어들거나 없어지는 노년기에 필요하다.
② 수익성보다는 안전성을 고려하는 것이 바람직하다.
③ 생애 주기에 맞게 합리적으로 자산을 관리해야 한다.
④ 금융 자산보다 실물 자산에 투자하는 것이 바람직하다.
⑤ 높은 수익성이 보장되는 자산에 집중 투자해야 한다.

07 그림과 같은 거래 방식에 대한 설명으로 옳지 **않은** 것은?

① 국민 경제의 투명성이 높아진다.
② 미래의 재정적인 부담이 가중될 수 있다.
③ 충동구매나 과소비를 크게 줄일 수 있다.
④ 신용 카드 정보 유출로 피해를 볼 수 있다.
⑤ 현재의 소득보다 더 많은 소비를 할 수 있다.

08 (가)에 들어갈 검색어로 적절한 것은?

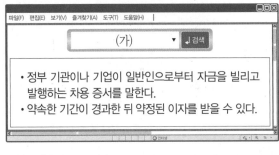

• 정부 기관이나 기업이 일반인으로부터 자금을 빌리고 발행하는 차용 증서를 말한다.
• 약속한 기간이 경과한 뒤 약정된 이자를 받을 수 있다.

① 채권   ② 펀드   ③ 주식
④ 예금   ⑤ 부동산

09 다음은 수업 시간 중의 판서 내용이다. 밑줄 친 '이것'에 해당하는 개념을 쓰시오.

• 이것은 사람의 경제적인 지불 능력, 혹은 지불 능력에 대한 사회적 평가를 말한다.
• 이것을 이용하면 현재 소득보다 더 많은 소비를 할 수 있다.

실전 문제

01 그림은 생애 주기에 따른 지출과 수입을 나타낸 것이다. 이에 대한 설명으로 옳은 것은?

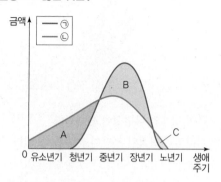

① ㉠은 지출 곡선, ㉡은 수입 곡선이다.
② A는 소비보다 소득이 많은 부분이다.
③ B는 미래의 소비를 위해 저축이 가능한 부분이다.
④ C는 소득이 소비보다 많은 부분이다.
⑤ 소득은 평생 얻을 수 있지만, 소비를 할 수 있는 기간은 한정되어 있다.

★ 중요 ★

02 다음 사례에 나타난 자산 관리 방법의 문제점을 〈보기〉에서 고른 것은?

> 갑은 5년 동안 모은 목돈을 정기 예금에 넣어 두려다가 이자가 너무 낮아 다른 투자 대상을 알아보기로 하였다. 친구가 주식 투자로 성공했다는 소식을 듣고, 가지고 있던 돈 모두를 주식에 투자하였다. 그러나 경기 침체로 주가가 계속 하락하더니 3개월이 지난 현재는 투자 원금의 절반 이상을 잃었다.

┤ 보기 ├
ㄱ. 주식 투자의 위험을 간과하였다.
ㄴ. 자산을 장기적으로만 운용하였다.
ㄷ. 목돈을 하나의 자산에만 집중적으로 투자하였다.
ㄹ. 자산 관리의 기본 원칙 중 안전성만을 중시하였다.

① ㄱ, ㄴ   ② ㄱ, ㄷ   ③ ㄴ, ㄷ
④ ㄴ, ㄹ   ⑤ ㄷ, ㄹ

03 자산 관리에 대해 옳게 말한 학생만을 있는 대로 고른 것은?

저축은 가장 기본적인 자산 관리 방법이야.
생애 주기에 맞게 합리적으로 자산을 관리해야 해.
높은 수익성이 보장된다면 안전성은 고려하지 않아도 돼.
자금을 다양한 금융 상품에 적절하게 분산해야 해.

갑   을   병   정

① 갑, 을   ② 갑, 병   ③ 병, 정
④ 갑, 을, 정   ⑤ 을, 병, 정

04 합리적인 자산 관리 방법으로 가장 적절한 것만을 〈보기〉에서 있는 대로 고른 것은?

┤ 보기 ├
ㄱ. 노후의 안정적인 경제생활을 위해 연금을 활용한다.
ㄴ. 안전성, 수익성, 유동성 등을 고려하여 자산을 관리한다.
ㄷ. 원금 손실을 막고 안전하게 자산을 관리하려면 주식에 투자한다.
ㄹ. 위험성을 줄이면서 적정한 수익성을 기대하기 위해서는 자산을 장기적으로 운용한다.

① ㄱ, ㄷ   ② ㄱ, ㄹ   ③ ㄴ, ㄷ
④ ㄱ, ㄴ, ㄹ   ⑤ ㄴ, ㄷ, ㄹ

★ 중요 ★

05 표는 금융 상품 A~C를 비교한 것이다. 이에 대한 설명으로 옳은 것은? (단, A~C는 각각 예금, 채권, 주식 중 하나이다.)

구분	A	B	C
안전성	+++	++	+
수익성	+	++	+++

*+ 개수가 많을수록 높음을 의미함

① A는 주식에 해당한다.
② A는 원금을 손실할 위험이 크다.
③ B는 A보다 유동성이 낮은 편이다.
④ C는 A보다 쉽고 빠르게 현금으로 전환할 수 있다.
⑤ 원금 보장을 중시하는 사람은 A보다 C를 선택할 것이다.

06 밑줄 친 (가)에 들어갈 말로 가장 적절한 것은?

신용을 이용하면 현재의 소득보다 더 많은 소비를 할 수 있어. 그러니 신용을 최대한 이용하는 것이 합리적이야.

그것은 잘못된 생각이야. 왜냐하면 _____ (가) _____

① 신용 구매는 개인의 신용을 떨어뜨리거든.
② 신용 구매는 모방 소비를 부추길 수 있거든.
③ 신용을 이용한 소비는 합리적 소비라고 볼 수 없거든.
④ 신용 구매는 지불해야 할 시점이 되면 갚아야 할 부담이 되거든.
⑤ 소득이나 지불 능력을 고려하더라도 신용 구매는 일단 위험한 일이거든.

07 신용 거래 방식에 대한 설명으로 옳은 것은?

① 미래의 재정적인 부담을 줄여 준다.
② 물건을 충동적으로 구매할 우려가 있다.
③ 현금을 들고 다녀야 하는 불편함이 있다.
④ 현재의 소득을 초과하는 소비를 할 수 없다.
⑤ 소득이나 지불 능력을 고려하지 않아도 된다.

08 밑줄 친 '이것'에 대한 설명으로 옳지 <u>않은</u> 것은?

이것은 돈을 갚을 것을 약속하고 상품이나 돈을 빌려 쓸 수 있는 능력을 말합니다.

① 현재의 소비가 증가할 수 있다.
② 남용될 경우 사용이 제한될 수 있다.
③ 계획적인 소비와 투자로 관리해야 한다.
④ 이것에 문제가 생길 경우 경제적·사회적 불이익을 받을 수 있다.
⑤ 이것의 문제는 기업이나 국민 경제와는 무관한 개인의 문제이다.

09 밑줄 친 '자산 관리'의 목적을 서술하시오.

우리에게는 전 생애에 걸쳐 소득과 소비를 고려하여 자산을 확보하고 운영하는 자산 관리가 필요하다.

10 다음에 해당하는 자산의 유형과, 빈칸에 들어갈 자산의 특징을 서술하시오.

• 의미: 금융 기관에 일정 금액의 돈을 예치하여 이자를 받는 상품
• 특징: ( )

대단원 정리

❶ 경제 활동의 종류 구분

(①   )은/는 생활에 필요한 재화와 서비스를 만드는 활동이고, (②   )은/는 생산 과정에 참여한 대가를 나누어 가지는 것을 말하며, (③   )은/는 생활에 필요한 재화나 서비스를 구입하여 사용하는 것을 말한다.

답 ① 생산 ② 분배 ③ 소비

❷ 기본적인 경제 문제의 구분

(가)
사람을 더 고용해 수타식으로 면을 만들까? 아니면 기계를 사용해 만들까?

(나)
대박삼겹살
삼겹살이 너무 안 팔리네. 오리고기로 메뉴를 바꿔 볼까?

(다)
올해 임금을 10% 이상 올려야 합니다.
회사가 어려워 3% 인상도 어렵습니다.
임금 협상

· (가): (①   )
· (나): (②   )
· (다): (③   )

답 ① 생산 방법의 결정 ② 생산물의 종류와 수량 결정 ③ 생산물 분배의 결정

❸ 우리나라의 경제 체제 파악

헌법 제119조 ① 대한민국의 경제 질서는 개인과 기업의 경제상의 자유와 창의를 존중함을 기본으로 한다.
② 국가는 균형 있는 국민 경제의 성장 및 안정과 적정한 소득의 분배를 유지하고, 시장의 지배와 경제력의 남용을 방지하며, 경제 주체 간의 조화를 통한 경제의 민주화를 위하여 경제에 관한 규제와 조정을 할 수 있다.

우리나라는 (①   )을/를 기본으로 (②   )의 일부 요소를 받아들인 (③   )을/를 채택하고 있다.

답 ① 시장 경제 체제 ② 계획 경제 체제 ③ 혼합 경제 체제

---

1. 경제 활동과 경제 체제

1. 경제 활동

(1) 종류 ❶

생산	생활에 필요한 재화와 서비스를 만들어 내거나 가치를 높이는 활동
소비	재화나 서비스를 사용하여 만족감을 얻는 활동
분배	생산 과정에 참여한 대가를 나누어 가지는 활동

(2) 주체

가계	· 재화와 서비스를 소비하는 경제 주체 · 노동, 자본 등과 같은 생산 요소를 제공함
기업	· 생산 활동을 하는 경제 주체 · 재화나 서비스를 생산하여 공급함
정부	세금으로 공공재 등을 생산하여 공급함

2. 합리적 선택

자원의 희소성	인간의 욕구에 비해 이를 충족시킬 자원의 양이 상대적으로 부족한 상태로, 인간의 욕구 정도에 따라 달라짐
기회비용	어떤 것을 선택함으로써 포기하는 대안 중 가장 가치가 큰 것
합리적 선택	가장 작은 비용으로 가장 큰 편익을 얻을 수 있는 대안을 선택하는 것

3. 경제 문제와 경제 체제

(1) 기본적인 경제 문제 ❷

생산물의 종류와 수량 결정	무엇을, 얼마나 생산할 것인가?
생산 방법의 결정	어떻게 생산할 것인가?
생산물 분배의 결정	누구를 위하여 생산할 것인가?

(2) 경제 체제의 종류 ❸

시장 경제 체제	· 시장 가격을 통해 기본적인 경제 문제를 해결하는 경제 체제 · 사유 재산의 소유와 사익 추구 인정, 자유로운 경제 활동 보장 등
계획 경제 체제	· 정부의 계획이나 명령에 의해 기본적인 경제 문제를 해결하는 경제 체제 · 생산 수단의 국유화, 경제 활동의 자유 제한, 사회의 공동 목표 추구 등
혼합 경제 체제	· 시장 경제 체제와 계획 경제 체제의 특성이 혼합된 경제 체제 · 오늘날 대부분 국가에서 채택하는 경제 체제, 국가마다 혼합 정도가 다름

2. 기업의 역할과 사회적 책임

기업의 사회적 책임	이윤 추구와 함께 사회 구성원으로서의 역할을 다해야 한다는 윤리적 책임 의식
사회적 기업	사회적 목적을 우선으로 추구하면서 이윤을 추구하는 기업
기업가 정신	미래의 불확실성과 위험을 감수하며, 혁신과 창의성을 바탕으로 생산 활동을 하면서 기업을 성장시키려는 도전 정신

3. 금융 생활의 중요성

1. 생애 주기에 따른 경제생활 ❺

유소년기	경제적 자립이 어려워 부모의 소득에 의존하여 소비 생활을 하는 시기
청년기	취업과 함께 소득이 발생하나 소득과 소비가 모두 적은 시기
중·장년기	소득이 증가하나 자녀 교육, 주택 마련으로 소비가 증가하는 시기
노년기	은퇴 이후 소득이 크게 줄거나 없어져 노후 대비 자금이나 연금으로 생활하는 시기

2. 자산 관리의 의미와 필요성

(1) **자산 관리의 주요 판단 기준**

안전성	투자한 원금이 손실되지 않고 보장되는 정도
수익성	투자를 통해 수익을 얻을 수 있는 가능성의 정도
유동성	쉽고 빠르게 현금으로 전환할 수 있는 정도

(2) **금융 자산의 종류 ❻**

예금	금융 기관에 일정 금액의 돈을 예치하여 이자를 받는 상품
적금	계약 기간 동안 일정 금액을 납입하여 이자를 받는 상품
주식	기업이 자금을 조달하기 위해 회사 소유권의 일부를 투자자에게 주는 증표
채권	정부나 기업 등이 이자 지급을 약속하고 발행하는 차용 증서
펀드	금융 기관이 투자자에게서 모은 자금을 주식, 채권 등에 투자한 후 그 수익을 투자자에게 나누어 주는 상품
보험	사고나 질병 등과 같은 위험에 대비하기 위해 일정한 보험료를 납부하고 사고나 질병이 발생하면 일정 금액을 받는 상품
연금	미리 일정액을 낸 후 노령, 퇴직 등의 사유가 발생했을 때 계속하여 일정 금액을 받는 상품

3. 신용 거래와 신용 관리

신용	돈을 갚을 것을 약속하고 상품이나 돈을 빌려 쓸 수 있는 능력
신용 거래	현금 없이도 상품 구매 가능, 미래의 소득을 앞당겨 활용할 수 있으므로 현재의 소득보다 더 많은 소비가 가능함

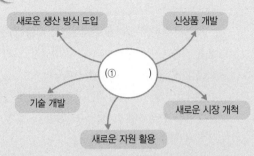
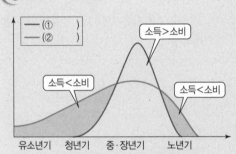

대단원 마무리

01 다음 글을 통해 알 수 있는 내용만을 〈보기〉에서 있는 대로 고른 것은?

> 과거에 물은 무한하게 존재하였기 때문에 특별한 비용을 지불하지 않고도 이용할 수 있었다. 그러나 산업화로 환경 오염이 심해지면서 깨끗한 물이 점차 희소해졌다. 그 결과 오늘날에는 물을 깨끗하게 걸러 주는 정수기가 등장하였고, 광천수, 암반수, 해양 심층수 등 각종 생수가 판매되고 있다.

| 보기 |
ㄱ. 자원의 희소성은 시대에 따라 변한다.
ㄴ. 경제재를 얻기 위해서는 비용을 지불해야 한다.
ㄷ. 사람들이 느끼는 편익이 클수록 자유재의 가격은 높아진다.
ㄹ. 과거에 물은 자유재였지만, 산업화 이후 경제재로 변하였다.

① ㄱ, ㄷ   ② ㄱ, ㄹ   ③ ㄴ, ㄷ
④ ㄱ, ㄴ, ㄹ   ⑤ ㄴ, ㄷ, ㄹ

02 (가)~(라)에 대한 설명으로 옳지 않은 것은?

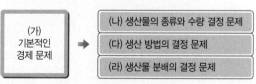

① (가)는 모든 사회에서 나타난다.
② (나)는 '무엇을, 얼마나 생산할 것인가?'를 해결하는 문제이다.
③ (다)에서는 비용을 적게 들이고 이익을 극대화하는 방법을 선택해야 한다.
④ (라)는 '어떻게 생산할 것인가?'와 관련 있다.
⑤ (나), (다), (라)는 시장 경제 체제와 계획 경제 체제 모두에서 나타난다.

03 그림은 경제 체제를 분류한 것이다. 이에 대한 설명으로 옳지 않은 것은? (단, (가)~(다)는 각각 계획 경제 체제, 시장 경제 체제, 혼합 경제 체제 중 하나이다.)

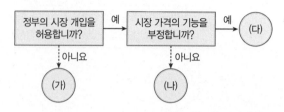

① (가)에서는 시장 가격에 의해 경제 문제가 해결된다.
② (가)에서는 개인의 이익 추구를 보장함으로써 사회 전체의 효율성이 증대된다.
③ (나)는 (가)의 문제점을 해소하기 위해 정부가 시장에 개입한다.
④ (다)에서는 사유 재산 제도와 사익 추구를 인정한다.
⑤ (다)는 국가의 명령에 의해 생산물의 종류와 수량을 결정한다.

04 다음 사례를 통해 알 수 있는 내용으로 가장 적절한 것은?

> • 민수는 주말에 놀이 공원에 가는 대신 도서관에 갔다.
> • ○○시는 지역 주민을 위해 체육관 건설 대신 생태 공원을 조성하기로 결정하였다.

① 선택에 따른 비용과 편익은 누구에게나 동일하다.
② 자원의 희소성은 시대와 장소에 따라 달라질 수 있다.
③ 경제 활동에서 선택에 따른 기회비용은 모두 동일하다.
④ 한 가지를 선택하면 포기해야 하는 것이 나타난다.
⑤ 합리적 선택을 위해서는 장기적 측면보다 단기적 측면을 중시해야 한다.

05 다음은 주형이의 용돈 기입장이다. 서비스를 소비하는 데 지출한 총비용은?

용돈 기입장	
병원 진료비	3,500원
볼펜 구입비	2,500원
영화 관람료	5,500원
참고서 구입비	8,000원

① 6,000원   ② 8,000원   ③ 9,000원
④ 10,500원   ⑤ 13,500원

06 다음 사례에 대한 설명으로 옳은 것은?

> 영희는 주말에 영화 관람, 탁구, 쇼핑 중 하나를 하려고 한다. 각각의 편익을 예상해 보니, 영화 관람은 100, 탁구는 90, 쇼핑은 80이 나왔다고 한다. 단, 각 활동에 드는 비용은 모두 같다.

① 기회비용은 '쇼핑 > 탁구 > 영화 관람' 순이다.
② 탁구에 대한 기회비용은 쇼핑에 대한 편익이다.
③ 쇼핑에 대한 기회비용은 탁구에 대한 편익이다.
④ 탁구에 대한 기회비용과 쇼핑에 대한 기회비용은 같다.
⑤ 영화 관람에 대한 기회비용은 탁구에 대한 기회비용보다 크다.

07 다음 사례에서 소희의 선택에 따른 기회비용은?

> 소희는 패밀리레스토랑에서 아르바이트를 하면 하루에 5만 원을 받을 수 있고, 편의점에서 일을 하게 되면 하루에 3만 원을 받을 수 있다. 그러나 소희는 기말고사가 얼마 남지 않았기 때문에 2일 동안 시험 공부를 하기로 결정하였다.

① 3만 원 ② 5만 원 ③ 6만 원
④ 8만 원 ⑤ 10만 원

08 다음의 경제 환경 변화에 대한 기업의 대응 방안으로 적절하지 <u>않은</u> 것은?

> 소비자가 외국의 다양한 상품을 접촉하면서 소비자 주권이 강화되고, 소비자가 생산 과정에도 적극 개입하게 된다.

① 연구 개발을 통해 상품 경쟁력을 높인다.
② 기술 혁신을 통해 생산 방식을 개선한다.
③ 소비자의 욕구를 충족시키는 다양한 제품을 개발한다.
④ 노동자의 임금을 줄이고 노동 시간을 늘려 생산비를 줄인다.
⑤ 생산비 절감을 위한 기술 개발을 통해 부가 가치가 높은 상품을 개발한다.

09 밑줄 친 '자산 관리'가 필요한 이유로 적절하지 <u>않은</u> 것은?

> 우리에게는 전 생애에 걸쳐 소득과 소비를 고려하여 자산을 확보하고 운영하는 자산 관리가 필요해요.

① 더욱 풍요로운 생활을 누리기 위해서
② 노후에 안정적인 경제생활을 해야 하기 때문에
③ 소비 생활을 할 수 있는 기간이 제한되어 있기 때문에
④ 자신이 원하는 만큼의 생활 수준을 지속적으로 유지하기 위해서
⑤ 질병, 사고 등과 같은 예기치 못한 지출에 대비해야 하기 때문에

10 다음의 거래 방식에 대한 설명으로 옳지 <u>않은</u> 것은?

> 미래의 어느 시점에 갚을 것을 약속하고 상품이나 돈을 얻을 수 있는 능력을 바탕으로 이루어지는 거래 방식이다.

① 현금이 없어도 거래가 가능하다.
② 충동구매나 과소비의 예방이 쉬워진다.
③ 미래의 경제 생활에 부담이 될 수 있다.
④ 개인과 국민 경제의 투명성을 높일 수 있다.
⑤ 현재의 소득보다 더 많은 소비를 할 수 있다.

서술형
11 다음 글에 나타난 시장 경제 체제의 문제점을 서술하시오.

> 상위 20%의 소득이 64조 원을 웃돌아 전체의 71%를 차지한 반면, 하위 20%의 소득은 1.65조 원에 불과했다. 상위 20%의 1인당 평균 소득액은 9천만 원으로 10년 사이 55%나 껑충 뛰어 올랐다. 반면, 하위 20%의 소득은 같은 기간 306만 원에서 199만 원으로 오히려 절반 이상 뚝 떨어졌다.

_____

_____

_____

_____

IV

시장 경제와
가격

01 시장의 의미와 종류

1. 시장의 의미와 발달 과정

(1) 시장의 의미
① 시장: 상품을 사고자 하는 사람과 팔고자 하는 사람이 자발적으로 만나 거래가 이루어지는 곳 → 구체적 장소뿐 아니라 주식 시장, 인터넷 쇼핑몰 등과 같이 가격이 형성되고 교환이 이루어지는 모든 곳을 시장이라고 함
② 시장의 확대: 전자 통신 매체의 발달로 시장의 의미가 확대되었으며, 인터넷 쇼핑몰과 같은 다양한 형태의 시장이 등장함

(2) 시장의 형성과 발달 [자료 1] [자료 2]

원시 사회	생활에 필요한 물건을 스스로 만들어 사용하는 자급자족 생활을 주로 하였음
▼	
농경 사회	생산성이 증가하면서 발생한 잉여 생산물을 다른 사람과 바꾸는 물물 교환이 이루어졌음
▼	
분업의 발생	교환이 활발해지자 사람들은 분업을 통해 자신이 더 잘 만들 수 있는 물건만을 집중적으로 생산할 수 있게 되었음
▼	
시장의 형성	사람들이 효율적인 교환을 위해 일정한 시간과 장소를 정하여 모이게 되면서 시장이 형성되었음
▼	
시장의 발달	화폐를 사용하면서 교환이 더욱 원활해졌고 시장도 활성화되었음

(3) 시장의 역할
① 수요자와 공급자를 연결시켜 주어 거래 비용을 절감함
② 상품의 종류와 가격, 상품별 특징 등의 정보를 제공함
③ 질 좋은 제품이 더 효율적으로 생산되어 사회 전체의 생산성이 증대됨
└→ 시장이 발달하면서 교환이 일상화되자 각자 특정 분야에 전문화하여 생산하는 사람들이 늘어났기 때문이야.

자료 1 화폐의 발달 과정

물품 화폐 금속 화폐 지폐 신용 카드 전자 화폐

초기의 화폐는 쌀, 소금 등과 같은 물품이었다. 이후 보관과 운반이 편리한 금속 화폐로 변화하였다. 그리고 금속 화폐보다 가벼운 지폐가 등장하였다. 현대 사회에서는 각종 신용 카드가 사용되고 있으며, 최근에는 전자 화폐나 스마트폰의 다양한 앱을 이용하여 더 간편하게 거래할 수 있게 되면서 전자 결제 시장 규모가 크게 증가하고 있다.

자료 2 조개 껍데기가 화폐로 쓰인 이유

서로에게 필요한 물건을 직접 교환하는 물물 교환은 불편한 점이 많았다. 내가 필요로 하는 물건을 가지고 있는 상대방이 내 물건을 원하지 않을 때가 많았기 때문이다. 또 내 물건의 가치를 상대방 물건의 가치와 비교하여 정확히 측정하기가 어려웠다. 이러한 물물 교환의 불편을 줄이기 위해 예전부터 쌀, 베, 토기 등 여러 가지 물품을 화폐로 사용하였다.
그중 전 세계적으로 광범위하게 사용된 물품 화폐가 조개 껍데기이다. 조개 껍데기는 가벼우면서도 잘 썩지 않고 크기도 작아 화폐로 쓰이기에 적합하였다.

2. 시장의 기능

(1) **수요와 공급의 연결**: 경제생활에 필요한 재화와 서비스의 수요와 공급을 연결해 줌

(2) **상품의 거래 비용 감소**: 사람들이 거래하려는 물건과 거래 조건에 맞는 상대방을 찾는 데 필요한 시간과 노력 등을 줄여 줌

(3) **상품에 대한 정보 제공**: 거래에 참여하는 사람들에게 상품의 종류 및 가격, 품질 등의 다양한 정보를 제공해 줌 →상품을 선택할 수 있는 폭이 넓어져.

(4) **교환과 분업의 촉진**: 자신이 가장 잘 생산할 수 있는 상품만을 특화하여 생산할 수 있게 도와 줌 → 질 좋은 상품이 생산되고 사회 전체의 생산성이 증대됨

3. 시장의 종류

(1) **거래 형태에 따른 구분** `자료 3`

① 보이는 시장: 거래가 이루어지는 모습이 구체적으로 드러나는 시장

　例 전통 시장, 대형 마트, 백화점 등

② 보이지 않는 시장: 거래가 이루어지는 모습이 구체적으로 드러나지 않는 시장

　例 주식 시장, 외환 시장, 전자 상거래 시장 등

(2) **거래 상품의 종류에 따른 구분** `자료 4`

① 생산물 시장: 생활에 필요한 재화나 서비스가 거래되는 시장

　例 문구점, 농수산물 시장, 영화관, 공연장 등

② 생산 요소 시장: 상품의 생산 과정에서 필요한 생산 요소가 거래되는 시장

　例 부동산 시장, 노동 시장 등
　　　↳재화가 거래되는 시장이야.
　　　　　　　　↳서비스가 거래되는 시장이야.

(3) **그 밖의 시장**

① 개설 주기에 따른 구분

　• 상설 시장: 매일 열리는 시장 例 남대문 시장, 동대문 시장 등

　• 정기 시장: 특정 날짜에만 열리는 시장 例 3일장, 5일장 등

② 판매 대상에 따른 구분

　• 도매 시장: 상인을 대상으로 하는 시장

　• 소매 시장: 소비자를 대상으로 하는 시장

자료 3 전자 상거래 시장

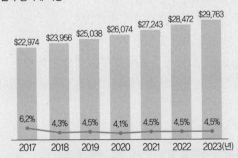

컴퓨터와 정보 통신 기술의 융합은 정보의 입수, 저장, 조회, 공유 방식에 혁명적인 변화를 가져왔다. 소비자들은 컴퓨터 네트워크를 주기적으로 이용하여 매도자를 찾아내고 상품 및 서비스를 평가하고 가격을 비교하며 시장에 영향력을 행사한다. 급속도로 성장하고 있는 전자 상거래는 상거래를 오프라인에서 온라인으로 옮기는 과정을 말한다.

자료 4 생산물 시장과 생산 요소 시장

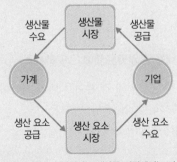

기업이 생산한 재화와 서비스가 거래되는 생산물 시장에서는 가계가 수요자, 기업이 공급자가 된다. 생산에 필요한 노동, 토지, 자본 등이 거래되는 생산 요소 시장에서는 생산물 시장과는 반대로 가계가 공급자, 기업이 수요자가 된다.

기본 문제

✅ 간단 체크

1 빈칸에 들어갈 알맞은 말을 쓰시오.

(1) 상품을 사고자 하는 사람과 팔고자 하는 사람이 자발적으로 만나 거래가 이루어지는 곳을 (   )(이)라고 한다.

(2) 시장은 자유로운 교환을 통해 분업과 (   )을/를 촉진하였다.

(3) 시장은 거래 형태에 따라 (   ) 시장과 보이지 않는 시장으로 구분할 수 있다.

(4) 시장은 거래 상품의 종류에 따라 (   )와/과 생산 요소 시장으로 구분된다.

2 다음 설명이 맞으면 ○표, 틀리면 ×표 하시오.

(1) 사람들이 효율적인 교환을 위해 일정한 시간과 장소를 정하여 모이게 되면서 시장이 형성되었다. (   )

(2) 시장은 수요자가 아닌 공급자에게만 상품에 대한 정보를 제공해 준다. (   )

(3) 시장은 거래에 들어가는 비용을 줄여 주는 역할을 한다. (   )

(4) 시장이 형성되면서 거래할 상대방을 찾는 데 더 많은 시간이 필요해졌다. (   )

(5) 상품의 생산 과정에서 필요한 노동, 토지, 자본 등이 거래되는 시장을 생산물 시장이라고 한다. (   )

3 시장의 유형과 그 사례를 바르게 연결하시오.

(1) 생산물 시장 •   • ㉠ 농수산물 시장

•   • ㉡ 부동산 시장

(2) 생산 요소 시장 •   • ㉢ 노동 시장

•   • ㉣ 영화관

4 괄호 안의 내용 중 알맞은 말에 ○표 하시오.

(1) 효과적인 생산을 위해 각 분야를 여러 사람이 나누어 맡는 것을 (교환 , 분업)이라고 한다.

(2) 원시 사회에서는 생활에 필요한 물건을 스스로 만들어 사용하는 (교환 경제 , 자급자족) 생활을 주로 하였다.

(3) 주식 시장은 (보이는 , 보이지 않는) 시장에 해당한다.

(4) 일반적으로 (생산물 , 생산 요소) 시장에서는 가계가 수요자가 되고, 기업이 공급자가 된다.

01 다음 그림에 나타난 사회에 대한 설명으로 옳은 것을 〈보기〉에서 고른 것은?

┤ 보기 ├

ㄱ. 물물 교환 경제이다.

ㄴ. 필요한 물건은 자기가 스스로 만들어 낸다.

ㄷ. 거래 상대방을 찾는 데 시간과 노력이 많이 든다.

ㄹ. 신용 화폐를 이용하여 원하는 상품을 시장에서 살 수 있다.

① ㄱ, ㄴ ② ㄱ, ㄷ ③ ㄴ, ㄷ ④ ㄴ, ㄹ ⑤ ㄷ, ㄹ

02 다음 대화에 나타난 생산 방법에 대한 설명으로 옳은 것은?

패스트푸드점에서 햄버거를 만드는 주방을 보면 빵을 굽는 사람, 햄을 굽는 사람, 야채를 양념하는 사람, 햄버거를 포장하는 사람으로 나누어져 있어.

맞아. 각자 역할에 집중하여 햄버거를 더 빠르게 만들고 있었어.

① 분배의 형평성이 높아진다.

② 생산에 필요한 비용이 증가한다.

③ 참여한 사람에게 동일한 이익을 준다.

④ 공동 생산, 공동 분배를 통한 생산 방식이다.

⑤ 담당 업무에서 전문화된 기술을 습득할 수 있다.

03 다음 화폐들을 발달 순서대로 나열해 쓰시오.

ㄱ. 지폐   ㄴ. 물품 화폐

ㄷ. 금속 화폐   ㄹ. 신용 화폐

04 다음과 같은 시장에 대한 설명으로 옳은 것은?

▲ 노동 시장

① 오늘날 점차 사라지는 추세에 있다.
② 재화나 서비스가 거래되는 시장이다.
③ 문구점, 농수산물 시장 등과 같은 유형이다.
④ 시장에서 가계가 공급자, 기업이 수요자가 된다.
⑤ 수요자와 공급자의 거래가 구체적인 장소에서만 이루어진다.

05 ㉠, ㉡에 들어갈 내용을 바르게 연결한 것은?

	㉠	㉡
①	보이는 시장	상설 시장
②	보이는 시장	생산물 시장
③	보이지 않는 시장	정기 시장
④	보이지 않는 시장	생산물 시장
⑤	보이지 않는 시장	생산 요소 시장

06 다음 내용을 모두 만족하는 시장으로 옳은 것은?

- 상품의 생산 과정에서 필요한 생산 요소가 거래되는 시장이다.
- 거래가 이루어지는 모습이 구체적으로 드러나지 않는 시장이다.

① 홈 쇼핑
② 재래시장
③ 주식 시장
④ 대형 마트
⑤ 수산물 시장

07 시장의 기능에 대해 옳게 진술한 학생만을 있는 대로 고른 것은?

① 갑, 병
② 갑, 정
③ 을, 정
④ 갑, 을, 병
⑤ 을, 병, 정

08 보이지 않는 시장의 사례만을 〈보기〉에서 있는 대로 고른 것은?

┌ 보기 ├
ㄱ. 주식 시장   ㄴ. 노동 시장
ㄷ. 외환 시장   ㄹ. 농산물 시장

① ㄱ, ㄷ
② ㄱ, ㄹ
③ ㄴ, ㄹ
④ ㄱ, ㄴ, ㄷ
⑤ ㄴ, ㄷ, ㄹ

09 (가)와 (나) 시장을 구분하는 기준을 쓰시오.

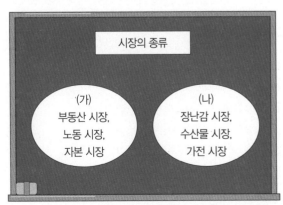

시장의 종류

(가)
부동산 시장,
노동 시장,
자본 시장

(나)
장난감 시장,
수산물 시장,
가전 시장

01 시장에 대한 옳은 설명만을 〈보기〉에서 있는 대로 고른 것은?

┤ 보기 ├
ㄱ. 수요자와 공급자의 상호 작용을 통해 가격이 형성 된다.
ㄴ. 거래에 드는 시간, 노력 등과 같은 거래 비용을 줄 여 준다.
ㄷ. 재래시장이나 대형 마트처럼 구체적인 장소만을 의 미한다.
ㄹ. 물건을 사려는 사람과 팔려고 하는 사람이 만나서 거래하는 곳이다.

① ㄱ, ㄷ   ② ㄱ, ㄹ   ③ ㄴ, ㄷ
④ ㄱ, ㄴ, ㄹ   ⑤ ㄴ, ㄷ, ㄹ

02 ㉠에 들어갈 내용으로 옳은 것은?

〈서술형 평가〉

○반 ○번 ○○○

◎ 시장의 발달 과정을 순서대로 바르게 나열하시오.

(가) 생활에 필요한 모든 것을 스스로 직접 만들어 사용하였다.
(나) 자신이 가진 물건을 다른 사람의 물건과 서로 바꾸는 물물 교환이 이루어졌다.
(다) 농업이 크게 발달하면서 잉여 생산물이 발생하였다.
(라) 일정한 시기와 장소를 정해 모여 상품을 거래하기 시작 하였다.

답안: [㉠]

① (가) → (나) → (다) → (라)
② (가) → (다) → (나) → (라)
③ (나) → (다) → (가) → (라)
④ (다) → (라) → (나) → (가)
⑤ (라) → (가) → (나) → (다)

03 교사의 질문에 대한 학생의 답변으로 적절하지 <u>않은</u> 것은?

시장은 그 형태와 거래하는 상품에 따라 종류가 다양합니다. 이러한 시장이 하는 역할에 대해 발표해 볼까요?

① 갑: 거래 비용을 줄여 줘요.
② 을: 자급자족을 촉진시켜 줘요.
③ 병: 수요와 공급을 연결시켜 줘요.
④ 정: 상품에 대한 정보를 제공해 줘요.
⑤ 무: 사회 전체의 생산성을 향상하는 데 기여해요.

04 (가)에 들어갈 가장 적절한 내용을 〈보기〉에서 고른 것은?

(가)

스피드퀴즈
시장

┤ 보기 ├
ㄱ. 자원의 희소성을 높여 준다.
ㄴ. 구체적인 장소나 시설을 갖추어야 형성된다.
ㄷ. 여러 가지 물품을 사거나 팔 수 있는 곳이다.
ㄹ. 필요한 상품을 쉽게 교환할 수 있게 도와준다.

① ㄱ, ㄴ   ② ㄱ, ㄷ   ③ ㄴ, ㄷ
④ ㄴ, ㄹ   ⑤ ㄷ, ㄹ

05 시장의 등장으로 나타난 변화에 대한 학생들의 진술로 옳지 <u>않은</u> 것은?

① 갑: 상품에 대한 정보를 쉽게 교환할 수 있게 되었어.
② 을: 수요자와 공급자 간의 원활한 거래가 가능해졌어.
③ 병: 교환과 분업이 가능해져 경제생활이 풍요로워졌어.
④ 정: 거래 상대방을 찾는 데 드는 비용과 시간이 줄어 들었어.
⑤ 무: 자원이 효율적으로 배분되어 빈부 격차가 해결 되었어.

06 시장의 종류가 나머지와 <u>다른</u> 것을 말한 학생은?

청과물 시장에서 사과를 샀어요. (갑)

증권 거래소에서 주식을 샀어요. (을)

외환 시장에서 환전을 했어요. (병)

홈 쇼핑에서 화장품을 샀어요. (무)

인터넷 서점에서 책을 구입했어요. (정)

① 갑 ② 을 ③ 병 ④ 정 ⑤ 무

07 밑줄 친 ㉠, ㉡에 해당하는 시장을 바르게 연결한 것은?

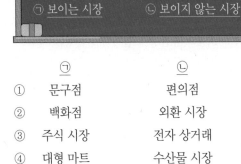

〈시장의 종류〉
㉠ 보이는 시장   ㉡ 보이지 않는 시장

	㉠	㉡
①	문구점	편의점
②	백화점	외환 시장
③	주식 시장	전자 상거래
④	대형 마트	수산물 시장
⑤	온라인 쇼핑몰	재래시장

08 밑줄 친 ㉠, ㉡에 대한 설명으로 옳은 것은?

- 영희는 주말에 ㉠ 대형 마트에서 간식을 구매하였다.
- 민수는 요즘 ㉡ 주식 시장에서 주식을 살지 말지 고민하고 있다.

① ㉠에서는 생산 과정에 필요한 요소가 거래된다.
② ㉡에서는 거래의 모습이 확실히 드러난다.
③ ㉡은 생산에 필요한 자본이 거래되는 생산 요소 시장이다.
④ ㉡은 생활에 필요한 재화와 서비스가 거래되는 생산물 시장이다.
⑤ ㉠은 ㉡과 달리 거래 장소와 상품이 눈에 보이지 않는 시장이다.

09 밑줄 친 ㉠~㉣ 중 옳지 <u>않은</u> 부분을 찾아 쓰고, 이를 바르게 서술하시오.

㉠ 과거에는 생활에 필요한 물건을 스스로 만들어 사용하였다. 이후 경제가 발전하면서 생산량이 증가하였고, ㉡ 사람들은 자신이 생산한 것 중에서 사용하고 남은 물건을 다른 물건과 교환하기 시작하였다. 이 과정에서 사람들은 ㉢ 자신이 더 잘 만들 수 있는 물건만을 집중적으로 생산하게 되었고, 이를 효율적으로 교환하기 위해 시장을 형성하였다. 그러나 ㉣ 화폐의 등장으로 교환이 어려워져 시장은 점차 쇠퇴하였다.

10 (가), (나) 시장의 공통점을 서술하시오.

(가) 시장   (나) 시장

주가가 계속 내려가고 있네.

인터넷에서 운동화를 구입해야겠어.

02 시장 가격의 결정

학습 내용 들여다보기

■ **수요**
재화나 서비스를 사려는 욕구를 수요라고 하는데, 살 수 있는 능력이 뒷받침되지 못하는 욕구는 수요로 보지 않는다.

■ **수요자**
시장에서 일정한 가격을 지급하고 재화나 서비스를 사려는 사람

■ **수요 법칙의 예외**
재화와 서비스는 비쌀수록 수요량이 감소하는 것이 일반적이지만 보석, 가전제품, 자동차 등의 경우 일부는 가격이 비쌀수록 수요량이 늘기도 한다. 이러한 현상을 베블런 효과라고 하는데, 이는 수요 법칙의 예외에 해당한다.

■ **공급자**
시장에서 일정한 가격을 받고 재화나 서비스를 팔려는 사람

1. 수요 법칙과 공급 법칙 자료1

(1) 수요와 수요 법칙

① 수요와 수요량
- 수요: 일정한 가격 수준에서 어떤 상품을 사고자 하는 욕구
- 수요량: 어떤 가격에서 수요자가 사려는 상품의 구체적인 양

② 수요 법칙: 어떤 상품의 가격이 상승하면 그 상품의 수요량은 감소하고, 가격이 하락하면 수요량이 증가하는 현상 → 가격과 수요량이 반대 방향으로 움직이는 법칙을 말해.

③ 수요 곡선: 가격과 수요량의 반비례 관계를 나타내는 그래프 → 우하향하는 형태

(2) 공급과 공급 법칙

① 공급과 공급량
- 공급: 일정한 가격 수준에서 어떤 상품을 판매하고자 하는 욕구
- 공급량: 어떤 가격에서 공급자가 판매하려는 상품의 구체적인 양

② 공급 법칙: 어떤 상품의 가격이 상승하면 그 상품의 공급량은 증가하고, 가격이 하락하면 공급량이 감소하는 현상 → 가격과 공급량이 같은 방향으로 움직이는 법칙을 말해.

③ 공급 곡선: 가격과 공급량의 비례 관계를 나타내는 그래프 → 우상향하는 형태

2. 시장 가격의 결정 원리

(1) 균형 가격과 균형 거래량

① 균형 가격(시장 가격): 시장에서 수요량과 공급량이 일치하여 균형을 이루는 지점의 가격 → 수요 곡선과 공급 곡선이 만나는 지점에서 형성돼.

② 균형 거래량: 시장에서 수요량과 공급량이 일치할 때의 거래량

(2) 초과 수요와 초과 공급

① 초과 수요(수요량 > 공급량): 상품 가격이 균형 가격보다 낮아 수요량이 공급량보다 많은 상태 → 수요자 간의 경쟁 발생 → 가격 상승

② 초과 공급(수요량 < 공급량): 상품 가격이 균형 가격보다 높아 공급량이 수요량보다 많은 상태 → 공급자 간의 경쟁 발생 → 가격 하락

용어 알기

- **법칙** 사물과 현상의 원인과 결과 사이에 내재하는 보편적·필연적인 불변의 관계
- **균형** 어느 한쪽으로 치우치거나 기울지 않고 고른 상태
- **초과** 일정한 수나 한도를 넘음

자료1 수요 곡선과 공급 곡선

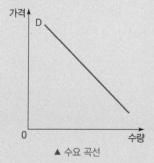

▲ 수요 곡선

▲ 공급 곡선

수요 곡선은 상품의 가격에 따라 수요자가 구매하고자 하는 상품의 양이 변화하는 것을 나타낸다. 오른쪽 아래를 향하는 우하향 형태를 띤다.

공급 곡선은 상품의 가격에 따라 공급자가 판매하고자 하는 상품의 양이 변화하는 것을 나타낸다. 오른쪽 위를 향하는 우상향 형태를 띤다.

자료2 시장 가격의 기능

시장 가격은 생산자와 소비자에게 생산과 소비를 늘려야 할지, 줄여야 할지를 알려 주는 신호등 역할을 한다. 이를 통해 생산자와 소비자는 시장에서 합리적으로 의사를 결정하는 데 필요한 정보를 얻는다.

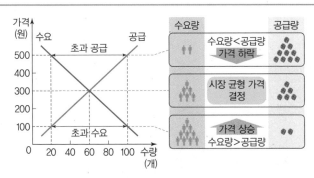

| 초과 공급 | 상품 과잉 → 공급자 간 판매 경쟁 → 가격 하락 |
| 초과 수요 | 상품 부족 → 수요자 간 소비 경쟁 → 가격 상승 |

가격이 500원일 때 수요량은 20개, 공급량은 100개로 공급량이 수요량보다 많은 초과 공급이 발생한다. 이때 공급자들은 가격을 내려서라도 남은 상품을 팔려고 하므로 가격은 하락하게 된다.
가격이 100원일 때 수요량은 100개, 공급량은 20개로 수요량이 공급량보다 많은 초과 수요가 발생한다. 이때 수요자들은 돈을 더 주고서라도 상품을 사려고 하므로 가격은 상승하게 된다.
가격이 300원일 때 수요량과 공급량이 60개로 수요량과 공급량이 일치하여 시장이 균형을 이루게 된다.

3. 시장 가격의 기능

(1) 경제 활동의 신호등 자료2

① 의미: 시장 가격은 소비자와 생산자에게 경제 활동을 어떻게 조절해야 할지를 알려 주는 신호등 역할을 함

② 시장 가격 변화에 따른 경제 주체의 경제 활동

구분	소비자	생산자
가격 상승	수요량 감소	공급량 증가
가격 하락	수요량 증가	공급량 감소

(2) 자원의 효율적 배분 자료3 자료4

① 의미: 시장 가격은 경제 주체에게 합리적인 경제 활동의 방향을 알려 주어 희소한 자원을 효율적으로 배분하는 역할을 함

② 시장 가격 변화에 따른 자원 배분
  • 소비자: 시장에서 가장 큰 만족을 얻을 수 있는 소비자가 상품을 구입하도록 함
  • 생산자: 시장에서 가장 낮은 비용으로 생산할 수 있는 생산자가 상품을 공급하도록 함

③ 해당 상품의 정보 제공: 상품의 가격을 통해 상품이 어느 정도의 가치를 지니는지 알 수 있음

• 희소 인간의 욕구에 비해 이를 충족할 자원이 상대적으로 적은 것

자료3 보이지 않는 손

우리가 매일 식사를 할 수 있는 것은 정육업자, 양조업자, 제빵업자들의 자비심 때문이 아니라 그들이 자신의 이익을 추구하기 때문이다. … (중략) … 오직 자신의 이익을 위하여 행동하는 과정에서 '보이지 않는 손'에 이끌려 사회 전체의 이익이 증가한다. — 애덤 스미스, 「국부론」 중 일부 —

경제학자인 애덤 스미스는 시장의 '보이지 않는 손'에 의해 가격이 결정되고, 자신의 이익을 추구하는 개인의 활동은 시장 가격에 의해 조화롭게 조정되어 개인뿐만 아니라 사회 발전에도 기여한다고 보았다. '보이지 않는 손'은 정부 개입의 최소화를 의미한다. 맡겨 두면 스스로 굴러가니, 정부가 시장에 사사건건 간섭할 필요가 없다는 것이다.

자료4 보이는 손

▲ 케인스

'보이지 않는 손'이 있다면 '보이는 손'도 존재한다. '보이는 손'은 영국의 경제학자 케인스가 만든 개념으로, 정부의 통제를 말한다. 즉 정부가 경제 침체와 불황으로부터 국민을 보호해야 한다는 것이다. 그는 경제가 위기에 처했을 때는 시장에 맡겨 두는 것보다 정부의 정책 실행이 더 효과가 있다고 강조한다.

✓ 간단 체크

1 빈칸에 들어갈 알맞은 말을 쓰시오.

(1) ( )은/는 가격이 상승하면 수요량은 감소하고, 가격이 하락하면 수요량이 증가하는 현상을 말한다.

(2) ( ) 곡선은 우하향하는 모양이고, ( ) 곡선은 우상향하는 모양이다.

(3) 공급량이 수요량보다 많은 상태를 ( )(이)라고 한다.

(4) ( )은/는 수요량과 공급량이 일치할 때의 가격을 말한다.

(5) 가격이 ( )하면 수요자는 수요량을 증가시키고, 공급자는 공급량을 감소시킨다.

2 다음 설명이 맞으면 ○표, 틀리면 ×표 하시오.

(1) 수요는 일정한 가격 수준에서 어떤 상품을 판매하고자 하는 욕구를 말한다. ( )

(2) 시장에서 수요량과 공급량이 일치하는 지점에서 균형 가격이 형성된다. ( )

(3) 공급자는 상품의 가격이 상승하면 공급량을 줄인다. ( )

(4) 초과 수요는 수요량이 공급량보다 많은 상태를 말한다. ( )

(5) 시장에서 한 번 결정된 균형 가격은 변동할 수 없다. ( )

3 서로 관련 있는 것끼리 바르게 연결하시오.

(1) 초과 수요 •
(2) 초과 공급 •

• ㉠ 가격 상승 압력
• ㉡ 가격 하락 압력
• ㉢ 수요자 간 경쟁
• ㉣ 공급자 간 경쟁

4 괄호 안의 내용 중 알맞은 말에 ○표 하시오.

(1) 어떤 가격에서 공급자가 판매하려는 상품의 구체적인 양을 (공급 , 공급량)이라고 한다.

(2) 가격과 수요량은 (비례 , 반비례)한다.

(3) 공급 법칙은 상품의 가격과 공급량이 (같은 , 다른) 방향으로 움직이는 것을 말한다.

(4) 시장 (가격 , 거래량)은 소비자와 생산자에게 경제 활동을 어떻게 조절해야 할지를 알려 주는 신호등 역할을 한다.

---

01 그림에 대한 설명으로 옳은 것을 〈보기〉에서 고른 것은?

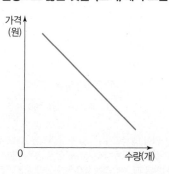

┤ 보기 ├
ㄱ. 가격과 수요량 간의 반비례 관계를 보여 준다.
ㄴ. 수요량의 변동이 가격에 미치는 영향을 보여 준다.
ㄷ. 가격이 상승하면 수요량이 감소하는 관계를 나타낸 것이다.
ㄹ. 가격과 같은 방향으로 움직이는 공급량의 움직임을 보여 준다.

① ㄱ, ㄴ   ② ㄱ, ㄷ   ③ ㄴ, ㄷ
④ ㄴ, ㄹ   ⑤ ㄷ, ㄹ

02 수요와 공급에 대해 바르게 진술한 학생은?

① 갑: 가격이 오르면 공급량은 감소해.
② 을: 수요량은 가격의 영향을 받지 않아.
③ 병: 가격과 공급량 간에는 반비례 관계가 나타나지.
④ 정: 수요 곡선은 가격과 수요의 관계를 나타낸 곡선이야.
⑤ 무: 공급은 생산자가 일정한 가격에서 재화와 서비스를 팔고자 하는 욕구를 말해.

03 표는 사과의 수요량과 공급량을 나타낸 것이다. 이에 대한 설명으로 옳지 않은 것은?

가격(원)	700	800	900	1,000
수요량(톤)	45	37	34	28
공급량(톤)	27	30	34	40

① 사과의 균형 가격은 900원이다.
② 사과의 균형 거래량은 34톤이다.
③ 사과의 가격이 700원일 때 수요량은 45톤이다.
④ 사과의 가격이 800원일 때에는 초과 수요가 나타난다.
⑤ 사과의 가격이 1,000원일 때에는 수요자들이 원하는 만큼 사과를 구매할 수 없다.

04 그림에 대한 설명으로 옳은 것을 〈보기〉에서 고른 것은?

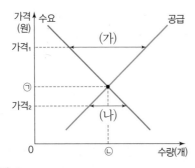

┤ 보기 ├
ㄱ. (가)는 초과 공급, (나)는 초과 수요이다.
ㄴ. ㉠은 균형 거래량, ㉡은 균형 가격이다.
ㄷ. (가)에서는 공급자 간 경쟁으로 가격이 상승한다.
ㄹ. (나)에서는 수요자 간 경쟁으로 가격이 상승한다.

① ㄱ, ㄴ   ② ㄱ, ㄹ   ③ ㄴ, ㄷ
④ ㄴ, ㄹ   ⑤ ㄷ, ㄹ

05 그림은 X재의 수요 곡선과 공급 곡선을 나타낸 것이다. 이에 대한 설명으로 옳지 <u>않은</u> 것은?

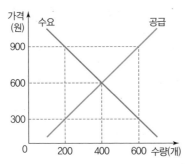

① X재의 균형 가격은 600원이다.
② X재의 균형 거래량은 400개이다.
③ X재 가격이 300원일 때 시장에는 400개의 초과 수요가 발생한다.
④ X재 가격이 600원일 때 시장에는 초과 공급이 발생한다.
⑤ X재 가격이 900원일 때에는 공급량이 수요량보다 많다.

06 다음 ㉠~㉣에 들어갈 내용을 각각 쓰시오.

구분	소비자의 소비량	생산자의 생산량
가격 하락	(㉠)	(㉡)
가격 상승	(㉢)	(㉣)

07 그림에 대한 설명으로 옳지 <u>않은</u> 것은?

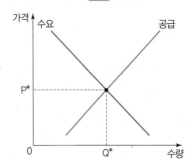

① P*에서는 수요량과 공급량이 같다.
② P*보다 높은 가격에서는 초과 공급이 나타난다.
③ P*보다 낮은 가격에서는 초과 수요가 나타난다.
④ P*보다 높은 가격에서는 가격 하락 압력이 나타난다.
⑤ P*보다 낮은 가격에서는 공급자들 간의 경쟁이 발생한다.

08 시장 가격의 기능에 대해 옳게 진술한 학생을 고른 것은?

갑 한정된 자원을 효율적으로 배분할 수 있게 해 줘.
을 생산자는 최대 비용을 지불하고 상품을 생산·공급할 수 있어.
병 생산자와 소비자는 합리적 의사 결정에 필요한 정보를 얻을 수 있어.
정 재화와 서비스에 대한 만족감이 가장 작은 소비자에게 돌아가게 해 줘.

① 갑, 을   ② 갑, 병   ③ 을, 병
④ 을, 정   ⑤ 병, 정

01 수요 법칙에 해당하는 사례로 가장 적절한 것은?

① 밀가루의 가격이 오르자, 빵 가격도 상승하였다.

② 백화점의 할인 판매 기간 동안에 상품의 소비량이 늘었다.

③ 과시 욕구 때문에 명품 가방은 가격이 높을수록 더 잘 팔린다.

④ 커피가 인체에 해롭다는 뉴스 보도 때문에 커피 전문점의 매출이 떨어지고 있다.

⑤ 스마트폰의 가격이 하락하였지만, 더 하락하기를 기다리며 소비자들은 소비를 줄이고 있다.

02 표는 X재의 수요량과 공급량을 나타낸 것이다. 이에 대한 설명으로 옳지 <u>않은</u> 것은?

가격(원)	100	200	300	400	500
수요량(개)	700	600	500	400	300
공급량(개)	300	400	500	600	700

① 균형 가격은 300원, 균형 거래량은 500개이다.

② 가격이 100원일 때에는 초과 수요가 발생한다.

③ 가격이 400원일 때에는 공급자 간에 경쟁이 발생한다.

④ 가격이 500원이면 거래는 300개가 이루어지게 된다.

⑤ 600개가 모두 팔리려면 가격은 400원에서 형성되어야 한다.

03 다음에서 수요 법칙과 공급 법칙에 따른 모습으로 볼 수 <u>없는</u> 것은?

① 할인 행사를 해서 운동복을 더 샀어.

② 한우 고기 가격이 올라 적게 구매했어.

③ 지우개 가격이 하락해서 지우개를 더 많이 팔기로 했어.

④ 사과 가격이 내려서 평소보다 더 많은 양을 주문했어.

⑤ 배추 김치의 가격이 올라서 더 많이 판매하려고 해.

04 그림은 스마트폰 시장에서의 공급량을 나타낸 것이다. 이에 대한 설명으로 옳은 것을 〈보기〉에서 고른 것은?

| 보기 |

ㄱ. 스마트폰 시장에서는 공급 법칙이 적용된다.

ㄴ. 스마트폰 가격과 공급량은 같은 방향으로 움직인다.

ㄷ. 스마트폰 가격이 내리면 공급자는 스마트폰 공급량을 늘릴 것이다.

ㄹ. 스마트폰 가격이 오르면 공급자는 더 큰 이윤을 얻을 수 있으므로 스마트폰 생산을 줄일 것이다.

① ㄱ, ㄴ   ② ㄱ, ㄷ   ③ ㄴ, ㄷ

④ ㄴ, ㄹ   ⑤ ㄷ, ㄹ

05 그림은 X재의 수요 곡선과 공급 곡선을 나타낸 것이다. 이에 대한 설명으로 옳은 것은?

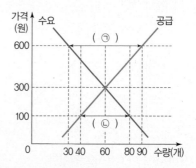

① ㉠은 초과 수요, ㉡은 초과 공급이다.

② ㉡이 발생하면 공급자 사이의 경쟁에 의해 가격은 상승한다.

③ ㉡과 달리 ㉠이 발생하면 자원이 효율적으로 배분된다.

④ 균형 가격은 300원, 균형 거래량은 40개이다.

⑤ 가격이 600원일 때 공급자는 더 낮은 가격에서라도 상품을 팔고자 하므로 가격은 하락한다.

★중요★
06 밑줄 친 '보이지 않는 손'의 기능에 대한 설명으로 옳지 <u>않은</u> 것은?

> 우리가 저녁 식사를 먹을 수 있는 것은 정육업자, 양조업자, 제빵업자들이 자신의 이익을 추구하기 때문이다. 그들은 공익을 추구하려 노력하지 않고, 자신의 이익을 위하여 행동할 뿐이다. 그러나 이렇게 행동하는 가운데 '<u>보이지 않는 손</u>'의 인도를 받아서 사회 전체의 이익이 증가한다.

① 생산된 재화를 가장 만족이 높은 사람이 사용하도록 안내한다.
② 생산자가 어떤 재화를 생산하는 것이 이득이 되는지 알려 준다.
③ 기업에게는 시장에 공급할 재화의 공급량을 결정하는 신호를 보내 준다.
④ 소비자의 합리적 소비보다는 생산자의 이윤 극대화의 방법을 제시해 준다.
⑤ 소비자에게는 어떤 상품을 선택하는 것이 효용을 극대화하는 것인지 알려 준다.

07 다음 설명에 해당하는 사례로 옳지 <u>않은</u> 것은?

시장 가격은 소비자와 생산자에게 경제 활동을 어떻게 조절할 것인지 알려 주는 신호등 같은 기능을 해요.

① 대파 가격이 크게 하락하자 농민들은 대파 생산을 줄였다.
② 닭고기 가격이 크게 오르자 소비자들이 닭고기 소비를 줄였다.
③ 정부가 재래시장 보호를 위해 대형 마트의 영업을 규제하였다.
④ 계란 가격이 오르자 소비자들이 계란 대신 두부 소비를 늘렸다.
⑤ 미세 먼지 때문에 마스크 가격이 계속 오르자 기업들이 마스크 생산을 늘렸다.

서술형 문제

08 그림은 X재 시장의 수요 곡선과 공급 곡선을 나타낸 것이다. X재 시장의 균형 가격과 균형 거래량을 쓰고, X재 가격이 2,000원일 때 발생하는 현상에 대해 서술하시오.

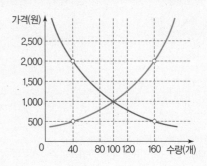

09 다음 신문 기사를 통해 파악할 수 있는 가격의 기능을 서술하시오.

○○일보	△△일보
주요 백화점 정기 세일을 맞아 가전제품 20% 할인된 가격에 판매 … 매출이 증가할 것으로 예상	반도체 가격이 지속적으로 하락 … 반도체 생산 기업들이 내년도 생산량을 축소할 예정

03 시장 가격의 변동

1. 수요 변동과 공급 변동

(1) 수요 변동의 요인 [자료1] [자료2]

① **가계의 소득 변화**: 소득이 늘어나면 수요가 증가하고, 소득이 줄어들면 수요가 감소함

② **소비자의 기호 변화**: 어떤 상품에 대한 기호가 증가하면 수요가 늘어나고, 기호가 감소하면 수요가 줄어듦 → 건강에 대한 사람들의 관심이 높아지면 건강식품에 대한 사람들의 기호가 증가하여 건강식품의 수요가 늘어나.

③ **연관 상품의 가격 변화** [자료3]

　㉠ 대체재의 가격 변화 → ⑩ 콜라와 사이다, 버터와 마가린, 소고기와 돼지고기
　　• 대체재 관계에 있는 한 상품의 가격이 오르면 다른 상품의 수요가 증가함
　　• 대체재 관계에 있는 한 상품의 가격이 내리면 다른 상품의 수요는 감소함

　㉡ 보완재의 가격 변화 → ⑩ 자동차와 휘발유, 샤프와 샤프심, 프린터와 종이
　　• 보완재 관계에 있는 한 상품의 가격이 오르면 다른 상품의 수요가 감소함
　　• 보완재 관계에 있는 한 상품의 가격이 내리면 다른 상품의 수요는 증가함

④ **인구수의 변화**: 인구가 증가하여 특정 상품에 대한 수요자의 수가 늘어나면 그 상품의 수요가 증가하고, 인구가 줄어들면 수요가 감소함

⑤ **미래에 대한 예상**: 어떤 상품의 가격이 오를 것으로 예상하면 그 상품을 사두려고 현재의 수요가 증가하고, 신제품이 출시될 것이라는 소식이 들리면 기존 상품의 수요가 감소함 → 반대로 가격이 내릴 것으로 예상되면 더 내리면 사려고 하기 때문에 수요가 감소해.

(2) 공급 변동의 요인 [자료4]

① **생산 요소의 가격 변화**: 생산 요소의 가격이 하락하면 공급이 늘어나고, 생산 요소의 가격이 상승하면 공급이 줄어듦 → 동일한 생산 비용으로 더 많이 생산할 수 있기 때문이야.

② **생산 기술의 발달**: 어떤 상품을 생산하는 기술이 발달하면 생산 비용이 줄어드는 효과를 가져와 공급이 증가함

③ **공급자 수의 변화**: 공급자의 수가 늘어나면 공급이 증가하고, 일부 공급자가 생산을 중단하여 공급자의 수가 줄어들면 공급이 감소함

④ **미래에 대한 예상**: 어떤 상품의 가격이 오를 것으로 예상하면 현재의 공급이 감소하고, 가격이 내릴 것으로 예상하면 현재의 공급이 증가함

학습 내용 들여다보기

■ **수요의 변동**

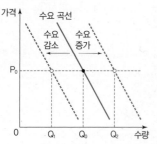

수요 변동이란 어떤 상품의 가격 이외에 다른 요인이 변화하여 수요자의 구매 계획이 변화하는 것을 말한다. 수요가 증가하면 수요 곡선은 오른쪽으로 이동하고, 수요가 감소하면 수요 곡선은 왼쪽으로 이동한다.

■ **수요 변동의 요인**

수요 증가 요인	수요 감소 요인
• 소득의 증가	• 소득의 감소
• 대체재의 가격 상승	• 대체재의 가격 하락
• 보완재의 가격 하락	• 보완재의 가격 상승
• 기호의 증가	• 기호의 감소
• 수요자 수의 증가	• 수요자 수의 감소
• 수요자의 미래 가격 상승 예상	• 수요자의 미래 가격 하락 예상

🎓 용어 알기

• **기호** 즐기고 좋아하는 것
• **대체재** 비슷한 만족을 얻을 수 있어 한 상품을 대신하여 사용할 수 있는 재화
• **보완재** 따로따로 소비할 때보다 함께 소비할 때 만족도가 더 커지는 재화
• **출시** 상품이 시중에 나오거나 상품을 시중에 내보내는 것

자료1 수요의 변동 요인

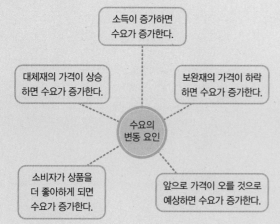

- 소득이 증가하면 수요가 증가한다.
- 대체재의 가격이 상승하면 수요가 증가한다.
- 보완재의 가격이 하락하면 수요가 증가한다.
- 수요의 변동 요인
- 소비자가 상품을 더 좋아하게 되면 수요가 증가한다.
- 앞으로 가격이 오를 것으로 예상하면 수요가 증가한다.

자료2 수요량의 변동과 수요의 변동

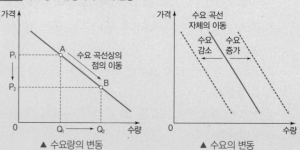

▲ 수요량의 변동　　▲ 수요의 변동

상품의 가격에 따라 사람들이 구매하고자 하는 수량이 변하는 것을 수요량의 변동이라고 하는데, 이러한 변동은 수요 곡선상에서 점의 이동으로 나타난다. 이에 비해 수요의 변동은 상품 가격 이외의 다른 요인으로 수요가 변하는 것으로, 수요 곡선 자체의 이동으로 나타난다.

2. 시장 가격의 변동 과정

(1) 수요 변동에 따른 가격 변화(단, 공급은 일정하다고 가정함)

수요 변동 요인	수요 변동	수요 곡선의 이동	가격 변화
• 소득·인구·기호의 증가 • 대체재의 가격 상승 • 보완재의 가격 하락	증가	오른쪽 이동	상승
• 소득·인구·기호의 감소 • 대체재의 가격 하락 • 보완재의 가격 상승	감소	왼쪽 이동	하락

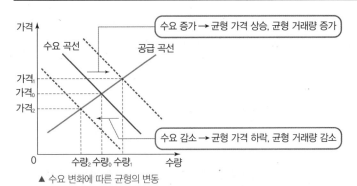

▲ 수요 변화에 따른 균형의 변동

(2) 공급 변동에 따른 가격 변화(단, 수요는 일정하다고 가정함)

공급 변동 요인	공급 변동	공급 곡선의 이동	가격 변화
• 생산 요소의 가격 하락 • 생산 기술의 발달 • 공급자 수의 증가	증가	오른쪽 이동	하락
• 생산 요소의 가격 상승 • 공급자 수의 감소	감소	왼쪽 이동	상승

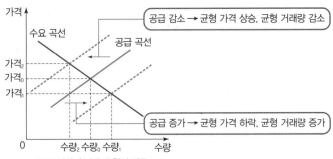

▲ 공급 변화에 따른 균형의 변동

학습 내용 들여다보기

■ 공급의 변동

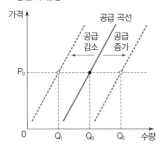

공급 변동이란 어떤 상품의 가격 이외에 다른 요인이 변화하여 공급자의 공급 계획이 변화하는 것을 말한다. 공급이 증가하면 공급 곡선은 오른쪽으로 이동하고, 공급이 감소하면 공급 곡선은 왼쪽으로 이동한다.

용어 알기

• **생산 요소** 토지, 노동, 자본 등 생산 활동에 필요한 재료

자료 3 **대체재와 보완재**

> 사이다 가격이 많이 올랐네. 사이다 대신 콜라를 사야겠어.

사이다와 콜라는 용도가 비슷하므로 대체재 관계이다. 사이다 가격이 상승하면 사람들은 대체재인 콜라를 찾기 때문에 콜라의 수요는 증가한다. 한편, 피자와 콜라는 함께 사용할 때 만족감이 더 커지므로 보완재 관계이다. 피자 가격이 하락하면 사람들은 피자의 소비를 늘리고, 피자와 함께 먹는 콜라를 더 찾기 때문에 콜라의 수요도 증가한다. 이와 같이 한 상품의 가격 변화는 그 상품과 관련 있는 다른 상품의 수요에도 영향을 미친다.

자료 4 **공급의 변동 요인**

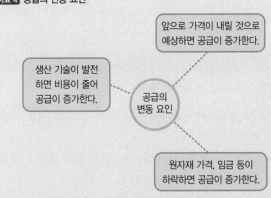

> 앞으로 가격이 내릴 것으로 예상하면 공급이 증가한다.

> 생산 기술이 발전하면 비용이 줄어 공급이 증가한다.

> 공급의 변동 요인

> 원자재 가격, 임금 등이 하락하면 공급이 증가한다.

간단 체크

1 빈칸에 들어갈 알맞은 말을 쓰시오.

(1) 가계 소득이 늘어나면 상품의 수요는 (   )한다.

(2) 함께 사용할 때 만족도가 더욱 커지는 관계에 있는 재화를 (   )(이)라고 한다.

(3) 어떤 상품의 가격이 내릴 것으로 예상하면 공급은 (   )한다.

(4) 밀가루 가격이 상승하면 빵의 공급은 (   )한다.

(5) 생산 기술의 발달은 공급 곡선을 (   )(으)로 이동시킨다.

2 다음 설명이 맞으면 ○표, 틀리면 ×표 하시오.

(1) 수요량의 변동은 수요 곡선상에서 점의 이동으로 나타난다. (   )

(2) 어떤 상품의 가격이 오를 것으로 예상되면 수요는 감소한다. (   )

(3) 건강에 대한 사람들의 관심이 높아지면 유기농 식품을 찾는 소비자들이 감소한다. (   )

(4) 어떤 상품의 가격이 상승하면 대체재 관계에 있는 다른 상품의 수요는 증가한다. (   )

(5) 배추를 수확하는 데 들어가는 인건비가 상승하면 배추의 공급은 감소한다. (   )

3 수요와 공급의 변동을 초래하는 요인을 바르게 연결하시오.

(1) 수요 증가 요인 •   • ㉠ 생산 기술의 발전

(2) 수요 감소 요인 •   • ㉡ 대체재의 가격 상승

(3) 공급 증가 요인 •   • ㉢ 보완재의 가격 상승

(4) 공급 감소 요인 •   • ㉣ 생산 비용의 증가

4 괄호 안의 내용 중 알맞은 말에 ○표 하시오.

(1) 수요가 증가하면 수요 곡선은 (왼쪽 , 오른쪽)으로 이동한다.

(2) (대체재 , 보완재) 관계에 있는 한 상품의 가격이 오르면 다른 상품의 수요는 증가한다.

(3) 수요가 감소하면 균형 가격은 (하락 , 상승)한다.

(4) 공급이 감소하면 균형 거래량은 (감소 , 증가)한다.

---

01 밑줄 친 요인에 해당하지 <u>않는</u> 것은?

> 시장에서 어떤 재화의 수요는 <u>다양한 요인들</u>에 의해 영향을 받는다.

① 인구수
② 소득 수준
③ 소비자의 기호
④ 연관 상품의 가격
⑤ 생산 요소의 가격

02 그림과 같은 변화를 초래한 요인으로 옳지 <u>않은</u> 것은?

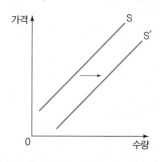

① 생산 기술의 발전
② 생산 업체의 증가
③ 원자재 가격의 하락
④ 생산품의 가격 상승
⑤ 생산 요소의 가격 하락

03 다음 사례에서 찾을 수 있는 경제 개념을 〈보기〉에서 고른 것은?

> 일조량 부족으로 사과의 공급에 차질을 빚으면서 사과 가격이 비싸지자 이를 찾는 사람이 크게 감소하였고, 사과 대신 귤을 찾는 사람들이 많다.

| 보기 |
ㄱ. 대체재   ㄴ. 보완재
ㄷ. 수요 법칙   ㄹ. 공급 증가

① ㄱ, ㄴ   ② ㄱ, ㄷ   ③ ㄴ, ㄷ
④ ㄴ, ㄹ   ⑤ ㄷ, ㄹ

04 다음 사례에서 깻잎의 수요 증가 요인으로 옳은 것은?

> 깻잎에는 비타민 A와 C가 풍부하게 함유되어 있어 주름이 생성되는 것을 막아 주며, 깻잎을 섭취하게 되면 스트레스가 낮아지고, 기억력을 결정하는 뇌세포들의 활성화가 촉진된다는 연구 결과가 발표되었다. 이러한 소식이 전해지면서 깻잎이 많이 팔리고 있다.

① 인구의 증가
② 소비자의 소득 증가
③ 소비자의 기호 증가
④ 보완재의 가격 하락
⑤ 대체재의 가격 상승

05 다음에서 예상되는 수요와 공급의 변화로 옳은 것은?

> A 제품의 생산 기술이 획기적으로 발전하여 제품 생산 비용을 이전보다 30%나 줄이는 효과가 있다고 합니다.

① 수요가 감소한다.
② 수요가 증가한다.
③ 공급이 감소한다.
④ 공급이 증가한다.
⑤ 수요와 공급 모두 변함없다.

06 에어컨의 공급 증가에 영향을 미치는 요인을 〈보기〉에서 고른 것은?

> **┤ 보기 ├**
> ㄱ. 생산비 증가   ㄴ. 제조업체의 증가
> ㄷ. 생산 기술의 발전   ㄹ. 소비자의 소득 증가

① ㄱ, ㄴ   ② ㄱ, ㄷ   ③ ㄴ, ㄷ
④ ㄴ, ㄹ   ⑤ ㄷ, ㄹ

07 시장 가격이 상승하는 경우를 바르게 진술한 학생만을 있는 대로 고른 것은?

갑 ⌐ 냉장고의 생산 기술이 발전해서 냉장고 공급이 늘어났대.

을 ⌐ 밀가루 가격이 올라서 과자의 생산비가 늘어났대.

병 ⌐ 새학기가 시작되면서 가방을 새로 사려는 사람이 많아졌대.

정 ⌐ 석류가 피부 미용에 좋다는 뉴스 보도로 석류에 대한 선호도가 높아졌어.

① 갑, 을   ② 갑, 병   ③ 병, 정
④ 갑, 을, 정   ⑤ 을, 병, 정

08 다음과 같은 요인이 발생했을 때 자전거 헬멧의 균형 가격과 균형 거래량의 변화로 옳은 것은?

> 자전거 헬멧은 자전거와 함께 소비할 때 더 큰 만족감을 얻을 수 있다. 최근 자전거의 가격이 하락하였다.

	균형 가격	균형 거래량
①	상승	증가
②	상승	감소
③	하락	증가
④	하락	감소
⑤	하락	불변

09 (가), (나)에 들어갈 개념을 각각 쓰시오.

> 일반적으로 소고기와 돼지고기는 비슷한 용도로 사용되는 ___(가)___ 이기 때문에 소고기 가격이 오르면 돼지고기의 수요는 증가한다. 한편, 커피와 설탕은 함께 소비될 때 더 큰 만족감을 주는 ___(나)___ 이기 때문에 커피의 가격이 오르면 설탕의 수요는 감소한다.

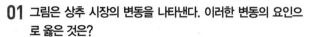
01 그림은 상추 시장의 변동을 나타낸다. 이러한 변동의 요인으로 옳은 것은?

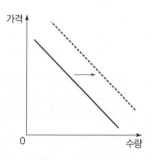

① 상추의 종자 가격이 상승하였다.
② 대체재인 깻잎의 가격이 상승하였다.
③ 상추를 재배하는 농가들이 증가하였다.
④ 보완재인 돼지고기의 가격이 상승하였다.
⑤ 수요자들의 소득이 전반적으로 감소하였다.

02 다음과 같은 현상이 나타났을 때의 변화로 가장 적절한 것은?

제품 생산에 들어가는 원자재의 가격이 지속적으로 오르고 있고, 제품 생산 과정에 필요한 기술자들의 임금도 계속 오르고 있다.

① 공급이 감소한다.　　② 공급이 증가한다.
③ 수요가 감소한다.　　④ 수요가 증가한다.
⑤ 공급량이 감소한다.

03 그림에 나타난 재화의 관계에 대한 설명으로 옳은 것은?

① 비슷한 사례로 커피와 설탕을 들 수 있다.
② 함께 소비할 때 더 큰 만족감을 얻을 수 있다.
③ 용도가 비슷하여 서로 대신하여 사용할 수 있다.
④ 한 상품의 가격이 오르면 다른 상품의 공급이 감소한다.
⑤ 한 상품의 가격이 오르면 다른 상품의 수요가 감소한다.

04 다음을 통해 추론할 수 있는 노트북 시장의 변화로 가장 적절한 것은?

원격 수업과 재택근무가 일상화되면서 노트북을 구매하려는 사람들이 급증하고 있다. 이에 노트북 제조사들이 생산을 늘리고 있다.

① 수요와 공급 모두 증가한다.
② 수요와 공급 모두 감소한다.
③ 수요는 증가하고 공급은 감소한다.
④ 수요는 감소하고 공급은 증가한다.
⑤ 수요는 증가하나 공급은 변함이 없다.

★ 중요 ★
05 다음 사례에 대한 추론으로 옳지 <u>않은</u> 것은?

수입산 김치에서 유해 물질이 발견되어 국내 소비자들이 김치를 직접 담가 먹는 경우가 늘고 있대.

맞아. 분식점에서도 김치 대신 단무지를 찾는 사람들이 많아졌대.

① 단무지는 김치의 대체재이다.
② 국내산 배추의 수요가 증가할 것이다.
③ 국내산 김치의 공급이 감소할 것이다.
④ 수입산 김치의 수요 곡선은 왼쪽으로 이동할 것이다.
⑤ 국내산 김치의 수요 곡선은 오른쪽으로 이동할 것이다.

고난도
06 다음과 같은 상황이 동시에 발생할 경우, 팥빙수 시장의 변화에 대한 옳은 설명만을 〈보기〉에서 있는 대로 고른 것은?

• 팥빙수의 대체재인 아이스크림 가격이 올랐다.
• 팥빙수의 원료인 단팥의 가격이 크게 상승하였다.

| 보기 |
ㄱ. 팥빙수의 수요는 증가한다.
ㄴ. 팥빙수의 공급은 감소한다.
ㄷ. 팥빙수의 균형 가격은 하락한다.
ㄹ. 팥빙수의 균형 거래량은 증가한다.

① ㄱ, ㄴ　　② ㄱ, ㄹ　　③ ㄷ, ㄹ
④ ㄱ, ㄴ, ㄷ　　⑤ ㄴ, ㄷ, ㄹ

07 다음을 통해 알 수 있는 옳은 내용만을 〈보기〉에서 있는 대로 고른 것은?

> 토마토가 건강에 좋다는 뉴스가 나오자 시장에서 토마토를 찾는 사람이 급증하였다. 이에 토마토 가격이 올라가고, 오이나 호박을 심던 농가들이 대거 토마토 농사를 짓기 시작하였다. 토마토의 공급이 늘어나면서 가격도 안정되었다.

┤ 보기 ├
ㄱ. 공급이 증가하면 가격이 상승한다.
ㄴ. 시장 가격은 효율적인 자원 배분을 한다.
ㄷ. 공급자의 수가 늘어나면 공급이 증가한다.
ㄹ. 상품에 대한 기호 변화는 수요에 영향을 미친다.

① ㄱ, ㄴ   ② ㄱ, ㄹ   ③ ㄷ, ㄹ
④ ㄱ, ㄴ, ㄷ   ⑤ ㄴ, ㄷ, ㄹ

08 다음을 통해 추론할 수 있는 배추 시장의 균형 가격과 균형 거래량의 변화로 옳은 것은?

> 갑자기 추워진 날씨로 배추가 얼어 수확량이 줄어들었는데, 김장철을 앞두고 배추를 사려는 사람들이 늘어났다.

	균형 가격	균형 거래량
①	상승	증가
②	상승	감소
③	상승	불분명
④	하락	증가
⑤	하락	감소

✎ 서술형 문제

09 다음 사례에서 자장면의 가격이 상승한 이유를 서술하시오.

> 세계적인 밀 가격의 상승으로 우리나라의 밀가루 값도 작년보다 60%나 올랐다. 이로써 밀가루의 비중이 큰 자장면이 13.1%, 라면이 15%, 피자가 11% 이상 가격이 오르는 등 모두 10% 이상 가격이 상승하였다.

_____

_____

_____

_____

10 다음 (가), (나)가 동시에 발생할 때 돼지고기 시장에 미칠 영향을 수요와 공급 측면을 포함하여 균형점(E)이 이동할 영역의 기호를 서술하시오.

> (가) 작년 여름 이상 더위로 쌈 채소 가격이 폭등하였다.
> (나) 구제역 파동으로 많은 돼지가 매몰되면서 돼지 농가의 축사가 비어 있는 경우가 크게 늘었다.

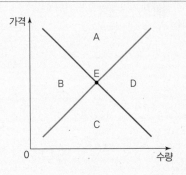

_____

_____

_____

대단원 정리

❶ 시장의 의미

우리는 생활에 필요한 여러 가지 상품을 (①   )에서 구매한다. 필요한 물건을 모두 직접 만들 수 없기 때문에 사람들은 각자 잘하는 일에 전념하여 상품을 생산하고 필요한 물건을 서로 (②   )한다.

답 ① 시장 ② 교환

❷ 수요 곡선

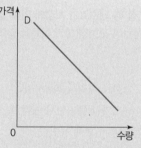

수요 곡선은 상품의 가격과 수요량 간의 (①   )의 관계를 그래프로 나타낸 것으로, (②   )하는 모양을 가진다.

답 ① 음(마이너스) ② 우하향

❸ 공급 곡선

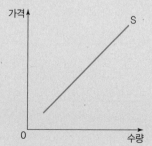

공급 곡선은 상품의 가격과 공급량 간의 (①   )의 관계를 그래프로 나타낸 것으로, (②   )하는 모양을 가진다.

답 ① 정(플러스) ② 우상향

1. 시장의 의미와 종류

1. 시장의 의미와 역할 ❶

의미	재화나 서비스를 사려는 사람과 팔려는 사람이 만나서 거래하는 곳
역할	거래 비용 절약, 상품에 관한 정보 제공, 분업의 활성화, 생산성 증대 등

2. 시장의 종류

거래 형태에 따라	• 보이는 시장: 거래가 이루어지는 모습이 구체적으로 드러나는 시장 예 전통 시장, 대형 마트, 백화점 등 • 보이지 않는 시장: 거래가 이루어지는 모습이 구체적으로 드러나지 않는 시장 예 주식 시장, 외환 시장, 전자 상거래 등
거래 대상에 따라	• 생산물 시장: 생활에 필요한 재화나 서비스가 거래되는 시장 예 문구점, 농수산물 시장, 영화관, 공연장 등 • 생산 요소 시장: 상품의 생산 과정에서 필요한 생산 요소가 거래되는 시장 예 부동산 시장, 노동 시장 등

2. 시장 가격의 결정

1. 수요 법칙과 공급 법칙 ❷❸

수요	• 수요: 일정한 가격 수준에서 어떤 상품을 사고자 하는 욕구 • 수요량: 어떤 가격에서 수요자가 사려는 상품의 구체적인 양 • 수요 법칙: 어떤 상품의 가격이 상승하면 그 상품의 수요량은 감소하고, 가격이 하락하면 수요량이 증가하는 현상
공급	• 공급: 일정한 가격 수준에서 어떤 상품을 판매하고자 하는 욕구 • 공급량: 어떤 가격에서 공급자가 판매하려는 상품의 구체적인 양 • 공급 법칙: 어떤 상품의 가격이 상승하면 그 상품의 공급량은 증가하고, 가격이 하락하면 공급량이 감소하는 현상

2. 시장 가격의 결정 원리

균형 가격 (시장 가격)	• 균형 가격(시장 가격): 시장에서 수요량과 공급량이 일치하여 균형을 이루는 지점의 가격 • 균형 거래량: 시장에서 수요량과 공급량이 일치할 때의 거래량
초과 수요	초과 수요(수요량>공급량): 상품 가격이 균형 가격보다 낮아 수요량이 공급량보다 많은 상태 → 수요자 간의 경쟁 발생 → 가격 상승
초과 공급	초과 공급(수요량<공급량): 상품 가격이 균형 가격보다 높아 공급량이 수요량보다 많은 상태 → 공급자 간의 경쟁 발생 → 가격 하락

3. 시장 가격의 변동

1. 시장 가격의 기능 ❹

경제 활동의 신호등	시장 가격은 소비자와 생산자에게 경제 활동을 어떻게 조절해야 할지를 알려 주는 정보를 제공함
자원의 효율적 배분	• 시장 가격은 경제 주체에게 합리적인 경제 활동의 방향을 알려 주어 희소한 자원을 효율적으로 배분하는 역할을 함 • 소비자 시장에서 가장 큰 만족을 얻을 수 있는 소비자가 상품을 구입하도록 함 • 생산자 시장에서 가장 낮은 비용으로 생산할 수 있는 생산자가 상품을 공급하도록 함 • 해당 상품의 정보 제공: 상품의 가격을 통해 상품이 어느 정도의 가치를 지니는지 알 수 있음

2. 수요 변동 ❺

수요 변동의 요인	• 가계의 소득 변화: 소득이 늘어나면 수요가 증가하고, 소득이 줄어들면 수요가 감소함 • 소비자의 기호 변화: 어떤 상품에 대한 기호가 증가하면 수요가 늘어나고, 기호가 감소하면 수요가 줄어듦 • 대체재의 가격 변화: 대체재 관계에 있는 한 상품의 가격이 오르거나 내리면 다른 상품의 수요가 변화함 • 보완재의 가격 변화: 보완재 관계에 있는 한 상품의 가격이 오르거나 내리면 다른 상품의 수요가 변화함 • 인구수의 변화: 인구가 많아져 수요자의 수가 늘어나면 수요가 증가하고, 인구가 줄어들면 수요가 감소함 • 미래에 대한 예상: 어떤 상품의 가격이 오를 것으로 예상되면 수요가 증가하고, 신제품이 출시될 것이라는 소식이 들리면 기존 상품의 수요가 감소함

3. 공급 변동 ❻

공급 변동의 요인	• 생산 요소의 가격 변화: 생산 요소의 가격이 하락하면 공급이 늘어나고, 생산 요소의 가격이 상승하면 공급이 줄어듦 • 생산 기술의 발달: 어떤 상품을 생산하는 기술이 발달하면 생산 비용이 줄어드는 효과를 가져와 공급이 증가함 • 공급자 수의 변화: 공급자의 수가 늘어나면 공급이 증가하고, 일부 공급자가 생산을 중단하여 공급자의 수가 줄어들면 공급이 감소함 • 미래에 대한 예상: 어떤 상품의 가격이 오를 것으로 예상하면 현재의 공급이 감소하고, 상품의 가격이 내릴 것으로 예상하면 현재의 공급이 증가함

❹ 시장 가격의 역할

시장 가격은 소비자와 생산자에게 소비나 생산을 늘려야 할지, 줄여야 할지를 알려 주는 (①   ) 역할을 한다. 또한 시장 가격은 사회에서 필요한 상품을 가장 (②   ) (으)로 배분하는 기능을 한다.

정답 ① 신호등 ② 효율적

❺ 수요 변화에 따른 가격 변동

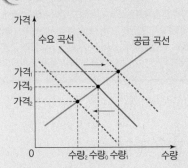

공급이 일정할 때 수요가 증가하면 균형 가격은 (①   )한다. 반면에 수요가 감소하면 균형 가격은 (②   )한다.

정답 ① 상승 ② 하락

❻ 공급 변화에 따른 가격 변동

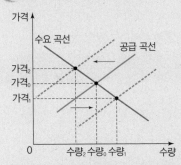

수요가 일정할 때 공급이 증가하면 균형 가격은 (①   )한다. 반면에 공급이 감소하면 균형 가격은 (②   )한다.

정답 ① 하락 ② 상승

대단원 마무리

01 시장에 대한 설명으로 옳지 <u>않은</u> 것은?

① 재화나 서비스를 사고파는 장소를 말한다.

② 교환을 통해 분업과 특화를 촉진하고 생산성을 향상시킨다.

③ 거래 상대방을 찾는 데 들어가는 시간과 비용을 크게 증가시킨다.

④ 사람들은 시장에서 재화와 서비스에 대한 다양한 정보를 얻을 수 있다.

⑤ 상품을 사려고 하는 사람과 팔려는 사람이 만나 교환과 거래가 이루어지면 시장이다.

02 다음 신문 기사에 소개된 시장의 유형으로 가장 적절한 것은?

> ○○신문
>
> ### 새롭게 등장한 시장, 재능 마켓
>
> 재능 마켓을 활용하는 소비자가 늘고 있다. 재능 마켓에서는 식단 짜기, 상담하기, 간단한 번역 등 다양한 서비스가 거래되고 있으며, 특별한 진입 장벽이 없어 누구나 재능 마켓의 공급자가 될 수 있다. 재능 마켓의 거래는 온라인 사이트를 통해 이루어진다.

① 도매 시장   ② 정기 시장

③ 소매 시장   ④ 보이는 시장

⑤ 보이지 않는 시장

03 시장의 형성과 발달 과정을 순서대로 바르게 나열한 것은?

> (가) 생활에 필요한 물건을 스스로 만들어 사용하였다.
>
> (나) 화폐를 사용하면서 교환이 활발해졌고 시장도 더욱 발달하였다.
>
> (다) 교환으로 사람들이 만족하면서 일정한 시간과 장소를 정해 모이는 시장이 생겨났다.
>
> (라) 농사를 짓게 되면서 자신이 쓰고도 남는 생산물이 생기자, 이를 자신이 필요한 물건과 교환하기 시작하였다.

① (가) → (나) → (다) → (라)

② (가) → (라) → (다) → (나)

③ (나) → (가) → (라) → (다)

④ (나) → (라) → (다) → (가)

⑤ (다) → (가) → (라) → (나)

04 (가)에 들어갈 학습 주제로 가장 적절한 것은?

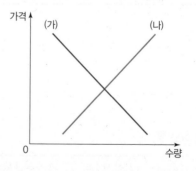

> 〈학습 주제〉   (가)
>
> 〈학습 내용〉
>
> 교환이 활발해지자 사람들은 쓰고 남은 물건을 바꾸는 데 그치지 않고 자신이 잘 만들 수 있는 물건만을 집중적으로 생산할 수 있게 되었다. 예를 들어 대장장이는 부엌칼, 옹기장이는 항아리를 집중적으로 생산하는 것이다.

① 시장의 형성

② 분업과 전문화

③ 화폐 경제의 발달

④ 잉여 생산물의 발생

⑤ 자급자족 경제의 정착

05 밑줄 친 부분에 해당하는 시장의 종류가 <u>다른</u> 것은?

① 생선을 사기 위해 <u>농수산물 시장</u>에 갔다.

② <u>인터넷 쇼핑몰</u>에서 친구 생일 선물을 골랐다.

③ 추석 명절을 준비하기 위해 <u>대형 할인점</u>에 갔다.

④ 집 근처에 있는 <u>재래시장</u>에 가서 떡볶이를 사먹었다.

⑤ 세일 기간이라 <u>백화점</u>에서 마음에 드는 신발을 샀다.

06 그림의 (가), (나)에 대한 설명으로 옳지 <u>않은</u> 것은?

① (가)는 가격과 수요량 간의 반비례 관계를 표현한 것이다.

② (가)를 통해 가격이 오르면 수요량이 감소함을 알 수 있다.

③ (나)는 공급 법칙을 나타낸 것이다.

④ (나)를 통해 가격이 하락하면 소비자의 만족감이 높아진다는 것을 알 수 있다.

⑤ (가)는 수요 곡선, (나)는 공급 곡선이다.

07 ㉠~㉣에 들어갈 내용을 바르게 연결한 것은?

> 상품의 가격이 내려가면 수요량은 (㉠)하고 공급량은 (㉡)하며, 상품의 가격이 오르면 수요량은 (㉢)하고 공급량은 (㉣)한다.

	㉠	㉡	㉢	㉣
①	증가	증가	증가	증가
②	증가	감소	감소	증가
③	감소	증가	증가	감소
④	감소	감소	감소	증가
⑤	감소	감소	감소	감소

08 다음을 통해 알 수 있는 시장 가격의 역할로 가장 적절한 것은?

> • 주부가 과일을 살 때 가족들이 좋아하는 과일이 바뀌지 않았는데도 다른 과일을 사는 것은 그동안 먹던 과일의 가격이 올랐을 때이다.
> • 농부가 한 해 동안 어떤 과일을 재배할지를 결정할 때에는 시장에서 어떤 제품이 비싸게 팔려서 이득을 볼 수 있을지를 우선 고려하게 된다.

① 자원의 희소성을 높인다.
② 소득 불균형을 완화시킨다.
③ 경제 활동의 신호등과 같은 역할을 한다.
④ 시장에서 재화가 공평하게 배분되도록 조정한다.
⑤ 경쟁이 공정하게 이루어질 수 있도록 조정해 준다.

09 다음과 같은 요인이 A사의 기존 스마트폰 시장에 미칠 영향으로 옳은 것은?

> A사는 다음 달에 스마트폰 신제품을 출시한다는 소식을 발표하였습니다.

	수요 변동	균형 가격	균형 거래량
①	증가	상승	증가
②	증가	하락	감소
③	감소	상승	증가
④	감소	하락	감소
⑤	감소	상승	감소

10 표는 닭고기 시장의 가격에 따른 수요량과 공급량을 나타낸 것이다. 이에 대한 설명으로 옳은 것은?

가격(원)	수요량(만 마리)	공급량(만 마리)
5,000	20	12
6,000	18	14
7,000	16	16
8,000	14	18
9,000	12	20

① 가격이 5,000원일 때 초과 공급이 발생한다.
② 가격이 6,000원일 때 공급자 간 경쟁이 나타난다.
③ 가격이 7,000원일 때 초과 수요가 발생한다.
④ 가격이 8,000원일 때 수요자 간 경쟁이 나타난다.
⑤ 시장이 균형을 이룰 때 닭고기는 16만 마리가 거래된다.

11 그림에 대한 설명으로 옳은 것을 〈보기〉에서 고른 것은?

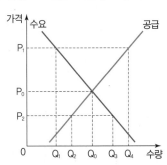

> 보기
> ㄱ. 균형 가격은 P_0에서 형성된다.
> ㄴ. 가격이 P_1일 경우 초과 공급이 발생한다.
> ㄷ. 가격이 P_1일 경우 수요자 간 경쟁이 나타난다.
> ㄹ. 가격이 P_2일 경우 가격 하락 압력이 존재한다.

① ㄱ, ㄴ ② ㄱ, ㄷ ③ ㄴ, ㄷ
④ ㄴ, ㄹ ⑤ ㄷ, ㄹ

12 다음은 사회 시간에 모둠별 발표를 정리한 것이다. 발표 내용이 옳은 모둠은?

	재화의 수요 증가 요인에 대해 조사하여 발표하기
1모둠	보완재의 가격이 상승한 경우
2모둠	미래 경제 전망이 부정적인 경우
3모둠	소비자들의 소득이 줄어든 경우
4모둠	출산 장려 정책으로 인구가 증가한 경우
5모둠	해당 재화가 건강에 악영향을 준다는 연구 결과가 발표된 경우

① 1모둠 ② 2모둠 ③ 3모둠
④ 4모둠 ⑤ 5모둠

14 표는 A재와 B재의 관계를 나타낸 것이다. 이에 대한 설명으로 옳은 것을 〈보기〉에서 고른 것은?

A재	B재
스마트폰	스마트폰 케이스
컴퓨터	소프트웨어

┤ 보기 ├
ㄱ. 서로 대신하여 사용할 수 있는 재화이다.
ㄴ. 함께 사용할 때 만족도가 더 커지는 재화이다.
ㄷ. A재의 가격이 상승하면 B재의 수요는 감소한다.
ㄹ. 소득이 증가하면 B재는 A재와 달리 수요가 감소한다.

① ㄱ, ㄴ ② ㄱ, ㄷ ③ ㄴ, ㄷ
④ ㄴ, ㄹ ⑤ ㄷ, ㄹ

13 그림은 우유 시장의 변화를 나타낸다. 이러한 변화의 원인으로 가장 적절한 것을 〈보기〉에서 고른 것은?

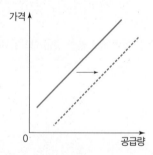

┤ 보기 ├
ㄱ. 우유의 원료 가격이 하락하여 생산비가 감소하였다.
ㄴ. 우유가 성장에 도움을 준다는 연구 결과가 발표되었다.
ㄷ. 높은 품질의 우유를 더 많이 생산할 수 있는 최첨단 기술을 도입하였다.
ㄹ. 저출산으로 신생아가 감소하여 우유를 원료로 하는 분유의 소비가 감소하였다.

① ㄱ, ㄴ ② ㄱ, ㄷ ③ ㄴ, ㄷ
④ ㄴ, ㄹ ⑤ ㄷ, ㄹ

15 다음 현상에 따라 나타날 과일 시장의 변화를 그림으로 바르게 나타낸 것은?

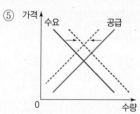
기상 조건 악화와 병충해로 과일 수확량이 크게 줄어들었다.

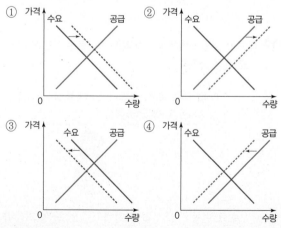

16 시장 가격의 변동에 대해 옳게 진술한 학생을 고른 것은?

갑 보완재 가격이 상승하면 수요 곡선은 왼쪽으로 이동해.

을 생산 요소 가격이 상승하면 공급 곡선은 오른쪽으로 이동해.

병 수요가 감소하면 균형 가격은 하락하고 균형 거래량은 감소해.

정 공급 곡선이 오른쪽으로 이동하면 균형 가격은 하락하고 균형 거래량은 감소해.

① 갑, 을 ② 갑, 병 ③ 을, 병 ④ 을, 정 ⑤ 병, 정

17 균형 가격의 하락을 가져올 상황으로 적절한 것을 〈보기〉에서 고른 것은?

┤ 보기 ├
ㄱ. 자동차 시장 – 경기 침체로 가계의 소득이 줄어들었다.
ㄴ. 컴퓨터 시장 – 신기술이 개발되어 컴퓨터의 생산성이 향상되었다.
ㄷ. 농산물 시장 – 태풍과 폭우가 계속되면서 많은 농가가 피해를 입었다.
ㄹ. 여행사 시장 – 코로나19로 제주도 여행에 대한 사람들의 관심이 증가하였다.

① ㄱ, ㄴ ② ㄱ, ㄷ ③ ㄴ, ㄷ ④ ㄴ, ㄹ ⑤ ㄷ, ㄹ

18 (가)에 들어갈 내용으로 가장 적절한 것은?

 ○○회사의 캠핑 의자와 피크닉 매트에서 안전 기준의 최대 298배에 달하는 유해 물질이 검출됐대.

 그래? 해당 캠핑 용품에 대한 _____ (가)

① 수요가 증가하겠네.
② 균형 가격이 상승하겠네.
③ 균형 거래량이 감소하겠네.
④ 수요 곡선이 오른쪽으로 이동하겠네.
⑤ 공급 곡선이 오른쪽으로 이동하겠네.

19 ㉠에 들어갈 가격 변동 요인과 관련된 사례로 적절한 것만을 〈보기〉에서 있는 대로 고른 것은?

여름철 휴가지의 숙박 요금은 겨울보다 2배 이상 비싼 경우가 많다. 이는 여름철에 겨울보다 숙박업소에 대한 (㉠) 때문이다.

┤ 보기 ├
ㄱ. 에어컨은 겨울보다 여름에 더 비싸다.
ㄴ. 비행기 요금은 평일보다 주말에 더 비싸다.
ㄷ. 명절이 다가오면 평소보다 과일 값이 더 비싸다.
ㄹ. 산 정상에서 파는 음료수는 우리 동네 슈퍼에서 파는 것보다 비싸다.

① ㄱ, ㄴ   ② ㄱ, ㄹ   ③ ㄷ, ㄹ
④ ㄱ, ㄴ, ㄷ   ⑤ ㄴ, ㄷ, ㄹ

🖉 서술형

20 다음 현상이 나타났을 때의 채소 시장의 변화를 서술하시오.

최근 잦은 우천과 일조량 부족으로 생육 여건이 악화되자 쌈 채소류인 상추, 배추, 깻잎을 비롯한 애호박, 시금치, 오이 등 채소류 출하 물량이 감소하였다.

_____

_____

_____

_____

🖉 서술형

21 다음 상황이 발생했을 때 새싹 보리 시장에서 나타나는 변화와 이에 따른 균형 가격과 균형 거래량의 변화를 서술하시오.

건강에 대한 관심이 높아지면서 새싹 보리를 선호하는 인구가 늘었다.

_____

_____

_____

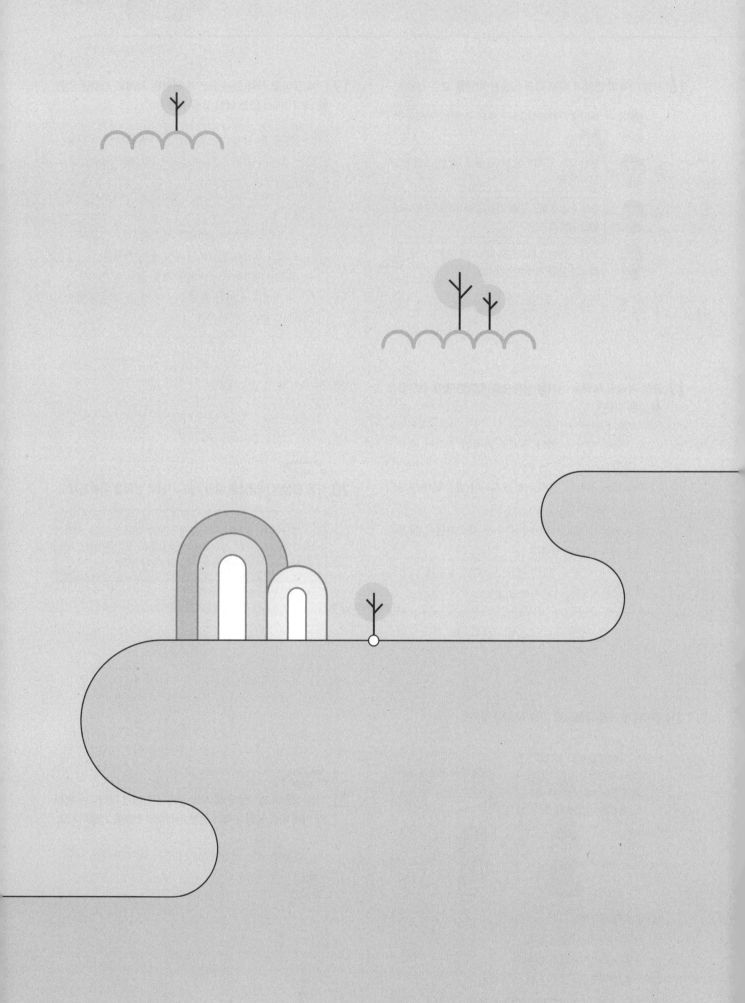

V

국민 경제와
국제 거래

국내 총생산과 경제 성장

1. 국내 총생산

(1) 국민 경제 지표

① 의미: 한 나라의 경제 상태를 보여 주는 통계적인 수치

② 종류: 국민 소득, 경제 성장률, 물가 상승률, 실업률 등

(2) 국내 총생산(GDP) 자료1 자료2

① 의미: 일정 기간 동안 한 나라 안에서 새롭게 생산된 모든 최종 생산물의 시장 가치를 합한 것

일정 기간 동안	보통 1년을 기준으로 함
한 나라 안에서	생산자의 국적에 상관없이 한 국가의 국경 안에서 생산된 것을 의미함
새롭게 생산된	그 해에 새롭게 생산된 것의 가치만을 계산함
최종 생산물	중간재의 가치는 제외하고 최종적으로 생산된 것의 가치만을 측정함
시장 가치	시장에서 거래된 재화와 서비스만을 대상으로 함

② 의의: 한 나라의 경제 규모와 생산 능력이나 국민 전체의 소득을 파악하기 위한 대표적인 경제 지표임

(3) 1인당 국내 총생산 자료3

① 의미: 국내 총생산을 그 나라의 총인구로 나눈 수치

② 의의: 한 나라 국민들의 평균적인 소득 수준을 파악할 수 있음

(4) 국내 총생산의 한계 자료4 → 자급자족을 위해 텃밭에서 키운 상추 같은 것은 국내 총생산에 포함되지 않아.

① 시장에서 거래되는 가치만 포함: 시장을 통하지 않은 경제 활동(예 주부의 가사 노동, 봉사 활동, 지하 경제에서의 거래 등)은 포함되지 않음

② 삶의 질을 측정하지 못함: 생산 활동 과정에서 발생한 환경 오염, 교통사고 등으로 인한 피해 등은 반영되지 않음

③ 생산 활동으로 창출된 가치만 포함: 삶의 질이 향상되는 여가 가치는 포함되지 않고, 여가만큼 생산 활동이 줄어들면 국내 총생산도 그만큼 감소함
→ 사람들이 정신적, 신체적, 경제적, 사회적 상태에서 느끼는 행복의 정도를 말해.

자료1 국민 총생산(GNP)과 국내 총생산(GDP)

GNP | GDP

자국민이 해외에서 벌어들인 소득 | 자국민이 국내에서 벌어들인 소득 | 외국인이 국내에서 벌어들인 소득

국민 총생산(GNP)은 일정 기간 동안 한 나라의 국민이 국내와 외국에서 생산한 최종 생산물의 시장 가치를 합한 것이고, 국내 총생산(GDP)은 생산자의 국적에 상관없이 일정 기간 동안 한 나라 안에서 생산된 최종 생산물의 시장 가치를 모두 합한 것이다. 오늘날과 같이 국가 간에 노동과 자본 등이 자유롭게 이동하는 세계적인 경제 시스템에서는 국민 총생산이 국민 경제의 현실을 정확히 반영하지 못한다. 그래서 현재는 생산 활동 주체의 국적에 관계없이 국민 소득을 측정할 수 있는 국내 총생산이 더욱 유용한 경제 지표로 활용되고 있다.

자료2 국내 총생산의 사례

(가) 외국인이 우리나라 예능 프로그램에 출연하고 받은 출연료
(나) 유럽 프리미어 리그에 진출한 한국 국적의 축구 선수가 받은 연봉
(다) 한국 회사가 베트남 공장에서 만들어 낸 휴대 전화

(가)의 경우 우리나라 국내 총생산에 포함되지만, (나)와 (다)는 우리나라 국내 총생산에 포함되지 않는다. 왜냐하면 국내 총생산의 기준이 '국경'이기 때문이다. 외국인이나 외국 기업이 생산했더라도 우리나라 안에서 생산되었다면 국내 총생산에 포함되며, 우리나라 사람이나 기업이 외국에서 생산한 것은 국내 총생산에 포함되지 않는다.

국민 경제와 국제 거래

국내 총생산과 경제 성장

학습 내용 들여다보기

■ 국민 경제 지표
한 나라의 경제가 어떤 상태인지를 알기 위해 경제 현상을 통계 수치로 나타낸 것

■ 국내 총생산의 계산 방법
국내 총생산은 최종 생산물의 시장 가치를 합하여 구할 수도 있고, 각 생산 단계에서 창출된 부가 가치의 합을 계산하여 구할 수도 있다.

밀값 10만 원
+9만 원
밀가루값 19만 원
+5만 원
빵값 24만 원

최종 생산물인 빵의 가치는 24만 원이다. 이는 각 생산 단계에서 창출된 부가 가치(10만 원+9만+5만 원=24만 원)의 합과 같다.

■ 부가 가치
한 상품이 완성되는 과정에서 발생하는 여러 단계 중 한 단계에서 다음 단계로 넘어갈 때 새롭게 덧붙여진 가치

🎓 용어 알기

• **최종 생산물** 다른 상품을 생산하는 데 사용하지 않고 최종으로 소비하는 생산물
• **중간재** 생산 과정에서 다른 재화를 생산하기 위하여 사용되는 재화로 원재료 등의 생산재를 이르는 것

1. 국내 총생산

(1) 국민 경제 지표

① 의미: 한 나라의 경제 상태를 보여 주는 통계적인 수치
② 종류: 국민 소득, 경제 성장률, 물가 상승률, 실업률 등

(2) 국내 총생산(GDP) [자료1] [자료2]

① 의미: 일정 기간 동안 한 나라 안에서 새롭게 생산된 모든 최종 생산물의 시장 가치를 합한 것

일정 기간 동안	보통 1년을 기준으로 함
한 나라 안에서	생산자의 국적에 상관없이 한 국가의 국경 안에서 생산된 것을 의미함
새롭게 생산된	그 해에 새롭게 생산된 것의 가치만을 계산함
최종 생산물	중간재의 가치는 제외하고 최종적으로 생산된 것의 가치만을 측정함
시장 가치	시장에서 거래된 재화와 서비스만을 대상으로 함

② 의의: 한 나라의 경제 규모와 생산 능력이나 국민 전체의 소득을 파악하기 위한 대표적인 경제 지표임

(3) 1인당 국내 총생산 [자료3]

① 의미: 국내 총생산을 그 나라의 총인구로 나눈 수치
② 의의: 한 나라 국민들의 평균적인 소득 수준을 파악할 수 있음

(4) 국내 총생산의 한계 [자료4] → 자급자족을 위해 텃밭에서 키운 상추 같은 것은 국내 총생산에 포함되지 않아.

① 시장에서 거래되는 가치만 포함: 시장을 통하지 않은 경제 활동(예 주부의 가사 노동, 봉사 활동, 지하 경제에서의 거래 등)은 포함되지 않음
② 삶의 질을 측정하지 못함: 생산 활동 과정에서 발생한 환경 오염, 교통사고 등으로 인한 피해 등은 반영되지 않음
③ 생산 활동으로 창출된 가치만 포함: 삶의 질이 향상되는 여가 가치는 포함되지 않고, 여가만큼 생산 활동이 줄어들면 국내 총생산도 그만큼 감소함
→ 사람들이 정신적, 신체적, 경제적, 사회적 상태에서 느끼는 행복의 정도를 말해.

[자료1] 국민 총생산(GNP)과 국내 총생산(GDP)

GNP | GDP

자국민이 해외에서 벌어들인 소득 | 자국민이 국내에서 벌어들인 소득 | 외국인이 국내에서 벌어들인 소득

국민 총생산(GNP)은 일정 기간 동안 한 나라의 국민이 국내와 외국에서 생산한 최종 생산물의 시장 가치를 합한 것이고, 국내 총생산(GDP)은 생산자의 국적에 상관없이 일정 기간 동안 한 나라 안에서 생산된 최종 생산물의 시장 가치를 모두 합한 것이다. 오늘날과 같이 국가 간에 노동과 자본 등이 자유롭게 이동하는 세계적인 경제 시스템에서는 국민 총생산이 국민 경제의 현실을 정확히 반영하지 못한다. 그래서 현재는 생산 활동 주체의 국적에 관계없이 국민 소득을 측정할 수 있는 국내 총생산이 더욱 유용한 경제 지표로 활용되고 있다.

[자료2] 국내 총생산의 사례

(가) 외국인이 우리나라 예능 프로그램에 출연하고 받은 출연료
(나) 유럽 프리미어 리그에 진출한 한국 국적의 축구 선수가 받은 연봉
(다) 한국 회사가 베트남 공장에서 만들어 낸 휴대 전화

(가)의 경우 우리나라 국내 총생산에 포함되지만, (나)와 (다)는 우리나라 국내 총생산에 포함되지 않는다. 왜냐하면 국내 총생산의 기준이 '국경'이기 때문이다. 외국인이나 외국 기업이 생산했더라도 우리나라 안에서 생산되었다면 국내 총생산에 포함되며, 우리나라 사람이나 기업이 외국에서 생산한 것은 국내 총생산에 포함되지 않는다.

사회를 한 권으로
가뿐하게!

사
뿐

가뿐한 핵심 평가

핵심 평가

1 주제 인권과 헌법

1 인권의 의미와 중요성

의미	인간이 마땅히 누려야 할 기본적 권리
특징	• ❶ ⬜ : 국가의 법으로 보장받기 전부터 자연적으로 부여된 권리 • 보편적 권리: 모든 사람이 동등하게 누릴 수 있는 권리
인권 보장의 중요성	• 인간의 존엄성 실현과 행복한 삶의 기반임 • 최소한의 인간다운 삶을 영위하는 토대가 됨

2 헌법과 인권 보장

❷ ⬜	국민의 기본권과 국가 기관의 통치 조직 및 운영의 기본 원리를 정하는 국가 최고의 법
헌법의 역할	• 인권 침해 여부의 판단 기준이 됨 • 인권 침해를 예방하고 침해된 인권을 구제함

정답 ❶ 자연권 ❷ 헌법

---

1 ㉠, ㉡에 들어갈 알맞은 말을 쓰시오.

> (㉠)은/는 인간이라면 누구나 존중받고 인간답게 살 수 있는 권리로, 피부색, 성별, 나이, 장애의 유무 등에 상관없이 사람이라면 누구나 가지는 권리이다. 우리나라는 국민의 기본권을 규정하고, 국가 기관의 통치 조직 및 운영의 기본 원리를 정하는 국가의 최고법인 (㉡)을/를 보장하고 있다.

2 빈칸에 들어갈 알맞은 말을 쓰시오.

> 인권은 인간이 태어날 때부터 본래 지닌 권리이며, 국가에서 법이나 제도로 보장하기 전부터 인간에게 자연적으로 부여된 권리이다. 또한 인권은 인종이나 성별, 신분 등을 뛰어 넘어 모든 사람이 동등하게 누릴 수 있는 ( ) 권리이다.

3 밑줄 친 '이 문서'의 명칭을 쓰시오.

> 이 문서는 1948년 국제 연합 총회에서 채택되어 인권 보장의 국제 기준을 제시하고 있으며 다음과 같은 내용을 담고 있다.
> 제1조 모든 인간은 태어날 때부터 자유로우며 그 존엄과 권리에 있어 동등하다.
> 제2조 모든 사람은 인종, 피부색, 성, 언어, 종교 등과 같은 어떠한 이유라도 차별받지 않으며, 이 선언에 규정된 모든 권리와 자유를 향유할 자격이 있다.

정답 1 ㉠ 인권 ㉡ 헌법 2 보편적 3 세계 인권 선언

핵심 평가 2 주제 기본권의 종류

🟦 기본권의 의미와 목적

의미	헌법에 보장되어 있는 기본적 권리
목적	국가의 권력으로부터 국민의 자유와 권리 보호

🟦 기본권의 종류

인간의 존엄과 가치 및 행복 추구권	모든 인간은 인간이라는 이유만으로 그 가치를 보장받고 존중받으며 행복을 추구할 수 있는 권리
❶	모든 국민이 부당한 차별을 받지 않고 동등하게 대우받을 권리 예 법 앞에서의 평등
❷	개인이 국가 권력의 간섭을 받지 않고 자유롭게 생활할 수 있는 권리 예 신체의 자유, 종교의 자유, 언론·출판·집회·결사의 자유 등
❸	국민이 국가의 의사 결정과 정치 과정에 참여할 수 있는 권리 예 선거권, 공무 담임권, 국민 투표권 등
❹	국민이 국가에 대하여 일정한 행위를 요구할 수 있는 권리 예 청원권, 재판 청구권, 국가 배상 청구권 등
❺	국민이 국가에 인간다운 생활의 보장을 요구할 수 있는 권리 예 교육받을 권리, 근로의 권리, 환경권 등

답 ❶ 평등권 ❷ 자유권 ❸ 참정권 ❹ 청구권 ❺ 사회권

1 다음에서 설명하는 기본권의 종류를 쓰시오.

> • 헌법에 보장된 모든 기본권의 토대가 된다.
> • 모든 기본권이 궁극적으로 추구하는 가치이다.

2 빈칸에 들어갈 기본권의 종류를 쓰시오.

> (   )은/는 국민이 국가 기관의 형성과 국가의 정치적 의사 형성 과정에 참여할 수 있는 권리
> 이다. 대표를 뽑을 수 있는 선거권, 공직을 맡을 수 있는 공무 담임권, 국민 투표권 등이 있다.

3 (가), (나)에 해당하는 기본권의 종류를 쓰시오.

(가)	국민이 인간다운 생활을 위하여 국가에 사회적 보장책을 요구할 수 있는 권리
(나)	국가에 대하여 일정한 행위를 요구할 수 있는 권리로 다른 기본권이 침해되었을 때 구제를 요구할 수 있는 권리

답 1 인간의 존엄과 가치 및 행복 추구권 2 참정권 3 (가) 사회권 (나) 청구권

기본권의 제한과 한계

1 기본권 제한의 목적과 내용

목적	국가 권력의 남용을 방지하여 국민의 자유와 권리를 최대한 보장하기 위해
내용	❶ [　　] 국가의 존립이나 헌법의 기본 질서 등을 보호
	❷ [　　] 타인의 권리를 침해하지 않고 공공질서 유지
	❸ [　　] 사회 구성원 전체에게 공통되는 이익 추구
	☞ 위 세 가지를 위해 필요한 경우에 한하여 제한함

2 기본권 제한의 방법과 한계

방법(수단)	국회에서 제정한 ❹ [　　] 에 의해서만 제한함
한계	기본권을 제한하더라도 자유와 권리의 본질적인 내용은 침해할 수 없음 → 국가 권력의 남용을 방지함으로써 국민의 자유와 권리를 최대한 보장하기 위함

정답 ❶ 국가 안전 보장 ❷ 질서 유지 ❸ 공공복리 ❹ 법률

1 ㉠~㉢에 들어갈 알맞은 말을 쓰시오.

　헌법이 국민의 기본권을 보장하고 있다고 해서 개인이 자신의 기본권을 무제한으로 행사할 수 있는 것은 아니다. 자신의 기본권을 행사하는 과정에서 다른 사람과 충돌되기도 하고, 사회 질서를 해치는 경우도 발생하기 때문에 우리 헌법에서는 (㉠), (㉡), (㉢)을/를 위하여 필요한 경우에 한해서만 국민의 기본권을 제한할 수 있도록 규정하고 있다.

2 빈칸에 들어갈 알맞은 말을 쓰시오.

　우리 헌법은 국가 권력이 국민의 기본권을 함부로 침해할 수 없도록 하기 위해 기본권을 제한하더라도 국회에서 만든 (　　)(으)로써 제한할 수 있으며 자유와 권리의 본질적인 내용은 침해할 수 없다고 규정하고 있다.

3 ㉠, ㉡에 들어갈 기본권의 종류를 쓰시오.

　개발 제한 구역(그린벨트)은 도시의 무질서한 팽창을 막고 도시 주변의 자연환경을 보전하며 도시 주민들에게 건전한 생활환경을 제공하여 (㉠)을/를 보장하기 위한 제도이다. 그러나 개발 제한 구역으로 지정되면 토지 이용이나 건축 등을 마음대로 할 수 없게 제한하기 때문에 개인의 (㉡)을/를 제한한다.

정답 1 ❶ 국가 안전 보장 ㉠ 공공복리 ❷ 질서 유지 ㉡ 공공복리 ㉢ 공공복리 2 법률 3 ㉠ 사회권 ㉡ 자유권(재산권)

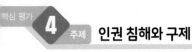
1 인권 침해의 의미와 원인

의미	개인이나 국가 기관이 타인의 인권을 해치거나 방해하는 행위
원인	• 사회 구성원의 편견이나 고정 관념 • 사회 집단의 잘못된 관습이나 관행 • 국가의 불합리한 법률이나 제도 등

2 인권 침해의 구제 방법

❶	소송을 제기하면 재판을 통해 침해된 권리 구제
❷	헌법 소원 심판, 위헌 법률 심판 등을 통해 국민의 기본권 보호
❸	인권 침해나 차별 행위에 대해 조사하여 법령이나 제도의 개선을 권고하는 독립적인 기관
❹	행정 기관의 잘못된 법 집행 등으로 인해 침해된 권리를 구제하는 기관
기타	언론 중재 위원회, 대한 법률 구조 공단, 한국 소비자원

답 ❶ 법원 ❷ 헌법 재판소 ❸ 국가 인권 위원회 ❹ 국민 권익 위원회

1 ㉠, ㉡에 들어갈 알맞은 말을 쓰시오.

> (㉠)은/는 인간으로서 누릴 수 있는 기본적 권리를 해치거나 방해하는 행위를 의미한다. 민주주의 국가에서는 다양한 법·제도를 통하여 인권을 보장하고자 노력한다. (㉡)은/는 권리 구제의 가장 보편적인 수단으로 재판을 통해 침해된 인권을 구제한다.

2 다음에서 설명하고 있는 국가 기관을 쓰시오.

> • 인권의 전반적인 문제를 다루는 독립적인 국가 기관이다.
> • 진정을 신청하면 인권 침해를 한 개인이나 기관에 시정, 개선, 구제 조치 등을 권고한다.

3 ㉠, ㉡에 들어갈 국가 기관을 쓰시오.

> (㉠)은/는 헌법 소원 심판, 위헌 법률 심판 등을 통해 침해된 국민의 기본권을 구제한다. 반면 (㉡)은/는 부패 방지와 규제를 통해 국민의 권익을 보호하며 행정 기관의 잘못된 법 집행 등으로 인해 침해된 권리를 구제한다.

답 1 ㉠ 인권 침해 ㉡ 법원 2 국가 인권 위원회 3 ㉠ 헌법 재판소 ㉡ 국민 권익 위원회

근로자의 권리와 노동권의 구제

1 근로자의 의미와 권리

❶	사용자에게 근로를 제공하고 근로의 대가로 임금을 받는 사람
근로의 권리	일할 의사와 능력을 가진 사람이 국가에 대해 일할 기회와 인간다운 생활의 보장을 요구할 권리
근로 조건	최저 임금제 시행, 근로 기준법을 통한 근로 조건의 최저 기준 제시 → 근로자의 최소한의 인간다운 생활 보장

노동 3권	❷	노동조합을 결성·활동할 수 있는 권리
	❸	노동조합을 통해 사용자와 근로 조건에 대해 협의할 수 있는 권리
	❹	단체 교섭이 원만하게 이루어지지 않을 경우 쟁의 행위를 할 수 있는 권리

2 노동권의 침해와 구제

노동권 침해	• ❺ : 정당 해고의 요건을 갖추지 못한 해고 행위 • 부당 노동 행위: 근로자의 노동 3권을 침해하는 행위 • 기타: 임금 체불, 최저 임금 미준수 등
구제 방법	• 부당 해고, 부당 노동 행위 → 노동 위원회에 구제 신청, 법원에 소송 제기 • 임금 체불 및 미지급 → 고용 노동부에 진정서 제출, 법원에 소송 제기

1 ㉠~㉢에 들어갈 알맞은 말을 쓰시오.

> 우리나라 헌법 제32조 제1항에는 근로자의 근로 조건 향상을 위하여 자주적인 노동 3권을 명시하고 있다. 노동 3권은 노동조합을 만들 수 있는 (㉠), 사용자와 근로 조건을 협의할 수 있는 (㉡), 쟁의 행위를 할 수 있는 (㉢)이다.

2 빈칸에 들어갈 알맞은 말을 쓰시오.

> 근로자가 노동조합에 가입했다는 이유로 불이익을 주거나 노동조합의 가입 또는 탈퇴를 고용 조건으로 하는 경우 등의 ( )은/는 노동권 침해에 해당한다.

3 다음에서 설명하는 국가 기관을 쓰시오.

> 노사 문제를 공정하고 신속하게 처리하기 위해 만들어진 행정 기관으로, 관련 사실을 조사하여 근로자의 권리를 구제해 준다. 근로자 위원, 사용자 위원, 공익 위원으로 구성되어 있다.

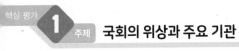

1 국회의 위상(지위)

국민의 대표 기관	국민의 직접 선거로 선출된 대표(국회 의원)로 구성됨
❶	국가 조직과 통치의 기초가 되는 법률을 제정하거나 개정함
❷	정부의 권력 행사를 감시하고 견제함

2 국회의 구성과 주요 기관

구성	임기 4년의 국회 의원으로 구성	
	지역구 의원	각 지역구에서 가장 많은 득표를 한 1인을 선출함
	비례 대표 의원	각 정당이 전국에서 얻은 득표율에 비례하여 의석수를 배분함
주요 기관	의장단	국회 의장 1인, 부의장 2인을 국회 의원 중에서 선출
	❸	• 국회 의원 전원이 참여하는 국회의 최종적인 의사 결정 회의 • 재적 의원 과반수 출석과 출석 의원 과반수의 찬성으로 의결
	위원회	효율적이고 전문적인 심의를 위해 본회의에서 심의할 법률안을 미리 조사·심의하는 합의체
	❹	국회의 효율적 의사 진행을 위해 20명 이상의 국회 의원으로 구성

정답 ❶ 입법 기관 ❷ 국가 권력 통제 기관 ❸ 본회의 ❹ 교섭 단체

1 ㉠~㉢에 들어갈 국회의 위상을 쓰시오.

우리나라 국회는 국민이 직접 선출한 의원들로 구성된 국민의 (㉠)이자 국가 정책의 바탕이 되는 법률을 만드는 (㉡)이다. 또한 국회는 행정부, 사법부 등 다른 국가 기관을 비판하고 감시함으로써 국가 권력의 남용을 방지하는 기능을 하는 (㉢)이다.

2 빈칸에 공통으로 들어갈 국회 조직을 쓰시오.

( )은/는 국회 의원 전원이 참여하는 국회의 최종적인 의사 결정 회의로, ( )에서 법률안이 의결되려면 재적 의원 과반수 출석과 출석 의원 과반수 찬성이 필요하다.

3 (가), (나)에 해당하는 국회 조직을 쓰시오.

(가)	20명 이상의 국회 의원이 소속된 단체로, 의원들의 의사를 사전 조정한다.
(나)	재정, 국방, 외교 등의 분야로 나누어 각 분야에 전문성을 가진 의원들이 본회의에 앞서 법률안을 미리 조사·심의한다.

정답 1 ㉠ 대표 기관 ㉡ 입법 기관 ㉢ 국가 권력 통제 기관 2 본회의 3 (가) 교섭 단체 (나) 위원회(상임 위원회)

2 주제 국회의 기능

❶ 입법에 관한 기능

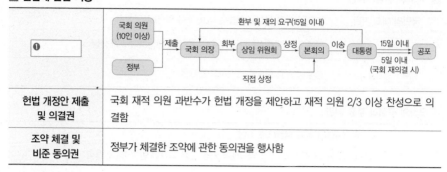

헌법 개정안 제출 및 의결권	국회 재적 의원 과반수가 헌법 개정을 제안하고 재적 의원 2/3 이상 찬성으로 의결함
조약 체결 및 비준 동의권	정부가 체결한 조약에 관한 동의권을 행사함

❷ 재정에 관한 기능

조세의 종목 및 세율 결정권	❷ 원칙에 의해 조세의 종목과 세율을 법으로 정하는 권한
예산안 심의 및 확정권	정부가 제출한 예산안을 심의하고 확정하는 권한
결산 심사권	정부의 예산 집행에 관한 내용을 심사하는 권한

❸ 국정 통제 및 감시 · 견제 기능

국정 감사 및 조사권	국정 전반 및 특정 사안에 대해 감사하고 조사하여 바로잡는 권한
국가 기관 구성권	국무총리, 감사원장, 대법원장, 헌법 재판소장, 대법관에 대한 임명 동의권
❸	헌법이나 법률을 위반한 고위 공직자에 대해 그 파면을 심판해 달라고 헌법 재판소에 요구하는 권한

정답 ❶ 법률 제정 · 개정권 ❷ 조세 법률주의 ❸ 탄핵 소추권

1 국회의 입법 기능만을 〈보기〉에서 있는 대로 골라 기호를 쓰시오.

┤ 보기 ├
ㄱ. 법률 개정권   ㄴ. 결산 심사권   ㄷ. 헌법 개정안 의결권
ㄹ. 예산안 심의 및 확정권   ㅁ. 조약 체결 및 비준 동의권   ㅂ. 국무총리 임명 동의권

2 빈칸에 들어갈 국회의 권한을 쓰시오.

> 국회는 대통령, 국무총리 등 법률이 정한 공무원이 그 직무를 집행하면서 헌법이나 법률을 위배한 때에는 ( )을/를 의결할 수 있다.

정답 1 ㄱ, ㄷ 2 탄핵 소추

■ 행정의 의미와 행정부의 기능

행정	법률에 따라 정책을 만들고 집행하는 국가의 활동
행정부의 기능	• 국회에서 만든 법률을 현실에서 구체적으로 실현함 • 공익 실현, 복지 증진, 국민 보호 등을 위한 여러 가지 정책을 만들어 수행함

② 행정부의 주요 조직

❶	• 행정부 최고 책임자 • 행정부의 정책을 최종적으로 결정
❷	• 대통령을 보좌하며, 행정 각부를 통할하여 관리·감독함 • 국회의 동의를 얻어 대통령이 임명함 • 국무 위원 임명 제청 및 해임 건의권을 가짐
❸	• 정부의 주요 정책을 심의하는 행정부 최고의 심의 기관 • 대통령(의장), 국무총리(부의장), 국무 위원으로 구성
행정 각부	행정 업무를 실질적으로 처리하는 각 부서
❹	• 대통령 직속 기관이지만 업무상으로 독립된 행정부 최고 감사 기관 • 국가의 세입·세출 결산 검사 • 행정 기관 및 공무원의 직무 감찰

정답 ❶ 대통령 ❷ 국무총리 ❸ 국무회의 ❹ 감사원

---

1 다음에서 설명하는 행정부 조직을 쓰시오.

> • 국회의 동의를 얻어 대통령이 임명한다.
> • 대통령의 자리가 공석일 때 대통령의 권한을 대행한다.
> • 국무 위원의 임명 제청 및 해임을 대통령에게 건의할 수 있는 권한을 가진다.

2 ㉠, ㉡에 해당하는 행정부 조직을 쓰시오.

> (㉠)을/를 의장으로 하는 (㉡)은/는 정부의 주요 정책을 심의하는 행정부 최고의 심의 기관이다.

3 다음에서 설명하는 행정부 조직을 쓰시오.

> 행정부의 최고 감사 기관으로서 조직상으로는 대통령에 소속되어 있지만, 업무상으로는 독립되어 있는 헌법상의 필수 기관이다.

정답 1 국무총리 2 ㉠ 대통령 ㉡ 국무 회의 3 감사원

1 행정부 수반으로서의 지위와 권한

행정부 지휘·감독권	국무 회의 의장으로서 모든 행정 작용에 최종적인 권한을 가지고 책임을 짐
❶	국군의 최고 사령관으로서 국군을 지휘하고 통솔함
❷	국무총리, 국무 위원, 행정 각부의 장 등 법률이 정한 고위 공무원을 임명하고 해임할 수 있음
대통령령 발포권	법률에서 위임받은 사항과 법률을 집행하는 데 필요한 사항에 대해 명령을 만들어 발포할 수 있음
❸	국회에서 만든 법률에 대해 거부권을 행사할 수 있음

2 국가 원수로서의 지위와 권한

대외적 국가 대표권	외국과 조약 체결 및 비준권, 외교 사절 접견, 선전 포고와 강화권 등
❹	국회의 동의를 얻어 대법원장, 헌법 재판소장, 감사원장 등에 대한 임명권
국가와 헌법 수호권	국가에 위태로운 상황이 생겨 긴급한 조치가 필요한 경우 긴급 명령이나 계엄을 선포할 수 있음
국정 조정 권한	국회 임시회 소집 요구권, 헌법 개정안 제안권, 국민 투표 제안권, 사면권 등

정답 ❶ 국군 통수권 ❷ 공무원 임면권 ❸ 법률안 거부권 ❹ 공무원 임면권

1 행정부 수반으로서의 대통령 권한만을 〈보기〉에서 있는 대로 골라 기호를 쓰시오.

┤ 보기 ├
ㄱ. 국군 통수권   ㄴ. 공무원 임면권   ㄷ. 대법원장 임명권
ㄹ. 헌법 개정안 제안권   ㅁ. 조약 체결 및 비준권   ㅂ. 행정부 지휘·감독권

2 국가 원수로서의 대통령 권한만을 〈보기〉에서 있는 대로 골라 기호를 쓰시오.

┤ 보기 ├
ㄱ. 국군 통수권   ㄴ. 대통령령 발포권   ㄷ. 국민 투표 제안권
ㄹ. 행정부 지휘·감독권   ㅁ. 헌법 재판소장 임명권   ㅂ. 국회 임시회 소집 요구권

3 ㉠, ㉡에 들어갈 국가 기관을 쓰시오.

(㉠)은/는 (㉡)의 동의를 얻어 국무총리, 대법원장, 감사원장, 헌법 재판소장 등을 임명하여 헌법 기관을 구성할 수 있는 권한을 가진다.

정답 1 ㄴ, ㅂ 2 ㄷ, ㅁ, ㅂ 3 ㉠ 대통령 ㉡ 국회

5 주제 사법부와 법원 조직

1 사법과 사법권의 독립

❶	법을 해석하고 적용하여 분쟁을 해결하는 국가 작용으로 사법권은 법원이 담당
사법권 독립	• 법원의 독립: 법원의 조직을 외부의 간섭 없이 헌법과 법률에 의해 독자적으로 구성함 • 재판의 독립: 법관의 양심에 따라 독립하여 심판함 • 법관의 신분 보장: 법관의 자격은 법률로 규정하고, 임기는 헌법에 규정

2 법원의 주요 조직

❷		사법부의 최고 법원으로 최종심(상고 사건) 담당
❸		1심 판결에 대한 2심(항소 사건) 재판 담당
❹	단독부(판사 1인)	민사 및 형사 사건의 1심 재판 담당(경한 사건)
	합의부(판사 3인)	• 민사 및 형사 사건의 1심 재판 담당(중한 사건) • 지방법원 단독부 1심 판결에 대한 항소 사건(2심) 담당
기타	가정 법원	가사 사건, 소년 보호 사건 담당
	특허 법원	특허권과 관련된 사건 담당
	행정 법원	행정 관련 사건 담당

정답 ❶ 사법 ❷ 대법원 ❸ 고등 법원 ❹ 지방 법원

1 ㉠, ㉡에 들어갈 알맞은 말을 쓰시오.

> 우리는 일상생활에서 크고 작은 분쟁이나 사건들과 마주치기도 한다. 이때 국가가 법을 적용하여 옳고 그름을 밝히는 것을 (㉠)(이)라고 하고, 이러한 국가 작용을 담당하는 기관은 (㉡)이다.

2 빈칸에 들어갈 주제를 쓰시오.

> (   )의 독립을 위한 헌법 조항
> • 제101조 ① 사법권은 법관으로 구성된 법원에 속한다.
> • 제103조 법관은 헌법과 법률에 의하여 그 양심에 따라 독립하여 심판한다.
> • 제106조 ① 법관은 탄핵 또는 금고 이상의 형의 선고에 의하지 아니하고는 파면되지 아니하며, …

3 ㉠, ㉡에 해당하는 법원 조직을 쓰시오.

> (㉠)은/는 사법부의 최고 법원으로 최종심 재판을 담당하고, (㉡)와/과 지방 법원 합의부는 1심 판결에 대한 항소 사건을 담당한다.

정답 1 ㉠ 사법 ㉡ 법원 2 사법권 3 ㉠ 대법원 ㉡ 고등 법원

6 주제 헌법 재판소의 위상과 권한

Ⅱ. 헌법과 국가 기관

1 헌법 재판소의 위상과 구성

위상	헌법 수호 기관이자 기본권 보장 기관
구성	• 법관의 자격을 가진 9명의 재판관으로 구성(국회 선출 3명, 대법원장 지명 3명 포함하여 대통령이 임명) • ❶ 은/는 헌법 재판관 중 국회의 동의를 얻어 대통령이 임명함

2 헌법 재판소의 권한

❷	법원의 위헌 법률 심판 제청으로 법률이 헌법에 위반되는지의 여부 심판
❸	공권력에 의해 국민의 기본권이 침해된 경우 최종적으로 이를 구제하는 심판
❹	국회에 의해 탄핵 소추된 공무원의 파면 여부 심판
정당 해산 심판	정부의 제소로 정당의 활동이나 목적이 민주적 기본 질서에 위배되는지를 기준으로 정당의 해산 여부 심판
권한 쟁의 심판	국가 기관의 신청으로 국가 기관 사이에 발생한 권한 다툼 심판

정답 ❶ 헌법 재판소장 ❷ 위헌 법률 심판 ❸ 헌법 소원 심판 ❹ 탄핵 심판

1 ㉠~㉢에 들어갈 알맞은 말을 쓰시오.

> 헌법 재판소는 9명의 재판관으로 구성되는데 재판관은 모두 (㉠)이/가 임명하지만, 그중 3명은 (㉡)에서 선출하는 사람, 3명은 (㉢)이/가 지명하는 사람을 임명한다.

2 (가), (나)에 해당하는 헌법 재판소의 권한을 쓰시오.

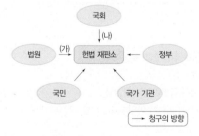

3 다음에서 설명하고 있는 헌법 재판소의 권한을 쓰시오.

> 헌법상 보장된 국민의 기본권을 국가 기관이 부당하게 침해하였는지를 심판하는 것으로, 헌법상 기본권을 침해받은 국민은 그 행위의 효력을 없애 줄 것을 헌법 재판소에 청구할 수 있다.

정답 1 ㉠ 대통령 ㉡ 국회 ㉢ 대법원장 2 (가) 위헌 법률 심판 (나) 탄핵 심판 3 헌법 소원 심판

1 경제 활동의 의미와 종류, 주체

의미	사람이 생활에 필요한 재화나 서비스를 생산하고 분배하며 소비하는 활동
종류	• ❶ ⬚ : 생활에 필요한 재화와 서비스를 만들어 내거나 그 가치를 높이는 활동 • ❷ ⬚ : 생산 과정에 참여한 대가를 나누어 가지는 활동 • ❸ ⬚ : 재화나 서비스를 사용하여 만족감을 얻는 활동
주체	• 가계: 재화와 서비스를 소비하는 경제 주체로 노동이나 자본 등과 같은 생산 요소를 제공함 • 기업: 생산 활동을 하는 경제 주체로 재화나 서비스를 생산하여 공급함 • 정부: 가계와 기업에서 거두어들인 세금으로 사회 간접 자본과 공공 서비스를 제공함

2 합리적 선택

자원의 희소성	• 인간의 욕구에 비해 이를 충족시킬 자원의 양이 상대적으로 부족한 상태 • 자원의 절대적 양에 의해서만 결정되는 것이 아니라 인간의 욕구 정도에 따라 달라짐 • 시대와 장소에 따라서 희소성은 달라질 수 있음
❹ ⬚	어떤 것을 선택함으로써 포기하는 대안 중 가장 가치가 큰 것
합리적 선택	가장 적은 비용으로 가장 큰 편익을 얻을 수 있는 대안을 선택하는 것

정답 ❶ 생산 ❷ 분배 ❸ 소비 ❹ 기회비용

1 ㉠, ㉡에 들어갈 알맞은 말을 쓰시오.

(㉠)(이)란 재화나 서비스를 생산, 분배, 소비하는 모든 활동을 말한다. (㉠)은/는 가계, 기업, 정부와 같은 다양한 (㉡)이/가 상호 작용하면서 이루어진다.

2 다음 설명에 해당하는 용어를 쓰시오.

어떤 것을 선택함으로써 포기하게 되는 여러 가지 대안 중에서 가장 가치가 큰 것을 말하며, 경제의 기본 문제를 해결할 때 하나의 기준이 된다.

3 합리적 선택에 해당하는 내용만을 〈보기〉에서 있는 대로 골라 기호를 쓰시오.

보기
ㄱ. 선택에 따른 기회비용이 최소화되었다.
ㄴ. 최소의 비용으로 최대의 편익을 가져왔다.
ㄷ. 비용을 고려하지 않고 만족감을 최대화하였다.
ㄹ. 같은 편익을 얻는 일에 가장 큰 비용을 들이는 선택을 하였다.

경제 문제와 경제 체제

1 기본적인 경제 문제

발생 원인	자원의 희소성: 인간의 욕구에 비해 이를 충족시켜 줄 자원의 양이 상대적으로 부족한 상태
종류	• ❶ [　　] 결정: 무엇을, 얼마나 생산할 것인가? • ❷ [　　] 결정: 어떻게 생산할 것인가? • 생산물의 분배 결정: 누구를 위하여 생산할 것인가?

2 경제 체제

❸ [　　]	• 의미: 시장 가격을 통해 기본적인 경제 문제를 해결하는 경제 체제 • 특징: 사유 재산의 소유와 사익 추구 인정, 자유로운 경제 활동 보장 등 • 장점: 활발한 경쟁을 통한 개인의 창의성 발휘, 사회 전체의 효율적인 자원 배분 등 • 단점: 빈부 격차, 환경 오염 등의 부작용 발생 등
❹ [　　]	• 의미: 정부의 계획이나 명령에 의해 기본적인 경제 문제를 해결하는 경제 체제 • 특징: 생산 수단의 국유화, 경제 활동의 자유 제한, 사회의 공동 목표 추구 등 • 장점: 국가가 설정한 목적을 신속하게 달성, 소득 분배의 형평성 추구 등 • 단점: 근로 의욕 저하, 개인의 자유로운 경제 활동 제한, 경제적 효율성 저하 등
❺ [　　]	시장 경제 체제와 계획 경제 체제의 특성이 혼합된 경제 체제

정답 ❶ 생산물의 종류와 수량 ❷ 생산 방법 ❸ 시장 경제 체제 ❹ 계획 경제 체제 ❺ 혼합 경제 체제

1 다음 대화에 나타난 기본적인 경제 문제의 유형은 무엇인지 쓰시오.

> 사장: 전기차 생산을 늘리려고 하는데 어떻게 하는 것이 좋을까요?
> 직원 갑: 직원을 더 채용하는 것이 좋겠습니다.
> 직원 을: 직원 채용보다는 다소 비용이 들더라도 기계를 도입해야 합니다.

2 (가), (나)에 해당하는 경제 체제를 쓰시오.

(가)	시장 가격을 통해 기본적인 경제 문제를 해결하는 경제 체제
(나)	정부의 계획이나 명령에 의해 기본적인 경제 문제를 해결하는 경제 체제

3 계획 경제 체제에서 발생할 수 있는 문제점을 〈보기〉에서 골라 기호를 쓰시오.

> ┤ 보기 ├
> ㄱ. 빈부 격차 심화　　　　　ㄴ. 생산의 비효율성
> ㄷ. 근로 의욕의 저하　　　　ㄹ. 소득 분배의 형평성

정답 ❶ 어떻게 생산할 것인지를 결정하는(생산 방법) 결정 **2** (가) 시장 경제 체제 (나) 계획 경제 체제 **3** ㄴ, ㄷ

기업의 사회적 책임과 기업가 정신

1 기업의 사회적 책임

의미	❶ [ ] 추구와 함께 사회 구성원으로서의 역할을 다해야 한다는 윤리적 책임 의식
내용	• 사회 규범과 법을 준수하고 공정한 경쟁과 투명한 기업 경영 추구 • 안전한 제품 생산을 통한 소비자의 권익 보호 • 정당한 임금 지급 및 쾌적한 작업 환경 제공을 통한 노동자의 권리 보호 • 교육, 문화, 사회 복지 사업 지원에 대한 적극적인 참여 • 생산 과정에서의 생태계 보호 및 환경 오염의 최소화

2 기업가 정신

의미	미래의 불확실성과 위험을 감수하며, 혁신과 창의성을 바탕으로 생산 활동을 하면서 기업을 성장시키려는 도전 정신
내용	• ❷ [ ]적인 사고: 새로운 제품을 개발하고, 기존의 생산 기술이나 방법을 새로운 것으로 대체하려는 사고방식 • 시장의 변화에 능동적으로 대처할 수 있는 새로운 경영 조직 • 미래의 불확실성 속에서의 장래 예측 및 변화 모색 • 고부가 가치를 창출하는 신상품 개발 • 판매처를 확보하기 위한 새로운 시장 개척 • 품질 개선 및 기술 개발

정답 ❶ 이윤 ❷ 혁신

1 빈칸에 들어갈 알맞은 말을 쓰시오.

> 기업의 ( )(이)란 기업이 기업 경영을 투명하게 하고 법에 근거한 경제 활동을 하여 사회 구성원으로서의 역할을 다해야 한다는 윤리적 책임 의식이다.

2 빈칸에 들어갈 알맞은 말을 쓰시오.

> 미래의 불확실성과 위험을 감수하며, 혁신과 창의성을 바탕으로 생산 활동을 하면서 기업을 성장시키려는 도전 의식을 ( )(이)라고 한다.

3 기업가 정신이 발휘된 사례만을 〈보기〉에서 있는 대로 골라 기호를 쓰시오.

> **보기**
> ㄱ. 신제품 개발
> ㄴ. 품질 개선 및 기술 개발
> ㄷ. 새로운 생산 방법의 도입
> ㄹ. 생산비 절감을 위한 구조 조정

4 주제 생애 주기와 자산 관리

1 생애 주기

의미	시간의 흐름에 따른 개인이나 가족의 삶의 변화를 단계별로 나타낸 것
구분	• ❶ [　　　] : 경제적 자립이 어려워 부모의 소득에 의존하여 소비 생활을 하는 시기 → 바람직한 경제생활 태도를 형성하는 것이 중요함 • ❷ [　　　] : 취업과 함께 소득이 발생하나 소득과 소비가 모두 적은 시기 • 중·장년기: 소득이 증가하나 자녀 교육, 주택 마련으로 소비가 증가하는 시기 → 소비를 줄이고 소득을 저축해야 안정된 노후 생활을 할 수 있음 • 노년기: 은퇴 이후 소득이 크게 줄거나 없어져 노후 대비 자금이나 연금으로 생활하는 시기 → 고령화 시대에 따라 중요성이 증가하고 있음

2 자산 관리

의미	자신의 소득이나 재산을 활용하여 언제, 얼마만큼 소비할지, 어떻게 자산을 모으고 처분할지 미리 계획하는 것
필요성	• ❸ [　　　] 생활은 평생 지속되지만 생산 활동을 통해 소득을 얻는 기간은 한정됨 • 지속 가능한 경제생활을 위해 일생 동안의 소득과 소비를 고려한 자산 운영이 필요함 • 평균 수명 연장으로 은퇴 이후 생활 기간이 늘어나 노년기를 대비할 필요성이 커짐

정답 ❶ 유소년기 ❷ 청년기 ❸ 소비

1 밑줄 친 부분에 해당하는 시기를 쓰시오.

> 생애 주기에 따른 경제생활 중에서 소득은 증가하나 자녀 교육, 주택 마련으로 소비가 증가하는 <u>이 시기</u>에는 소비를 줄이고 소득을 저축해야 안정된 노후 생활을 할 수 있다.

2 다음에서 설명하는 용어를 쓰시오.

> 자신의 소득이나 재산을 활용하여 언제, 얼마만큼 소비할지, 어떻게 자산을 모으고 처분할지 미리 계획하는 것이다.

3 자산 관리의 필요성에 대한 옳은 설명을 〈보기〉에서 골라 기호를 쓰시오.

> ─┤ 보기 ├─
> ㄱ. 소비 생활은 한정되지만, 생산 활동 기간은 평생 지속된다.
> ㄴ. 일생 동안의 소득과 소비를 고려한 자산 운영이 필요하다.
> ㄷ. 은퇴 이후 생활 기간이 늘어나 노년기를 대비할 필요성이 커진다.

정답 1 중·장년기 2 자산 관리 3 ㄴ, ㄷ

1 금융 자산의 종류

❶	투자한 원금을 잃을 가능성이 적어 안전성은 높지만 수익성이 낮음
채권	수익성, 안전성은 적정하지만 중도해지나 환매에 따른 불이익이 클 수 있어 상대적으로 유동성이 낮음
❷	수익성은 높지만 투자 위험이 있어 안전성이 낮은 편이며, 현금으로 전환 시 손해가 발생할 수 있음
보험	수익성과 안전성을 고려하여 자산을 늘리는 것보다 큰 손해를 막는 것을 목적으로 함

2 신용

신용 거래의 장단점	• 장점: ❸ [ ] 없이도 상품 구매 가능, 미래의 소득을 앞당겨 활용할 수 있으므로 현재의 소득보다 더 많은 소비가 가능함 • 단점: 충동구매나 과소비 우려, 신용은 언젠가는 갚아야 할 빚이므로 미래의 경제생활에 큰 부담이 될 수 있음
신용 관리의 중요성	• 현대 사회에서 신용을 바탕으로 한 거래가 확대되고 있어 개인의 신용 관리가 중요해짐 • 지불 능력을 고려하지 않은 소비는 신용을 잃어 경제생활에 지장을 초래할 수 있음

정답 ❶ 예금, 적금 ❷ 주식 ❸ 현금

1 다음 내용에 해당하는 금융 상품을 쓰시오.

> 일상생활 속에서 겪게 되는 생명이나 재산상의 위험에 대처하기 위해 마련된 금융 상품이다.

2 ㉠, ㉡에 들어갈 알맞은 말을 쓰시오.

> 주식이나 펀드는 원금이 손실될 위험이 커 (㉠)이/가 낮은 반면, 예금이나 적금은 (㉡)이/가 낮아 큰 이익을 얻기 어렵다.

3 다음 내용에 해당하는 개념을 쓰시오.

> 경제적 지불 능력에 관한 사회적 평가로, 나중에 대가를 지불할 것을 약속하고 돈을 빌릴 수 있는 능력을 말한다.

1 주제 시장의 역할과 종류

1 시장

의미	상품을 사고자 하는 사람과 팔고자 하는 사람이 자발적으로 만나 거래가 이루어지는 곳
역할	• 수요와 공급의 연결: 경제생활에 필요한 재화와 서비스의 수요와 공급을 연결해 줌 • 상품의 거래 비용 **❶** [　　　　]: 사람들이 거래하려는 물건과 거래 조건에 맞는 상대방을 찾는 데 필요한 시간과 노력 등을 줄여 줌 • 상품에 대한 정보 제공: 거래에 참여하는 사람들에게 상품의 종류 및 가격, 품질 등의 다양한 정보를 제공해 줌 • 교환과 분업의 촉진: 자신이 가장 잘 생산할 수 있는 상품만을 특화하여 생산할 수 있게 도와줌 → 사회 전체의 생산성 증가

2 시장의 종류

거래 형태에 따라	**❷** [　　　　]	거래가 이루어지는 모습이 구체적으로 드러나는 시장
	❸ [　　　　]	거래가 이루어지는 모습이 구체적으로 드러나지 않는 시장
상품의 종류에 따라	**❹** [　　　　]	생활에 필요한 재화나 서비스가 거래되는 시장
	❺ [　　　　]	상품의 생산 과정에서 필요한 생산 요소가 거래되는 시장

답 ❶ 거래 비용 ❷ 보이는 시장 ❸ 보이지 않는 시장 ❹ 생산물 시장 ❺ 생산 요소 시장

1 다음 내용에 해당하는 개념을 쓰시오.

> • 상품을 사려는 사람과 상품을 팔려는 사람이 만나 상품의 교환이나 거래가 이루어지는 곳이다.
> • 거래할 상대방을 찾는 데 드는 비용과 시간을 줄일 수 있고, 다양한 상품을 소비할 수 있다.

2 (가), (나)에 해당하는 시장의 종류를 쓰시오.

(가)	재화와 서비스가 거래되는 시장
(나)	상품 생산에 필요한 노동, 토지, 자본 등이 거래되는 시장

3 시장의 종류와 그 사례를 바르게 연결하시오.

(1) 보이는 시장　•　　　　　　　　　• ㉠ 전통 시장
　　　　　　　　　　　　　　　　　• ㉡ 외환 시장
(2) 보이지 않는 시장　•　　　　　　　• ㉢ 대형 마트
　　　　　　　　　　　　　　　　　• ㉣ 전자 상거래

답 1 시장 2 (가) 생산물 시장 (나) 생산 요소 시장 3 (1) ㉠, ㉢ (2) ㉡, ㉣

1 수요

❶	일정한 가격 수준에서 어떤 상품을 사고자 하는 욕구
❷	어떤 가격에서 수요자가 사려는 상품의 구체적인 양
❸	어떤 상품의 가격이 상승하면 그 상품의 수요량은 감소하고, 가격이 하락하면 수요량이 증가하는 현상
수요 곡선	가격과 수요량 간의 반비례 관계를 나타내는 그래프 → 우하향하는 곡선

2 공급

❹	일정한 가격 수준에서 어떤 상품을 판매하고자 하는 욕구
❺	어떤 가격에서 공급자가 판매하려는 상품의 구체적인 양
❻	어떤 상품의 가격이 상승하면 그 상품의 공급량은 증가하고, 가격이 하락하면 공급량이 감소하는 현상
공급 곡선	가격과 공급량 간의 비례 관계를 나타내는 그래프 → 우상향하는 곡선

답 ❶ 수요 ❷ 수요량 ❸ 수요 법칙 ❹ 공급 ❺ 공급량 ❻ 공급 법칙

---

1 ㉠, ㉡에 들어갈 알맞은 말을 쓰시오.

> 수요 법칙이란, 어떤 상품의 가격이 상승하면 그 상품의 수요량은 (㉠)하고, 가격이 하락하면 수요량이 (㉡)하는 현상을 말한다.

2 ㉠, ㉡에 들어갈 알맞은 말을 쓰시오.

> 공급 법칙이란, 어떤 상품의 가격이 상승하면 그 상품의 공급량은 (㉠)하고, 가격이 하락하면 공급량이 (㉡)하는 현상을 말한다.

3 ㉠, ㉡에 들어갈 알맞은 말을 쓰시오.

> 수요 곡선은 가격과 수요량 간의 (㉠) 관계를 나타내는 그래프이고, 공급 곡선은 가격과 공급량 간의 (㉡) 관계를 나타내는 그래프이다.

답 1 ㉠ 감소 ㉡ 증가 2 ㉠ 증가 ㉡ 감소 3 ㉠ 반비례 ㉡ 비례

3 주제 시장 가격의 결정과 기능

1 시장 가격의 결정

❶	시장에서 수요량과 공급량이 일치하여 균형을 이루는 지점의 가격
❷	시장에서 수요량과 공급량이 일치할 때의 거래량
❸	상품 가격이 균형 가격보다 낮아 수요량이 공급량보다 많은 상태 → 수요자 간의 경쟁 발생 → 가격 상승
❹	상품 가격이 균형 가격보다 높아 공급량이 수요량보다 많은 상태 → 공급자 간의 경쟁 발생 → 가격 하락

2 시장 가격의 기능

경제 활동의 신호등	• 의미: 시장 가격은 소비자와 생산자에게 경제 활동을 어떻게 조절해야 할지를 알려 주는 신호등 역할을 함 • 가격이 상승하면 소비자는 수요량을 줄이고, 생산자는 공급량을 늘림 • 가격이 하락하면 소비자는 수요량을 늘리고, 생산자는 공급량을 줄임
자원의 효율적 배분	• 의미: 시장 가격은 경제 주체에게 합리적인 경제 활동의 방향을 알려 주어 희소한 자원을 효율적으로 배분하는 역할을 함 • 소비자에게는 시장에서 가장 큰 만족을 얻을 수 있는 상품을 구입하도록 함 • 생산자에게는 시장에서 가장 낮은 비용으로 생산할 수 있는 상품을 공급하도록 함

정답 ❶ 균형 가격 ❷ 균형 거래량 ❸ 초과 수요 ❹ 초과 공급

1 ㉠, ㉡에 들어갈 알맞은 말을 쓰시오.

> 시장에서 수요량과 공급량이 일치할 때, 즉 수요 곡선과 공급 곡선이 만나는 지점에서 시장은 균형
> 을 이루게 된다. 이때의 가격을 (㉠)(이)라고 하며, 이때의 거래량을 (㉡)(이)라고 한다.

2 ㉠, ㉡에 들어갈 알맞은 말을 쓰시오.

> 시장에서 초과 수요가 발생하면 수요자들 간의 경쟁으로 상품 가격이 상승한다. 그러면 (㉠)
> 은/는 감소하고, (㉡)은/는 증가한다.

3 빈칸에 들어갈 알맞은 말을 쓰시오.

> 시장 가격은 소비자와 생산자에게 경제 활동을 어떻게 조절해야 할지를 알려 주는 ( ) 역할
> 을 한다.

정답 1 ㉠ 균형 (시장) 가격 ㉡ 거래량 2 ㉠ 공급량 거래량 ㉡ 수요량 3 신호등

핵심 평가 4 주제 수요와 공급의 변동

1 수요 변동의 요인

가계의 소득 변화	소득이 늘어나면 수요가 증가하고, 소득이 줄어들면 수요가 감소함
수요자의 기호 변화	어떤 상품에 대한 기호가 늘어나면 수요가 증가하고, 기호가 줄어들면 수요가 감소함
연관 상품의 가격 변화	• ❶ [　　　] 관계에 있는 한 상품의 가격이 오르면 다른 상품의 수요가 증가함 • ❷ [　　　] 관계에 있는 한 상품의 가격이 오르면 다른 상품의 수요가 감소함
인구수의 변화	인구가 많아져 수요자의 수가 늘어나면 수요가 증가하고, 인구가 줄어들면 수요가 감소함
미래에 대한 예측	어떤 상품의 가격이 오를 것으로 예상되면 수요가 증가하고, 신제품이 출시될 것이라는 소식이 들리면 기존 상품의 수요가 감소함

2 공급 변동의 요인

❸ [　　　]의 가격 변화	생산 요소의 가격이 하락하면 공급이 증가하고, 생산 요소의 가격이 상승하면 공급이 감소함
❹ [　　　]의 변화	어떤 상품을 생산하는 기술이 발달하여 생산성이 높아지면 상품의 공급이 증가함
공급자 수의 변화	상품을 공급하는 공급자 수가 늘어나면 공급이 증가하고, 일부 기업이 생산을 중단하여 공급자 수가 줄어들면 공급이 감소함
미래에 대한 예측	어떤 상품의 가격이 오를 것으로 예상되면 공급이 감소하고, 상품의 가격이 내릴 것으로 예상되면 공급이 증가함

답 ❶ 대체재 ❷ 보완재 ❸ 생산 요소 ❹ 생산 기술

---

1 수요 변동 요인과 공급 변동 요인에 해당하는 것을 〈보기〉에서 골라 기호를 쓰시오.

┌─ 보기 ├─
ㄱ. 인구수의 변화　　　　ㄴ. 생산 기술의 변화　　　　ㄷ. 가계의 소득 변화
ㄹ. 대체재의 가격 변화　　ㅁ. 소비자의 기호 변화　　　ㅂ. 생산 요소의 가격 변화

(1) 수요 변동 요인 … (　　　　)　　　　(2) 공급 변동 요인 … (　　　　)

2 ㉠, ㉡에 들어갈 알맞은 말을 쓰시오.

• 소고기와 돼지고기, 쌀과 보리 등과 같이 용도가 비슷하여 서로 대신하여 사용할 수 있는 관계에 있는 것을 (㉠)(이)라고 한다.
• 커피와 설탕, 바늘과 실 등과 같이 함께 소비했을 때 효용이 증가하는 것을 (㉡)(이)라고 한다.

답 1 (1) ㄱ, ㄷ, ㄹ, ㅁ (2) ㄴ, ㅂ 2 ㉠ 대체재 ㉡ 보완재

1 수요 변동에 따른 가격 변화

❶	• 요인: 소득 증가, 대체재의 가격 상승, 보완재의 가격 하락, 소비자의 기호 증가, 미래 가격 상승 예상, 인구 증가 등 • 수요 곡선의 이동: 수요 곡선은 오른쪽으로 이동 • 균형 가격의 변동: 균형 가격 상승, 균형 거래량 증가
❷	• 요인: 소득 감소, 대체재의 가격 하락, 보완재의 가격 상승, 소비자의 기호 감소, 미래 가격 하락 예상, 인구 감소 등 • 수요 곡선의 이동: 수요 곡선은 왼쪽으로 이동 • 균형 가격의 변동: 균형 가격 하락, 균형 거래량 감소

2 공급 변동에 따른 가격 변화

❸	• 요인: 생산 요소 가격 하락, 생산 기술의 발달, 공급자 수 증가, 미래 가격 하락 예상 등 • 공급 곡선의 이동: 공급 곡선은 오른쪽으로 이동 • 균형 가격의 변동: 균형 가격 하락, 균형 거래량 증가
❹	• 요인: 생산 요소 가격 상승, 공급자 수 감소, 미래 가격 상승 예상 등 • 공급 곡선의 이동: 공급 곡선은 왼쪽으로 이동 • 균형 가격의 변동: 균형 가격 상승, 균형 거래량 감소

정답 ❶ 수요 증가 ❷ 수요 감소 ❸ 공급 증가 ❹ 공급 감소

1 ㉠, ㉡에 들어갈 알맞은 말을 쓰시오.

> 공급이 일정한 상황에서 수요가 증가하면 수요 곡선이 (㉠)(으)로 이동하여 가격이 (㉡)하고 거래량이 증가한 지점으로 시장 균형이 이동한다.

2 ㉠, ㉡에 들어갈 알맞은 말을 쓰시오.

> 수요가 일정한 상황에서 공급이 증가하면 공급 곡선이 (㉠)(으)로 이동하여 가격이 (㉡)하고 거래량이 증가한 지점으로 시장 균형이 이동한다.

3 공급 감소의 요인으로 옳지 <u>않은</u> 것을 〈보기〉에서 골라 기호를 쓰시오.

> ┤ 보기 ├
> ㄱ. 공급자 수의 감소   ㄴ. 생산 기술의 발달
> ㄷ. 생산 요소 가격 상승   ㄹ. 미래 가격 상승 예상

정답 1 ㉠ 오른쪽 ㉡ 상승 2 ㉠ 오른쪽 ㉡ 하락 3 ㄴ

1 주제 국내 총생산의 의미와 한계

V. 국민 경제와 국제 거래

1 국내 총생산

의미	일정 기간 동안 한 나라 안에서 새롭게 생산된 모든 최종 생산물의 ❶⬚을/를 합한 것
의의	한 나라의 경제 규모와 생산 능력이나 국민 전체의 소득을 파악하기 위한 대표적인 지표
❷⬚	국내 총생산을 그 나라의 인구수로 나눈 것으로, 한 나라 국민들의 평균적인 소득 수준을 파악하는 데 유용함

2 국내 총생산의 한계

❸⬚에서 거래되는 가치만 계산	삶의 만족도를 높이는 가사 노동이나 봉사 활동 등과 같이 ❸⬚에서 거래되지 않는 활동은 포함되지 않음
삶의 질 저하 요소 미반영	생산 활동의 과정에서 발생한 환경 오염, 교통사고 등으로 인한 피해 등은 반영되지 않음
여가 생활 미측정	삶의 질이 향상되는 여가 생활의 가치는 포함되지 않고, 여가만큼 생산 활동이 줄어들면 국내 총생산도 그만큼 감소함
지하 경제 활동 미포함	밀수나 사채 등 지하 경제 활동을 통해 거래되는 상품의 거래 과정을 정부가 파악하기 힘듦
소득 분배 상황 파악 불가능	한 나라의 소득 분배 상태나 빈부 격차의 정도를 나타내지 못해 국민 개개인의 생활 수준을 알려 주지 못함

정답 ❶ 시장 가치 ❷ 1인당 국내 총생산 ❸ 시장

---

1 ㉠, ㉡에 들어갈 알맞은 말을 쓰시오.

한 나라의 전체적인 경제 규모나 국민 전체의 소득 수준을 파악할 때는 (㉠)을/를 활용하고, 한 나라 국민들의 평균적인 소득 수준을 파악할 때는 (㉡)을/를 활용한다.

2 국내 총생산의 한계로 적절한 것을 〈보기〉에서 골라 기호를 쓰시오.

┤ 보기 ├
ㄱ. 지하 경제 활동을 포함하여 계산한다.
ㄴ. 환경 오염으로 인한 피해는 반영되지 않는다.
ㄷ. 여가 생활에 사용한 가치는 인정하지 않는다.
ㄹ. 외국인이 국내에서 벌어들인 수입은 측정하지 않는다.

정답 1 ㉠ 국내 총생산 ㉡ 1인당 국내 총생산 2 ㄴ, ㄷ

🔟 물가

❶	시장에서 거래되는 여러 상품의 가격을 종합하여 평균한 값
❷	물가 변동을 숫자로 나타낸 지표로, 기준 시점의 물가를 100으로 했을 때 비교 시점의 물가 수준을 종합적으로 측정한 값 예 소비자 물가 지수, 생산자 물가 지수 등
❸	• 의미: 물가가 지속적으로 오르는 현상 • 원인: 경제 전체의 수요가 경제 전체의 공급보다 많을 경우, 통화량이 증가할 경우, 기업의 생산 비용이 증가하는 경우 물가가 상승함

🔟 물가 상승

물가 상승의 영향	• ❹　　　의 가치 하락: 일정한 금액으로 구입할 수 있는 상품의 양이 줄어들어 상대적으로 재화와 서비스의 가치는 상승함 • 소득의 불공평한 재분배: 실물 자산을 소유한 사람들에 비해 현금을 보유한 사람들은 불리한 처지에 놓이게 됨 • 기업의 투자 활동 위축: 가계의 저축이 감소하여 생산 활동을 위한 기업의 투자가 줄어들고 장기적인 투자 계획을 수립하기 어려워 경제가 위축됨 • 불건전한 거래 집중: 사람들이 저축을 꺼리고 근로 의욕이 저하되어 열심히 일하기보다 부동산 투기와 같은 불건전한 거래가 성행함 • 무역의 불균형 발생: 외국 상품에 비해 자국 상품의 가격이 상대적으로 비싸져 수출은 감소하고 수입은 증가함

정답 ❶ 물가 ❷ 물가 지수 ❸ 인플레이션 ❹ 화폐

1 ㉠, ㉡에 들어갈 알맞은 말을 쓰시오.

(㉠)(이)란 여러 상품의 가격을 종합하여 평균적으로 나타낸 값이고, 시장에서 물가가 일정 기간 동안 지속적으로 상승하는 현상을 (㉡)(이)라고 한다.

2 빈칸에 들어갈 알맞은 말을 쓰시오.

인플레이션은 경제 전체의 (　　　)이/가 공급보다 많을 경우, 통화량이 증가할 경우, 기업의 생산 비용이 증가할 경우에 발생한다.

3 물가 상승의 영향으로 옳은 것을 〈보기〉에서 골라 기호를 쓰시오.

보기
ㄱ. 화폐의 가치가 상승한다.　　　　ㄴ. 소득이 공평하게 재분배된다. ㄷ. 기업의 투자 활동이 위축된다.　　ㄹ. 수출은 감소하고 수입은 증가한다.

정답 1 ㉠ 물가 ㉡ 인플레이션 2 수요 3 ㄷ, ㄹ

1 실업

❶	일할 능력과 의사가 있는데도 일자리를 가지지 못한 상태
실업자	경제 활동 인구에서 일자리가 없는 사람
실업의 영향	• 개인적 측면: 생계유지 곤란, 심리적 고통 증가 등 • 사회적 측면: 인적 자원 낭비, 정부의 재정 부담, 국민 경제 침체, 사회 문제 발생 등

2 실업의 종류

❷	경제 불황으로 기업이 신규 채용을 줄이거나 고용 인원을 줄이면서 발생
❸	산업 구조의 변화나 기술 발달로 관련 부문의 일자리가 사라지면서 발생
❹	특정 업종에서 계절의 변화에 따라 일자리가 줄어들어 발생
❺	새로운 일자리를 찾기 위해 기존의 직장을 그만두면서 발생

정답 ❶ 실업 ❷ 경기적 실업 ❸ 구조적 실업 ❹ 계절적 실업 ❺ 마찰적 실업

1 빈칸에 들어갈 알맞은 말을 쓰시오.

> 일할 능력과 의사가 있음에도 불구하고 일자리를 구하지 못하는 상태를 ( )(이)라고 한다.

2 ㉠, ㉡에 들어갈 알맞은 말을 쓰시오.

> 실업은 국민 생활에 많은 영향을 미친다. 먼저 개인적 측면에서는 일자리를 잃은 사람은 소득이 감소하여 (㉠)에 어려움을 겪을 수 있다. 또한 사회적 측면에서는 일할 능력이 있는 사람이 생산 활동에 참여하지 못함으로 인해 (㉡) 자원의 낭비가 발생하고, 정부의 재정 부담도 늘어난다.

3 밑줄 친 부분을 바르게 고쳐 쓰시오.

> 갑은 직장을 그만두고 예전에 다니는 곳보다 더 나은 곳을 찾고 있는 중이다. 갑은 일자리를 구할 자신이 있지만 아직은 취업을 못한 상태이다. 이것은 경기적 실업의 사례에 해당한다.

정답 1 실업 2 ㉠ 생계유지 ㉡ 인적 3 마찰적 실업

1 국제 거래의 의미와 특징

의미	국가 간에 상품이나 생산 요소 등이 국경을 넘어 거래되는 것
특징	• 재화와 서비스의 수출과 수입 과정에서 통관 절차를 거치며 ❶ [ ]을/를 내야 함 • 국가마다 법과 제도, 종교나 문화 등이 달라 상품 수입이 금지 또는 제한될 수 있음 • 국가마다 서로 다른 화폐를 사용하기 때문에 화폐 간의 교환 비율을 고려해야 함

2 국제 거래의 양상과 필요성

양상	• 국제 거래의 규모와 대상 확대: 세계화와 개방화 추세에 따라 국제 거래의 규모가 점점 커지고, 거래 품목이 더욱 다양해지며 광범위해지고 있음 • 국가 간 경제 협력 강화: 경제적 이해관계를 같이하는 나라끼리 경제 협력체를 구성하거나 ❷ [ ]을/를 체결하고 있음
필요성	• 국가마다 자연환경, 천연자원의 종류와 양, 생산 요소의 양과 질, 기술 수준 등이 달라 상품에 대한 ❸ [ ] 차이가 발생함 • 교역으로 인해 국가 간 상호 이익이 발생함

답 ❶ 관세 ❷ 자유 무역 협정(FTA) ❸ 생산비

1 ㉠, ㉡에 들어갈 알맞은 말을 쓰시오.

> 국제 거래를 할 때 각국은 생산에 유리한 제품을 (㉠)하여 생산한다. 각국은 (㉡)을/를 가진 제품을 수출하고 그렇지 않은 제품을 수입함으로써 상호간 이익을 얻을 수 있다.

2 오늘날 국제 거래의 양상을 〈보기〉에서 골라 기호를 쓰시오.

> ┤ 보기 ├
> ㄱ. 자유 무역의 축소   ㄴ. 세계화, 개방화 추세
> ㄷ. 지역 간 경제 협력 축소   ㄹ. 국제 간 상호 의존 관계 확대

3 국제 거래의 필요성과 거리가 먼 것을 〈보기〉에서 골라 기호를 쓰시오.

> ┤ 보기 ├
> ㄱ. 해외 시장의 확보   ㄴ. 부존 자원의 부족 문제 해결
> ㄷ. 국제 경쟁력이 약한 국내 산업 성장   ㄹ. 교역으로 인한 상호간 이익 증가

답 1 ㉠ 특화 ㉡ 비교 우위 2 ㄴ, ㄹ 3 ㄷ

1 환율

의미	두 나라의 화폐를 교환하는 비율
표시 방법	외국 화폐 1단위와 교환되는 자국 화폐의 가격으로 표시 ⑩ 1,100원/달러
결정	외환 시장에서 외화의 수요와 공급에 의해 결정
❶	외국 상품의 수입, 자국민의 해외여행 및 유학, 해외 투자, 외채 상환 등과 같이 외화가 해외로 나가는 경우에 발생
❷	자국 상품의 수출, 외국인의 국내 관광 및 유학, 외국인의 국내 투자, 차관 도입 등과 같이 외화가 국내로 들어오는 경우에 발생

2 환율 변동의 영향

❸ 의 영향	• 수출 증가 및 수입 감소 • 외채 상환 부담 증가	• 국내 물가 상승 • 외국인의 국내 여행 증가
❹ 의 영향	• 수출 감소 및 수입 증가 • 외채 상환 부담 감소	• 국내 물가 안정 • 외국인의 국내 여행 감소

답 ❶ 외화 수요 ❷ 외화 공급 ❸ 환율 상승 ❹ 환율 하락

1 다음에서 설명하는 용어를 쓰시오.

> • 자국 화폐와 다른 나라 화폐의 교환 비율을 말한다.
> • 다른 나라 화폐 1단위와 교환되는 자국 화폐의 가격으로 표시한다.

2 외화의 공급 발생 요인을 〈보기〉에서 골라 기호를 쓰시오.

> ┤ 보기 ├
> ㄱ. 외채의 상환   ㄴ. 외국 상품의 수입
> ㄷ. 자국민의 해외여행   ㄹ. 자국 상품의 수출

3 환율 하락의 영향에 해당하는 것을 〈보기〉에서 골라 기호를 쓰시오.

> ┤ 보기 ├
> ㄱ. 국내 물가가 안정된다.   ㄴ. 외국인의 국내 여행이 증가한다.
> ㄷ. 외채 상환 부담이 증가한다.   ㄹ. 수출은 감소하고 수입이 증가한다.

답 1 환율 2 ㄹ 3 ㄱ, ㄹ

1 국제 사회의 의미와 특성

의미	전 세계 여러 나라(주권 국가)가 교류하고 의존하면서 국제적 공동생활을 영위하는 사회	
특성	❶ ☐ 중심	국가는 국제 사회의 기본 구성 단위로 평등하고 독립됨
	자국의 이익 추구	자국의 이익 최우선 추구 → 경쟁과 갈등이 발생함
	❷ ☐ 의 부재	강제력을 가진 ❷ ☐ 이/가 존재하지 않음
	❸ ☐ 의 논리 작용	강대국에 의해 국제 사회가 주도되거나 분쟁이 조정됨
	국제 협력 확대	국가 간 상호 의존 심화, 전 지구적 문제에 공동 대응함

2 국제 사회의 변화

과거	• 개별 국가의 영향력이 큼 • 자국의 안전 보장(이념 중시)과 이익 확보 중시
현재	• 다양한 행위 주체들의 영향력 증대 • 자국 이익(실리 추구) + 지구 공동 이익 추구

정답 ❶ 국가 ❷ 중앙 정부 ❸ 힘(강대국)

1 다음에서 설명하는 용어를 쓰시오.

> 전 세계 여러 나라들이 서로 교류하고 의존하면서 자국의 이익과 전체의 조화를 추구하며 공동생활을 영위하는 사회를 의미한다.

2 빈칸에 들어갈 알맞은 말을 쓰시오.

> 국제 사회에서 각국은 자국의 이익을 최우선으로 추구한다. 자국의 이익을 추구하는 과정에서 국가 간에 심각한 경쟁과 갈등이 발생하여 세계 평화를 위협하기도 하지만 강제력을 가진 ( )이/가 존재하지 않아 조정이나 해결이 어렵다.

3 ㉠, ㉡에 들어갈 알맞은 말을 쓰시오.

> 국제 사회는 평등한 주권 국가로 이루어져 있지만 현실 속 국제 사회는 강대국에 의해 주도되거나 분쟁이 조정되기도 한다. 이처럼 국제 사회는 강대국에 의한 (㉠)이/가 작용한다는 특성을 가진다. 그럼에도 국제 사회가 유지되는 것은 조약과 같이 국가 간의 합의에 근거한 (㉡) 등의 규범을 준수하고자 국제 질서를 따르기 때문이다.

정답 **1** 국제 사회 **2** 중앙 정부 **3** ㉠ 힘의 논리 ㉡ 국제법

2 주제 국제 사회의 행위 주체

1 국제 사회의 행위 주체

❶	국제 사회의 가장 기본적인 행위 주체로 자국의 이익을 위한 공식적인 외교 활동을 함
❷	국제 사회에서 발생하는 여러 문제를 해결하기 위해 조직된 정부나 개인 및 민간단체로 구성된 기구 • 정부 간 국제기구: 각국 정부를 회원으로 하는 국제기구 • 국제 비정부 기구: 개인이나 민간단체를 회원으로 하는 국제기구
❸	한 나라에 본사를 두고, 여러 나라에 자회사와 공장을 설립하여 국제적 규모로 상품을 생산하고 판매하는 기업
기타	• 영향력 있는 개인 • 국가 내 지방 정부나 소수 민족 등

2 국제 사회의 행위 주체와 국제 관계의 변화

과거		현재
• 개별 국가의 영향력이 큼 • 자국의 안전 보장과 이익 확보 중시	➡	• 다양한 행위 주체들의 영향력 증대 • 자국 이익 + 지구 공동 이익 추구

정답 ❶ 국가 ❷ 국제기구 ❸ 다국적 기업

1 다음에서 설명하는 국제 사회의 행위 주체를 쓰시오.

> • 가장 기본적인 행위 주체로 일정한 영토와 국민을 기본 바탕으로 한다.
> • 여러 국제기구에 참여하여 자국의 안전과 이익을 위한 공식적인 외교 활동을 한다.

2 (가), (나)에 해당하는 국제 사회의 행위 주체를 쓰시오.

(가)	개인과 민간단체를 회원으로 하는 국제기구로 국경을 초월하여 활동하는 비영리적 민간단체
(나)	한 나라에 본사를 두고, 여러 나라에 자회사와 공장을 설립하여 국제적 규모로 상품을 생산하고 판매하는 기업

3 정부 간 국제기구만을 〈보기〉에서 있는 대로 골라 기호를 쓰시오.

> ┤ 보기 ├
> ㄱ. 국제 연합　　　　　　ㄴ. 그린피스　　　　　　ㄷ. 세계 무역 기구
> ㄹ. 국경 없는 의사회　　　ㅁ. 다국적 기업　　　　　ㅂ. 경제 협력 개발 기구

정답 1 국가 2 (가) 국제 비정부 기구 (나) 다국적 기업 3 ㄱ, ㄷ, ㅂ

① 국제 사회의 경쟁과 갈등, 협력

경쟁과 갈등	원인	• 자국의 ❶ [ ]을/를 최우선으로 하는 태도 • 민족 · 영토 · 종교 등의 차이 • 자원 쟁탈을 위한 영유권 분쟁 등
	사례	이스라엘–팔레스타인 분쟁, 카슈미르 분쟁, 티베트 독립 운동, 남중국해 및 동중국해 영토 분쟁, 미중 무역 분쟁 등
협력		• 각국 정상 회의, 국가 간 조약(국제법), 국제기구 등을 통해 해결 • 전 지구적 차원의 문제 해결을 위한 국제 협력 확대 • 지구 공동체의 구성원으로 세계 시민 의식 함양

② 국제 사회의 공존을 위한 노력

❷ [ ]	의미	국제 사회에서 자국의 이익을 평화적으로 달성하기 위한 활동
	중요성	• 국제 문제 해결로 국제 사회 공존에 기여 • 자국의 정치적 · 경제적 이익 실현 → 대외적 위상 향상 • 오늘날 공식 외교 활동과 민간 외교 활동 등 다양한 교류 확대

정답 ❶ 이익 ❷ 외교 🔒

1 다음에서 설명하는 분쟁의 공통적인 원인을 쓰시오.

> • 이스라엘–팔레스타인 분쟁: 팔레스타인의 영토를 둘러싼 아랍인과 유대인과의 대립 분쟁
> • 카슈미르 분쟁: 영국령 인도 제국이 인도와 파키스탄으로 분리되면서 카슈미르 지방을 둘러싼 분쟁

2 다음의 지역에서 영유권 분쟁이 발생하는 원인(갈등 유형)을 쓰시오.

3 빈칸에 들어갈 알맞은 말을 쓰시오.

> (   )(이)란 국제 사회에서 자국의 이익을 평화적으로 달성하고자 수행하는 대외적인 활동이다.

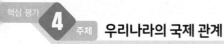

우리나라의 국제 관계

1 우리나라와 일본의 갈등 문제

❶ [ ] 영유권 문제	명백한 우리 영토인 독도에 대해 일본이 영유권을 주장하면서 갈등 발생 → 일본은 해양 자원을 선점하고 그 주변 지역을 군사적 거점으로 활용하고자 함
❷ [ ] 표기 문제	일본이 세계 지도에 동해를 일본해로 단독 표기할 것을 주장하면서 갈등 발생
일본군 위안부 문제	일본은 침략 전쟁 당시 일본군 위안부 강제 동원을 인정하지 않고 사과도 하지 않아 갈등 발생
야스쿠니 신사 참배 문제	총리를 비롯한 일본의 보수 정치인들이 제2차 세계 대전 전범들이 묻힌 야스쿠니 신사를 공식적으로 참배함 → 침략 전쟁을 미화하고 식민지 지배를 반성하지 않음
역사 교과서 왜곡 문제	• 교과서에 독도 영유권 주장을 강화함 • 강제 징용 및 일본군 위안부와 관련된 내용 삭제 등

2 우리나라와 중국의 갈등 문제

❸ [ ] 문제	우리나라의 역사를 중국의 역사로 통합하려는 역사 프로젝트
❹ [ ] 문제	중국 어선이 우리나라의 배타적 경제 수역을 침범하여 불법으로 어업 활동을 하면서 갈등 발생

정답 ❶ 독도 ❷ 동해 ❸ 동북 공정 ❹ 불법 조업

1 빈칸에 들어갈 공통적인 지역을 쓰시오.

> • 일본은 일본의 역사 교과서에 ( )이/가 일본의 영토라는 내용을 담고 있다.
> • 일본 시네마현은 ( )이/가 시마네현에 편입된 지 100주년이 되었다며 이것을 기념해 '다케시마의 날'을 제정하였다.

2 우리나라와 일본 간의 갈등 문제만을 〈보기〉에서 있는 대로 골라 기호를 쓰시오.

> ┤ 보기 ├
> ㄱ. 동북 공정 문제   ㄴ. 미세 먼지 문제   ㄷ. 독도 영유권 문제
> ㄹ. 서해에서의 불법 조업 문제 ㅁ. 세계 지도에 동해 표기 문제 ㅂ. 위안부 및 징용 피해자 배상 문제

3 다음에서 설명하는 중국과의 갈등 문제를 쓰시오.

> • 현재의 중국 영토 안에서 전개된 모든 역사를 중국의 역사라고 주장하고 있다.
> • 고조선, 고구려, 발해를 고대 중국의 지방 정권으로 전락시켜 중국 역사로 편입하고자 한다.

④ 소득 분배 상황 파악 불가: 한 나라의 소득 분배 상태나 빈부 격차의 정도를 나타 내지 못해 국민 개개인의 생활 수준을 알려 주지 못함

2. 경제 성장

(1) **의미**: 한 나라 경제 규모가 지속적으로 커지고 생산 능력이 향상되는 것 → 경제 성장률을 통해 나타냄

(2) **영향**

① 긍정적 측면: 일자리 창출, 국민의 소득 증가, 물질적 풍요로움, 교육 수준 향상, 의료 및 문화 시설 보급, 기대 수명 연장, 삶의 질 향상 등

② 부정적 측면: 자원 고갈, 환경 오염, 경제 활동 시간 증가에 따른 여가 생활 부족, 빈부 격차 및 계층 간 갈등 확대 등

(3) **경제 활동의 변동**

① 경기 변동: 한 국가의 경제 상황이 활발했다가 침체되는 것이 반복되는 현상 → 한 국가의 경제는 호황과 불황을 반복하면서 성장함

② 국내 총생산의 증가와 감소

- 국내 총생산의 증가: 국민 소득 증가 → 소비와 생산 및 투자 활동 활발
- 국내 총생산의 감소: 국민 소득 감소 → 소비와 생산 및 투자 활동 위축

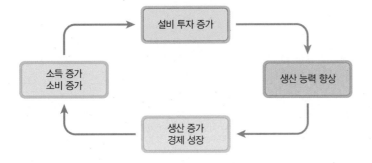

(4) **경제 성장을 위한 노력**

① 가계의 합리적 소비와 저축

② 근로자의 생산성 향상을 위한 노력

③ 기업의 투자 및 연구 개발 등

학습 내용 들여다보기

■ **경제 성장률**
경제 규모의 실질적인 증가 정도를 나타내는 지표로서 올해 국내 총생산이 지난해의 국내 총생산에 비해 얼마나 증가하였는지를 나타낸다. 일반적으로 경제 성장률은 물가 변동을 제외한 국내 총생산의 실질적인 변화를 통해 알 수 있기 때문에 경제 성장은 실질 국내 총생산의 증가율로 측정한다.

■ **실질 국내 총생산**
기준 연도의 가격으로 재화와 서비스의 가격을 적용하여 산출한 국내 총생산으로, '그 해의 최종 생산물의 수량×기준 연도의 가격'으로 구한다.

용어 알기

- **창출** 전에 없던 것을 처음으로 생각하여 지어 내거나 만들어 냄
- **호황** 경제 전체의 활동 수준이 좋은 상황
- **불황** 경제 활동이 침체된 상태
- **투자** 공장이나 시설 등의 자본을 늘리는 행위
- **생산성** 생산량을 근로자 수로 나눈 것

자료3 국내 총생산과 1인당 국내 총생산

국내 총생산이 크다고 해서 반드시 그 나라 국민의 평균적인 소득 수준이 높다고 할 수 없다. 어떤 나라의 국내 총생산이 다른 나라에 비해 크더라도 인구가 다른 나라에 비해 많을 경우 1인당 국내 총생산은 작을 수 있다. 중국은 우리나라보다 국내 총생산이 10배 이상 많지만 인구가 약 28배 이상 많기 때문에 1인당 국내 총생산은 우리나라보다 작다. 따라서 한 나라의 전체적인 경제 규모를 알기 위해서는 국내 총생산, 국민들의 평균적인 소득 수준을 알기 위해서는 1인당 국내 총생산을 파악해야 한다.

자료4 국내 총생산의 대안 지표 – '더 나은 삶 지수'

〈한국 '더 나은 삶 지수' 순위〉

(자료: OECD)

경제 협력 개발 기구(OECD)는 국내 총생산만으로 삶의 질을 제대로 평가할 수 없다는 이유로 '더 나은 삶 지수(Better Life Index)'를 발표하고 있다. '더 나은 삶 지수'는 경제 협력 개발 기구의 회원국 총 38개국을 대상으로, 주거, 소득, 고용, 교육, 환경, 공동체, 건강, 삶의 만족도 등 11개 부문을 평가하여 나라별 삶의 질을 종합적으로 산출한다.

간단 체크

1 빈칸에 들어갈 알맞은 말을 쓰시오.

(1) 일정 기간 동안 한 나라 안에서 새롭게 생산된 모든 최종 생산물의 시장 가치의 합을 (　　　　)(이)라고 한다.

(2) 국내 총생산은 보통 (　　　　)년을 기준으로 한다.

(3) (　　　　)은/는 한 나라 경제 규모가 지속적으로 커지고 생산 능력이 향상되는 것을 의미한다.

(4) (　　　　)은/는 실질 국내 총생산이 전년보다 얼마나 증가했는지를 계산한 것이다.

(5) 경제 성장이 이루어지면 국민 소득은 (　　　　)한다.

2 다음 설명이 맞으면 ○표, 틀리면 ×표 하시오.

(1) 국내 총생산을 측정할 때 중간재의 가치는 제외한다.
(　　　)

(2) 여가의 가치는 국내 총생산에 포함된다. (　　　)

(3) 주부의 가사 노동은 국내 총생산에 포함된다. (　　　)

(4) 국내 총생산에는 시장에서 거래되지 않는 재화와 서비스의 가치까지도 포함된다. (　　　)

(5) 국내 총생산은 국민의 삶의 질을 정확하게 파악하지 못하는 한계가 있다. (　　　)

3 각 개념과 관련 있는 설명을 바르게 연결하시오.

(1) 국내 총생산 •
(2) 경제 성장률 •
(3) 1인당 국내 총생산 •

• ㉠ 한 나라의 경제 규모를 평가하는 데 유용함
• ㉡ 한 나라의 경제 성장의 정도를 파악하는 데 유용함
• ㉢ 한 나라 국민들의 평균적인 소득 수준을 파악하는 데 유용함

4 괄호 안의 내용 중 알맞은 말에 ○표 하시오.

(1) 우리나라의 야구 선수가 해외에서 받은 연봉은 우리나라의 (국내 총생산 , 국민 총생산)에 포함된다.

(2) 국내 총생산을 측정할 때 (신상품 , 중고품)의 가치는 제외한다.

(3) 경제 성장이 이루어지면 삶의 질이 (향상 , 저하)된다.

01 국내 총생산에 대한 설명으로 옳지 않은 것은?

① 시장에서 거래되는 것만 포함한다.

② 국가 전체의 생산 규모를 파악할 수 있는 지표이다.

③ 일정 기간 동안 생산된 재화와 서비스만을 포함한다.

④ 중간재를 포함하여 그 해에 생산된 모든 재화와 서비스의 가치를 측정한다.

⑤ 생산자의 국적에 상관없이 한 나라의 국경 안에서 생산된 재화와 서비스를 포함한다.

02 국내 총생산에 포함되는 것만을 〈보기〉에서 있는 대로 고른 것은?

┤ 보기 ├
ㄱ. 봉사 활동
ㄴ. 중고품 거래
ㄷ. 밀수를 통한 상품
ㄹ. 환경 오염 정화 비용

① ㄱ　　　　② ㄹ　　　　③ ㄱ, ㄷ
④ ㄴ, ㄹ　　　⑤ ㄷ, ㄹ

03 밑줄 친 ㉠~㉣에 대한 설명으로 옳은 것을 〈보기〉에서 고른 것은?

국내 총생산은 ㉠ 한 국가 안에서 ㉡ 일정 기간 동안 ㉢ 새롭게 생산된 ㉣ 모든 최종 생산물의 시장 가치를 더한 것이다.

┤ 보기 ├
ㄱ. ㉠ – 다른 나라 국적의 생산자가 우리나라 영토 내에서 생산한 것만을 포함한다.
ㄴ. ㉡ – 보통 1년을 기준으로 한다.
ㄷ. ㉢ – 작년에 생산된 물건의 거래도 포함한다.
ㄹ. ㉣ – 시장에서 거래된 모든 최종 생산물을 화폐 단위로 측정한다.

① ㄱ, ㄴ　　② ㄱ, ㄷ　　③ ㄴ, ㄷ
④ ㄴ, ㄹ　　⑤ ㄷ, ㄹ

04 우리나라의 국내 총생산에 포함되지 <u>않는</u> 것은?

① 우리나라 가수의 해외 공연 수입
② 미국 국적 배우의 국내 광고 출연료
③ 한국에서 교사로 일하는 중국인의 월급
④ 국내 기업에서 근무하는 전문 경영인의 연봉
⑤ 외국 축구 선수가 국내 프로팀으로부터 받은 계약금

05 다음은 2020년 A국의 경제 활동을 나타낸 것이다. 2020년 A국의 국내 총생산은?

- A국에서 생산한 외국 기업의 자동차 15억 원
- A국에서 근무한 외국인 노동자의 임금 3억 원
- A국 기업이 해외 공장에서 만든 반도체 20억 원
- A국 국민이 해외여행에서 지출한 여행비 3억 원

① 3억 원 　② 15억 원 　③ 18억 원
④ 20억 원 　⑤ 35억 원

06 교사의 질문에 대해 옳게 답변한 학생은?

다음 사례를 통해 파악할 수 있는 국내 총생산의 한계를 발표해 볼까요?

- 코로나19로 마스크 생산 업체의 매출이 500% 증가하였다.
- 범죄 증가로 경비업체의 매출이 40% 증가하였다.

① 갑: 소득 분배 상태를 파악할 수 없어요.
② 을: 외국의 경제 상황을 반영하지 못해요.
③ 병: 물가 상황을 정확하게 알려 주지 못해요.
④ 정: 국민의 삶의 질을 정확하게 측정하기 어려워요.
⑤ 무: 시장에서 거래되지 않는 경제 활동은 포함하지 않아요.

07 다음은 2021년 갑국의 경제 활동을 나타낸 것이다. 2021년 갑국의 국내 총생산은?

- 철강을 생산하여 200만 원에 판매하였다.
- 이 철강으로 자동차 본체를 생산하여 500만 원에 판매하였다.
- 타이어, 유리 등 자동차에 들어갈 부품을 생산하여 700만 원에 판매하였다.
- 부품을 조립하여 자동차를 생산하고 1,500만 원에 판매하였다.

① 500만 원 　② 700만 원 　③ 1,200만 원
④ 1,500만 원 　⑤ 2,200만 원

08 밑줄 친 ㉠~㉤에 대한 설명으로 옳지 <u>않은</u> 것은?

국내 총생산은 ㉠ 한 국가의 경제 활동 규모를 나타내는 유용한 지표로, ㉡ 국민 개개인의 소득 수준을 잘 나타내 준다. 하지만 국내 총생산은 ㉢ 빈부 격차를 알기 어렵고, ㉣ 국민들의 삶의 질이나 복지 수준을 제대로 보여 주지 못하기 때문에 국내 총생산에 대한 대안적 지표로 ㉤ 인간 개발 지수(HDI), 더 나은 삶 지수(BLI) 등이 등장하게 되었다.

① ㉠ 　② ㉡ 　③ ㉢ 　④ ㉣ 　⑤ ㉤

09 경제 성장이 우리 생활에 미치는 긍정적인 영향에 대해 옳게 진술한 학생만을 있는 대로 고른 것은?

갑 물질적으로 풍요로운 생활을 누릴 수 있어요.

을 일자리가 많이 생겨나고 국민 소득이 증가해요.

병 환경 오염이 심해져 쾌적한 생활을 방해할 수 있어요.

정 경제 성장의 혜택이 일부 계층에 편중될 경우 빈부 격차가 커져 갈등이 발생할 수 있어요.

① 갑, 을 　② 갑, 병 　③ 병, 정
④ 갑, 을, 정 　⑤ 을, 병, 정

01 다음 중 국내 총생산에 포함되는 것은?

> 학교 근처에서 분식점을 운영하는 갑은 아침 일찍 김밥에 들어갈 김과 쌀, 그 외 다른 재료들을 구입하였다. 갑은 아침에 가게 문을 열고 열심히 ① 김밥을 만들어 학생들에게 판매하였으며, 저녁에는 ② 집에 가서 가족들을 위해 맛있게 요리를 했다. 오늘은 ③ 직접 텃밭에서 재배한 상추와 오이를 상에 올렸다. 갑은 ④ 주말에 집 근처에 있는 양로원에 가서 2시간 동안 봉사 활동을 하였으며, 집에 오는 길에 ⑤ 평소 가지고 싶었던 오디오를 중고로 구매하였다.

02 다음 경제 지표에 대한 설명으로 옳지 <u>않은</u> 것은?

> • 일정 기간 동안 한 나라의 경제 활동 결과를 보여 준다.
> • 국가 간 교류가 활발해진 오늘날에 일반적으로 널리 사용되는 국민 경제 지표이다.

① 외국에서 생산된 것은 포함하지 않는다.
② 시장에서 거래되지 않는 것은 제외한다.
③ 국내에서 외국인이 생산한 것은 포함하지 않는다.
④ 생산 과정에서 사용된 중간재의 가치는 계산하지 않는다.
⑤ 이전에 생산되어 이미 사용되고 있는 것은 포함하지 않는다.

03 밑줄 친 ㉠~㉢ 중 국내 총생산에 포함되는 것만을 있는 대로 고른 것은?

> 어린이집에서 하루 종일 ㉠ 아이들을 돌보고, 퇴근해 집에 와서도 우리 ㉡ 아이를 돌보니 너무 힘들어요.

> 보육 교사 일을 계속하고 싶다면 사람을 고용해 집에서 ㉢ 아이를 돌보게 하는 건 어때요?

① ㉠   ② ㉡   ③ ㉠, ㉡
④ ㉠, ㉢   ⑤ ㉡, ㉢

★ 중요 ★
04 다음 국내 총생산에 대한 질문에 대해 모두 옳게 답한 학생은?

질문	갑	을	병	정	무
작년에 생산한 의자는 올해의 국내 총생산에 포함되지 않는가?	○	○	○	×	×
빵을 만드는 데 사용된 밀가루는 국내 총생산에 포함되는가?	○	×	×	○	×
텃밭에서 키워 직접 소비한 깻잎의 가치는 국내 총생산에 포함되는가?	×	○	×	×	○

(○: 예, ×: 아니요)

① 갑   ② 을   ③ 병   ④ 정   ⑤ 무

★ 중요 ★
05 다음을 통해 추론할 수 있는 국내 총생산의 한계로 옳은 것은?

> 갑국에서는 교통사고가 급증하면서 병원이나 자동차 정비소의 수입은 늘어나 국내 총생산이 증가하였다.

① 국민의 삶의 질 수준을 알기 어렵다.
② 지하 경제의 규모를 파악하지 못한다.
③ 국민의 소득 불평등 정보를 알 수 없다.
④ 국민의 평균적인 소득 수준을 알 수 없다.
⑤ 자가 소비를 위한 생산 활동은 포함되지 않는다.

06 갑국과 을국의 2021년 국내 총생산과 인구수를 나타낸 것이다. 이에 대한 분석으로 옳은 것을 〈보기〉에서 고른 것은?

구분	갑국	을국
국내 총생산	20,000달러	30,000달러
인구수	5명	10명

┤ 보기 ├
ㄱ. 경제 활동 규모는 갑국이 을국보다 크다.
ㄴ. 1인당 국내 총생산은 갑국이 을국보다 크다.
ㄷ. 갑국의 1인당 국내 총생산은 20,000달러이다.
ㄹ. 국민들의 평균적인 소득 수준은 갑국이 을국보다 크다.

① ㄱ, ㄴ   ② ㄱ, ㄷ   ③ ㄴ, ㄷ
④ ㄴ, ㄹ   ⑤ ㄷ, ㄹ

07 경제 성장에 대한 진술로 옳지 <u>않은</u> 학생은?

 갑 ── 생산 능력이 확대되는 거예요.

 을 ── 국내 총생산이 증가하는 거예요.

 병 ── 국민 경제의 규모가 커지는 거예요.

 정 ── 모든 사회 구성원들의 생활 수준이 균등하게 향상 되는 거예요.

무 ── 국가가 생산하는 재화와 서비스의 생산량이 늘어 나 국민 소득이 증가하는 거예요.

① 갑   ② 을   ③ 병   ④ 정   ⑤ 무

08 밑줄 친 부분의 근거로 적절한 것만을 〈보기〉에서 있는 대 로 고른 것은?

경제가 성장하면 국민의 평균 소득 수준이 높아지지만 경제 성장이 반드시 모든 국민의 삶의 질 향상으로 이어지는 것은 아닙니다.

┤ 보기 ├
ㄱ. 교육 수준이 하락할 수 있다.
ㄴ. 환경 오염이 확대될 수 있다.
ㄷ. 자원 고갈의 문제가 발생할 수 있다.
ㄹ. 경제 활동 시간 증가로 여가 시간이 부족해질 수 있다.

① ㄱ, ㄴ   ② ㄱ, ㄹ   ③ ㄷ, ㄹ
④ ㄱ, ㄴ, ㄷ   ⑤ ㄴ, ㄷ, ㄹ

09 경제 성장이 우리 생활에 미치는 긍정적 영향만을 〈보기〉에 서 있는 대로 고른 것은?

┤ 보기 ├
ㄱ. 빈부 격차 축소
ㄴ. 다양한 문화 시설 보급
ㄷ. 소득 증가로 인한 물질적 풍요
ㄹ. 생산량 증가로 인한 일자리 창출

① ㄱ, ㄴ   ② ㄱ, ㄷ   ③ ㄷ, ㄹ
④ ㄱ, ㄴ, ㄹ   ⑤ ㄴ, ㄷ, ㄹ

서술형 문제

10 다음 내용을 통해 알 수 있는 국내 총생산의 한계를 서술하 시오.

주부가 집에서 빨래하고 밥하고 청소하는 것은 국 내 총생산에 포함되지 않는다.

★ 중요 ★
11 다음 갑국과 을국의 국내 총생산을 서술하시오.

• 갑국의 농부는 쌀을 생산하여 제분업자에게 10만 원 을 받고 팔았다. 제분업자는 쌀가루를 만들어 이를 떡집 주인에게 팔아 5만 원의 부가 가치를 얻었다. 떡집 주인은 그 쌀가루로 최종 생산물인 떡을 만들 어 10만 원의 부가 가치를 얻었다.
• 을국에서는 의자 제작을 위해 목재 30만 원어치를 구입하였다. 그리고 목재를 통해 50만 원어치의 가 구를 생산하였다.

물가와 실업

1. 물가 상승

학습 내용 들여다보기

■ 물가 지수
기준이 되는 해의 물가 수준을 100으로 하여 비교할 연도의 물가 수준을 나타낸 지수이다. 물가 지수가 1100이라면 기준 연도에 비해 물가가 10% 상승했다는 것을 의미한다.

■ 물가 상승의 원인
• 총수요 증가: 가계 소비, 기업 투자, 정부 지출 증가로 총수요가 총공급보다 많을 경우 물가가 상승한다.
• 통화량 증가: 시중에 유통되는 돈의 양이 많아지면 소비나 투자가 활발해지고, 화폐 가치가 하락하여 물가가 상승한다.
• 생산비 증가: 임금, 원자재 가격 등이 상승하여 생산비가 오르면 기업이 공급을 감소하기 때문에 물가가 상승한다.

■ 물가 안정을 위한 정부의 정책

재정 정책	재정 지출을 줄이고 조세를 증가함 → 기업과 가계의 수요를 억제함
통화 정책	중앙은행은 시중에 유통되는 통화를 거두어 들이고 이자율을 높임 → 저축을 유도하고 민간 소비를 위축시킴

(1) 물가와 물가 지수

① 물가: 시장에서 거래되는 여러 상품의 가격을 종합하여 평균한 값

② 물가 지수: 물가 변동을 숫자로 나타낸 지표로, 기준 시점의 물가를 100으로 했을 때 비교 시점의 물가 수준을 종합적으로 측정한 값 **예** 소비자 물가 지수, 생산자 물가 지수 등 →소비자가 구입하는 재화와 서비스를 대상으로 조사한 물가 지수를 말해.

③ 체감 물가: 일반 소비자들이 실질적으로 느끼는 물가 → 정부가 발표하는 소비자 물가 지수와 차이가 있음 →체감 물가를 장바구니 물가라고도 해.

(2) 인플레이션 자료 1 → 경제가 성장하면 일반적으로 물가는 상승해.

① 의미: 물가가 지속적으로 오르는 현상

② 원인: 경제 전체의 수요가 경제 전체의 공급보다 많을 경우, 통화량이 증가할 경우, 기업의 생산 비용이 증가하는 경우

(3) 물가 상승의 영향 자료 2

① 화폐의 가치 하락: 일정한 금액으로 구입할 수 있는 상품의 양이 줄어들어 상대적으로 재화와 서비스의 가치는 상승함

② 소득의 불공평한 재분배: 실물 자산을 소유한 사람들에 비해 현금을 보유한 사람들은 불리한 처지에 놓이게 됨 →인플레이션이 발생하면 돈의 가치가 떨어지기 때문이야.

③ 기업의 투자 활동 위축: 가계의 저축이 감소하여 생산 활동을 위한 기업의 투자가 줄어들고 장기적인 투자 계획을 수립하기 어려워 경제가 위축됨

④ 불건전한 거래 집중: 사람들이 저축을 꺼리고 근로 의욕이 저하되어 열심히 일하기보다 부동산 투기와 같은 불건전한 거래가 성행함

⑤ 무역의 불균형 발생: 외국 상품에 비해 자국 상품의 가격이 상대적으로 비싸져 수출은 감소하고 수입은 증가함

(4) 물가 안정을 위한 노력

정부	재정 지출 축소, 조세 증가, 생활필수품 가격 및 공공요금 인상 억제 등
중앙은행	이자율 인상으로 저축 유도, 시중에 유통되는 통화량 감소 정책 실시 등
기업	기술 개발, 경영 혁신을 통한 생산성 향상 등
근로자	과도한 임금 인상 요구 자제, 자기 계발을 통한 생산성 향상 노력 등
가계	충동구매 및 과소비 자제, 건전하고 합리적인 소비 생활 등

용어 알기

• **통화량** 시중에 유통되는 화폐의 양
• **실물 자산** 아파트, 건물, 토지 등과 같은 실물로 소유하는 자산
• **중앙은행** 한 나라의 화폐 발행과 금융 정책을 수립하고 집행하는 은행

자료 1 독일의 초인플레이션

제1차 세계 대전 직후 심각한 재정 적자를 겪던 독일은 연합국이 요구한 막대한 배상금을 갚기 위해 무분별하게 화폐를 발행하였다. 이에 따라 극심한 인플레이션이 나타나면서 1918년까지만 해도 1마르크면 살 수 있었던 빵 한 덩어리가 1923년에는 천억 마르크에 달했다.

▲ 화폐의 가치가 급락하여 화폐를 장난감처럼 가지고 노는 아이들

자료 2 인플레이션의 영향

인플레이션이 발생하면 가지고 있는 돈의 구매력이 떨어지므로 은행 예금 보유자나 임금 근로자, 돈을 빌려준 사람(채권자), 수출업자 등은 손해를 본다. 반면 부동산이나 귀금속 등 실물 자산을 가진 사람, 돈을 빌린 사람(채무자), 수입업자 등은 유리해진다.

2. 실업

(1) 실업과 실업자 [자료 3]

① 실업: 일할 능력과 의사가 있지만 일자리가 없는 상태

② 실업자: 일할 능력과 일할 의사가 있음에도 일을 하지 못하는 사람
→ 지난 4주간 일자리를 찾아 적극적 구직 활동을 하였던 사람으로 일자리가 주어지면 즉시 취업이 가능한 사람을 의미해.

(2) 실업의 종류 [자료 4]
→ 겨울에만 일할 수 있는 스키 강사는 계절적 실업의 사례야.

경기적 실업	경제가 침체되어 기업이 신규 채용을 줄이거나 고용을 감소시키면서 발생함
구조적 실업	산업 구조의 변화나 기술 발달로 관련 부문의 일자리가 사라지면서 발생함
계절적 실업	계절의 영향을 많이 받는 특정 업종에서 계절의 변화에 따라 발생함
마찰적 실업	새로운 일자리를 찾기 위해 현재의 직장을 일시적으로 그만두어 발생함

→ 구직자가 일자리를 찾는 과정에서 발생하는 실업이라서 경기가 좋을 때도 마찰적 실업은 존재해.

(3) 실업의 영향

① 개인적 측면

생계유지 곤란	소득이 없거나 줄어들어 경제적으로 어려워지고 생활 수준의 질이 떨어짐
심리적 고통 증가	자아실현의 기회가 상실되고 일을 통해 얻을 수 있는 성취감을 얻을 수 없으며 자신감이 하락하고 불안감이 커짐

② 사회적 측면

인적 자원 낭비	일할 능력이 있는 사람들이 경제 활동에 참여하지 못하여 노동력이라는 경제적 자원이 낭비됨
정부의 재정 부담 증가	정부가 사회 보장비를 지출하거나 실업 인구를 부양해야 하는 부담이 늘어남
국민 경제 침체	가계의 소득이 감소하여 소비 활동이 줄어들며, 기업의 생산과 투자가 위축되어 경기가 침체됨
사회 문제 발생	빈곤 확산, 생계형 범죄 증가, 빈부 격차 등의 사회 문제를 야기함

(4) 고용 안정을 위한 노력

① 실업 유형에 따른 정부의 대책

경기적 실업	경기 회복 정책, 공공사업 확대를 통한 일자리 창출 등
구조적 실업	체계적인 직업 교육 실시, 인력 개발 프로그램 마련 등
계절적 실업	취업 관련 정보 제공, 취업 박람회 개최, 고용 지원 센터 운영, 일자리 탐색 지원 등
마찰적 실업	

② 기업의 역할: 고용 안정과 일자리 창출을 위한 경영 방안 모색 등

③ 근로자의 역할: 생산성과 업무 처리 능력을 향상하기 위한 자기 계발 등

학습 내용 들여다보기

■ 실업률
한 나라의 경제 활동 인구 중에서 실업자가 차지하는 비율을 측정한다.

$$실업률(\%) = \frac{실업자\ 수}{경제\ 활동\ 인구} \times 100$$

■ 고용 안정을 위한 정부의 노력
- 실업 급여 지급: 고용 보험에 가입한 근로자가 실업에 처했을 때 가입 기간에 따라 일정 기간 급여를 지급함
- 직업 훈련 지원: 실업자 또는 근로자가 직업 능력 향상을 위해 훈련을 받는 경우 훈련 비용을 지급함
- 취업 정보 제공: 고용 노동부와 한국 고용 정보원이 워크넷을 통해 구인·구직 정보 및 직업·진로 정보를 제공함

🎓 용어 알기
- **침체** 어떤 현상이나 사물이 진전하지 못하고 제자리에 머무름
- **위축** 마르거나 시들어서 쭈그러 드는 것
- **창출** 전에 없던 것을 처음으로 생각하여 지어내거나 만들어 냄
- **모색** 어떤 일을 해결할 수 있는 바람직한 방법이나 해결책 따위를 이리저리 생각하여 찾음

자료 3 경제 활동 인구의 구성

- 경제 활동 인구: 15세 이상 인구 중 일할 능력과 의사가 있는 사람
- 비경제 활동 인구: 15세 이상 인구 중 경제 활동 인구가 아닌 사람
- 취업자: 경제 활동 인구 중 일자리가 있는 사람
- 실업자: 경제 활동 인구 중 취업을 하기 위해 구직 활동 중에 있는 사람

자료 4 실업의 종류

경제 상황이 좋지 않아 회사에서 많은 사람들이 해고되었어요.

공장 자동화 시스템이 도입되어 재봉 기술을 가진 사람들이 일자리를 잃었어요.

여름이 되어 스키장을 운영하지 않으니 스키 강사가 할일이 없어졌어요.

일을 잠시 쉬면서 근로 조건이 더 나은 직장을 찾고 있는 중이에요.

▲ 경기적 실업　　▲ 구조적 실업　　▲ 계절적 실업　　▲ 마찰적 실업

✓ 간단 체크

1 빈칸에 들어갈 알맞은 말을 쓰시오.

(1) (   )(이)란 시장에서 거래되는 여러 상품의 가격을 종합하여 평균한 값을 말한다.

(2) 물가 지수는 기준 시점의 물가를 (   )(으)로 했을 때 비교 시점의 물가 수준을 종합적으로 측정한 값이다.

(3) (   )(이)란 일할 능력과 의사가 있지만 일자리를 가지지 못한 상태를 말한다.

(4) (   )은/는 경제 활동 인구 중에서 실업자가 차지하는 비율을 말한다.

2 다음 설명이 맞으면 ○표, 틀리면 ×표 하시오.

(1) 재화나 서비스에 대한 전체적인 수요가 전체적인 공급보다 많을 때 물가가 상승한다. (   )

(2) 지속적으로 물가가 상승하면 실물 자산 소유자와 채무자는 유리해진다. (   )

(3) 물가 안정을 위해 정부는 과도하게 재정 지출을 늘려야 한다. (   )

(4) 실업은 개인적으로 경제적 어려움을 겪게 하고, 사회적으로는 계층 간 갈등을 심화시킬 수 있다. (   )

3 실업의 유형과 내용을 바르게 연결하시오.

(1) 경기적 실업 •　　　• ㉠ 산업 구조의 변화로 발생함

(2) 구조적 실업 •　　　• ㉡ 경기 침체로 일자리가 줄어 나타남

(3) 계절적 실업 •　　　• ㉢ 직장 이동 과정에서 일시적으로 발생함

(4) 마찰적 실업 •　　　• ㉣ 계절에 따른 고용 기회 감소로 발생함

4 괄호 안의 내용 중 알맞은 말에 ○표 하시오.

(1) 물가가 지속적으로 오르는 현상을 (인플레이션 , 디플레이션)이라고 한다.

(2) 물가가 오르면 화폐의 가치는 (상승 , 하락)한다.

(3) 경기 침체로 발생한 (구조적 실업 , 경기적 실업)을 최소화하기 위해 공공사업 확대를 통한 일자리 창출에 힘써야 한다.

01 물가와 물가 지수에 대한 옳은 설명만을 〈보기〉에서 있는 대로 고른 것은?

┤ 보기 ├
ㄱ. 물가 지수는 해당 연도의 물가 수준만 알면 측정할 수 있다.
ㄴ. 물가는 여러 상품의 가격을 종합하여 평균적으로 나타낸 것이다.
ㄷ. 물가 지수가 100보다 작으면 물가가 기준 연도보다 하락한 것이다.
ㄹ. 물가 지수가 120이라는 것은 기준 연도보다 물가가 20% 상승한 것이다.

① ㄱ, ㄴ　　② ㄱ, ㄹ　　③ ㄷ, ㄹ
④ ㄱ, ㄴ, ㄷ　　⑤ ㄴ, ㄷ, ㄹ

02 그림은 수업 시간의 판서 내용이다. 빈칸에 들어갈 제목으로 가장 적절한 것은?

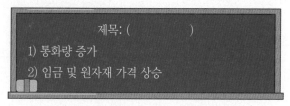

제목: (   )
1) 통화량 증가
2) 임금 및 원자재 가격 상승

① 물가 지수의 종류
② 물가 지수의 활용
③ 인플레이션의 발생 요인
④ 인플레이션이 미치는 영향
⑤ 물가 안정을 위한 정부 노력

03 인플레이션이 발생할 경우 유리한 사람만을 〈보기〉에서 있는 대로 고른 것은?

┤ 보기 ├
ㄱ. 친구에게 돈을 빌려준 갑
ㄴ. 토지와 건물을 소유하고 있는 을
ㄷ. 퇴직 후 연금을 받아 생활하는 병
ㄹ. 은행에서 돈을 빌리고 매달 이자를 지불하는 정

① ㄱ, ㄴ　　② ㄱ, ㄷ　　③ ㄴ, ㄹ
④ ㄱ, ㄷ, ㄹ　　⑤ ㄴ, ㄷ, ㄹ

04 다음 신문 기사에 나타난 상황을 해결하기 위한 대책으로 적절하지 <u>않은</u> 것은?

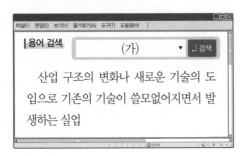

○○신문

A국의 물가, 작년 한 해 동안 20% 상승하여 …

① 정부는 생활필수품의 가격 상승을 규제한다.
② 가계는 과소비를 하여 경제 활성화에 기여한다.
③ 중앙은행은 이자율을 인상하여 저축을 유도한다.
④ 근로자는 자기 계발을 통해 생산성을 향상시킨다.
⑤ 기업은 기술을 개발하는 등 생산비를 낮추기 위해 노력한다.

05 (가)에 들어갈 검색어로 적절한 것은?

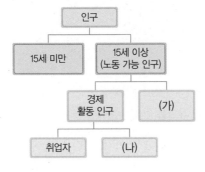

용어 검색 (가) ▼ 검색

산업 구조의 변화나 새로운 기술의 도입으로 기존의 기술이 쓸모없어지면서 발생하는 실업

① 구조적 실업   ② 경기적 실업
③ 마찰적 실업   ④ 계절적 실업
⑤ 자발적 실업

06 그림의 (가), (나)에 대한 설명으로 옳은 것은?

```
            인구
        ┌────┴────┐
     15세 미만   15세 이상
              (노동 가능 인구)
              ┌────┴────┐
           경제         (가)
          활동 인구
         ┌───┴───┐
       취업자    (나)
```

① (가)는 실업자이다.
② (가)는 일할 의사가 있는 사람이다.
③ 전업주부는 (나)에 해당한다.
④ (나)는 비경제 활동 인구이다.
⑤ 경기가 침체되면 일반적으로 (나)는 증가한다.

07 실업이 미치는 영향에 대한 설명으로 옳지 <u>않은</u> 것은?

① 생계형 범죄가 증가할 수 있다.
② 기업의 생산 활동을 증가시킬 수 있다.
③ 가계 소득이 줄어 생계유지가 힘들어질 수 있다.
④ 자아실현의 기회가 박탈되는 고통을 겪을 수 있다.
⑤ 정부의 실업자 대책 관련 지출을 증가시킬 수 있다.

08 그림의 갑이 처한 실업에 대한 대책으로 가장 적절한 것은?

제가 전에 다니던 회사는 하는 일에 비해 월급도 적고 비전도 없는 것 같아서 그만두었어요. 지금은 더 좋은 조건의 직장을 찾는 중이에요.

갑

① 기술 교육
② 직업 훈련
③ 공공사업 확대
④ 취업 정보 제공
⑤ 농공 단지 조성

09 다음은 갑국의 2020년 인구 구성을 나타낸다. 갑국의 실업률을 구하시오.

• 노동 가능 인구: 200만 명
• 비경제 활동 인구: 50만 명
• 취업자 수: 120만 명

실전 문제

01 (가), (나)에 대한 설명으로 옳지 <u>않은</u> 것은?

> (가) 물가   (나) 물가 지수

① (가) – 경제가 성장하면 일반적으로 물가는 상승한다.
② (가) – 시장에서 거래되는 상품들의 평균값을 의미한다.
③ (가) – 물가가 지속적으로 하락하는 현상을 디플레이션이라고 한다.
④ (나) – 물가 지수를 통해 물가 변동을 파악할 수 있다.
⑤ (나) – 기준 연도인 작년에 비해 올해 물가가 20% 상승했다면 올해의 물가 지수는 20으로 표현한다.

02 다음 신문 기사에 나타난 물가 상승의 원인으로 적절한 것은?

> **○○신문**
>
> 2007년 짐바브웨 물가 상승률 7,635%
> 대통령이 생필품을 수입하기 위해 돈을 마구 찍어 내면서 엄청난 물가 상승이 발생하였다. 짐바브웨에서 10조 짐바브웨 달러로 살 수 있는 물건은 고작 3개에 불과하다.

① 통화량 증가   ② 생산비 상승
③ 가계의 소비 증가   ④ 기업의 공급 감소
⑤ 정부 지출의 증가

★ 중요

03 그림과 같은 상황이 지속될 경우 나타날 수 있는 현상으로 옳지 <u>않은</u> 것은?

① 저축이 증가한다.
② 화폐 가치가 하락한다.
③ 기업의 투자가 감소한다.
④ 빈부 격차가 커질 수 있다.
⑤ 부동산 투기가 성행할 수 있다.

04 물가 안정을 위한 정부의 노력에 대해 적절하게 말한 학생을 〈보기〉에서 고른 것은?

> ┤ 보기 ├
> 갑: 과도한 재정 지출을 줄여야 합니다.
> 을: 공공요금의 인상을 억제시켜야 합니다.
> 병: 건전하고 합리적인 소비를 해야 합니다.
> 정: 이자율을 높여 통화량을 줄여야 합니다.

① 갑, 을   ② 갑, 병   ③ 을, 병
④ 을, 정   ⑤ 병, 정

05 다음은 사회 시간에 모둠별 발표를 정리한 것이다. 발표 내용이 옳지 <u>않은</u> 모둠은?

> • 물가 안정을 위한 노력을 조사하여 발표하기
>
> | 1모둠 | 정부는 조세를 증가시킨다. |
> |---|---|
> | 2모둠 | 가계는 과소비와 사재기를 자제한다. |
> | 3모둠 | 중앙은행은 이자율을 낮춰 투자를 유도한다. |
> | 4모둠 | 근로자는 과도한 임금 인상 요구를 자제한다. |
> | 5모둠 | 기업은 기술 개발을 통해 생산성을 향상시킨다. |

① 1모둠   ② 2모둠   ③ 3모둠
④ 4모둠   ⑤ 5모둠

06 (가), (나)에 해당하는 사람을 〈보기〉에서 옳게 고른 것은?

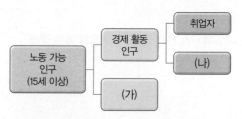

> ┤ 보기 ├
> ㄱ. ○○ 중학교 2학년 갑
> ㄴ. 취업을 위해 은행에 이력서를 낸 을
> ㄷ. 직장을 그만두고 대학원에 입학한 병
> ㄹ. 학원에서 비정규직으로 일하고 있는 정

	(가)	(나)		(가)	(나)
①	ㄱ	ㄴ	②	ㄱ	ㄷ
③	ㄱ	ㄹ	④	ㄴ	ㄷ
⑤	ㄷ	ㄹ			

07 다음 진술에 대해 모두 옳게 답한 학생은?

★ 중요 ★

진술	갑	을	병	정	무
경제 활동 인구는 취업자와 실업자로 구분된다.	○	×	○	×	×
이전 직장이 마음에 들지 않아 잠시 쉬면서 다른 직장을 알아보는 사람은 비경제 활동 인구에 해당한다.	○	○	×	○	×
실업률은 15세 이상 인구 중에서 실업자가 차지하는 비율을 측정한 것이다.	×	○	×	×	○

(○: 그렇다, ×: 그렇지 않다)

① 갑   ② 을   ③ 병   ④ 정   ⑤ 무

08 다음 사례에 대한 설명으로 옳은 것은?

경기 침체로 다니던 회사에서 해고되었어요.

적성에 맞는 일자리를 찾으려고 회사를 그만두었어요.

공장 설비 자동화로 일자리를 잃었어요.

갑   을   병

① 갑과 같은 유형의 실업은 마찰적 실업이다.
② 을과 같은 유형의 실업은 경기가 좋을 때에는 발생하지 않는다.
③ 병과 같은 유형의 실업은 계절적 요인으로 발생한다.
④ 병과 같은 유형의 실업 대책으로는 직업 훈련 제공을 들 수 있다.
⑤ 을과 같은 유형의 실업은 갑, 병과 달리 비자발적 실업에 해당한다.

09 실업의 유형과 그에 대한 대책으로 옳은 것을 〈보기〉에서 고른 것은?

┤ 보기 ├
ㄱ. 계절적 실업 – 기술 교육을 확대한다.
ㄴ. 마찰적 실업 – 효율적인 취업 정보를 제공한다.
ㄷ. 경기적 실업 – 일자리 창출을 위한 공공 지출을 확대한다.
ㄹ. 구조적 실업 – 농공 단지 조성 등을 통한 계절 일자리를 제공한다.

① ㄱ, ㄴ   ② ㄱ, ㄷ   ③ ㄴ, ㄷ
④ ㄴ, ㄹ   ⑤ ㄷ, ㄹ

✎ **서술형 문제**

10 다음과 같은 상황이 어떠한 상황인지 쓰고, 이 상황에서 유리해지는 사람과 불리해지는 사람을 각각 두 명씩 서술하시오.

물가가 지속적으로 상승하고 있어요.

상품에 대한 구매력이 감소하고 있어요.

11 다음은 2020년 갑국의 고용 인구를 나타낸다. 갑국의 경제 활동 인구와 실업자 수를 구하고, 실업률을 계산식을 포함하여 서술하시오.

★ 중요 ★

〈갑국의 인구 상황〉
• 노동 가능 인구: 8,000만 명
• 비경제 활동 인구: 2,000만 명
• 취업자: 3,000만 명

03 국제 거래와 환율

1. 국제 거래

(1) **국제 거래의 의미**: 국가 간에 상품이나 생산 요소 등이 국경을 넘어 거래되는 것

(2) **국제 거래의 특징**

① 재화와 서비스의 수출과 수입 과정에서 통관 절차를 거치며 관세를 내야 함

② 나라마다 법과 제도, 종교나 문화 등이 달라 상품 수입이 금지되거나 제한될 수 있음

③ 국가마다 서로 다른 화폐를 사용하기 때문에 화폐 간의 교환 비율을 고려해야 함

(3) **국제 거래와 필요성** 자료1

① 국가 간 생산 조건 차이: 국가마다 자연환경, 천연자원의 종류와 양, 생산 요소의 양과 질, 기술 수준 등이 달라 상품에 대한 생산비 차이가 발생함

② 교역으로 인한 이익 발생

상품 및 생산 요소 부족 문제 해결	국제 거래를 통해 각국은 자기 나라에 없거나 부족한 상품 및 생산 요소 등을 사용할 수 있음
생산 비용 절감	세계 시장을 상대로 대규모 생산을 하거나 선진국의 발전된 생산 기술을 도입하면 생산비를 낮출 수 있음
비교 우위 제품의 수출로 인한 이익 발생	각국은 비교 우위 제품을 특화하여 수출하고, 생산에 불리한 상품은 수입함으로써 경제적 이익을 추구할 수 있음

(4) **국제 거래의 양상** 자료2 → 세계 무역 기구가 출범하면서 국제 거래의 대상이 확대되었어.

① 국제 거래의 규모와 대상 확대: 세계화와 개방화 추세에 따라 국제 거래의 규모가 점점 커지고, 거래 품목이 더욱 다양해지며 광범위해지고 있음

② 국가 간 경제 협력 강화: 경제적 이해관계를 같이하는 나라끼리 경제 협력체를 구성하거나 자유 무역 협정(FTA)을 체결하고 있음
→ 특정 국가 간 상품의 자유로운 이동을 위해 모든 무역 장벽을 제거하는 협정을 말해.

2. 환율

(1) **환율의 의미와 표시**

① 의미: 두 나라의 화폐가 교환되는 비율 → 외국 화폐의 가치

② 표시 방법: 외국 화폐 1단위와 교환되는 자국 화폐의 가격으로 표시함

예 1,100원/달러

학습 내용 들여다보기

■ **관세**
국외에서 수입하는 상품에 대해 부과하는 세금으로, 국가 재정의 수입, 국내 산업의 보호 및 경제 정책의 고려에 따라 수입 물품에 부과한다.

■ **비교 우위**
한 나라가 다른 나라보다 어떤 상품을 상대적으로 더 낮은 기회비용으로 생산할 수 있는 상태 → 한 나라가 다른 나라에 비해 절대적으로 낮은 비용으로 상품을 생산할 수 있는 경우 절대 우위에 있다고 하고, 상대적으로 낮은 비용으로 상품을 생산할 수 있는 경우 비교 우위에 있다고 한다.

용어 알기

• **통관** 관세법에서 정한 모든 절차에 따라 물품을 수출, 수입 또는 반송하는 것
• **특화** 가장 효율적으로 생산할 수 있는 산업을 전문적으로 육성하는 것
• **양상** 사물이나 현상의 모양이나 상태

자료1 국제 거래의 발생

세계 여러 나라는 기후나 지형 등의 자연환경이 다르고, 국가마다 보유하고 있는 천연자원을 비롯한 노동, 자본, 기술 등의 수준이 차이가 난다. 이처럼 국가들이 처한 생산 조건이 다르기 때문에 각 나라에서는 생산할 수 없는 상품도 있고, 다른 나라에 비해 생산비가 적게 들거나 많이 드는 상품도 생긴다. 그래서 각 국가들은 국제 거래를 통해 자기 나라에서 구할 수 없는 제품을 얻고 있다.

(2) 환율의 결정과 변동 〔자료3〕

① **환율 결정**: 외환 시장에서 외화의 수요와 공급에 의해 결정됨

② **외화의 수요와 공급**
- 외화의 수요: 외국 상품의 수입, 자국민의 해외여행 및 유학, 해외 투자, 외채 상환 등과 같이 외화가 해외로 나가는 경우에 발생함
- 외화의 공급: 자국 상품의 수출, 외국인의 국내 여행 및 유학, 외국인의 국내 투자, 차관 도입 등과 같이 외화가 국내로 들어오는 경우에 발생함

③ **환율의 변동**
- 외화의 수요가 증가하거나 외화의 공급이 감소 → 환율 상승
- 외화의 수요가 감소하거나 외화의 공급이 증가 → 환율 하락

(3) 환율 변동의 영향

① **환율 상승의 영향** → 1달러에 1,000원이었던 환율이 1,100원으로 오르면 동일한 양의 달러를 구입하기 위해 이전보다 더 많은 원화를 지급해야 해. 이 경우 원화의 가치가 낮아지고 환율이 상승하였다고 하는 거야.

수출 증가 및 수입 감소	외국 화폐로 표시되는 수출품의 가격 하락으로 수출이 늘어나고, 자국 화폐로 표시되는 수입품의 가격 상승으로 수입이 줄어듦
국내 물가 상승	원유 및 국제 원자재의 가격 상승, 순수출 증가로 인한 통화량 증가로 국내 물가가 상승함
외채 상환 부담 증가	환율이 상승한 만큼 외국에 갚아야 할 외화 금액이 많아짐
기타	자국민의 해외여행 경비 증가로 해외여행이 감소하고, 외국인의 국내 여행 경비 감소로 국내 여행이 증가함

② **환율 하락의 영향**

수출 감소 및 수입 증가	외국 화폐로 표시되는 수출품의 가격 상승으로 수출이 줄어들고, 자국 화폐로 표시되는 수입품의 가격 하락으로 수입이 늘어남
국내 물가 안정	원유 및 국제 원자재의 국내 가격 하락으로 생산비를 낮추어 국내 물가가 안정됨
외채 상환 부담 감소	환율이 하락한 만큼 외국에 갚아야 할 외화 금액이 줄어듦
기타	자국민의 해외여행 경비 감소로 해외여행이 증가하고, 외국인의 국내 여행 경비 증가로 국내 여행이 감소함

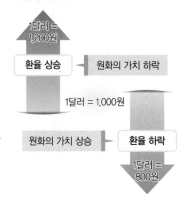

학습 내용 들여다보기

■ **국제 거래와 화폐**
현재 국제적으로 가장 널리 사용되는 화폐는 미국의 달러화이다. 따라서 무역 의존도가 높은 우리나라는 원/달러 환율에 민감하다.

■ **환율과 원화 가치**

1달러 = 1,200원 / 환율 상승 ← 원화의 가치 하락
1달러 = 1,000원
원화의 가치 상승 → 환율 하락
1달러 = 800원

🎓 **용어 알기**
- **외채** 대외 채무의 준말로 국내의 거주자가 비거주자에게 외화로 갚아야 할 의무가 있는 확정적인 채무, 즉 빚을 의미함
- **상환** 갚거나 돌려 줌
- **차관** 한 나라의 정부나 기업, 은행 등이 외국 정부나 공적 기관으로부터 자금을 빌려 오는 것

〔자료2〕 **지역 경제 협력체**

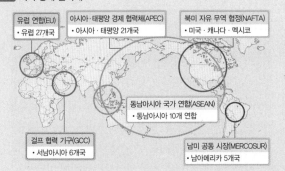

- **유럽 연합(EU)** · 유럽 27개국
- **아시아·태평양 경제 협력체(APEC)** · 아시아·태평양 21개국
- **북미 자유 무역 협정(NAFTA)** · 미국 · 캐나다 · 멕시코
- **동남아시아 국가 연합(ASEAN)** · 동남아시아 10개 연합
- **걸프 협력 기구(GCC)** · 서남아시아 6개국
- **남미 공동 시장(MERCOSUR)** · 남아메리카 5개국

지역 경제 협력체는 회원국 간에는 관세나 무역 제한을 철폐하여 자유 무역을 촉진하지만, 비회원국에 대해서는 각종 무역 장벽을 쌓아 불리한 입장에 처하게 함으로써 무역 갈등을 일으키기도 한다.

〔자료3〕 **환율의 변동**

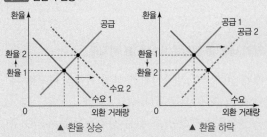

▲ 환율 상승 / ▲ 환율 하락

수입, 내국인의 해외여행 및 투자 등이 늘어나면 외화의 수요가 증가한다. 이에 따라 외화의 수요 곡선이 오른쪽으로 이동하면서 환율이 상승한다. 한편 수출, 외국인의 국내 관광 및 투자 등이 늘어나면 외화의 공급이 증가한다. 이에 따라 외화의 공급 곡선이 오른쪽으로 이동하면서 환율이 하락한다.

✓ 간단 체크

1 빈칸에 들어갈 알맞은 말을 쓰시오.

(1) 국가 간 상품이나 생산 요소 등이 국경을 넘어 거래되는 것을 (   )(이)라고 한다.

(2) 두 나라의 화폐가 교환되는 비율을 (   )(이)라고 한다.

(3) 외화의 수요가 (   )하면 환율이 하락한다.

(4) 외국인의 국내 여행은 외화의 (   ) 변동 요인이다.

(5) 원/달러 환율이 상승했다는 것은 달러화 대비 원화 가치가 (   )했음을 의미한다.

2 다음 설명이 맞으면 ○표, 틀리면 ×표 하시오.

(1) 세계 무역 기구가 출범함에 따라 자유 무역은 축소되고 있다. (   )

(2) 상품을 수입하거나 수출하는 과정에서 관세가 부과되기도 한다. (   )

(3) 한 나라가 다른 나라에 비해 상대적으로 더 효율적으로 생산할 수 있는 품목에 대해 절대 우위가 있다고 말한다. (   )

(4) 1달러를 사기 위해 원화 1,200원이 필요하다면 원/달러 환율은 1,200원/달러로 표시한다. (   )

(5) 환율이 상승하면 외채 상환 부담이 증가한다. (   )

3 외화의 수요 요인과 공급 요인에 해당하는 내용을 바르게 연결하시오.

(1) 외화의 수요 요인 •

(2) 외화의 공급 요인 •

• ㉠ 자국민의 해외여행
• ㉡ 자국 상품의 수출
• ㉢ 외채 상환
• ㉣ 외국인의 국내 투자

4 괄호 안의 내용 중 알맞은 말에 ○표 하시오.

(1) 교통과 통신 기술이 발달하면서 국제 거래의 규모와 대상이 (축소 , 확대)되고 있다.

(2) 가장 효율적으로 생산할 수 있는 산업을 전문적으로 육성하는 것을 (특화 , 분업)(이)라고 한다.

(3) 외화의 (수요 , 공급)은/는 외화가 해외로 나가는 경우에 발생한다.

(4) 환율이 (상승 , 하락)하면 수출이 증가한다.

01 국제 거래에 대한 학생들의 진술로 옳지 않은 것은?

① 갑: 자유 무역 협정(FTA)의 체결이 증가하고 있습니다.

② 을: 개방화 추세에 따라 국제 거래 규모가 커지고 있습니다.

③ 병: 국가 간에 이루어지는 상업적 거래로 국제 교역이라고도 합니다.

④ 정: 재화뿐만 아니라 서비스 및 자본, 노동력의 국가 간 이동도 활발합니다.

⑤ 무: 세계화가 진행됨에 따라 지역주의 움직임은 점차 사라지고 있습니다.

02 국제 거래가 발생하는 이유로 적절하지 않은 것은?

① 나라마다 가진 자원이 서로 다르기 때문에

② 국가마다 보유하고 있는 기술 수준이 다르기 때문에

③ 국가마다 생산 요소의 질과 양에 차이가 있기 때문에

④ 교역을 통해 모든 나라가 동일한 이익을 얻을 수 있기 때문에

⑤ 나라마다 생산 비용이 적게 드는 상품을 특화하는 것이 유리하기 때문에

03 밑줄 친 ㉠~㉤ 중 옳은 것은?

국제 거래는 ㉠ 국경을 넘을 때 관세만 부과하면 별도의 통관 절차를 거치지 않는다. 하지만 나라마다 화폐 가치가 다르고, 법과 제도가 달라 ㉡ 거래량이 지속적으로 감소하고 있다. 또한 국제 거래는 재화와 서비스 중심으로 진행되면서 ㉢ 노동, 자본 등의 생산 요소 이동도 점차 줄어들고 있다. 국제 거래가 활발해지면 기업의 입장에서는 상품 판매 시장을 넓힐 수 있으나, ㉣ 대규모 생산으로 생산 단가가 비싸지는 단점이 있다. 소비자 입장에서는 ㉤ 거래되는 품목과 수량이 증가하여 상품 선택의 폭이 넓어지는 장점이 있다.

① ㉠   ② ㉡   ③ ㉢   ④ ㉣   ⑤ ㉤

04 환율 상승 시 유리한 경우만을 〈보기〉에서 있는 대로 고른 것은?

┤ 보기 ├
ㄱ. 원유를 수입하는 우리나라 정유 회사
ㄴ. 우리나라에서 유학 중인 외국인 학생
ㄷ. 해외여행을 떠나려는 우리나라 여행객
ㄹ. 외국 프로팀에서 활동하는 우리나라 축구 선수

① ㄱ, ㄴ ② ㄱ, ㄷ ③ ㄴ, ㄹ
④ ㄱ, ㄷ, ㄹ ⑤ ㄴ, ㄷ, ㄹ

05 다음 상황이 우리나라 외환 시장에 미치는 영향으로 옳은 것은?

최근 외국산 자동차에 대한 수입이 크게 증가하였다는 소식을 전해드리겠습니다.

① 외화의 공급이 감소하여 환율이 상승한다.
② 외화의 공급이 증가하여 환율이 하락한다.
③ 외화의 수요가 감소하여 환율이 하락한다.
④ 외화의 수요가 증가하여 환율이 상승한다.
⑤ 외화의 수요와 공급에 영향을 미치지 않는다.

06 그림에 나타난 우리나라 외환 시장의 변화에 대한 설명으로 옳지 <u>않은</u> 것은?

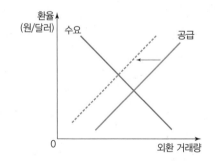

① 환율이 상승한다.
② 원화의 가치는 하락한다.
③ 달러화의 가치는 상승한다.
④ 상품 수출 증가로 나타날 수 있다.
⑤ 미국인의 국내 투자 감소로 나타날 수 있다.

07 외환 시장에서 수요 증가 요인에 해당하는 것을 〈보기〉에서 고른 것은?

┤ 보기 ├
ㄱ. 작년보다 애플 망고의 수입을 늘렸다.
ㄴ. 한국 기업들의 해외 투자가 증가하였다.
ㄷ. 스마트폰의 해외 수출 실적이 증가하였다.
ㄹ. 코로나19로 외국인의 국내 여행이 줄어들었다.

① ㄱ, ㄴ ② ㄱ, ㄷ ③ ㄴ, ㄷ
④ ㄴ, ㄹ ⑤ ㄷ, ㄹ

08 다음 현상이 환율에 미치는 영향을 바르게 연결한 것은?

• 미국 기업이 우리나라 원자재 수입을 늘렸다.
• 미국 글로벌 기업이 우리나라에 대한 자본 투자를 늘렸다.

	변동 원인	환율 변동
①	외환의 공급 증가	환율 상승
②	외환의 공급 증가	환율 하락
③	외환의 공급 감소	환율 상승
④	외환의 수요 증가	환율 상승
⑤	외환의 수요 감소	환율 하락

09 다음 (가)~(라)에 해당하는 용어를 각각 쓰시오.

(가) 나라 간에 이루어지는 거래
(나) 물품이 국경을 넘을 때 부과되는 세금
(다) 외국의 물품이 국내로 들어오는 것
(라) 자국 화폐와 외국 화폐의 교환 비율

실전 문제

01 밑줄 친 내용과 관련 있는 국제 거래의 특징을 옳게 진술한 학생은?

> 대한민국 국민으로서, 관광 및 상용 목적으로 90일 이내 기간 동안 미국을 방문하고자 하는 경우, 2008년 11월 17일부터 원칙적으로 비자 없이 미국 입국이 가능하다. 그러나 <u>취업 및 영리 활동을 하고자 할 경우 이에 적합한 비자를 사전에 취득해야 한다.</u> 비자 발급은 주한 미국 대사관에서 발급하고 있다.

① 갑: 거래 규모가 매우 크다.
② 을: 나라마다 자연환경이 다르다.
③ 병: 수출할 때는 관세를 내야 한다.
④ 정: 생산 요소의 이동이 자유롭지 않다.
⑤ 무: 거래할 때 화폐의 교환이 필요하다.

02 ★중요★ 밑줄 친 ㉠으로 얻을 수 있는 이점으로 적절하지 <u>않은</u> 것은?

> 국가 간에 상품이나 생산 요소가 거래되는 것을 ㉠ 국제 거래라고 한다.

① 소비자의 상품 선택의 폭이 넓어진다.
② 부족한 재화나 서비스 등을 얻을 수 있다.
③ 교역 상대국은 모두 동일한 이익을 얻는다.
④ 국제 경쟁력이 강한 국내 산업이 성장할 수 있다.
⑤ 외국 기업과 경쟁하면서 기술 혁신을 통해 생산성을 높일 수 있다.

03 다음의 상황으로 나타날 수 있는 현상으로 옳은 것은?

> 외국으로 어학 연수를 떠나는 우리나라 학생의 수가 크게 감소하였다.

① 외환의 수요가 증가하여 환율이 상승한다.
② 외환의 수요가 감소하여 환율이 하락한다.
③ 외환의 수요가 감소하여 환율이 상승한다.
④ 외환의 공급이 증가하여 환율이 하락한다.
⑤ 외환의 공급이 감소하여 환율이 상승한다.

04 ★중요★ 그림과 같은 외환 시장의 변동에 영향을 준 요인을 〈보기〉에서 고른 것은?

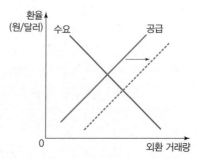

| 보기 |
ㄱ. 한국 기업의 해외 투자 증가
ㄴ. 해외 명품 가방에 대한 구입 증가
ㄷ. 해외 취업 근로자들의 국내 송금 증가
ㄹ. K-POP 열풍으로 인한 문화 콘텐츠 수출 증가

① ㄱ, ㄴ　　② ㄱ, ㄷ　　③ ㄴ, ㄷ
④ ㄴ, ㄹ　　⑤ ㄷ, ㄹ

05 ★중요★ 다음과 같은 상황이 지속될 것으로 예상될 때 합리적으로 행동한 사람은?

> 원/달러 환율이 1,200원에서 1,150원으로 하락하였습니다.

① 미국 여행을 서두르기로 한 갑
② 원자재 수입을 나중으로 미룬 을
③ 수출 상품의 생산을 늘리기로 한 병
④ 달러화를 원화로 환전하는 것을 늦추기로 한 정
⑤ 외국인 관광객을 대상으로 하는 사업을 확장하기로 한 무

06 그림에 나타난 외환 시장의 변동 원인으로 옳은 것은?

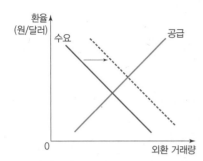

① 수출이 증가하였다.
② 수입이 감소하였다.
③ 자국민의 해외 여행이 증가하였다.
④ 외국인의 국내 투자가 감소하였다.
⑤ 외국인의 국내 관광이 증가하였다.

07 다음과 같은 현상이 나타날 경우 유리한 경제 주체를 〈보기〉에서 고른 것은?

〈환율의 변동〉
1,100원/달러 → 1,200원/달러

┤ 보기 ├
ㄱ. 달러 표시 외채가 있는 국내 기업
ㄴ. 달러화 예금 통장을 가지고 있는 한국인
ㄷ. 미국에 가전 제품을 수출하는 국내 기업
ㄹ. 미국에 유학생 자녀를 둔 한국인 학부모

① ㄱ, ㄴ   ② ㄱ, ㄷ   ③ ㄴ, ㄷ
④ ㄴ, ㄹ   ⑤ ㄷ, ㄹ

08 다음과 같은 환율 변동이 국내 경제에 미칠 영향으로 옳지 않은 것은?

최근 원/달러 환율이 하락하고 있습니다. 전문가들은 한동안 이러한 추세가 지속될 것으로 전망하고 있습니다.

① 국내 물가 안정에 도움이 될 것이다.
② 수입 원자재의 가격이 하락할 것이다.
③ 외채 상환에 대한 부담이 증가할 것이다.
④ 수출은 감소하고 수입이 증가할 것이다.
⑤ 우리나라 국민들의 해외여행이 증가할 것이다.

서술형 문제

09 다음 (가)~(다)의 상황이 우리나라 외환 시장에서 외환의 수요와 공급에 미치는 영향을 서술하시오.

(가) 우리나라 자동차의 해외 수출이 감소하였다.
(나) 해외 유학생에게 보내는 송금액이 증가하였다.
(다) 경기 위축으로 해외로 어학 연수를 떠나는 우리나라 학생들이 줄어들었다.

10 다음과 같은 상황에서 나타날 수 있는 A국 외환 시장에서의 환율 변동을 외환의 수요·공급과 관련하여 서술하시오.

○○일보	△△일보
A국 정부의 외채 상환 결정	A국 국민의 해외 투자 증가

대단원 정리

❶ 국내 총생산

(한국은행, 2016년)

(①   )은/는 한 나라의 경제 규모를 보여 주는 경제 지표로, (①   )이/가 커도 인구가 많다면 (②   )은/는 낮다. 한 나라 국민의 평균적인 소득 수준을 파악하기 위해서는 (②   )을/를 알아야 한다.

🔒 ① 국내 총생산 ② 1인당 국내 총생산

❷ 국내 총생산의 한계

국내 총생산은 가사 노동이나 봉사 활동 등 (①   )에서 거래되지 않는 경제 활동은 포함되지 않는다. 또한 환경 오염 등으로 인한 피해를 반영하지 않아 국민의 (②   )을/를 정확하게 파악하기 어렵다.

🔒 ① 시장 ② 삶의 질

❸ 인플레이션의 영향

인플레이션이 발생하면 채무자는 돈의 가치가 (①   )하여 이득을 보고, 채권자는 빌려 준 돈의 가치가 떨어져 (②   )을/를 본다.

🔒 ① 하락 ② 손해

---

1. 국내 총생산과 경제 성장

1. 국내 총생산의 의미와 한계 ❶❷

의미	일정 기간 동안 한 나라 안에서 새롭게 생산된 최종 생산물의 가치를 시장 가격으로 환산하여 모두 더한 것
한계	• 시장에서 거래되지 않는 경제 활동은 포함되지 않음 • 국민의 삶의 질을 정확하게 반영하지 못함 • 소득 분배의 수준이나 빈부 격차의 정도를 알기 어려움

2. 경제 성장의 의미와 영향

의미	한 나라 경제 규모가 지속적으로 커지고 생산 능력이 향상되는 것 → 경제 성장률을 통해 나타냄
영향	• 긍정적 영향: 일자리 창출, 국민의 소득 증가, 물질적 풍요로움, 교육 수준 향상, 의료 및 문화 시설 보급, 기대 수명 연장, 삶의 질 향상 등 • 부정적 영향: 자원 고갈, 환경 오염, 경제 활동 시간 증가에 따른 여가 부족, 빈부 격차 및 계층 간 갈등 확대 등

2. 물가와 실업

1. 물가와 물가 지수

물가	여러 상품의 가격을 종합하여 평균한 것
물가 지수	물가 변동을 숫자로 나타낸 지표로, 기준 시점의 물가를 100으로 했을 때 비교 시점의 물가 수준을 종합적으로 측정한 값 예 소비자 물가 지수, 생산자 물가 지수 등

2. 인플레이션의 의미와 영향 ❸

의미	물가가 지속적으로 상승하는 현상
원인	• 경제 전체의 수요가 경제 전체의 공급보다 많을 경우 • 통화량이 증가할 경우 • 기업의 생산 비용이 증가하는 경우
영향	• 화폐의 가치 하락: 일정한 금액으로 구입할 수 있는 상품의 양이 줄어들어 상대적으로 재화와 서비스의 가치는 상승함 • 소득의 불공평한 재분배: 실물 자산을 소유한 사람들에 비해 현금을 보유한 사람들은 불리한 처지에 놓이게 됨 • 기업의 투자 활동 위축: 가계의 저축이 감소하여 생산 활동을 위한 기업의 투자가 줄어들고 장기적인 투자 계획을 수립하기 어려워 경제가 위축됨 • 불건전한 거래 집중: 사람들이 저축을 꺼리고 근로 의욕이 저하되어 열심히 일하기보다 부동산 투기와 같은 불건전한 거래가 성행함 • 무역의 불균형 발생: 외국 상품에 비해 자국 상품의 가격이 상대적으로 비싸져 수출은 감소하고 수입은 증가함

3. 실업의 의미와 유형 ❹

실업	일할 능력과 일할 의사가 있는데도 일자리를 가지지 못한 상태
실업자	경제 활동 인구 중 구직 활동 중에 있는 사람
유형	• 경기적 실업: 경제 불황으로 기업이 신규 채용을 줄이거나 고용 인원을 줄이면서 발생함 • 구조적 실업: 산업 구조의 변화나 기술 발달로 관련 부문의 일자리가 사라지면서 발생함 • 계절적 실업: 특정 업종에서 계절의 변화에 따라 고용 기회가 감소하여 발생함 • 마찰적 실업: 새로운 일자리를 찾기 위해 기존의 직장을 그만두면서 발생함

3. 국제 거래와 환율

1. 국제 거래

의미	국가 간에 상품이나 생산 요소 등이 국경을 넘어 거래되는 것
특징	• 재화와 서비스의 수출과 수입 과정에서 통관 절차를 거치며 관세를 내야 함 • 나라마다 법과 제도, 종교나 문화 등이 달라 상품 수입이 금지 또는 제한될 수 있음 • 국가마다 서로 다른 화폐를 사용하기 때문에 화폐 간의 교환 비율을 고려해야 함
필요성	• 국가마다 자연환경, 천연자원의 종류와 양, 생산 요소의 양과 질, 기술 수준 등이 달라 상품에 대한 생산비 차이가 발생함 • 국가 간 교역으로 인한 상호 간 이익이 발생함

2. 환율의 의미와 변동

	의미	두 나라의 화폐가 교환되는 비율 → 외국 화폐의 가치
환율	표시 방법	외국 화폐 1단위와 교환되는 자국 화폐의 가격으로 표시함 예 1,100원/달러
	결정	외환 시장에서 외화의 수요와 공급에 의해 결정됨
	외화의 수요	외국 상품의 수입, 자국민의 해외여행 및 유학, 자국민의 해외 투자, 외채 상환 등과 같이 외화가 해외로 나가는 경우에 발생함
	외화의 공급	자국 상품의 수출, 외국인의 국내 여행 및 유학, 외국인의 국내 투자, 차관 도입 등과 같이 외화가 국내로 들어오는 경우에 발생함

3. 환율 변동의 영향 ❺❻

환율 상승	• 수출은 증가하고 수입은 감소함 • 수입 원자재 값 상승으로 국내 물가는 상승함 • 외화로 빚을 진 경우 갚아야 할 금액이 상승함
환율 하락	• 수출은 감소하고 수입은 증가함 • 수입 원자재 값 하락으로 국내 물가는 안정됨 • 외화로 빚을 진 경우 갚아야 할 금액은 줄어듦

❹ 경제 활동 인구의 구성

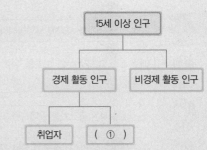

경제 활동 인구는 취업자와 (①   )(으)로 나뉜다.
(②   )은/는 경제 활동 인구 중 실업자가 차지하는 비중을 측정한 것이다.

답 ① 실업자 ② 실업률

❺ 환율 상승의 영향

환율이 상승하면 수출품의 외화 표시 가격이 (①   )하여 수출이 (②   )한다.

답 ① 하락 ② 증가

❻ 환율 하락의 영향

환율이 하락하면 수출은 (①   )하고 수입은 (②   )한다.

답 ① 감소 ② 증가

대단원 마무리

01 우리나라의 올해 국내 총생산에 포함되는 활동을 한 사람만을 있는 대로 고른 것은?

갑 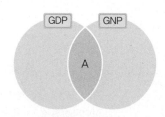— 올해 만든 의자를 시장에 팔았습니다.

을 — 매주 토요일마다 산림 보호를 위한 봉사 활동을 하고 있습니다.

병 — 작년에 출시된 중고차를 구매하였습니다.

정 — 중국인인데 한국에서 중국어 회화 강의를 하고 있습니다.

① 갑, 을　　② 갑, 정　　③ 을, 병
④ 갑, 병, 정　　⑤ 을, 병, 정

02 그림의 A 영역에 해당하는 사례로 옳은 것을 〈보기〉에서 고른 것은?

GDP　　GNP

A

┤ 보기 ├
ㄱ. 우리나라 가수의 해외 공연 수입
ㄴ. 국내 제과점의 국내에서의 빵 매출액
ㄷ. 우리나라 축구 선수가 국내 K 리그에서 뛴 후에 받은 연봉
ㄹ. 국내 프로 농구팀에서 뛰고 있는 미국 국적의 선수가 받은 연봉

① ㄱ, ㄴ　　② ㄱ, ㄷ　　③ ㄴ, ㄷ
④ ㄴ, ㄹ　　⑤ ㄷ, ㄹ

03 다음 A국의 2020년 국내 총생산은?

2020년 A국의 농부 갑은 200만 원 어치의 밀을 생산하여 제분업자에게 판매하였고, 제분업자는 구입한 밀을 밀가루로 만들어 300만 원에 제빵업자에게 팔았다. 제빵업자는 이를 가지고 500만 원의 빵을 만들어 판매하였다.

① 0원　　② 200만 원　　③ 300만 원
④ 500만 원　　⑤ 800만 원

04 밑줄 친 '한계'에 해당하는 것만을 〈보기〉에서 있는 대로 고른 것은?

많은 나라들은 경제 활동의 지표로 국내 총생산을 사용하고 있다. 일반적으로 국내 총생산이 클수록 생활 수준이 높아지고 부유하다고 생각한다. 그러나 국내 총생산은 여러 가지 <u>한계</u>를 가지고 있다.

┤ 보기 ├
ㄱ. 사회 구성원 간의 빈부 격차의 정도를 알 수 없다.
ㄴ. 국민의 삶의 질이나 복지 수준을 제대로 보여 주지 못한다.
ㄷ. 한 나라의 국민이 그 나라 국경 안에서 생산한 것만 포함한다.
ㄹ. 시장에서 거래되지 않는 재화와 서비스의 가치는 포함하지 않는다.

① ㄱ, ㄴ　　② ㄱ, ㄷ　　③ ㄷ, ㄹ
④ ㄱ, ㄴ, ㄹ　　⑤ ㄴ, ㄷ, ㄹ

05 교사의 질문에 대한 답변으로 옳은 것은?

〈국내 총생산〉
한 국가의 국경 안에서 1년 동안 생산된 최종 생산물의 가치를 시장 가격으로 계산하여 모두 더한 것

국내 총생산을 측정할 때 포함되는 것은 무엇일까요?

① 전업주부의 가사 노동
② 작년에 생산한 재고품
③ 집에서 직접 길러 먹는 채소
④ 우리나라 기업이 외국에서 생산한 제품
⑤ 외국 기업이 우리나라에서 생산한 제품

06 표는 연도별 갑국의 실질 GDP를 나타낸 것이다. 2021년 갑국의 경제 성장률은?

구분	2020년	2021년
실질 GDP	400억 달러	600억 달러

① 10%　② 20%　③ 30%　④ 40%　⑤ 50%

07 경제 성장에 대한 학생들의 진술로 옳은 것은?

① 갑: 국내 총생산이 감소하면 경제 성장이 이루어집니다.

② 을: 기업의 투자가 감소하면 경제 성장에 도움이 됩니다.

③ 병: 경제 성장은 반드시 국민의 삶의 질 향상으로 이어집니다.

④ 정: 경기가 나빠지면 사람들의 소득이 감소하고 기업의 생산 활동이 위축됩니다.

⑤ 무: 경제 성장률은 명목 국내 총생산이 작년에 비해 얼마나 증가했는지를 계산한 것입니다.

08 다음 대화를 바탕으로 할 때 필요한 경제 지표는?

> 갑: 최근 A국의 경제 성장이 빠르게 이루어지고 있어.
> 을: 맞아. 국내 총생산이 급증하고 있어.
> 병: 그렇지만 단지 국내 총생산이 증가한다고 해서 그 나라 국민들의 평균적인 생활 수준이 높다고 보기는 어려워.
> 정: 맞아. 나라마다 인구 규모가 다르니까.

① 국민 소득　　　　② 국민 총생산

③ 경제 성장률　　　④ 인간 개발 지수

⑤ 1인당 국내 총생산

09 빈칸에 들어갈 경제 상황에 대한 설명으로 옳은 것을 〈보기〉에서 고른 것은?

> 　임금이나 원자재 가격이 상승하면 기업은 생산비가 증가하여 공급을 줄인다. 이에 따라 시장에서 상품 가격이 상승하여 (　　　　)이/가 나타날 수 있다.

┤ 보기 ├

ㄱ. 화폐의 가치가 하락한다.

ㄴ. 소비자들의 부담이 감소한다.

ㄷ. 부와 소득이 공평하게 재분배된다.

ㄹ. 부동산 투기를 하려는 사람이 많아진다.

① ㄱ, ㄴ　　　② ㄱ, ㄹ　　　③ ㄴ, ㄷ

④ ㄴ, ㄹ　　　⑤ ㄷ, ㄹ

10 다음은 인플레이션이 나타났을 경우에 대한 것이다. ㉠~㉢에 들어갈 내용이 바르게 연결된 것은?

	㉠	㉡	㉢
①	올라야	하락	증가해
②	올라야	하락	감소해
③	올라야	상승	감소해
④	내려야	하락	감소해
⑤	내려야	상승	증가해

물가가 상승한 만큼 월급도 (㉠) 생활 수준을 그대로 유지할 수 있어.

물가가 10% 올라가서 내가 갚을 돈의 가치가 10% (㉡)했어.

국내 물가 상승으로 제품 가격을 올려야 하니 수출이 (㉢).

11 ㉠에 들어갈 내용으로 옳은 것은?

> 인플레이션이 발생하거나 우려될 경우 정부는 재정 지출을 줄이는 정책을 실시합니다. 한 나라의 금융 정책을 담당하는 중앙은행은 (㉠) 정책을 실시합니다.

① 시중 통화량 증가

② 기업에 대한 대출 증가

③ 가계와 기업에 대한 세금 감소

④ 이자율을 높여 가계의 저축 유도

⑤ 가계의 소비 증가를 위한 지원 확대

12 물가에 대한 설명으로 옳은 것은?

① 총수요가 총공급보다 많으면 물가는 하락한다.

② 경제 전반에 생산비가 상승하면 물가는 하락한다.

③ 물가가 지속적으로 상승하는 현상을 디플레이션이라고 한다.

④ 물가가 상승하면 채무자보다 채권자가 경제적으로 유리해진다.

⑤ 국내 물가 상승하면 수출은 감소하고 외국 상품의 수입은 증가한다.

13 밑줄 친 ㉠~㉤ 중 옳은 내용은?

> ㉠ 물가가 상승하면 화폐 가치는 상승하고, 상대적으로 실물 가치는 하락한다. 인플레이션이 발생하면 ㉡ 물건이나 부동산을 보유하는 것은 불리하고 일정한 봉급을 받거나 연금으로 생활하는 사람, 돈을 빌려준 사람은 유리해진다. 또한 ㉢ 수출은 증가하고 수입은 감소하는 현상도 나타난다. 물가를 안정시키기 위해 ㉣ 정부는 재정 지출을 늘리고 공공요금을 인상한다. ㉤ 중앙은행은 이자율을 높여 민간의 소비가 줄어들도록 유도한다.

① ㉠ ② ㉡ ③ ㉢ ④ ㉣ ⑤ ㉤

14 물가가 상승할 경우 유리해지는 사람만을 있는 대로 고른 것은?

> 정해진 월급을 받아 생활하고 있어요.
> 지난해에 건물을 사 두었어요.
> 운동화를 수입해서 국내에 판매하고 있어요.
> 국내 공장에서 만든 의류를 외국에 수출하고 있어요.
> 갑 을 병 정

① 갑, 을 ② 갑, 정 ③ 을, 병
④ 갑, 병, 정 ⑤ 을, 병, 정

15 다음 (가), (나)에 해당하는 실업의 유형을 쓰시오.

(가)   (나)

> 겨울이라 공사가 어렵네요. 봄에 다시 시작하겠습니다.

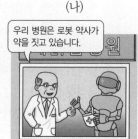
> 우리 병원은 로봇 약사가 약을 짓고 있습니다.

16 다음 신문 기사에 나타난 상황을 극복하기 위한 정책으로 적절한 것을 〈보기〉에서 고른 것은?

> **○○신문**
>
> 통계청이 발표한 2020년 1분기 가계 동향 조사에 따르면 1분기 가계 소비 지출이 2019년과 같은 기간에 비해 6%나 감소하였다. 이는 그동안 경기 침체에 코로나19 사태까지 덮쳐 더욱 심각해진 것이다. 국제 통화 기금(IMF)도 코로나19 사태가 예상보다 경제에 더 큰 타격을 줬다고 진단하면서 우리나라의 경제 성장률을 −2.1%로 예상하였다.

> ┤ 보기 ├
> ㄱ. 정부는 이자율을 인하한다.
> ㄴ. 정부는 총수요를 증가시키는 정책을 실시한다.
> ㄷ. 정부는 공공사업을 축소하고 세율을 인상한다.
> ㄹ. 중앙은행은 통화량을 증가시키는 정책을 실시한다.

① ㄱ, ㄴ ② ㄱ, ㄷ ③ ㄴ, ㄷ
④ ㄴ, ㄹ ⑤ ㄷ, ㄹ

17 다음은 A국의 인구 구성을 나타낸다. A국의 실업률은?

> • 15세 이상 인구: 300만 명
> • 비경제 활동 인구: 50만 명
> • 취업자 : 200만 명

① 10% ② 15% ③ 20% ④ 25% ⑤ 30%

18 국제 거래에 관한 질문에 대해 모두 옳게 답한 학생은?

질문	갑	을	병	정	무
1. 비슷한 상품은 모든 나라에서 생산비가 같은가?	○	○	○	×	×
2. 국가 간에 상품은 거래되지만, 생산 요소는 거래되지 않는가?	○	×	×	×	×
3. 나라마다 법과 제도가 다르므로 상품 수입이 금지 또는 제한될 수 있는가?	○	○	○	○	○
4. 나라마다 서로 다른 화폐를 사용하므로 환율이 필요하지만, 환율에 따라 상품의 가격은 변하지 않는가?	×	○	×	○	×

(○: 예, ×: 아니요)

① 갑 ② 을 ③ 병 ④ 정 ⑤ 무

19 그림과 같은 우리나라 외환 시장에서의 변화를 가져올 수 있는 요인만을 〈보기〉에서 있는 대로 고른 것은?

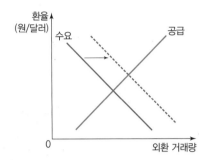

┤ 보기 ├
ㄱ. 미국 상품의 수입 증가
ㄴ. 미국 여행을 하는 한국인 증가
ㄷ. 한국에 유학 오는 미국 학생 증가
ㄹ. 미국 대학에 진학하는 한국 학생 감소

① ㄱ, ㄴ   ② ㄱ, ㄷ   ③ ㄴ, ㄹ
④ ㄱ, ㄷ, ㄹ   ⑤ ㄴ, ㄷ, ㄹ

20 밑줄 친 '환율 변동'의 영향으로 적절한 것은?

> 전문가들에 따르면 최근의 원/달러 환율 변동 추세가 지속될 것 같다. 미국 여행 계획이 있는 사람은 달러화 환전을 서두르는 것이 좋겠다.

① 국내 물가는 안정된다.
② 수입품의 가격이 하락한다.
③ 외채 상환 부담이 감소한다.
④ 수출품의 가격 경쟁력이 높아진다.
⑤ 수출 의존도가 높은 국내 경제에 부정적 영향을 준다.

21 다음과 같은 현상이 지속될 때 발생할 수 있는 상황으로 옳은 것은?

> 미국 달러화에 대한 원화 환율이 1,200원대에서 보름만에 1,040원으로 하락하였다. 외환 시장에서 달러화는 전날보다 1.5원 낮게 거래되기 시작하여, 전날보다 2.1원 떨어진 채로 거래를 마쳤다.

① 국내 물가가 안정될 것이다.
② 원자재 수입 가격이 상승할 것이다.
③ 외채 상환의 부담이 증가할 것이다.
④ 수출은 증가하고 수입은 감소할 것이다.
⑤ 한국인의 미국 여행 경비는 증가할 것이다.

22 다음과 같은 변화가 동시에 나타날 때 외환 시장의 변화를 나타낸 그래프로 옳은 것은?

> • 재화와 서비스의 수출이 증가하였다.
> • 우리나라를 찾는 외국인 관광객이 증가하였다.

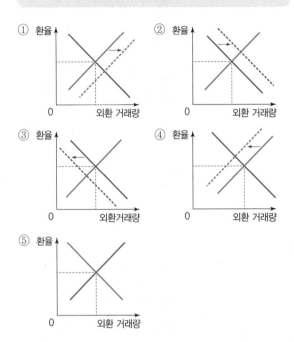

✎ 서술형
23 다음 글에 나타난 실업을 해결하기 위한 정부의 대책을 서술하시오.

> 경기 침체로 조선 및 해운업의 구조 조정이 시작되면서 관련 산업에서 수만 명의 실직자가 나오고 있다. 또한 수출 부진이 장기화되면서 제조업 종사자 수도 계속 줄고 있다.

✎ 서술형
24 그림과 같이 환율이 변화했을 때 원화 가치와 국내 물가의 변동을 서술하시오.

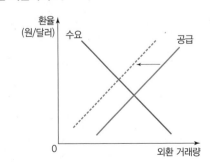

국제 사회와
국제 정치

국제 사회의 특성과 행위 주체

학습 내용 들여다보기

■ 국제법
국가 간의 합의에 따라 국가 간의 관계를 규칙으로 정해 놓은 법으로 국가 간 조약, 국제 관습법 등이 대표적이다.

■ 국제 연합(UN) 안전 보장 이사회

국제 연합(UN)의 가장 강력한 기관으로 5개의 상임 이사국(미국, 러시아, 영국, 프랑스, 중국)과 10개의 비상임 이사국(임기 2년)으로 구성되며, 국제 평화와 안전 유지에 일차적 책임을 진다. 이 사국은 1개의 투표권을 가지는데 안전 보장 이사회의 중요한 의사 결정은 상임 이사국 5개국을 모두 포함한 9개국 이상이 찬성해야 의결된다.

🎓 **용어 알기**

• **주권 국가** 대내적으로는 스스로를 다스릴 최고의 권력을 가지며, 대외적으로는 독립성을 가지는 국가
• **보편적 윤리** 시공간을 초월하여 늘 지켜야 할 도덕과 윤리

1. 국제 사회의 특성

(1) 국제 사회

① 의미: 전 세계 여러 나라가 교류하고 의존하면서 국제적 공동생활을 영위하는 사회
  → 주권 국가를 말해.

② 영향: 국제 사회에서의 정치·경제 행위는 지구촌 전체에 영향을 줌

③ 국내 사회와의 차이점

국내 사회	국제 사회
• 공동의 행위 기준인 법규가 있음 • 공권력을 가진 중앙 정부가 존재함 • 분쟁 발생 시 법과 제도에 의해 해결함	• 법이나 제도적 장치가 미흡함 • 공권력을 가진 중앙 정부가 없음 • 분쟁 발생 시 적절한 제재나 해결이 어려움

(2) 국제 사회의 특성 [자료1] [자료2]

① 국가 중심
  • 국제 사회의 기본 구성 단위는 독립적인 개별 국가임

② 중앙 정부의 부재
  • 국내 정치와는 달리 국제적 갈등을 해결할 수 있는 강제력을 지닌 중앙 정부가 없음
    분쟁 해결이 어렵고, 적절한 제재를 할 수 없어. ←
  • 국제법이나 국제기구가 강제력을 행사하는 데 현실적 제한이 따름

③ 자국의 이익 최우선
  → 각국의 이해관계 충돌로 분쟁 가능성이 높아.
  • 국가의 이념이나 도덕보다 자국의 정치적·경제적 이익에 따라 행동함
  • 오랫동안 협력했던 국가가 이해관계에 따라 적대국이 되기도 함

④ 힘의 논리 작용
  → 국제 연합 안전 보장 이사회의 거부권 행사가 대표적이야.
  • 표면적으로는 각국이 평등한 것으로 간주되지만, 실제로는 힘의 논리가 작용됨
  • 경제력과 군사력이 큰 강대국이 더 많은 영향력을 행사함

⑤ 갈등과 협력의 공존
  • 자국의 이익 추구를 최우선으로 하기 때문에 갈등이 발생함
  • 국제법이나 보편적 윤리 준수에 대한 협력이 공존함
    → 국제 질서를 유지하는 것을 말해.
  • 전 지구적 차원의 문제가 증가하면서 국제 협력의 범위가 넓어짐

자료1 국제 사회의 등장

▲ 베스트팔렌 조약

1648년 체결된 베스트팔렌 조약을 계기로 유럽에서 민족을 단위로 하는 독자적 주권 국가들이 등장하면서 새로운 국제 정치 질서가 형성되기 시작하였다.

자료2 국제 사회를 바라보는 관점

국제 정치는 국가 이익의 관점에서 정의된 권력을 위한 투쟁이다.

▲ 모건소

평화는 국제적 무정부 상태를 규제하는 국가적 제도의 창출을 통해서만 보장될 수 있다.

▲ 윌슨

국제 사회를 바라보는 관점은 현실주의적 관점과 자유주의적 관점으로 나눌 수 있다. 현실주의적 관점은 인간은 기본적으로 이기적이고, 인간이 모여 만든 국가 역시 자국의 이익을 추구하기 때문에 국가 간의 힘의 관계에 따라 국제 사회의 모든 것이 결정된다고 보는 관점이다. 반면 자유주의적 관점은 인간은 이성을 가진 존재이므로 이기적 욕망을 제어하고 공동의 이익을 추구할 수 있기 때문에 국가 간 약속과 국제기구를 통해 국제 평화를 이룰 수 있다고 보는 관점이다.

2. 국제 사회의 행위 주체

(1) 국가

① 특징
- 국제 사회에서 가장 기본적이고 대표적인 행위 주체
- 국민의 수, 영토 크기 등에 상관없이 독립적인 주권 행사 → 주권 평등의 원칙

② 역할
- 국제 사회에서 법적 지위를 가지고 외교 활동을 수행함
- 여러 국제기구에 참여하여 자국의 안전과 이익을 위한 공식적인 활동을 함

(2) 국제기구

① 의미: 정부·민간단체·개인을 회원으로 하여 초국가적 활동을 하는 기구
　　　　　　　　　　　　　　　　　└→ 국가를 초월하는 활동을 말해.

② 종류

정부 간 국제기구 자료 3	• 각국 정부를 회원으로 하는 국제기구 • 협상을 통해 자국의 이익과 회원국 전체 이익의 조화를 추구함 예 국제 연합(UN), 경제 협력 개발 기구(OECD), 유럽 연합(EU), 세계 무역 기구(WTO) 등
국제 비정부 기구 (INGO) 자료 4	• 개인과 민간단체를 회원으로 하는 국제기구 • 국경을 초월하여 활동하는 비영리적 민간단체로 정부 간 국제기구를 보완하는 기능을 함 • 환경, 의료, 빈곤, 노동, 인권, 평화 등 다양한 분야에서 활동 예 그린피스, 국경 없는 의사회, 국제 사면 위원회(국제앰네스티) 등

(3) 다국적 기업 →예 코카콜라, 맥도날드, 애플, 삼성 등이 있어.

① 의미: 세계 여러 나라에 자회사와 공장을 설립하고, 국제적 규모로 상품을 생산·판매하여 영리를 추구하는 기업

② 특징
- 전 세계 경제에서 매우 큰 비중을 차지함
- 세계화로 다국적 기업의 영향력과 규모가 점점 더 커지고 있음
- 경제적 이익 극대화 과정에서 여러 국가의 정책에도 직간접적으로 영향을 줌

(4) 영향력 있는 개인: 세계 종교 지도자, 주요 국제기구의 수장, 강대국의 국가 원수 등
　　　　　　　　　　　　└→교황 등

(5) 국제 사회의 행위 주체와 국제 관계의 변화

과거	오늘날
• 개별 국가의 영향력이 큼 • 자국의 안전 보장과 이익 확보 중시	• 다양한 행위 주체들의 영향력 증대 • 자국 이익 + 지구 공동 이익 추구

자료 3 국제 연합(UN)

▲ 국제 연합 본부 전경　　　　▲ 국제 연합 총회

제2차 세계 대전을 겪은 국제 사회는 세계 평화를 유지하고 국가 간 우호와 협력을 증진하기 위해 국제 연합(UN)을 설립하였다. 국제 연합의 주요 기관으로는 총회, 안전 보장 이사회, 국제 사법 재판소 등이 있고, 국제 노동 기구, 국제 연합 교육 과학 문화 기구 등의 전문 기구를 두고 있다.

자료 4 국제 비정부 기구

▲ 그린피스　　　　▲ 국경 없는 의사회

- 그린피스(Greenpeace)는 1971년 설립된 국제 환경 보호 단체로서 핵 실험 반대와 자연 보호 운동 등을 통하여 지구의 환경을 보존하고 평화를 증진하기 위한 활동을 펼치고 있다.
- 국경 없는 의사회는 비영리 국제 인도주의 의료 단체로서 인종, 종교, 계급, 성별, 정치적 성향에 관계없이 도움이 필요한 사람들에게 생명을 살리는 의료를 지원한다.

1 다음 설명이 맞으면 ○표, 틀리면 ×표 하시오.

(1) 오늘날 국제 사회는 국가만이 참여하고 있다. ( )

(2) 국제 사회에는 국제 사회의 분쟁이나 갈등을 해결할 수
있는 중앙 정부가 존재하지 않는다. ( )

(3) 국제 사회에서는 각국이 평등하기 때문에 힘의 논리가
작용하지 않는다. ( )

(4) 각국 정부를 회원으로 하는 국제기구를 정부 간 국제기
구라고 한다. ( )

(5) 세계 무역 기구는 개인이나 민간단체가 중심이 되어 만
들어진 국제기구이다. ( )

2 밑줄 친 부분을 바르게 고쳐 쓰시오.

(1) 국가 간 합의에 따라 국가 간의 관계를 규칙으로 정해 놓
은 법을 <u>헌법</u>이라고 한다. ( )

(2) 국제 사회를 약육강식의 힘의 논리가 작용하는 공간으로
보는 관점을 <u>자유주의</u>라고 한다. ( )

(3) 개인이나 민간단체가 중심이 되어 만들어진 국제기구를
<u>정부 간 국제기구</u>라고 한다. ( )

3 국제 사회의 행위 주체와 그 예를 바르게 연결하시오.

(1) 국가 • • ㉠ 코카콜라

(2) 정부 간 국제기구 • • ㉡ 국제 연합

(3) 국제 비정부 기구 • • ㉢ 국경 없는 의사회

(4) 다국적 기업 • • ㉣ 대한민국

4 괄호 안의 내용 중 알맞은 말에 ○표 하시오.

(1) 여러 국가가 서로 영향을 주고받으며 공존하는 사회를
(국제 사회 , 국제 연합)(이)라고 한다.

(2) 국제 사회에는 강제성을 지닌 중앙 정부의 부재로 분쟁
이나 갈등을 해결하기 (쉽다 , 어렵다).

(3) 해외 여러 국가에 자회사, 지점, 제조 공장을 두고 생산
과 판매의 경제 활동을 하는 기업을 (다국적 기업 , 독점
기업)이라고 한다.

01 A에 해당하는 개념으로 옳은 것은?

> A는 전 세계 여러 나라들이 서로 교류하고 의존하
> 면서 자국의 이익과 전체의 조화를 추구하며 공동생
> 활을 영위하는 사회를 의미한다.

① 공동 사회 ② 국내 사회 ③ 국제 사회

④ 민주 사회 ⑤ 정치 사회

02 국제 사회에 대한 설명으로 옳지 않은 것은?

① 개별 주권을 가진 국가를 기본 단위로 한다.

② 국제기구 등을 통해 공동의 문제를 해결한다.

③ 여러 국가가 서로 영향을 주고받으며 공존한다.

④ 강제력을 행사할 수 있는 중앙 정부가 존재한다.

⑤ 국가의 군사력 및 경제력 차이로 인한 힘의 논리가
작용한다.

**03 다음 사례를 통해 알 수 있는 국제 사회의 특성으로 가장 적
절한 것은?**

> • 지구 온난화가 심해지면서 많은 국가들이 온실가스
> 를 의무적으로 줄이기로 합의하였다.
> • 멸종 위기의 생물종을 보호하고 생태계의 다양성 및
> 균형 유지를 위해 생물 다양성 보존 협약을 체결하
> 였다.

① 힘의 논리가 지배한다.

② 갈등과 협력이 공존한다.

③ 다국적 기업에 대한 의존도가 높다.

④ 공동의 문제를 협력하여 해결한다.

⑤ 국제 사회의 이익보다 자국의 이익을 우선한다.

04 국제 사회의 행위 주체에 대한 설명으로 옳은 것은?

① 국가는 국제 비정부 기구의 회원이 될 수 있다.

② 다양한 행위 주체들의 영향력이 증대되고 있다.

③ 세계화로 다국적 기업의 영향력이 감소하고 있다.

④ 가장 기본적인 행위 주체는 정부 간 국제기구이다.

⑤ 영향력 있는 개인은 국제 사회의 행위 주체가 될 수
없다.

05 다음을 통해 알 수 있는 국제 사회의 특징으로 가장 적절한 것은?

> ○○국은 2016년 유럽 연합의 지나친 규제와 과도한 분담금이 경제에 나쁜 영향을 미치고 있다며 유럽 연합 탈퇴를 결정하였다.

① 자국의 이익을 우선한다.
② 국가 간 협력을 중시한다.
③ 도덕보다 힘의 논리가 작용한다.
④ 국가 이익보다 이념 문제가 중시된다.
⑤ 국제적 협력의 범위가 넓어지고 있다.

06 다음에 해당하는 국제 사회의 행위 주체로 옳은 것은?

> • 가장 기본적인 행위 주체로 일정한 영토와 국민을 기본 바탕으로 한다.
> • 여러 국제기구에 참여하여 자국의 안전과 이익을 위한 공식적인 활동을 한다.

① 국가 원수   ② 다국적 기업
③ 개별 주권 국가   ④ 정부 간 국제기구
⑤ 국제 비정부 기구

07 A에 해당하는 국제 사회의 행위 주체로 옳은 것은?

① 국가 원수   ② 다국적 기업
③ 개별 주권 국가   ④ 정부 간 국제기구
⑤ 국제 비정부 기구

08 다음과 같은 국제 사회 행위 주체로 옳은 것은?

> 1968년 5월, 파리 혁명의 열기 속에서 우수한 젊은 의사들이 전쟁이나 재난 지역의 피해자들을 직접 찾아가 돕기로 했다. 그들이 주도한 새로운 흐름의 인도주의는 긴급 구호 개념을 변화시켰고, 이후 '국경 없는 의사회'의 시초가 되었다.

① 다국적 기업   ② 개별 주권 국가
③ 정부 간 국제기구   ④ 국제 비정부 기구
⑤ 강대국 국가 원수

09 (가)에 들어갈 내용으로 옳지 않은 것은?

① 국제 연합(UN)
② 유럽 연합(EU)
③ 세이브 더 칠드런
④ 세계 무역 기구(WTO)
⑤ 경제 협력 개발 기구(OECD)

10 밑줄 친 행위 주체와 성격이 유사한 국제 사회의 행위 주체를 〈보기〉에서 고른 것은?

> 국제 사면 위원회란 국가 권력에 의해 억압받는 각국의 정치범들을 구제, 후원하기 위해 설치된 국제기구로서, 이 기구의 목적은 인권을 침해받는 사람들의 편에 서서 정의를 요구하고 연구를 수행하는 것이다.

| 보기 |
ㄱ. 국제 연합   ㄴ. 그린피스
ㄷ. 세계 무역 기구   ㄹ. 국경 없는 의사회

① ㄱ, ㄴ   ② ㄱ, ㄷ   ③ ㄴ, ㄷ
④ ㄴ, ㄹ   ⑤ ㄷ, ㄹ

실전 문제

01 국제 사회에 대한 설명으로 옳은 것을 〈보기〉에서 고른 것은?

| 보기 |

ㄱ. 국가 간에 갈등과 협력이 공존한다.

ㄴ. 강제력을 가진 중앙 정부가 존재한다.

ㄷ. 개별 주권을 가진 국가를 기본 단위로 한다.

ㄹ. 자국의 이익보다 국제적 공익을 최우선으로 추구한다.

① ㄱ, ㄴ ② ㄱ, ㄷ ③ ㄴ, ㄷ
④ ㄴ, ㄹ ⑤ ㄷ, ㄹ

02 다음 신문 기사를 통해 알 수 있는 국제 사회의 특징으로 가장 적절한 것은?

> **○○신문**
>
> **탈퇴, 탈퇴 … 국제 사회와 멀어지는 갑국**
>
> 갑국은 유엔 총회 산하 기구인 인권 이사회 탈퇴 방침을 밝혔다. 갑국은 을국과 맺은 핵 합의 탈퇴, 기후 변화 협정과 유엔의 교육·문화·과학 기구인 유네스코 탈퇴 등 점점 국제 사회에서 멀어지고 있다. 갑국이 국제 사회에서 이탈하는 이유로는 우선 분담금 문제와 자국의 경제·안보를 중요시 여기기 때문이다. … (후략)

① 중앙 정부가 없다.

② 강대국 중심으로 움직인다.

③ 자국의 이익을 우선으로 추구한다.

④ 공동의 문제 해결을 위해 협력한다.

⑤ 개별 국가의 이익과 국제 사회 전체의 이익은 일치한다.

03 국제 사회의 행위 주체에 대한 설명으로 옳은 것을 〈보기〉에서 고른 것은?

| 보기 |

ㄱ. 국제 비정부 기구는 국가를 회원으로 한다.

ㄴ. 다국적 기업은 가장 전통적인 행위 주체이다.

ㄷ. 유럽 연합(EU)은 정부 간 국제기구에 포함된다.

ㄹ. 국제 연합 사무총장은 국제 사회의 행위 주체가 될 수 있다.

① ㄱ, ㄴ ② ㄱ, ㄷ ③ ㄴ, ㄷ
④ ㄴ, ㄹ ⑤ ㄷ, ㄹ

04 다음은 사회 수업 장면이다. A에 해당하는 국제 사회 행위 주체로 옳은 것은?

① 국가 원수 ② 다국적 기업

③ 개별 주권 국가 ④ 정부 간 국제기구

⑤ 국제 비정부 기구

05 다음에 나타난 국제 사회를 바라보는 관점을 쓰시오.

> 국제 사회에는 보편적인 선이나 국제 규범이 존재한다. 따라서 국제 사회는 다양한 문제들을 국가 간 연합이나 협력을 통해서 해결할 수 있고, 이로써 국가 간 평화와 번영을 이룩하는 것이 가능하다.

(   )

06 다음 국제기구의 공통점으로 옳은 것은?

> • 유럽 연합(EU): 유럽의 정치·경제 통합을 실현하기 위한 연합기구
>
> • 경제 협력 개발 기구(OECD): 세계 경제 발전과 무역 촉진을 위해 만들어진 국제기구
>
> • 세계 무역 기구(WTO): 무역 자유화를 통한 세계적인 경제 발전과 국가 간 무역 분쟁 조정을 위해 설립된 국제기구

① 국제 비정부 기구이다.

② 정부를 회원으로 하는 국제기구이다.

③ 세계 자유 무역을 강화하기 위해 설립되었다.

④ 국제 사회에서 자국의 이익을 위해 경쟁한다.

⑤ 국제 사회의 인권 보장과 환경 보호를 위해 설립되었다.

07 다음을 통해 알 수 있는 국제 사회의 특징으로 가장 적절한 것은?

> 국제 연합(UN) 기구 중 안전 보장 이사회는 국제 연합의 기본 임무인 세계 평화 유지를 담당하는 기구로 국제 안보 이슈에 관련된 결의안을 심의하고 채택한다. 안보리 결의안이 통과되려면 상임 이사국 5개국의 만장일치 찬성이 있어야 한다. 따라서 상임 이사국 5개국 중 한 국가만 반대해도 국제 연합 안보리 결의안은 통과되지 않는다.

① 각국은 인류 공동의 번영을 위해 상호 협력한다.
② 국제 문제의 해결을 위한 협력이 이루어지지 않는다.
③ 중앙 정부가 존재하여 갈등 및 분쟁 조정이 용이하다.
④ 국제 여론과 국제기구 등을 통해 공동의 문제를 해결한다.
⑤ 국제 사회는 강대국의 영향력에 의한 힘의 논리가 작용한다.

08 A와 같은 국제 사회 행위 주체에 대한 설명으로 옳은 것은?

> A는 국제 환경 보호 단체로 핵 실험을 반대하고 자연을 보호하기 위해 전 세계에서 활동하고 있다. A는 단순한 핵 실험 반대를 넘어 해양 오염과 기후 위기, 멸종 위기종 보호 등 전 세계에서 일어나는 수많은 환경 문제에 대해 캠페인 및 활동을 펼치고 있다.

① 각국의 정부가 주축이 되어 만들어진 조직이다.
② 개인이나 민간단체가 모여 조직한 국제기구이다.
③ 세계화로 인해 규모 및 활동이 점점 약화되고 있다.
④ 국제적인 규모로 상품을 생산하고 판매하는 조직이다.
⑤ 국제 사회를 구성하는 가장 기본적인 행위 주체이다.

✎ **서술형 문제**

09 갑국과 을국의 행위에 공통적으로 나타난 국제 사회의 특징에 대해 서술하시오.

> • 갑국은 온실가스 감축을 골자로 하는 기후 변화 협약에 가입했으나, 국가별로 감축 목표가 설정되자 자국의 산업을 보호하기 위해 이 협약에서 탈퇴했다.
> • 을국은 ○○국 내전 중 발생한 대량 학살에 대응하기 위한 국제 공조 체제에 참여하지 않기로 했다. ○○국이 경제적으로 중요한 위치에 있지 않다고 판단한 것이다.

_____
_____
_____

10 A, B에 해당하는 국제 사회 행위 주체를 쓰시오.

구분	특징
A	개인과 민간단체를 회원으로 하는 국제기구로 국경을 초월하여 활동하는 비영리적 민간단체이다.
B	각국 정부를 회원으로 하는 국제기구로 협상을 통해 자국의 이익과 회원국 전체 이익의 조화를 추구한다.

_____
_____
_____

학습 내용 들여다보기

■ **이스라엘-팔레스타인 분쟁**

민족적·종교적·정치적 이해관계가 얽혀 있는 중동 지역의 여러 국가들은 4번에 걸친 중동 전쟁으로 인한 엄청난 전쟁 피해로 고통받았지만 이스라엘과 팔레스타인 간의 분쟁은 현재까지 이어지고 있다.

■ **동중국해 분쟁**

동중국해의 해양 자원과 교통 및 군사적 요충지 확보라는 중요성 때문에 동중국해의 배타적 경제 수역 확정과 관련하여 분쟁이 일어나고 있다.

용어 알기

- **국지적** 일정한 지역에 한정된 것
- **영유권** 한 나라가 일정한 영토와 관련된 문제를 처리할 수 있는 권리
- **배타적 경제 수역** 한 국가가 어업 및 광물 자원 등에 관한 모든 권리를 가지는 해양 수역
- **중동 지역** 아시아 남서부와 아프리카 북동부 지역의 총칭

1. 국제 사회의 갈등과 협력

(1) 국제 사회의 경쟁과 갈등 【자료 1】

① 국제 사회의 변화

냉전 체제 (양극화 시대)	• 제2차 세계 대전 이후 자본주의 진영과 사회주의 진영의 대립 • 전 세계가 이념을 중심으로 양분되어 대립과 경쟁을 지속
탈냉전 체제 (다극화 시대)	• 독일 통일, 구소련 해체 등으로 1990년대부터 냉전 종식 • 정치적 이념 대립보다는 경제적 실리를 중시하는 경향 강화 • 인종, 민족, 종교 분쟁 등 국지적 분쟁이 증가하고 다양한 영역에서 국가 간 경쟁과 갈등이 확대

② 경쟁과 갈등의 원인
- 자국의 이익을 최우선으로 하는 태도
- 민족·영토·종교 등의 차이
- 영토 확장 및 영유권 주장, 자원의 개발과 이용 등

③ 국제 사회의 다양한 갈등 사례

이스라엘 – 팔레스타인 분쟁	제2차 세계 대전 후 유대교를 믿는 유대인과 이슬람교를 믿는 팔레스타인 간의 민족·종교 분쟁
중국해를 둘러싼 분쟁	방대한 양의 자원, 해상 교통로 및 전략적 요충지 확보라는 중요성 때문에 일본과 중국, 대만이 센카쿠 열도 지역의 영유권을 주장하는 분쟁 → 센카쿠는 일본명, 댜오위다오는 중국명이야.
카슈미르 분쟁	인도 카슈미르 지역의 힌두교도와 이슬람교 간 분쟁
티베트 독립 운동	독립을 주장하는 티베트와 이를 허용하지 않으려는 중국 정부 간의 갈등
카스피해 연안국 분쟁	카스피해의 자원 개발과 송유관 건설을 둘러싼 이해관계의 대립
시장 확보 및 경제 성장으로 인한 갈등	미국과 중국의 무역 분쟁, 다국적 기업 간의 시장 확보 갈등 등

(2) 국제 사회의 문제 해결을 위한 협력 【자료 2】

① 필요성: 한 국가의 노력만으로는 해결되기 어렵기 때문에 협력 필요
② 양상
- 경제 협력: 지리적으로 가까운 지역끼리 경제 협력체 구성 및 협정 합의
- 정상 회담, 국가 간 조약, 국제법 및 국제기구 등을 통한 갈등 해결
- 환경·평화·인권 등 전 지구적 차원의 문제 해결을 위한 국제 협력 확대

자료 1 국제 사회의 경쟁과 갈등

▲ 세계 5대 자원 분쟁

국제 사회에서는 다양한 자원을 둘러싼 경제적 이익을 두고 여러 나라 간에 경쟁과 갈등이 발생하고 있다.

자료 2 국제 사회의 협력

▲ 파리 기후 변화 협약

전 세계 많은 국가들이 기후 변화의 심각성에 공감하며 유엔 기후 변화 협약 197개국이 모여 지구 온난화를 막기 위한 '파리 기후 협정'을 체결하였다.

2. 국제 사회의 공존을 위한 노력

(1) 공존을 위한 노력
① 국제 평화 지향: 제1, 2차 세계 대전을 겪으면서 국제적 갈등의 평화적 해결 모색
② 국제법 준수 및 국제기구 참여: 국가들의 상호 합의를 통해 만든 국제법 및 국제기구 설립으로 국제 협력 증진
③ 세계 시민 의식 함양: 지구촌 공동체의 구성원이라는 의식을 바탕으로 국제 문제에 관심을 가지고, 그 문제를 해결하고자 하는 참여 의식과 책임 의식 제고

(2) 외교를 통한 노력

외교	국제 사회에서 자국의 이익을 평화적인 방법으로 달성하려는 외교적 활동
중요성	• 국제 문제의 평화적 해결로 국제 사회 공존에 기여 • 자국의 정치적·경제적 이익 실현 → 자국의 위상 높임 　→ 자원 및 해외 시장 확보를 말해.
양상	• 공식 외교와 더불어 민간 외교의 중요성이 증대됨 　→ 스포츠, 문화 등 다양한 영역을 　통한 교류를 말해. • 우리나라의 외교 정책: 실리 외교 추진, 국제 평화 유지 및 긴급 구호 등 적극적 외교 정책을 통해 국제 사회 공존에 이바지하려고 노력함

→ 정상 회담, 외교관 파견, 정부 간 협상 등 정부 간 활동을 중심으로 하는 외교를 말해.

3. 우리나라의 국제 관계와 해결

(1) 우리나라와 일본의 갈등 [자료 3]

독도 영유권 문제	명백한 우리 영토인 독도에 대해 일본이 영유권을 주장하면서 갈등이 발생 → 일본은 국제 사법 재판소에서의 해결을 주장함
세계 지도 동해 표기 문제	일본은 일본해로만 표기 주장, 우리나라는 동해, 일본해 함께 표기하자는 입장
기타 갈등	역사 교과서 왜곡 문제, 야스쿠니 신사 참배 문제, 일본군 위안부 문제 등

(2) 우리나라와 중국의 갈등 [자료 4]

동북 공정	고조선, 고구려, 발해 등 우리나라의 역사를 고대 중국의 지방 정부로 인식하고, 이를 중국사 속에 포함하여 역사 왜곡
기타 갈등	중국 어선의 불법 조업 문제, 한류 저작권 침해, 미세 먼지 문제 등

→ 배타적 경제 수역 문제라고도 해.

(3) 국제적 갈등의 해결 방안
① 정부의 적극적인 대응과 외교적 노력, 개인의 적극적인 참여
② 객관적인 근거에 입각하여 논리적이고 합리적 자세로 문제 진단 및 대응
③ 관련 연구 기관 설립 및 운영, 학술 교류 및 공동 연구의 민간 교류 확대
④ 상호 존중의 관점에서 평화와 협력을 위해 합리적 대화를 통한 문제 해결

학습 내용 들여다보기

■ 역사 속의 독도 – 독도는 우리 땅

삼국사기, 세종실록, 숙종실록 등 많은 역사적 자료에 독도는 우리 영토임을 명시하고 있다.

■ 야스쿠니 신사 참배

일본의 정치인들은 매년 8월 15일 제2차 세계 대전을 일으킨 전범의 위패가 있는 신사를 참배한다. 이러한 행위는 침략 전쟁에 대한 반성도 없으며, 침략 전쟁을 정당화한다는 비판을 받고 있다.

■ 반크(VANK)

사이버 외교 사절단 반크(VANK)는 전 세계에 한국의 모습을 올바로 알리고, 왜곡되거나 잘못 기재되어 있는 자료를 바로잡는 활동을 전개하고 있다.

🎓 **용어 알기**

• **제고** 수준이나 정도 따위를 끌어올림
• **국제 사법 재판소** 국가 간의 분쟁을 해결하려는 국제 연합(UN) 소속 사법 기관
• **조업** 기계 따위를 움직여 일을 함

[자료 3] 동아시아 영토 주권을 둘러싼 분쟁

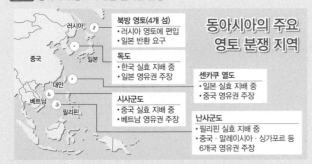

동아시아의 주요 영토 분쟁 지역

북방 영토(4개 섬)
• 러시아 영토에 편입
• 일본 반환 요구

독도
• 한국 실효 지배 중
• 일본 영유권 주장

시사군도
• 중국 실효 지배 중
• 베트남 영유권 주장

센카쿠 열도
• 일본 실효 지배 중
• 중국 영유권 주장

난사군도
• 필리핀 실효 지배 중
• 중국·말레이시아·싱가포르 등 6개국 영유권 주장

영토의 주권을 두고 동아시아 각국에서는 다양한 영토 분쟁이 일어나고 있다. 중국과 일본의 댜오위다오(센카쿠 열도) 분쟁, 일본과 러시아의 쿠릴 열도 분쟁, 일본의 독도 영유권 주장 등 동아시아 국가 간의 영토와 과거사 문제는 한·중·일의 관계를 악화시키는 요인이 되고 있다.

[자료 4] 중국의 역사 왜곡 – 동북 공정

사진은 중국 랴오닝성 장하현 소재 고구려 성산산성 입구에 세워진 표지석이다. 이 표지석에는 "고구려 민족이 고대로부터 중화 민족을 구성하는 일원이었다."라는 문구와 "고구려 정권은 중국 동북 소수 민족 지방 정권"이라는 문구가 새겨져 있다. 이 문구는 중국 정부가 새긴 것으로 동북 공정 사업을 통해 중국 영토 안에서 전개된 모든 역사를 중국의 역사라고 주장하고 있다. 이는 소수 민족의 독립을 막고, 통일 후 한반도와의 영토 분쟁을 막기 위한 역사 왜곡이다.

기본 문제

간단 체크

1 다음 설명이 맞으면 ○표, 틀리면 ×표 하시오.

(1) 오늘날은 세계화에 따라 국가 간 경쟁이 더욱 치열해지고 있다. ( )

(2) 국제 사회에서 경쟁과 갈등이 일어나는 이유는 가치관과 역사관이 유사하기 때문이다. ( )

(3) 국제적 갈등을 해결하기 위해서는 상호 존중의 관점과 합리적 대화가 필요하다. ( )

(4) 국제 사회에서의 공식 외교는 증가하고 있지만, 민간 외교는 감소하고 있다. ( )

(5) 영토 주권 침해와 역사 왜곡 문제는 역사적 근거를 바탕으로 논리적 대응을 해야 한다. ( )

2 밑줄 친 부분을 바르게 고쳐 쓰시오.

(1) 국제 사회의 공존을 위해 각국은 국가들의 상호 합의에 의해 만들어진 <u>헌법</u>을 준수해야 한다. ( )

(2) 일본은 세계 지도에 <u>서해</u>를 일본해로 표기할 것을 주장하여 우리나라와 갈등을 겪고 있다. ( )

(3) <u>일본</u>은 동북 공정 연구 결과를 바탕으로 고조선, 고구려, 발해를 자신의 지방 정권 중 하나라고 왜곡하고 있다. ( )

3 해당 국가가 우리나라와 겪고 있는 갈등을 바르게 연결하시오.

(1) 일본 •
(2) 중국 •

• ㉠ 독도 영유권 문제
• ㉡ 동북 공정 문제
• ㉢ 위안부 배상 및 사과
• ㉣ 미세 먼지 문제

4 괄호 안의 내용 중 알맞은 말에 ○표 하시오.

(1) 국가 간 경쟁이 심화되면 (갈등 , 협력)이 발생하지만, 국제 문제에 공동 대응하며 분쟁을 해결하기 위해서는 국가 간 (갈등 , 협력)이 필요하다.

(2) 한 국가가 국제 사회에서 자국의 이익을 평화적 방법으로 달성하려는 대외적 활동을 (행정 , 외교)(이)라고 한다.

(3) 일본은 독도 영유권을 주장하며 독도 문제를 (국제 사법 재판소 , 경제 협력 개발 기구)를 통해 해결하고자 한다.

01 ㉠에 들어갈 말로 가장 적절한 것은?

> 세계 여러 국가는 기술 개발, 지하자원 확보, 시장 개척 등을 통해 경제적 이익을 추구하며 (㉠)한다. 이러한 (㉠)이/가 과열되면 갈등이 발생하기도 한다.

① 존중   ② 화합   ③ 조정
④ 경쟁   ⑤ 협력

02 국제 사회의 경쟁과 갈등에 대한 설명으로 옳지 <u>않은</u> 것은?

① 민족·종교·영토 등 다양한 영역에서 발생한다.

② 분쟁 당사국뿐 아니라 주변 국가에도 영향을 미친다.

③ 자국의 경제적 이익을 최우선으로 하기 때문에 발생한다.

④ 오늘날은 경제적 실리보다 국가적 이념 대립이 심화되고 있다.

⑤ 국가 간 갈등 해결을 위해서는 상호 존중의 관점이 필요하다.

03 그림에 해당하는 국제 사회의 갈등 유형으로 옳은 것은?

▲ 동중국해 분쟁

① 인종 분쟁   ② 종교 분쟁
③ 자원 확보 분쟁   ④ 환경 오염 분쟁
⑤ 소수 민족 분쟁

04 국제 사회의 공존을 위한 노력으로 적절한 것을 〈보기〉에서 고른 것은?

┌─ 보기 ┐
ㄱ. 국제법 준수를 위해 노력한다.
ㄴ. 폭력적 방법을 통해 분쟁을 해결한다.
ㄷ. 다양한 국제기구를 통해 협력을 추구한다.
ㄹ. 자문화 중심주의로 자국 이익을 최우선으로 한다.
└─────────────────────────┘

① ㄱ, ㄴ   ② ㄱ, ㄷ   ③ ㄴ, ㄷ
④ ㄴ, ㄹ   ⑤ ㄷ, ㄹ

05 그림에 해당하는 국제 사회의 갈등에 대한 설명으로 가장 적절한 것은?

① 자원을 둘러싸고 나타나는 갈등이다.
② 소수 민족 독립을 두고 나타난 갈등이다.
③ 종교 갈등으로 인한 영토 영유권 갈등이다.
④ 갈등 당사국에게만 영향을 미치는 갈등이다.
⑤ 공식 외교보다 민간 외교로 해결해야 하는 갈등이다.

06 독도 영유권 문제에 대한 설명으로 옳지 <u>않은</u> 것은?

① 현재 우리나라가 확고한 주권을 행사하고 있다.
② 역사적 근거를 바탕으로 논리적으로 대응해야 한다.
③ 일본은 국제 사법 재판소를 통해 문제를 해결하고자 한다.
④ 독도는 지리적·역사적으로 명백한 우리나라의 영토이다.
⑤ 독도 영유권 분쟁을 해결하기 위해 즉흥적이고 감정적으로 대처해야 한다.

07 다음을 통해 알 수 있는 국제 사회의 모습으로 가장 적절한 것은?

'파리 기후 변화 협약'은 선진국만 온실가스 감축 의무가 있었던 1997년 교토 의정서와는 달리 당사국 모두가 온실가스 배출 감축을 위한 목표를 지켜 지구 온난화를 막자는 국제 사회의 노력이다.

① 정부 간 국제기구의 역할이 축소되고 있다.
② 국제 사회는 민간 외교를 통해 문제를 해결하고 있다.
③ 국제 사회에서 각국은 자국의 이익을 최우선으로 한다.
④ 전 지구적 차원의 문제 해결을 위해 국제적으로 협력한다.
⑤ 강제력이 있는 중앙 정부가 없는 국제 사회의 문제는 해결할 수 없다.

08 ㉠에 들어갈 말로 옳은 것은?

중국은 (㉠)을/를 통해 고조선, 고구려, 발해 등 우리나라 역사를 고대 중국의 지방 정부로 인식하고, 이를 모두 중국사에 포함하여 역사를 왜곡하고 있다.

① 정상 회담   ② 동북 공정
③ 민간 외교   ④ 야스쿠니 신사 참배
⑤ 배타적 경제 수역 침범

09 밑줄 친 ㉠, ㉡에 해당하는 사례로 옳은 것은?

동북아시아에 위치한 우리나라는 예로부터 중국, 일본 등과 활발하게 교류하며 협력해 왔다. 하지만 이 과정에서 우리나라는 ㉠ <u>일본과의 갈등</u>, ㉡ <u>중국과의 갈등</u>도 나타났다.

	㉠	㉡
①	위안부 문제	독도 영유권 문제
②	동해 표기 문제	동북 공정 문제
③	미세 먼지 문제	동북 공정 문제
④	불법 조업 문제	위안부 문제
⑤	역사 교과서 문제	동해 표기 문제

실전 문제

01 교사의 질문에 대한 학생의 답변으로 옳지 <u>않은</u> 것은?

[국제 사회의 경쟁과 갈등]
1. 원인 및 특징

오늘 배운 내용에 대해 발표해 볼까요?

갑: 국제 사회의 갈등은 자국 이익을 추구하기 때문에 발생해요.

무: 민족·종교 등 다양한 영역에서 국제 문제가 발생해요.

을: 국제 갈등은 당사국에만 영향을 미쳐요.

병: 오늘날에는 국가 간 경쟁과 갈등이 치열해지고 있어요.

정: 영토 확장 및 영유권 주장으로 여러 분쟁이 발생해요.

① 갑　② 을　③ 병　④ 정　⑤ 무

02 다음 갑국 사례를 통해 알 수 있는 국제 사회의 모습으로 가장 적절한 것은?

> 중요

> ○○신문
>
> **갑국 대통령, '파리 기후 변화 협약' 탈퇴 선언**
>
> 갑국 언론은 갑국 대통령이 '파리 기후 변화 협약'을 공식 탈퇴한다고 보도했다. '파리 기후 변화 협약'은 기후 변화를 막기 위해 국제 사회가 맺은 협약이다. 지구 평균 기온이 산업화 이전보다 2도 이상 올라가지 않는 것을 목표로 한다. 이 협약은 전 세계 195개국이 서명하면서 국제법으로 효력이 생겼다. 하지만 갑국 대통령은 자국 경제에 악영향을 미친다는 이유로 온실가스와 관련된 규제를 완화하면서 기후 변화 협약 탈퇴 선언을 하였다.… (후략)

① 강제성을 지닌 중앙 정부가 존재한다.
② 민간 외교를 통한 분쟁 해결이 중요하다.
③ 정부 간 국제기구의 기능이 약화되고 있다.
④ 정치적 이념 대립이 갈수록 증대되고 있다.
⑤ 자국의 경제적 실리를 중시하는 경향이 나타난다.

03 다음은 남중국해 분쟁 지역과 관련된 자료이다. 이에 대한 설명으로 옳은 것을 〈보기〉에서 고른 것은?

| 보기 |

ㄱ. 자국의 경제적 이익을 우선하기 때문에 발생한다.
ㄴ. 천연자원 확보를 위한 국제 사회의 분쟁 사례이다.
ㄷ. 각국의 정부보다 민간단체의 협력으로 해결해야 한다.
ㄹ. 국제 사회의 평화적 해결을 위해 강대국의 입장을 수용해야 한다.

① ㄱ, ㄴ　② ㄱ, ㄷ　③ ㄴ, ㄷ
④ ㄴ, ㄹ　⑤ ㄷ, ㄹ

04 오늘날 국제 사회에서 경쟁과 갈등이 발생하는 원인으로 적절하지 <u>않은</u> 것은?

① 민족·인종·종교의 차이
② 자원에 대한 소유권 문제
③ 국가 간 빈부 격차의 심화
④ 자유 진영과 공산 진영의 이념 대립 심화
⑤ 자국의 이익을 최우선으로 하는 각국 정부의 정책

05 다음 교사가 설명하고 있는 (가)의 개념으로 옳은 것은?

우리나라의 국제 관계
• (가)의 의미: 한 국가가 자국의 이익을 달성하기 위해 다른 나라와 국제 사회 전체를 상대로 평화적인 방법으로 펼치는 대외 활동

① 전쟁　② 경제　③ 종교
④ 외교　⑤ 분쟁

06 ㉠에 들어갈 말로 옳은 것은?

사진은 중국 랴오닝성 장하현 소재 고구려 성산산성 입구에 세워진 표지석이다. 이 표지석에는 "고구려 민족이 고대로부터 중화 민족을 구성하는 일원이었다"라는 문구와 "고구려 정권은 중국 동북 소수 민족 지방 정권"이라는 문구가 새겨져 있다. 이 문구는 중국 정부가 새긴 것으로, 중국은 (㉠) 사업을 통해 중국 영토 안에서 전개된 모든 역사를 중국의 역사라고 주장하고 있다.

① 정상 회담　　② 동북 공정　　③ 민간 외교
④ 공식 외교　　⑤ 북방 정책

07 (가)에 들어갈 학습 주제로 가장 적절한 것은?

〈학습 주제〉 　　(가)
• 사례

▲ G20 정상 회담　　▲ 유엔 평화 유지군

① 국제 사회의 경쟁　　② 세계화의 부작용
③ 국제 사회의 협력　　④ 국제 사회의 갈등
⑤ 국제 사회의 중앙 정부

08 우리나라와 주변국 간 갈등을 해결하기 위한 방법으로 적절하지 <u>않은</u> 것은?

① 국제 평화주의를 지향하는 자세를 가진다.
② 주변국과의 공동 연구 등을 통해 상호 입장을 이해한다.
③ 정부의 공식 외교보다 민간 외교에 중점을 두고 노력한다.
④ 객관적인 근거를 토대로 우리나라 입장을 국제 사회에 홍보한다.
⑤ 상호 존중의 관점에서 평화와 협력을 위해 평화적 대화를 추진한다.

서술형 문제

09 국제 사회에서 다음과 같은 경쟁과 갈등이 발생하는 근본적인 원인을 서술하시오.

• 이스라엘과 팔레스타인 분쟁: 유대인들이 팔레스타인 지역에 이스라엘을 건국하면서 시작된 유대인과 아랍인 간의 영토 분쟁
• 동중국해 분쟁: 방대한 양의 자원, 해상 교통로 및 전략적 요충지 확보라는 중요성 때문에 일본과 중국, 대만이 센카쿠 열도 지역의 영유권을 주장하는 분쟁
• 물 분쟁: 나일강 상류에서 에티오피아가 댐을 건설하면서 하류에 있는 이집트의 물 부족 현상으로 인해 발생한 분쟁

_____
_____
_____
_____

10 (가)에 들어갈 내용을 서술하시오.

야스쿠니 신사는 일본 도쿄 한가운데 있는 사당으로 일본 내 있는 신사 중에 그 규모가 가장 크다. 이 신사는 일본 왕을 위해 목숨을 바친 사람에게 제사를 지내려고 1869년 건축되었고, 1900년대부터 전쟁에서 싸우다 죽은 일본군을 야스쿠니 신사에 모셔 제사를 지내고 있다. 거기에는 제2차 세계 대전을 일으킨 책임이 가장 큰 A급 전범들도 있다. 매년 일본의 정치인들은 야스쿠니 신사를 참배할 때마다 한국과 중국 등 주변국으로부터 '_____(가)_____'라는 비판을 받고 있다.

_____
_____
_____

대단원 정리

❶ 국제 사회의 특성

▲ 이스라엘–팔레스타인 분쟁

▲ 파리 기후 변화 협약

국제 사회는 자국의 이익을 최우선으로 추구하면서 경쟁이 발생하고 이러한 경쟁이 심화되면 (①　　　　)이/가 발생한다. 한편 국제 사회는 환경, 인권, 평화 등 전 지구적 문제에 대해 공동 대응하기 위해 국제 (②　　　　)이/가 확대되고 있다.

답 ① 갈등 ② 협력

❷ 국제 사회의 행위 주체

▲ 국제 연합 총회

▲ 국경 없는 의사회

(①　　　　)은/는 각국 정부를 회원으로 하는 국제기구이며, (②　　　　)은/는 개인이나 민간단체를 회원으로 하는 국제기구이다.

답 ① 정부 간 국제기구 ② 국제 비정부 기구

❸ 국제 사회의 다양한 갈등

▲ 남중국해 분쟁

▲ 카슈미르 분쟁

남중국해 분쟁은 해양 (①　　　　) 확보를 위한 영토 분쟁이며, 카슈미르 분쟁은 이슬람교와 힌두교 간의 (②　　　　) 분쟁 사례이다.

답 ① 자원 ② 종교

---

1. 국제 사회의 특성과 행위 주체

1. 국제 사회 ❶

의미		전 세계 여러 나라(주권 국가)가 교류하고 의존하면서 국제적 공동생활을 영위하는 사회
특성	국가 중심	국제 사회의 기본 구성 단위는 독립적인 개별 국가임
	자국의 이익 추구	자국의 이익 최우선 추구 → 경쟁과 갈등 발생함
	중앙 정부의 부재	강제력을 가진 중앙 정부가 존재하지 않음
	힘의 논리 작용	강대국에 의해 국제 사회가 주도되거나 분쟁이 조정됨
	국제 협력 확대	국가 간 상호 의존 심화, 전 지구적 문제에 공동 대응함

2. 국제 사회의 행위 주체

(1) 종류 ❷

국가	국제 사회의 가장 기본적인 행위 주체로 자국의 이익을 위한 공식적인 활동을 함
국제기구	국제 사회에서 발생하는 여러 문제를 해결하기 위해 조직된 정부나 개인 및 민간단체로 구성된 기구 • 정부 간 국제기구: 각국 정부를 회원으로 하는 국제기구 • 국제 비정부 기구: 개인이나 민간단체를 회원으로 하는 국제기구
다국적 기업	국제적 규모로 상품을 생산 및 판매하여 영리를 추구하는 기업
기타	• 세계 종교 지도자 등 영향력이 강한 개인 • 국가 내 지방 정부나 소수 민족 등

(2) 국제 관계의 변화

과거	• 개별 국가의 영향력이 큼 • 자국의 안전 보장(이념 중시)과 이익 확보 중시
현재	• 다양한 행위 주체들의 영향력 증대 • 자국 이익(실리 추구) + 지구 공동 이익 추구

2. 국제 사회의 다양한 모습

1. 국제 사회의 다양한 갈등 ❸

원인	• 자국의 이익을 최우선으로 하는 태도 • 민족 · 영토 · 종교 등의 차이 • 해양 자원이나 석유 자원 등에 대한 소유권 문제
사례	이스라엘–팔레스타인 분쟁, 카슈미르 분쟁, 티베트 독립, 남중국해 및 동중국해 영토 분쟁, 미중 무역 분쟁 등
해결 노력	• 국제 사회의 갈등은 해당 지역의 노력만으로 해결되기 어려움 • 각국 정상 회의, 국가 간 조약(국제법), 국제기구 등을 통해 해결 • 전 지구적 차원의 문제 해결을 위한 국제 협력 확대 • 지구 공동체의 구성원으로 세계 시민 의식 함양

2. 국제 사회의 공존을 위한 노력 ❹

외교	의미	국제 사회에서 자국의 이익을 평화적으로 달성하기 위한 활동
	중요성	• 국제 문제 해결로 국제 사회 공존에 기여 • 자국의 정치적·경제적 이익 실현 → 대외적 위상 향상 • 오늘날 공식 외교 활동과 민간 외교 활동 등 다양한 교류 확대

3. 우리나라의 국제 관계 ❺

1. 우리나라와 일본 간의 갈등 문제

독도 영유권 문제	명백한 우리 영토인 독도에 대해 일본이 영유권을 주장하면서 갈등 발생 → 일본은 해양 자원을 선점하고 그 주변 지역을 군사적 거점으로 활용하고자 함
동해 표기 문제	일본이 세계 지도에 동해를 일본해로 단독 표기할 것을 주장하면서 갈등 발생
일본군 위안부 문제	일본이 침략 전쟁 당시 일본군 위안부 강제 동원을 인정하지 않고 사과를 하지 않아 갈등 발생
신사 참배 문제	총리를 비롯한 일본의 보수 정치인들이 제2차 세계 대전 전범들이 묻힌 야스쿠니 신사를 공식적으로 참배함 → 침략 전쟁을 미화하고 식민지 지배를 반성하지 않음
역사 교과서 왜곡 문제	• 교과서에 독도 영유권 주장을 강화함 • 강제 징용 및 일본군 위안부와 관련된 내용 삭제 등

2. 우리나라와 중국 간의 갈등 문제

동북 공정 문제	중국이 자국 영토에서 전개된 모든 역사를 중국의 역사로 만들기 위해 벌이는 역사 연구 사업 → 고조선, 고구려, 발해 역사를 중국사로 편입
불법 조업 문제	중국 어선이 우리나라의 배타적 경제 수역을 침범하여 불법으로 조업 활동을 하면서 갈등 발생

3. 국제적 갈등의 해결 방안 ❻

정부	• 객관적인 근거에 입각하여 상호 협력과 이해를 통해 평화적으로 해결 • 정부 차원의 공식 대응, 적극적인 외교 활동, 관련 연구 기관 설립 및 운영 등
시민 사회	• 시민 사회의 관심 및 적극적인 참여와 노력이 이루어져야 함 • 시민 단체의 행사 및 홍보 활동, 학자들의 주변국과의 공동 연구, 시민들의 자발적인 참여 등

❹ 외교 활동

▲ 정상 회담   ▲ 민간 문화 교류

전통적인 외교 활동은 대사의 교환, 정상 회담과 같은 (①   ) 활동이 중심이었다. 하지만 최근에는 스포츠나 문화 등 (②   ) 활동도 활발하게 이루어지고 있다.

정답 ① 공식 외교 ② 민간 외교

❺ 우리나라의 국제 관계

▲ 야스쿠니 신사 참배   ▲ 동북 공정

동북아시아에 위치한 우리나라는 예로부터 주변국들과 교류하며 협력해 왔다. 하지만 최근에는 (①   )의 야스쿠니 신사 참배 문제, (②   )의 동북 공정 문제 등으로 갈등을 겪고 있다.

정답 ① 일본 ② 중국

❻ 국제적 갈등의 해결 방안

(①   )은/는 명백히 역사적·지리적·국제법적으로 우리나라 영토이며, 현재 우리나라가 확고한 주권을 행사하고 있다. 사이버 외교 사절단 (②   )은/는 전 세계에 한국의 모습을 올바로 알리고, 왜곡되거나 잘못 기재되어 있는 자료를 바로잡는 활동을 전개하고 있다.

정답 ① 독도 ② 반크(VANK)

대단원 마무리

01 국제 사회에 대한 설명으로 옳은 것은?

① 강제력을 가진 중앙 정부가 존재한다.
② 강대국과 약소국의 영향력이 평등하다.
③ 국제기구를 기본 단위로 하여 형성된다.
④ 각국은 대립하기도 하지만 협력하기도 한다.
⑤ 자국의 이익보다 국제적 공익을 우선시한다.

02 다음 갑국의 행위를 통해 알 수 있는 국제 사회의 특성으로 가장 적절한 것은?

> **갑국, 뉴욕 선언 탈퇴**
>
> 국제 연합은 2016년 특별 총회를 열어 '글로벌 난민 위기'에 대해 국제 사회의 공조와 인도주의적 지원 강화에 합의하는 '난민 문제 개선을 위한 유엔 국제 이주 협정(뉴욕 선언)'을 채택하였다. 갑국은 자국의 이민·난민 정책 및 이민법과 일치하지 않는 수많은 조항이 포함되어 있다며 유엔에 협약 탈퇴를 통보하였다.

① 국제 사회에는 힘의 논리가 작용한다.
② 국제 사회는 국가 간 협력을 중시한다.
③ 국제 사회에서 자국의 이익을 최우선으로 한다.
④ 국제 사회에서 평화에 대한 협력이 증대되고 있다.
⑤ 국제 사회는 경쟁과 갈등으로 서로 대립하기도 한다.

03 다음에서 국제 사회에 필요한 것으로 가장 적절한 것은?

> • 지구 온난화로 생태계가 변화하거나 해수면이 상승하여 해안선이 달라지는 등 국제적으로 많은 문제가 발생하고 있다.
> • 산업화와 함께 전체적인 경제 수준은 향상하였지만 선진화된 북반구와 상대적으로 경제 발전이 더딘 남반구 지역 국가 간의 경제적 격차에 따른 갈등이 발생하고 있다.

① 국가 간 경쟁　　　② 국가 간 협력
③ 중앙 정부의 설립　　④ 자국의 이익 우선 추구
⑤ 강력한 주권 국가의 확립

04 다음은 국제 사회를 바라보는 관점에 대한 토론이다. 이에 대한 설명으로 옳은 것은?

① 갑의 관점은 자유주의적 관점에 해당한다.
② 갑의 관점은 국제 규범을 준수하는 것이 중요하다고 본다.
③ 을의 관점은 현실주의적 관점에 해당한다.
④ 을의 관점은 국제 사회에서 자국의 이익을 최우선으로 해야 한다고 본다.
⑤ 갑의 관점보다 을의 관점이 국제법과 국제기구의 역할을 중시한다.

05 ㉠, ㉡에 대한 설명으로 옳은 것은?

> 전통적으로 국제 사회에서는 주로 국제 사회를 구성하는 기본적인 단위인 (㉠)을/를 중심으로 외교나 교류가 이루어졌다. 그러나 오늘날에는 국제 관계가 다양해지고 경제적 상호 의존성이 커지면서 국제적 목적이나 활동을 위해 정부를 회원으로 하는 (㉡)의 역할이 증대되고 있다.

① ㉠은 정부 간 국제기구이다.
② ㉠은 영토, 인구수에 상관없이 독립적 주권을 행사한다.
③ ㉡은 국제적 규모로 경제 활동을 하는 다국적 기업이다.
④ ㉡의 사례로 그린피스, 국경 없는 의사회를 들 수 있다.
⑤ ㉠은 정치적 영역에서, ㉡은 경제적 영역에서 주로 활동한다.

06 A에 대한 설명으로 옳은 것은?

> A는 한 나라에 본사를 두고, 여러 나라에 자회사와 공장을 설립하여 국제적 규모로 상품을 생산하고 판매하는 기업입니다.

① 공익을 추구한다.
② 정부 간 국제기구에 해당한다.
③ 국제 비정부 기구에 해당한다.
④ 세계화로 활동이 점점 증대되고 있다.
⑤ 국가 간 분쟁 해결에 많은 영향력을 행사한다.

07 ㉠에 대한 설명으로 옳지 <u>않은</u> 것은?

> (㉠)(이)란, 국제 사회에서 자국의 이익을 평화적으로 달성하기 위한 대외적인 활동이다.

① 국가의 대외적 위상을 높일 수 있다.
② 국가의 정치적·경제적 이익을 실현시킬 수 있다.
③ 국가 원수나 외교관에 의한 정부 활동만을 의미한다.
④ 자국 내부 상황 및 국제 정세의 변화를 고려해야 한다.
⑤ 스포츠, 문화 등 민간 차원의 활동이 점점 증대하고 있다.

08 중국이 다음과 같은 일을 추진하는 의도를 〈보기〉에서 고른 것은?

> 중국은 현재의 중국 영토 안에서 전개된 모든 역사를 중국의 역사라고 주장하고 있다. 이러한 주장에 따라 중국은 고조선, 고구려, 발해를 고대 중국의 지방 정권으로 전락시켜 중국 역사로 편입하려 하고 있다.

| 보기 |

ㄱ. 교통의 요충지를 확보하기 위해
ㄴ. 중국 내 소수 민족의 독립을 막기 위해
ㄷ. 영유권 분쟁을 해결하고 국제 평화를 이루기 위해
ㄹ. 한반도 통일 이후 발생할 수 있는 영토 분쟁에 대비하기 위해

① ㄱ, ㄴ   ② ㄱ, ㄷ   ③ ㄴ, ㄷ
④ ㄴ, ㄹ   ⑤ ㄷ, ㄹ

09 다음과 같은 일본의 활동에 대한 우리나라의 대처 방안으로 옳은 것은?

> 일본은 일본의 역사 교과서에 독도가 일본의 영토라는 내용을 담고 있으며, 일본 시네마현은 독도가 시마네현에 편입된 지 100주년이 되었다며 이것을 기념해 '다케시마의 날'을 제정하였다.

① 모든 영역에서 일본과의 교류와 협력을 축소한다.
② 독도는 명백히 우리 영토이므로 감정적으로 대응한다.
③ 독도 문제를 국제 사법 재판소를 통해 국제 분쟁화한다.
④ 객관적인 근거를 토대로 우리 입장을 국제 사회에 알린다.
⑤ 독도 문제에 대해서 혼란 방지를 위해 민간 활동은 자제한다.

10 다음에 나타난 국제 사회의 갈등 해결 방안으로 옳은 것은?

> 반크(VANK)는 전 세계에 한국의 모습을 올바로 알리는 것을 목표로 활동하는 사이버 민간 외교 단체이다. 인터넷상에서 외국인에게 한국을 알리는 '사이버 외교관' 양성 교육, 한국 홍보 자료 제작 등의 프로젝트 활동을 하고 있다.

① 정부 간 국제기구 활동
② 정부의 능동적인 외교 정책
③ 시민 사회의 적극적인 홍보 활동
④ 학자들의 주변국과의 공동 연구 사업
⑤ 국가 차원의 연구 기관 설립 및 운영

서술형

11 사진에 나타난 지역에 대해 일본이 영유권을 주장하는 이유를 두 가지 서술하시오.

_____

_____

_____

쪽	사진	출처
8쪽, 28쪽	민중을 이끄는 자유의 여신	©Alamy Stock Photo
9쪽	코로나 방역	©연합뉴스
14쪽	장발 단속	©연합뉴스
20쪽, 30쪽	파업	©연합뉴스
20쪽, 30쪽	직장 폐쇄	©연합뉴스
20쪽	전태일	©전태일 재단
25쪽	파업	©연합뉴스
27쪽, 47쪽	헌법 재판소	©연합뉴스
27쪽	국가 인권 위원회 포스터	©국가인권위원회
27쪽	부당 노동 행위 포스터	©고용노동부
34쪽	제헌 국회 개원식	©연세대학교 이승만연구원
34쪽, 52쪽, 54쪽	국회 본회의	©연합뉴스
35쪽, 5쪽2, 실전 모의고사 11쪽	국정 감사	©연합뉴스
40쪽, 43쪽	국무 회의	©연합뉴스
41쪽	대통령 취임식	©연합뉴스
46쪽	정의의 여신상	©연합뉴스
52쪽	상임 위원회	©연합뉴스
52쪽	국정 조사	©연합뉴스
66쪽	가정용 로봇	©Alamy Stock Photo
84쪽	애덤 스미스	©Alamy Stock Photo
87쪽	취업 박람회	©연합뉴스
91쪽	케인스	©Alamy Stock Photo
116쪽	독일의 인플레이션	©Alamy Stock Photo
136쪽	베스트팔렌 조약	©Alamy Stock Photo
136쪽	모겐소	©Alamy Stock Photo
136쪽	윌슨	©Granger Historical Picture Archive / Alamy Stock Photo
137쪽, 148쪽	국제 연합 총회	©연합뉴스
137쪽, 실전 모의고사 42쪽	그린피스	©연합뉴스
137쪽, 148쪽, 실전모의고사 42쪽	국경 없는 의사회	©Alamy Stock Photo
142쪽, 148쪽	이스라엘–팔레스타인 분쟁	©Alamy Stock Photo
142쪽, 148쪽	파리 기후 변화 협약	©게티이미지코리아
143쪽, 149쪽	야스쿠니 신사 참배	©연합뉴스
143쪽, 149쪽, 151쪽	독도	©연합뉴스
143쪽, 147쪽, 실전모의고사 44쪽, 48쪽	동북 공정	©연합뉴스
143쪽, 149쪽	반크 홈페이지	©사이버외교사절단 반크
147쪽	G20 정상 회의	©연합뉴스
147쪽	유엔 평화 유지군	©Alamy Stock Photo
149쪽	정상 회담	©연합뉴스
149쪽	민간 문화 교류	©연합뉴스

필독

중학 국어로 수능 잡기

✦ 필독 중학 국어로 수능 잡기 시리즈

문학 — 비문학 독해 — 문법 — 교과서 시 — 교과서 소설

사뿐

사회를 한 권으로
가뿐하게!

실전모의고사

중학 사회
②-1

사회를 한 권으로
가뿐하게!

사뿐

실전모의고사

실전모의고사(1회)

01. 인권에 대한 설명으로 옳은 것은?

① 어떠한 경우라도 제한할 수 없다.
② 국가의 법으로만 보장할 수 있다.
③ 태어날 때부터 인간에게 주어진 권리이다.
④ 모든 사람들에게 보장되는 상대적 권리이다.
⑤ 다른 나라 국민에게는 보장되지 않는 권리이다.

02. 다음 헌법 조항에 대한 설명으로 옳지 <u>않은</u> 것은?

> 제10조 모든 국민은 인간으로서의 존엄과 가치를 가지
> 며, 행복을 추구할 권리를 가진다. 국가는 개인이 가지
> 는 불가침의 기본적 인권을 확인하고 이를 보장할 의무
> 를 진다.

① 모든 기본권 보장의 목적이 된다.
② 자국민뿐만 아니라 외국인에게도 적용된다.
③ 헌법에 보장된 모든 기본권의 토대가 된다.
④ 모든 기본권이 궁극적으로 지향하는 가치이다.
⑤ 다른 기본권의 보장을 위한 수단적 성격을 가진다.

03. 다음에서 공통적으로 나타나는 기본권으로 옳은 것은?

> • 누구든지 법률에 의하지 아니하고는 체포·구속·압
> 수·수색 또는 고문을 받지 아니한다.
> • 누구든지 체포 또는 구속을 당한 때에는 즉시 변호인의
> 조력을 받을 권리를 가진다.

① 자유권   ② 평등권   ③ 참정권
④ 청구권   ⑤ 사회권

04. 다음 내용과 관련된 기본권으로 옳은 것은?

> **○○신문**   20△△년 △월 △일
>
> 청원법 60년 만에 전면 개정, 국민 청원권 대폭 강화
>
> 청원법이 60년 만에 전면 개정됨에 따라 현재 서면으
> 로만 가능했던 '청원 신청'이 온라인으로 제출할 수 있게
> 되고, 국민이 청원을 신청하면 '청원 심의회'를 거치도록
> 하는 등 처리 절차도 강화한다.

① 자유권   ② 평등권   ③ 참정권
④ 청구권   ⑤ 사회권

05. 사회권에 해당하는 권리를 〈보기〉에서 고른 것은?

> 〈 보기 〉
> ㄱ. 근로의 권리   ㄴ. 교육받을 권리
> ㄷ. 재판받을 권리   ㄹ. 국가 배상을 청구할 권리

① ㄱ, ㄴ   ② ㄱ, ㄷ   ③ ㄴ, ㄷ
④ ㄴ, ㄹ   ⑤ ㄷ, ㄹ

06. 다음 사례에서 갑이 침해당한 기본권으로 옳은 것은?

> 갑은 결혼 정보 회사에 가입하려고 했으나 키가 158cm
> 로 너무 작다는 이유로 회원 가입을 거절당하였다.

① 자유권   ② 평등권   ③ 참정권
④ 청구권   ⑤ 사회권

07. 갑이 주장하는 기본권에 대한 설명으로 옳은 것은?

① 국가 권력의 간섭을 받지 않을 권리이다.
② 기본권 침해를 구제할 수 있는 수단적 권리이다.
③ 사생활의 비밀과 자유를 침해받지 않을 권리이다.
④ 국가의 의사 결정 과정에 참여할 수 있는 권리이다.
⑤ 최소한의 인간다운 생활을 보장하기 위한 권리이다.

08. A에 대한 설명으로 옳은 것을 〈보기〉에서 고른 것은?

> A는 인간으로서 누릴 수 있는 기본적 권리를 해치거나 방해하는 행위를 말한다.

〈 보기 〉
ㄱ. A는 사람들의 편견 및 고정 관념에 의해 발생한다.
ㄴ. 개인에 의한 A는 국가 기관에 구제를 요구할 수 없다.
ㄷ. A는 개인뿐만 아니라 국가 기관에 의해서도 발생한다.
ㄹ. A를 당한 국민은 국가 인권 위원회의 재판을 통해 구제된다.

① ㄱ, ㄴ   ② ㄱ, ㄷ   ③ ㄴ, ㄷ
④ ㄴ, ㄹ   ⑤ ㄷ, ㄹ

09. 다음 사례에 대한 설명으로 옳지 <u>않은</u> 것은?

> 1970년대 박정희 정권은 사회윤리 및 건전한 국민 정신, 미풍양속을 해친다며 장발족을 단속하면서 시민들의 머리를 깎은 뒤 집에 돌려보내기도 했으며, 미니스커트를 입은 여성을 단속하기도 하였다.

① 국가 권력에 의한 인권 침해이다.
② 인간 존엄 및 행복 추구권의 침해이다.
③ 국가 권력의 간섭을 받지 않고 생활할 권리의 침해이다.
④ 신체의 자유를 질서 유지라는 명목하에 과도하게 제한하였다.
⑤ 국가에 인간답게 살 권리를 요구할 수 있는 권리의 침해이다.

10. 다음 사례의 A에 해당하는 국가 기관은?

> 갑은 9세 자녀와 함께 식사하기 위해 을의 식당을 방문하였으나, 을은 안전사고 등의 이유로 13세 이하 아동의 식당 이용을 제한하였다. 이에 갑은 A에 진정서를 제출하였고, A는 합리적 이유 없이 나이를 이유로 특정한 사람을 배제하는 것은 차별 행위로 판단하고 시정하도록 권고하였다.

① 법원   ② 헌법 재판소
③ 국민 권익 위원회   ④ 국가 인권 위원회
⑤ 대한 법률 구조 공단

실전모의고사(1회)

11. 다음 신문 기사의 A에 해당하는 국가 기관은?

○○신문 20△△년 △월 △일

[역사 속 오늘]

A, 동성동본 금혼 위헌 결정

1997년 민법 제809조는 촌수와 관계없이 일률적으로 동성동본의 혼인을 금지하고 있었다. 동성동본 부부들은 이는 자신들의 행복 추구권과 혼인의 자유를 침해한다며 가정 법원에 위헌 법률 심판 제청 신청을 하고, 가정 법원이 이를 받아들여 A에 그 심판을 요청하였다. …(중략)… 이후 2005년 민법이 개정되면서 동성동본 금혼은 역사 속으로 사라지게 되었다.

① 법원
② 헌법 재판소
③ 국민 권익 위원회
④ 국가 인권 위원회
⑤ 대한 법률 구조 공단

12. 교사의 질문에 대한 학생의 답변으로 옳은 것은?

〈학습 주제〉 인권 침해

1. 인권 침해 구제 방법

인권 침해 구제 방법에 대해 발표해 볼까요?

① 법원에 헌법 소원 심판을 청구하여 구제받아요.
② 국가 인권 위원회에 진정을 신청하여 구제받아요.
③ 국민 권익 위원회에 재판을 청구하여 구제받아요.
④ 법원은 국가 기관에 의한 인권 침해만 구제할 수 있어요.
⑤ 대한 법률 구조 공단에 위헌 법률 심판을 제기하여 구제받아요.

13. A에 해당하는 국가 기관은?

A는 국무총리 소속의 기관으로서 부패 방지와 규제를 통해 국민의 권익을 보호하며 고충 민원 처리, 불합리한 행정 제도 개선, 청렴한 공직 및 사회 풍토 확립에 이바지한다.

① 법원
② 헌법 재판소
③ 국민 권익 위원회
④ 국가 인권 위원회
⑤ 대한 법률 구조 공단

14. A, B에 대한 설명으로 옳지 <u>않은</u> 것은?

A는 사용자에게 임금을 받기 위해 근로를 제공하는 사람으로 노동력을 제공하는 조건인 임금, 근로 시간, 휴가 등이 포함된 B를 작성해야 한다.

① A는 근로자, B는 근로 계약서이다.
② 국가 기관에서 일하는 공무원도 A에 해당한다.
③ A의 적정 임금을 보장하기 위해 최저 임금제를 시행한다.
④ B의 근로 조건은 법률이 정한 기준보다 높아서는 안 된다.
⑤ B는 A와 사용자 간의 합의에 의해 작성해야 한다.

15. 다음 법이 공통적으로 추구하는 목적으로 가장 적절한 것은?

• 근로 기준법은 근로자의 임금, 근로 시간, 유급 휴가 등에 관한 최저의 근로 조건을 규정하고 있다.
• 최저 임금법은 국가가 근로자에게 지불해야 할 최소한의 임금을 결정할 수 있는 기준과 절차 등을 규정하고 있다.

① 근로자의 권리를 제한하기 위해
② 사용자의 권리를 보호하기 위해
③ 사용자와 근로자의 분쟁을 해결하기 위해
④ 근로자의 생활 안정과 향상을 보장하기 위해
⑤ 국가가 근로자와 사용자 모두를 보호하기 위해

16. 밑줄 친 ㉠~㉢에 해당하는 용어를 각각 쓰시오.

> 우리나라 헌법에는 근로자의 권익을 위해 노동 3권을 보장하고 있다. 노동 3권에는 ㉠ 노동조합을 결성할 수 있는 권리, ㉡ 근로 조건을 협의할 수 있는 권리, ㉢ 쟁의 행위를 할 수 있는 권리가 있다.

17. 밑줄 친 (가)에 들어갈 사례로 옳은 것은?

오늘 배운 내용의 사례에는 (가) 가 있어요.

〈학습 주제〉 부당 노동 행위

① 임신을 이유로 해고한 경우
② 몇 달째 임금을 지불하지 않는 경우
③ 쟁의 행위를 이유로 불이익을 주는 경우
④ 1주일에 1회 유급 휴일을 주지 않는 경우
⑤ 결혼을 하면 회사를 그만두기로 근로 계약을 한 경우

18. 다음과 같은 상황을 해결하기 위한 국가 기관을 〈보기〉에서 고른 것은?

갑자기 하루 만에 전화로 해고 통보를 받았어요. 저는 어떻게 해야 할까요?

〈 보기 〉
ㄱ. 국회   ㄴ. 법원
ㄷ. 노동 위원회   ㄹ. 국민 권익 위원회

① ㄱ, ㄴ   ② ㄱ, ㄷ   ③ ㄴ, ㄷ
④ ㄴ, ㄹ   ⑤ ㄷ, ㄹ

19. 밑줄 친 A의 개념을 쓰고, ㉠에 해당하는 내용을 서술하시오.

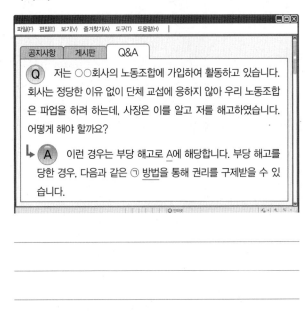

파일(F) 편집(E) 보기(V) 즐겨찾기(A) 도구(T) 도움말(H)

공지사항   게시판   Q&A

Q 저는 ○○회사의 노동조합에 가입하여 활동하고 있습니다. 회사는 정당한 이유 없이 단체 교섭에 응하지 않아 우리 노동조합은 파업을 하려 하는데, 사장은 이를 알고 저를 해고하였습니다. 어떻게 해야 할까요?

A 이런 경우는 부당 해고로 A에 해당합니다. 부당 해고를 당한 경우, 다음과 같은 ㉠ 방법을 통해 권리를 구제받을 수 있습니다.

20. ㉠에 들어갈 내용 세 가지와 이 조항을 규정한 이유를 서술하시오.

> 헌법 제37조 ② 국민의 모든 자유와 권리는 (㉠)을/를 위하여 필요한 경우에 한하여 법률로써 제한할 수 있으며 …(중략)… 없다.

실전모의고사(2회)

01. ㉠에 대한 설명으로 옳은 것은?

> (㉠)은/는 인간이라면 누구나 존중받고 인간답게 살 수 있는 권리로 피부색, 성별, 나이, 장애의 유무 등에 상관없이 누리는 권리이다.

① 다른 사람에게 양도할 수 있다.
② 국적에 따라 차별적으로 보장된다.
③ 현대 사회에 들어와 보장받기 시작하였다.
④ 국가가 법으로 규정해야 보장받을 수 있다.
⑤ 인간 존엄성 실현과 행복한 삶의 기반이 된다.

02. A에 대한 설명으로 옳지 <u>않은</u> 것은?

> A는 제2차 세계 대전에서 벌어진 인권 침해를 반성하고 인간의 기본적 권리 존중을 위해 1948년 12월 국제 연합(UN)에서 채택된 선언이다.

① 인권 보장의 국제 기준을 제시하였다.
② 인권은 보편적 권리임을 강조하고 있다.
③ 국가가 법이나 제도로 규정해야 인정됨을 선포하였다.
④ 천부 인권 사상을 바탕으로 인간의 자유와 권리를 중시한다.
⑤ 대부분 민주 국가의 헌법과 법률에 관련 내용이 반영되어 있다.

03. 밑줄 친 기본권에 해당하는 것은?

저 사람들은 왜 저렇게 시위를 하는 거예요?

기본권을 보장하라는 시위를 벌이고 있구나.

노동 기본권 쟁취

① 자유권   ② 평등권   ③ 참정권
④ 청구권   ⑤ 사회권

04. 다음 신문 기사에 대한 옳은 설명만을 〈보기〉에서 있는 대로 고른 것은?

> **○○신문**   20△△년 △월 △일
>
> **'참을 수 없는' 일조권 침해 … "48층 아파트 공사 멈춰라"**
>
> 최근 갑 건설 회사가 짓고 있는 48층 아파트에 대해서 이웃 주민들이 자신들의 기본권을 침해한다며 공사를 멈춰 달라는 소송을 제기했다. 이에 법원은 일조권 침해 시뮬레이션을 구현해 본 결과 신축 아파트와 가장 가까운 일부 아파트는 햇볕 드는 시간이 1분도 되지 않는 집이 17세대, 30분이 안 되는 집이 59세대였다며 참을 수 있는 정도를 넘긴 위법한 행위라고 보았다.

〈 보기 〉

ㄱ. 이웃 주민들이 주장한 기본권은 사회권이다.
ㄴ. 법원은 갑 건설 회사가 타인의 기본권을 침해한다고 보았다.
ㄷ. 이웃 주민들은 권리 침해에 대한 구제를 요구할 수 있는 권리가 침해되었다.
ㄹ. 갑 건설 회사는 국가 인권 위원회에 진정을 신청하여 아파트 건설을 추진해야 한다.

① ㄱ, ㄴ   ② ㄱ, ㄹ   ③ ㄷ, ㄹ
④ ㄱ, ㄴ, ㄷ   ⑤ ㄴ, ㄷ, ㄹ

05. 다음 사례에서 갑이 행사하고자 하는 기본권에 대한 설명으로 옳은 것은?

> 갑은 귀가하던 중 골목길에서 을과 병이 싸우는 것을 보고 이를 말렸으나, 을은 갑에게 폭행을 당했다며 경찰서에 갑을 신고하였다. 이에 갑은 조사를 받았고, 며칠 전 법원으로부터 10만 원에 처한다는 약식 명령이 나오자 갑은 이에 불복하여 정식으로 재판을 청구할 생각이다.
>
> * 약식 명령: 재판 절차 없이 서면 심리만으로 진행되는 형사 절차

① 다른 기본권 보장의 전제 조건이다.
② 사회적 약자에게 주어지는 권리이다.
③ 다른 사람에게 나누어 줄 수 있는 권리이다.
④ 국가의 의사 결정에 참여할 수 있는 권리이다.
⑤ 다른 기본권이 침해되었을 때 구제를 요구할 수 있는 권리이다.

06. 갑과 을이 주장하는 기본권으로 옳은 것은?

	갑	을		갑	을
①	자유권	평등권	②	자유권	사회권
③	평등권	청구권	④	평등권	사회권
⑤	사회권	참정권			

07. 인권 침해에 해당하는 사례를 〈보기〉에서 고른 것은?

〈 보기 〉
ㄱ. 종교가 다르다는 이유로 채용을 거절한 경우
ㄴ. 시각 장애인에게 시험 시간을 더 많이 주는 경우
ㄷ. 학급 회장의 자격을 성적 우수자에게만 부여하는 경우
ㄹ. 청소년의 PC방 출입을 오후 10시 이후 금지하는 경우

① ㄱ, ㄴ   ② ㄱ, ㄷ   ③ ㄴ, ㄷ
④ ㄴ, ㄹ   ⑤ ㄷ, ㄹ

08. A에 해당하는 국가 기관은?

장애인 갑은 전동 휠체어를 타는 뇌 병변 1급 장애인이다. 어느 날 갑이 휠체어를 타고 저상 버스에 탑승하려 하는데 운전 기사 을이 갑이 안전하게 착석할 수 있는 조치를 취하지 않아 중심을 잡지 못하여 위험하였다. 이에 갑은 A에 진정서를 제출하였고, A는 교통 약자가 차별 없이 안전하고 편리하게 교통수단을 이용할 수 있는 권리가 침해되었다며 버스 회사에 소속 직원에 대한 장애인 인권 교육을 실시할 것을 권고하였다. 또한 행정 기관에 행정 지도를 실시할 것을 권고하였다.

① 법원   ② 헌법 재판소
③ 국민 권익 위원회   ④ 국가 인권 위원회
⑤ 대한 법률 구조 공단

09. 교사의 질문에 옳게 답한 학생을 〈보기〉에서 고른 것은?

우리 헌법 제37조 제2항에서는 기본권의 제한과 한계를 규정하고 있습니다. 우리 헌법에서 규정한 기본권의 제한 및 한계에 대해 발표해 볼까요?

〈 보기 〉
갑: 국가 권력의 보장을 위해 기본권을 제한할 수 있어요.
을: 기본권을 제한하려면 대통령의 명령으로 할 수 있어요.
병: 공공복리 및 질서 유지를 위해 국민의 기본권을 제한할 수 있어요.
정: 기본권을 제한하더라도 자유와 권리의 본질적 내용은 침해할 수 없어요.

① 갑, 을   ② 갑, 병   ③ 을, 병
④ 을, 정   ⑤ 병, 정

10. 밑줄 친 기본권에 대한 설명으로 옳은 것은?

남자 유도 선수 10여 명이 운동 연습을 끝낸 후, 회식을 하려고 한 유명한 식당에 갔다. 이들은 거구일 뿐만 아니라 체중도 모두 100kg 이상이었다. 이들이 식당에 들어가려 하자, 식당 지배인은 "죄송하지만, 우리 식당은 운동선수를 받지 않습니다."라고 하면서 이들의 입장을 거부하였다. 이에 선수들은 체격으로 인해 식사할 권리마저 박탈당한 것에 분개해, 식당 사장을 상대로 기본권 침해에 대한 소송을 제기하기로 하였다.

① 다른 기본권 보장을 위한 전제 조건이다.
② 국가의 의사 결정에 참여할 수 있는 권리이다.
③ 권리 침해에 대한 구제를 요구할 수 있는 권리이다.
④ 최소한의 인간다운 생활을 보장받기 위한 권리이다.
⑤ 국가 및 공공 단체의 직무를 담당할 수 있는 권리이다.

실전모의고사(2회)

11. 다음 A에 대한 설명으로 옳은 것은?

> ○○회사는 제19대 대통령 선거의 방송 3사 출구 조사를 수행하기 위해 출구 조사원을 모집하면서 모집 대상을 '해당 지역 소재 대학 여학생'으로 제한하였다. 이에 대해 A는 학력과 성별에 대한 합리적 이유 없는 고용 차별 행위에 해당한다고 판단하고, 학력을 이유로 한 차별 행위를 하지 않도록 재발 방지 대책을 마련할 것을 권고하였다.

① 주로 재판을 통해 침해된 권리를 구제한다.
② 사회 질서에 어긋나는 범죄 행위를 처벌한다.
③ 기본적 인권을 보장할 수 있는 법률을 제정한다.
④ 인권 침해나 차별 행위를 조사하여 권리를 구제한다.
⑤ 경제적으로 어려운 사람들의 법률 소송을 지원한다.

12. 밑줄 친 ㉠에 해당하지 않는 사람은?

> 임금을 목적으로 사업이나 사업장에 근로를 제공하는 사람을 ㉠ 근로자라고 한다.

① 편의점에서 아르바이트하는 갑
② 자동차 공장에서 일하는 기술자 을
③ 학교 앞에서 제과점을 운영하는 병
④ 매달 월급을 받고 일하는 회사원 정
⑤ 음식점에서 주말에만 배달일을 하는 무

13. ㉠에 들어갈 인권 침해 구제 기관으로 옳은 것은?

> 갑은 ○○사회 복지관의 수영장 설계에 참여하고 있었는데, 갑이 시공하는 FRP 수영장이 인체 유해, 과다 유지·보수 비용 등 문제점이 있다는 허위의 내용이 사실 확인 없이 보도되어 사업 진행에 어려움을 겪고 있다. 이에 갑은 (㉠)에 잘못된 보도에 대해 조정해 줄 것을 신청하였다. …(중략)… 정정보도를 게재하기로 당사자가 합의해 조정이 성립되었다.

① 헌법 재판소 ② 국가 인권 위원회
③ 언론 중재 위원회 ④ 대한 법률 구조 공단
⑤ 국민 권익 위원회

14. 인권 침해를 구제하는 방법에 대한 설명으로 옳은 것을 〈보기〉에서 고른 것은?

> ─〈 보기 〉─
> ㄱ. 법률 구조 공단은 재판을 통해 사회적 약자의 침해된 권리를 구제한다.
> ㄴ. 헌법 재판소는 재판의 전제가 되는 법률의 위헌 여부를 심판하여 국민의 권리를 구제한다.
> ㄷ. 공권력에 의해 기본권을 침해당한 국민은 법원에 헌법 소원을 제기하여 구제받을 수 있다.
> ㄹ. 행정 기관의 잘못된 법 집행으로 인한 권리 침해는 국민 권익 위원회를 통해 구제받을 수 있다.

① ㄱ, ㄴ ② ㄱ, ㄷ ③ ㄴ, ㄷ
④ ㄴ, ㄹ ⑤ ㄷ, ㄹ

15. 근로 조건에 대한 진술로 옳지 않은 학생은?

> 갑: 1일 8시간 근무를 원칙으로 해요.
> 을: 한 달에 1회 이상 유급 휴일을 보장받아요.
> 병: 최저 임금제 실시로 적정 임금을 보장받아요.
> 정: 근로 계약서를 작성하여 근로 조건을 명시해요.
> 무: 근로 기준법을 통해 근로 조건의 최저 기준을 정하고 있어요.

① 갑 ② 을 ③ 병 ④ 정 ⑤ 무

16. 다음 사례에 대한 설명으로 옳은 것을 〈보기〉에서 고른 것은?

> 갑은 자녀를 돌보기 위해 육아 휴직을 하였다. 휴직 기간이 끝나자 사용자는 정당한 사유 없이 갑을 해고하였다.

> ─〈 보기 〉─
> ㄱ. 갑은 단결권을 침해당하였다.
> ㄴ. 갑에 대한 해고는 부당 노동 행위에 해당한다.
> ㄷ. 갑은 지방 노동 위원회에 구제를 신청할 수 있다.
> ㄹ. 갑은 법원에 해고 무효 확인 소송을 제기할 수 있다.

① ㄱ, ㄴ ② ㄱ, ㄷ ③ ㄴ, ㄷ
④ ㄴ, ㄹ ⑤ ㄷ, ㄹ

17. (가), (나)에 들어갈 적절한 답변을 〈보기〉에서 고른 것은?

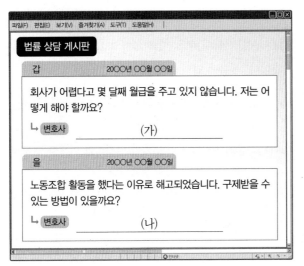

〈 보기 〉
ㄱ. (가) – 노동 위원회에 구제를 신청하세요.
ㄴ. (가) – 고용 노동부에 진정서를 제출하세요.
ㄷ. (나) – 국민 권익 위원회에 진정서를 제출하세요.
ㄹ. (나) – 법원에 해고 무효 확인 소송을 제기하세요.

① ㄱ, ㄴ   ② ㄱ, ㄷ   ③ ㄴ, ㄷ
④ ㄴ, ㄹ   ⑤ ㄷ, ㄹ

18. 밑줄 친 '차이점'에 해당하는 것을 〈보기〉에서 고른 것은?

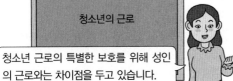

청소년의 근로

청소년 근로의 특별한 보호를 위해 성인의 근로와는 차이점을 두고 있습니다.

〈 보기 〉
ㄱ. 청소년의 근로는 근로 기준법이 적용되지 않는다.
ㄴ. 청소년의 근로 시간은 1일 7시간을 초과할 수 없다.
ㄷ. 청소년의 근로 계약서는 부모가 대신 작성해야 한다.
ㄹ. 청소년은 위험한 일이나 유해한 업소에서 일할 수 없다.

① ㄱ, ㄴ   ② ㄱ, ㄷ   ③ ㄴ, ㄷ
④ ㄴ, ㄹ   ⑤ ㄷ, ㄹ

서술형

19. 다음 사례의 갑이 침해당한 기본권을 쓰고, 밑줄 친 (가)에 들어갈 인권 구제 방안을 서술하시오.

> 갑은 스포츠 마사지를 가르치는 대학에서 관련 교육을 받고 스포츠 마사지 직업을 갖고자 한다. 갑은 안마사가 되기 위해 관련 규칙을 알아보던 중 '안마사에 관한 규칙'에 일정 범위의 앞을 보지 못하는 사람에 한해 안마사 자격 인정을 받을 수 있도록 규정하고 있어 안마사 자격을 취득할 수 없었다. 이에 갑은 이 규칙에 의해 자신의 기본권이 침해된다며 _____ (가) _____ 헌법 재판소는 이 규칙이 갑의 기본권을 침해하므로 헌법에 위반된다고 심판하였다.

서술형

20. ㉠에 들어갈 개념을 쓰고, 밑줄 친 부분에 해당하는 내용을 두 가지 서술하시오.

> 근로 기준법 제23조는 사용자가 근로자를 정당한 이유 없이 해고하지 못하도록 규정하고 있다. (㉠)은/는 해고에 정당한 사유가 없거나 해고할 만한 사유 및 절차의 위반이 있는 경우를 의미한다.

Ⅱ. 헌법과 국가 기관

실전모의고사(1회)

01. 다음 내용에 해당하는 국가 기관으로 옳은 것은?

> • 국민의 다양한 의견을 수렴하여 법률을 제·개정한다.
> • 국민의 대표 기관, 국정 통제 기관의 지위를 가진다.

① 국회　　　　② 법원　　　　③ 행정부
④ 감사원　　　⑤ 국무 회의

02. 국회의 구성과 주요 조직에 대한 설명으로 옳은 것은?

① 국회 의원의 임기는 4년이며, 연임할 수 없다.
② 국회 의장은 국회의 동의를 받아 대통령이 임명한다.
③ 10명 이상의 소속 의원으로 구성되는 교섭 단체를 둔다.
④ 국회 의원은 지역구 의원과 비례 대표 의원으로 구분된다.
⑤ 국회의 모든 결정은 최종적으로 상임 위원회에서 한다.

03. 교사의 질문에 대해 옳게 답한 학생은?

① 갑: (가)에는 조약 체결에 대한 동의권이 있습니다.
② 을: (가)에는 예산안을 편성하고 집행하는 권한이 있습니다.
③ 병: (나)에는 특정 사안을 조사하는 국정 조사권이 있습니다.
④ 정: (나)에는 공무원의 직무를 감찰할 수 있는 권한이 있습니다.
⑤ 무: 고위 공직자에 대한 탄핵 소추는 (가), (나)에 모두 해당하는 권한입니다.

[04~05] (가)~(라)는 법률 제정 절차를 순서 없이 나타낸 것이다. 물음에 답하시오.

> (가) 제출된 법률안을 국회 의장이 ㉠ 상임 위원회에 회부하여 심의하고 의결하였다.
> (나) ㉡ 본회의에 상정된 법률안이 질의와 토론을 거쳐 국회 의원의 투표로 ㉢ 의결되었다.
> (다) 의결된 법률안이 정부로 이송되어 국무 회의 심의를 거쳐 대통령이 공포하여 확정되었다.
> (라) 사업장에서 비정규직 근로자 사망사고가 자주 발생하고 사회적 관심이 높아져 '중대 재해 처벌법'이 ㉣ 제안되었다.

04. 법률 제정 절차에 맞게 (가)~(라)를 순서대로 바르게 나열한 것은?

① (가) - (나) - (다) - (라)
② (가) - (라) - (나) - (다)
③ (나) - (가) - (라) - (다)
④ (라) - (가) - (나) - (다)
⑤ (라) - (가) - (다) - (나)

05. 밑줄 친 ㉠~㉣에 대한 설명으로 옳은 것을 〈보기〉에서 고른 것은?

> 〈 보기 〉
> ㄱ. ㉠은 20명 이상의 소속 의원으로 구성된다.
> ㄴ. ㉡은 국회 의원 전원이 참여하는 국회의 최종적인 의사 결정 회의이다.
> ㄷ. ㉢이 되기 위해서는 재적 의원 과반수 찬성이 필요하다.
> ㄹ. ㉣은 정부 또는 국회 의원 10명 이상이 할 수 있다.

① ㄱ, ㄴ　　②ㄱ, ㄷ　　③ ㄴ, ㄷ
④ ㄴ, ㄹ　　⑤ ㄷ, ㄹ

06. 다음에 나타난 국회의 권한과 성격이 유사한 것은?

국회는 매년 정기 국회 기간에 국정 전반에 대해 국정 감사를 실시한다.

① 법률의 개정권
② 정부 예산안 심의권
③ 헌법 개정안 의결권
④ 조약 체결에 대한 동의권
⑤ 국무총리에 대한 해임 건의권

07. 다음은 헌법 개정 절차이다. (가)~(마)의 권한 주체로 옳은 것은?

| (가) 제안 | → | (나) 공고 | → | (다) 의결 | → | (라) 투표 | → | (마) 공포 |

① (가) – 국회 의장
② (나) – 대통령
③ (다) – 국무 회의
④ (라) – 국회 의원
⑤ (마) – 대법원장

08. A에 대한 옳은 설명만을 〈보기〉에서 있는 대로 고른 것은?

A는 고전적인 의미에서 입법부가 만든 법률을 집행하는 국가 작용을 가리킨다. 하지만 현대적 의미에서는 법률을 집행하고 공익을 실현하기 위하여 정책을 수립하고 실행하는 국가 작용을 의미한다.

〈 보기 〉
ㄱ. 대통령은 A를 담당하는 최고 책임자이다.
ㄴ. 재판을 통해 사회 질서 유지와 공익을 추구한다.
ㄷ. 법을 해석하고 적용하여 판단하는 국가 작용이다.
ㄹ. 국민 복지 향상을 위해 그 역할이 점점 커지고 있다.

① ㄱ, ㄴ
② ㄱ, ㄹ
③ ㄴ, ㄷ
④ ㄱ, ㄷ, ㄹ
⑤ ㄴ, ㄷ, ㄹ

09. A, B에 대한 설명으로 옳지 <u>않은</u> 것은?

• 헌법 제66조 ④ 행정권은 A를 수반으로 하는 정부에 속한다.
• 헌법 제86조 ① B는 국회의 동의를 얻어 A가 임명한다.

① A는 국민의 직접 선거로 선출되며 임기는 5년이다.
② A는 행정부의 최고 책임자로 행정부를 지휘·감독한다.
③ B는 행정 각부를 통할하여 관리·감독한다.
④ B는 국무 위원을 임명하고 해임할 수 있는 권한을 가진다.
⑤ A는 국무 회의의 의장이고, B는 국무 회의의 부의장이다.

10. A에 해당하는 국가 기관에 대한 설명으로 옳은 것은?

A는 행정부의 최고 감사 기관으로서 조직상으로는 대통령에 소속되어 있지만, 업무상으로는 독립되어 있는 헌법상의 필수 기관입니다.

① A의 장(長)은 국민의 직접 선거로 선출된다.
② 국가의 세입 및 세출에 대한 검사권을 가진다.
③ 세금의 종류와 세율을 결정하는 권한을 가진다.
④ 공무원을 직무 감찰하고 재판을 통해 징계한다.
⑤ 국정 전반에 대해 매년 감사하는 국정 감사권을 가진다.

11. 대통령이 국가 원수로서 가지는 권한으로 옳은 것은?

① 국군 통수권　　　　② 공무원 임면권

③ 대통령령 발포권　　④ 조약 체결 및 비준권

⑤ 행정부 지휘 · 감독권

12. 국무 회의에 대한 설명으로 옳은 것을 〈보기〉에서 고른 것은?

〈 보기 〉

ㄱ. 행정부의 최고 심의 기관이다.

ㄴ. 조약에 대한 비준 동의권을 가진다.

ㄷ. 대통령은 의장으로 회의를 주재한다.

ㄹ. 구성원은 모두 국민의 직접 선거로 선출된다.

① ㄱ, ㄴ　　　　② ㄱ, ㄷ　　　　③ ㄴ, ㄷ

④ ㄴ, ㄹ　　　　⑤ ㄷ, ㄹ

13. 다음과 같은 방식으로 대통령의 권한 행사 방식을 정한 이유로 가장 적절한 것은?

• 대통령은 국무 회의의 심의에 앞서 각종 자문 기관의 자문을 거쳐 정책을 수립한다.

• 대통령의 국법상 행위는 국무 회의의 심의를 거쳐서 국무 총리와 관계 국무 위원이 부서한 문서로 행하도록 한다.

① 대통령의 권한을 강화하기 위하여

② 대통령의 권한 행사를 신중하게 하기 위하여

③ 대통령의 권한 행사의 효율성을 높이기 위하여

④ 대통령의 권한 행사로 입법부를 견제하기 위하여

⑤ 대통령의 권한 행사로 국정 통제를 강화하기 위하여

14. A에 해당하는 국가 기관으로 옳은 것은?

사법권은 법질서에 대한 침해가 발생하거나 법적인 분쟁이 발생하였을 때 법이 무엇인지를 선언하여 법질서를 유지하는 역할을 한다. 우리 헌법에는 사법권은 A에서 담당한다고 규정하고 있다.

① 국회　　　　② 정부　　　　③ 법원

④ 감사원　　　⑤ 헌법 재판소

15. 우리나라 법원에 대한 설명으로 옳은 것을 〈보기〉에서 고른 것은?

〈 보기 〉

ㄱ. 지방 법원은 상고 사건의 판결을 담당한다.

ㄴ. 고등 법원은 민형사 사건의 1심 판결을 담당한다.

ㄷ. 대법원은 명령 · 규칙 · 처분에 대한 최종 심사권을 가진다.

ㄹ. 가정 법원은 가사 사건과 소년 보호 사건을 주로 담당한다.

① ㄱ, ㄴ　　　　② ㄱ, ㄷ　　　　③ ㄴ, ㄷ

④ ㄴ, ㄹ　　　　⑤ ㄷ, ㄹ

16. 다음 A에 해당하는 국가 기관으로 옳은 것은?

> ○○신문   20△△년 △월 △일
>
> **손님 위장해 게임장 함정 단속한 경찰 "위법"**
>
> A는 손님으로 위장한 경찰이 게임장 주인에게 현금 환전을 요구한 뒤 이를 적발했다면 위법한 함정 수사라고 판단하였다. … (중략)… A는 상고심에서 원심을 일부 파기하고 다시 심리하라고 판결하였다.

① 대법원   ② 고등 법원   ③ 특허 법원
④ 가정 법원   ⑤ 헌법 재판소

17. 헌법 재판소에 대한 설명으로 옳지 <u>않은</u> 것은?

① 헌법 수호 기관이라고도 한다.
② 법관의 자격을 가진 9명의 재판관으로 구성된다.
③ 헌법 재판소장은 국회의 동의를 얻어 대통령이 임명한다.
④ 헌법을 어긴 고위 공직자에 대한 탄핵 소추권을 가진다.
⑤ 위헌 정당에 대한 해산을 심판할 수 있는 권한을 가진다.

18. ㉠에 들어갈 헌법 재판으로 옳은 것은?

> 갑은 변호사가 되기 위해 ○○대학교 법학 전문 대학원에 입학하고자 하였으나, 해당 학교에서는 법학 전문 대학원에 입학하기 위해서는 학사 학위 이상의 학위가 있어야 한다는 법률 조항을 근거로 지원할 수 없다고 하였다. 이에 갑은 학위가 없는 사람의 법학 전문 대학원 진학을 제한하고 있는 법률 조항이 자신의 직업의 자유를 침해하였다고 판단하여 헌법 재판소에 (㉠)을/를 청구하였다.

① 탄핵 심판   ② 위헌 법률 심판
③ 정당 해산 심판   ④ 헌법 소원 심판
⑤ 권한 쟁의 심판

19. 다음은 우리나라의 심급 제도를 나타낸 것이다. 이와 같은 제도를 두는 이유를 서술하시오.

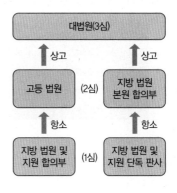

20. 헌법 재판소의 권한 중 (가), (나)에 해당하는 심판의 종류를 쓰고, (가)와 (나) 심판이 공통적으로 추구하는 궁극적인 목적을 서술하시오.

> (가) 재판의 전제가 되는 법률이 헌법에 위반되는지를 심판
> (나) 제도나 공권력이 국민의 기본권을 침해하고 있는지를 심판

실전모의고사(2회)

01. 사진의 국가 기관에 대한 설명으로 옳지 <u>않은</u> 것은?

① 국민의 대표 기관이다.
② 국회 의원으로 구성된다.
③ 법률을 제정하거나 개정한다.
④ 법을 적용하여 분쟁을 해결한다.
⑤ 조세의 종목 및 세율을 결정한다.

02. 국회의 권한에 해당하는 것을 〈보기〉에서 고른 것은?

〈 보기 〉
ㄱ. 탄핵 소추 의결권
ㄴ. 명령·규칙 심사권
ㄷ. 예산안 심의·확정권
ㄹ. 신임 대법원장 임명권

① ㄱ, ㄴ   ② ㄱ, ㄷ   ③ ㄴ, ㄷ
④ ㄴ, ㄹ   ⑤ ㄷ, ㄹ

03. 국회에 다음과 같은 기관을 두는 이유로 적절한 것은?

• 교섭 단체   • 상임 위원회

① 국회의 권한을 확대하기 위해
② 행정부 견제를 강화하기 위해
③ 사법부를 견제·감시하기 위해
④ 국민의 기본권을 보장하기 위해
⑤ 국회 운영의 효율성을 높이기 위해

04. 다음은 국회의 입법 과정을 간략히 나타낸 것이다. 이에 대한 옳은 설명만을 〈보기〉에서 있는 대로 고른 것은?

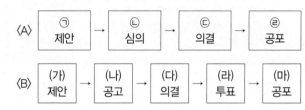

〈 보기 〉
ㄱ. ⊙은 국회 의원 10명 이상, (가)는 대통령이 할 수 있다.
ㄴ. ⓒ은 상임 위원회에서, (라)는 본회의에서 진행된다.
ㄷ. ⓒ과 (다)에 필요한 국회 의원 정족수는 동일하다.
ㄹ. ⓔ과 (나), (마)는 대통령이 한다.

① ㄱ, ㄴ   ② ㄱ, ㄹ   ③ ㄷ, ㄹ
④ ㄱ, ㄴ, ㄷ   ⑤ ㄴ, ㄷ, ㄹ

05. 밑줄 친 ⊙~⑩에 대한 설명으로 옳은 것은?

○○신문   20△△년 △월 △일

　국회는 오는 1일 국회 ⊙ 정기회 개회식을 개최한다. 코로나 19로 인한 거리두기 상황이지만 국회의 입법 기관으로서의 법적 의무 및 긴급성 등을 고려하여 방역 수칙을 철저히 준수하면서 진행된다고 밝혔다. 300명의 국회 의원들은 내년도 ⓒ 예산안 심의와 코로나19 극복을 위한 다양한 민생 ⓒ 법률안을 처리할 예정이다. 또한 국회 교섭 단체는 협의를 통해 ⓔ 국정 감사 일정을 조율하고 상임 위원회별로 실시된다고 발표하였다. 한편 개회식 직후 열리는 1차 본회의에서는 ⑩ 대법원의 장(長) 임명 동의안이 처리될 예정이다.

① ⊙은 매달 1일 개최된다.
② ⓒ은 국회의 입법 기능에 해당한다.
③ ⓒ을 위해서는 재적 의원 과반수 출석이 필요하다.
④ ⓔ은 특정한 사안에 대해 국회가 조사하는 권한이다.
⑤ ⑩은 사법부 최고 기관으로 민형사 사건의 항소심을 담당한다.

06. ㉠, ㉡에 들어갈 용어로 옳은 것은?

> (㉠)은/는 법률을 집행하고 국가의 목적이나 공익을 적극적으로 실현하기 위하여 여러 가지 정책을 수립하고 실행하는 국가 작용이다. 반면 (㉡)은/는 법을 적용하고 해석하는 국가 작용으로 우리의 일상생활에서의 크고 작은 분쟁이나 사건들에 법을 적용하여 옳고 그름을 밝힌다.

	㉠	㉡		㉠	㉡
①	입법	행정	②	행정	입법
③	행정	사법	④	사법	입법
⑤	사법	행정			

07. 행정부 수반으로서 대통령의 권한을 〈보기〉에서 고른 것은?

> 〈 보기 〉
> ㄱ. 국군 통수권
> ㄴ. 계엄 선포권
> ㄷ. 법률안 거부권
> ㄹ. 긴급 처분 및 명령권

① ㄱ, ㄴ ② ㄱ, ㄷ ③ ㄴ, ㄷ
④ ㄴ, ㄹ ⑤ ㄷ, ㄹ

08. 우리나라 국가 기관 A, B에 대한 설명으로 옳지 <u>않은</u> 것은?

구분	내용
A	국민이 직접 선출한 4년 임기의 대표들로 구성된 입법 기관
B	국민이 직접 선출한 5년 임기의 행정부 수반

① A는 국회, B는 대통령이다.
② A는 감사원장에 대한 임명 동의권을 가진다.
③ A의 장(長)은 B를 보좌하며, 행정 각부를 통할한다.
④ 감사원은 B 직속의 헌법 기관이다.
⑤ B는 법률안 거부권을 행사하여 A를 견제한다.

09. 다음과 같은 국가 작용에 대한 설명으로 옳은 것을 〈보기〉에서 고른 것은?

> 〈 보기 〉
> ㄱ. 법률의 내용을 적용하여 재판을 진행한다.
> ㄴ. 공익을 추구하는 적극적인 국가 작용이다.
> ㄷ. 국가 목적 달성을 위해 정책을 수립하고 실행한다.
> ㄹ. 복지 국가를 추구하면서 그 역할이 감소하고 있다.

① ㄱ, ㄴ ② ㄱ, ㄷ ③ ㄴ, ㄷ
④ ㄴ, ㄹ ⑤ ㄷ, ㄹ

10. ㉠에 들어갈 헌법 기관에 대한 설명으로 옳은 것을 〈보기〉에서 고른 것은?

> ○○신문   20△△년 △월 △일
>
> 대통령 주재로 열린 (㉠)에서는 자동차 등록령 개정안을 심의·의결했다. 또한 전자 여권에 지문을 등록하지 않고 여권 발급 시 지문 대조만 하는 내용의 여권법 개정안, 지역 주민에게 통일 교육을 하는 이에게 지방 자치 단체가 필요한 지원을 하도록 한 통일 교육 지원법 개정안 등 법률 공포안 10건도 일괄 처리했다.

> 〈 보기 〉
> ㄱ. 행정부의 최고 의결 기관이다.
> ㄴ. 대통령, 국무총리, 국무 위원으로 구성된다.
> ㄷ. 의장은 대통령, 부의장은 국무총리가 맡는다.
> ㄹ. 정책 집행을 위한 예산안을 심의 및 확정한다.

① ㄱ, ㄴ ② ㄱ, ㄷ ③ ㄴ, ㄷ
④ ㄴ, ㄹ ⑤ ㄷ, ㄹ

[11~12] 다음은 수업 장면의 일부이다. 물음에 답하시오.

〈학습 주제〉   (가)
• 관련 헌법 조항

제101조 ① 사법권은 법관으로 구성된 ⊙ 법원에 속한다.
제103조 법관은 헌법과 법률에 의하여 그 양심에 따라 독립하여 심판한다.

11. (가)에 들어갈 수업의 학습 주제로 가장 적절한 것은?

① 사법권의 독립
② 효율적 법률 집행
③ 법원의 신속한 재판
④ 사법부의 행정부 견제
⑤ 사법부의 입법부 견제

12. 밑줄 친 ⊙에 대한 설명으로 옳은 것은?

① 헌법 재판을 담당한다.
② 특허 법원은 행정 관련 사건을 담당한다.
③ 지방 법원은 주로 민형사 사건의 1심을 담당한다.
④ 고등 법원은 1심 판결에 불복한 상고심을 담당한다.
⑤ 대법원은 대법원장과 대법관, 국무 위원으로 구성된다.

13. A, B에 해당하는 국가 기관으로 옳은 것은?

헌법 제107조 ① 법률이 헌법에 위반되는 여부가 재판의 전제가 된 경우에는 법원은 A에 제청하여 그 심판에 의하여 재판한다.
② 명령·규칙 또는 처분이 헌법이나 법률에 위반되는 여부가 재판의 전제가 된 경우에는 B는 이를 최종적으로 심사할 권한을 가진다.

	A	B
①	대법원	국무 회의
②	대법원	고등 법원
③	국무 회의	헌법 재판소
④	헌법 재판소	대법원
⑤	헌법 재판소	고등 법원

14. 다음은 대통령의 주요 일정이다. (가)~(라)에 대한 설명으로 옳은 것을 〈보기〉에서 고른 것은?

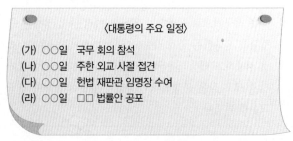

〈대통령의 주요 일정〉

(가) ○○일   국무 회의 참석
(나) ○○일   주한 외교 사절 접견
(다) ○○일   헌법 재판관 임명장 수여
(라) ○○일   □□ 법률안 공포

〈 보기 〉
ㄱ. (가) – 대통령은 국무 회의의 의장으로 회의를 주재한다.
ㄴ. (나) – 국가 원수로서 행사하는 권한이다.
ㄷ. (다) – 행정부 수반으로서 행사하는 권한이다.
ㄹ. (라) – 법률안을 공포하려면 국회의 동의가 필요하다.

① ㄱ, ㄴ   ② ㄱ, ㄷ   ③ ㄴ, ㄷ
④ ㄴ, ㄹ   ⑤ ㄷ, ㄹ

15. 다음의 ⊙~㉣에 들어갈 주체로 옳은 것은?

〈헌법 재판소의 권한과 청구 주체〉

권한	청구 주체
탄핵 심판권	⊙
위헌 법률 심판권	ⓒ
헌법 소원 심판권	ⓒ
정당 해산 심판권	㉣
권한 쟁의 심판권	국가 기관

	⊙	ⓒ	ⓒ	㉣
①	정부	법원	국회	국민
②	정부	국회	국민	법원
③	국회	법원	국민	정부
④	국회	국민	법원	정부
⑤	법원	국회	정부	국민

16. (가)에 들어갈 내용으로 옳지 <u>않은</u> 것은?

> A는 국회가 만든 법률이 헌법에 어긋나는지와, 공권력의 행사가 국민의 기본권을 침해하는지 등을 판단하는 기관으로 _____ (가)

① 헌법 수호 기관이라고도 한다.

② 사법부 최고 법원으로 최종심을 담당한다.

③ 국가 기관 간에 발생한 권한 쟁의를 심판한다.

④ 법관의 자격을 가진 9명의 재판관으로 구성된다.

⑤ A의 장(長)은 국회의 동의를 받아 대통령이 임명한다.

17. 다음은 국가 기관 간의 견제와 균형을 나타낸다. ㉠~㉢에 해당하는 권한으로 옳은 것은?

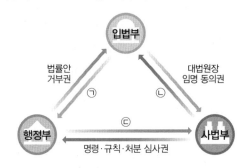

① ㉠ – 탄핵 소추권

② ㉡ – 사면권

③ ㉡ – 대법원장 임명권

④ ㉢ – 국정 조사권

⑤ ㉢ – 위헌 법률 심판 제청권

18. 다음은 우리나라 국가 기관에 관한 진술이다. 갑~무 중 각 진술에 대해 모두 옳게 응답한 학생은?

진술 \ 학생	갑	을	병	정	무
국회는 국민의 직접 선거로 선출된 국회 의원으로 구성된다.	○	○	×	×	×
대통령은 행정부의 최고 심의 기관인 국무 회의의 의장이다.	○	○	○	×	○
대법원은 사법부 최고 법원으로 최종 심판인 상고심을 담당한다.	○	×	○	○	×

(○: 그렇다, ×: 그렇지 않다)

① 갑 ② 을 ③ 병 ④ 정 ⑤ 무

서술형

19. 그림은 우리나라 법원 조직을 나타낸다. (가)와 (나)에 들어갈 법원을 쓰고, 각 법원이 담당하는 재판을 서술하시오.

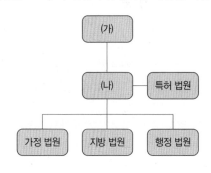

서술형

20. 다음 헌법 재판 A를 쓰고, ㉠에서 법안이 의결되기 위한 정족수를 서술하시오.

> **○○신문**   20△△년 △월 △일
>
> **국회 상임위, 수술실 폐쇄 회로(CCTV) 설치 법안 통과**
>
> 긴 공방을 이어온 수술실 내 CCTV 설치 법안이 국회 상임 위원회를 통과했다. 개정안은 수술실 내부에 네트워크와 연결되지 않은 CCTV를 설치·운영하는 것을 골자로 한다. 이번 개정안에 환자 단체와 시민들은 환영했지만, 의료계는 입장문을 내고 "수술실 내 CCTV 설치 법안은 개인의 기본권을 심각히 침해하는 법안으로 위헌성을 분명히 밝히고 헌법 재판소에 (A)을/를 제기하는 등 모든 노력을 펼칠 것"이라고 강조했다. …(중략)… 수술실 내 CCTV 설치 법안은 오는 ○○일에 국회 ㉠ 본회의에서 최종 처리될 예정이다.

실전모의고사(1회)

---

01. 다음에 해당하는 경제 활동 대상의 사례로 적절하지 <u>않은</u> 것은?

> 인간의 욕구와 필요를 충족시켜 주는 사람의 행위로, 일반적으로 구체적인 형태를 띠고 있지 않다.

① 의사의 진료
② 교사의 수업
③ 매점의 음료수
④ 가수의 공연
⑤ 미용사의 머리 손질

02. 가계에 대한 설명으로 옳지 <u>않은</u> 것은?

① 기업에 생산 요소를 제공한다.
② 경제 활동에 필요한 제도와 정책을 실행한다.
③ 재화와 서비스를 소비하는 소비 활동의 주체이다.
④ 최소의 비용으로 최대의 만족을 얻기 위해 노력한다.
⑤ 생산 활동에 참여하여 얻은 소득으로 경제 활동을 한다.

03. 밑줄 친 '이것'에 대한 설명으로 옳은 것을 〈보기〉에서 고른 것은?

> 어떤 농부가 주어진 토지를 사용하여 사과나 참외를 생산할 수 있다고 할 때, 농부가 참외를 생산하기로 하였다면 그는 사과 생산을 포기한 것이다. 이때, 참외 생산의 가치는 포기한 사과 생산의 가치에 의해서 결정되며, 사과 생산의 가치를 참외 생산의 <u>이것</u>이라고 부른다.

〈 보기 〉
ㄱ. 이것을 최소화하는 선택이 합리적 선택이다.
ㄴ. 경제 활동에서 선택에 따른 이것은 모두 같다.
ㄷ. 선택함으로써 포기한 것 중 가장 가치가 큰 것이다.
ㄹ. 선택하지 않은 것들 중 가장 아쉽지 않은 것의 가치이다.

① ㄱ, ㄴ
② ㄱ, ㄷ
③ ㄴ, ㄷ
④ ㄴ, ㄹ
⑤ ㄷ, ㄹ

04. 다음 사례에 나타난 경제의 기본 문제로 적절한 것은?

> 가구 매장을 운영하는 갑은 한 달 동안 가게 운영이 잘되어 종업원들에게 성과급을 지급하였다.

① 언제 생산할 것인가?
② 무엇을 생산할 것인가?
③ 어떻게 생산할 것인가?
④ 얼마나 생산할 것인가?
⑤ 누구를 위해 생산할 것인가?

05. 다음 사례를 통해 파악할 수 있는 계획 경제 체제의 문제점으로 가장 적절한 것은?

> 구소련에서는 의류 공장 경영자에게 일정 개수의 옷을 생산하게 하고 그 목표를 달성하면 승진이나 상여금 등의 혜택을 주었다. 그러자 경영자들은 생산량을 채우는 데에만 급급하여 옷의 규격이나 디자인은 무시한 채 작고 가벼운 옷만 잔뜩 생산하였다. 그러나 작은 옷은 신체가 큰 소련인에게 맞지 않아 팔리지 않았다. 만약 측정 단위가 무게라면 경영자들은 크고 무거운 옷만 생산하여 주어진 기준에 맞추었을 것이다.

① 생산성을 높이려는 이윤 동기가 부족하다.
② 개인의 이기심에 바탕을 두고 경제 활동이 이루어진다.
③ 모든 재화가 사회적으로 필요한 양보다 항상 적게 생산된다.
④ 소비자의 기호보다 국가의 명령에 따른 생산 활동이 이루어진다.
⑤ 폐쇄적인 경제 체제이므로 외국의 우수한 기술을 도입하기가 어렵다.

06. 다음 사례에 대한 분석으로 옳은 것을 〈보기〉에서 고른 것은?

> 소희가 한 시간 동안 할 수 있는 일에는 사회 과목을 공부하는 것, 요리하는 것, 친구를 만나는 것, 컴퓨터 게임을 하는 것이 있다. 각각의 행위에서 얻는 즐거움을 수치화하면 사회 과목을 공부할 때에는 100, 요리할 때에는 50, 친구를 만날 때에는 150, 컴퓨터 게임을 할 때에는 120이다.

〈 보기 〉
ㄱ. 요리할 때의 기회비용은 150이다.
ㄴ. 친구를 만날 때의 기회비용은 50이다.
ㄷ. 사회 과목을 공부할 때의 편익이 가장 크다.
ㄹ. 컴퓨터 게임을 할 때와 요리할 때의 기회비용은 같다.

① ㄱ, ㄴ   ② ㄱ, ㄹ   ③ ㄴ, ㄷ
④ ㄴ, ㄹ   ⑤ ㄷ, ㄹ

07. 밑줄 친 '이것'에 해당하는 사례로 적절하지 <u>않은</u> 것은?

> 이것은 미래의 불확실성과 위험을 무릅쓰고 혁신을 통해 이윤을 창출하려는 기업가의 의지를 말한다.

① 오랜 시장 조사 끝에 베트남 시장 공략에 나서기로 하였다.
② 생산의 효율성을 높이기 위해 회사 내에 기술 개발팀을 새롭게 만들었다.
③ 기존 제품에 대한 판매량이 늘자 품질 개선 없이 생산량을 두 배로 늘렸다.
④ 기존의 방식을 과감히 버리고 로봇을 이용한 새로운 생산 방법을 도입하였다.
⑤ 환경 오염 규제 강화로 친환경 자동차에 대한 수요 증가에 대비하여 전기 자동차를 개발하였다.

08. (가)~(다)에 나타난 경제 활동에 대한 설명으로 옳은 것은?

> (가) 의사가 환자를 진료하였다.
> (나) 농부가 귤을 수확하였다.
> (다) 회사원이 월급을 받았다.

① (가)는 재화의 분배에 해당한다.
② (나)는 재화의 소비에 해당한다.
③ (다)는 재화의 생산에 해당한다.
④ (가)는 (다)와 달리 서비스의 생산에 해당한다.
⑤ (다)는 (나)와 달리 서비스의 소비에 해당한다.

09. 시장 경제 체제의 특징이 나타나는 의사 결정을 한 사람만을 있는 대로 고른 것은?

우리 기업의 운동화를 찾는 사람이 많아졌으니 생산량을 늘려야겠어요. / 고구마가 건강 식품으로 선정 되었다고 하니 감자말고 고구마를 심어야겠어요. / 올 겨울은 역사 상 최대의 한파가 예상된다고 하니 전기 난로 생산량을 늘려야겠어요. / 주말에도 가게를 운영하고 싶지만 정부가 금지하고 있어서 오늘은 쉬어야겠어요.

 갑   을   병   정

① 갑, 을   ② 갑, 정   ③ 병, 정
④ 갑, 을, 병   ⑤ 을, 병, 정

10. 다음을 통해 알 수 있는 희소성의 특징으로 옳은 것은?

> 극지방의 에어컨은 재화의 양이 적더라도 원하는 사람이 없기 때문에 희소성이 없다. 하지만 열대 지방의 에어컨은 재화의 양이 많더라도 원하는 사람이 많으므로 희소성이 있다.

① 절대적인 성격을 가진다.
② 인간의 욕구와 관련 없다.
③ 자원의 절대적인 양에 의해 결정된다.
④ 재화의 가치와는 반비례 관계에 있다.
⑤ 같은 자원이더라도 장소에 따라 달라진다.

11. 다음은 수업 시간에 낱말 퀴즈를 하는 모습이다. 이와 관련된 사례로 가장 적절한 것은?

인간의 행위나 활동은 아닙니다.

존재량이 무한해요.

비용을 지불하지 않아도 얻을 수 있어요.

① 전기   ② 신발   ③ 공기

④ 생수   ⑤ 스마트폰

12. 밑줄 친 ㉠~㉣ 중 옳은 내용만을 있는 대로 고른 것은?

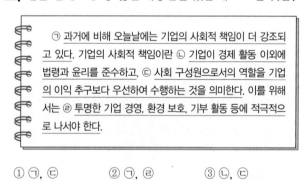

㉠ 과거에 비해 오늘날에는 기업의 사회적 책임이 더 강조되고 있다. 기업의 사회적 책임이란 ㉡ 기업이 경제 활동 이외에 법령과 윤리를 준수하고, ㉢ 사회 구성원으로서의 역할을 기업의 이익 추구보다 우선하여 수행하는 것을 의미한다. 이를 위해서는 ㉣ 투명한 기업 경영, 환경 보호, 기부 활동 등에 적극적으로 나서야 한다.

① ㉠, ㉢   ② ㉠, ㉣   ③ ㉡, ㉢

④ ㉠, ㉡, ㉣   ⑤ ㉡, ㉢, ㉣

13. 합리적 의사 결정에 따른 선택을 한 사람을 〈보기〉에서 고른 것은?

〈 보기 〉

갑: 독서를 할까, 운동을 할까 고민하다가 기회비용이 큰 운동을 했어.

을: 가방을 사러 백화점에 갔는데 가격을 20% 할인하는 운동화를 구입했어.

병: 편의점에서 내가 사 먹고 싶었던 아이스크림이 2+1 행사를 하여 그것을 구입했어.

정: 치킨 버거와 불고기 버거 중에서 가격이 싸면서도 만족감이 더 큰 불고기 버거를 사 먹었어.

① 갑, 을   ② 갑, 병   ③ 을, 병

④ 을, 정   ⑤ 병, 정

14. 그림은 안전성과 수익성을 기준으로 금융 상품을 구분한 것이다. (가)에 해당하는 금융 상품으로 옳은 것은?

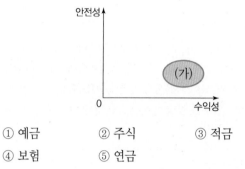

① 예금   ② 주식   ③ 적금

④ 보험   ⑤ 연금

15. 다음 내용과 관련 있는 사례만을 〈보기〉에서 있는 대로 고른 것은?

개인의 지불 능력에 대한 사회적 평가로, 나중에 대가를 지불할 것을 약속하고 현재 상품을 이용하거나 돈을 빌릴 수 있는 능력이다.

〈 보기 〉

ㄱ. 5년 할부로 자동차를 구매하였다.

ㄴ. 은행에서 새로 출시된 적금을 가입하였다.

ㄷ. 백화점에서 신용 카드로 겨울 코드를 장만하였다.

ㄹ. 한 달 간 사용한 뒤 청구된 휴대 전화 요금을 납부하였다.

① ㄱ, ㄴ   ② ㄱ, ㄹ   ③ ㄴ, ㄷ

④ ㄱ, ㄷ, ㄹ   ⑤ ㄴ, ㄷ, ㄹ

16. 그림은 생애 주기에 따른 수입과 지출을 나타낸다. (가)~(마) 시기에 대한 설명으로 옳은 것은?

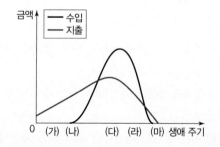

① (가): 경제적으로 자립이 어렵다.

② (나): 소득이 크게 줄어 없어진다.

③ (다): 취업을 통해 소득이 발생하지만 소비보다 작다.

④ (라): 소득과 소비가 모두 적은 편이다.

⑤ (마): 은퇴 계획 수립 등에 따른 소비가 늘어난다.

17. 다음 질문에 대한 옳은 답변만을 〈보기〉에서 있는 대로 고른 것은?

> 합리적인 경제생활을 위해 어떻게 해야 할까요?

〈 보기 〉
ㄱ. 높은 신용도를 유지하도록 노력한다.
ㄴ. 현재의 소득보다 더 많은 소비를 한다.
ㄷ. 상품 대금 지불 기한을 반드시 지킨다.
ㄹ. 자신이 갚을 수 있는 범위 내에서만 신용을 이용한다.

① ㄱ, ㄴ   ② ㄱ, ㄹ   ③ ㄴ, ㄷ
④ ㄱ, ㄷ, ㄹ   ⑤ ㄴ, ㄷ, ㄹ

18. 다음은 수업 시간에 교사가 제시한 자료이다. 이 수업의 주제로 가장 적절한 것은?

> 갑은 대기업에 입사하자마자 신용 카드를 5장 만들었다. 명품 가방 할부, 자동차 할부 등 신용 카드를 마구 사용하다 카드 대금이 연체되었고 끝내는 다른 금융 거래가 거부되고 다니던 회사마저 그만두게 되었다.

① 신용 관리의 중요성
② 자산 관리의 필요성
③ 현금 거래의 유용성
④ 신용 구매의 편리성
⑤ 올바른 자산 형성 방법

서술형
19. 다음 글에서 강조하는 경제 활동의 유형을 쓰고, 그 의미를 서술하시오.

> 무릇 재물은 우물과 같다. 우물은 퍼서 쓸수록 자꾸 채워지는 것이고 이용하지 않으면 말라 버리고 마는 것이다. 비단옷을 입지 않으면 비단 짜는 사람이 없어지고, 질그릇을 탓하지 않으면 그릇을 만드는 기술과 재주가 나아지지 않는다.
>
> – 박제가, '북학의' –

서술형
20. 다음은 우리나라 헌법 조항의 일부이다. 이를 통해 알 수 있는 우리나라 경제 체제의 특징을 서술하시오.

> 제119조 ① 대한민국의 경제 질서는 개인과 기업의 경제상의 자유와 창의를 존중함을 기본으로 한다.
> ② 국가는 균형 있는 국민 경제의 성장 및 안정과 적정한 소득의 분배를 유지하고, 시장의 지배와 경제력의 남용을 방지하며, 경제 주체 간의 조화를 통한 경제의 민주화를 위하여 경제에 관한 규제와 조정을 할 수 있다.

실전모의고사(2회)

01. (가), (나) 사례에 나타난 경제 활동을 바르게 연결한 것은?

> (가) ○○ 자동차 회사는 전기로 움직이는 자동차를 개
> 발하여 판매하고 있다.
> (나) 회사원 갑은 홈 쇼핑에서 등산 용품을 구입하였다.

	(가)	(나)		(가)	(나)
①	생산	분배	②	생산	소비
③	소비	생산	④	소비	분배
⑤	분배	생산			

02. 다음을 통해 알 수 있는 내용을 〈보기〉에서 고른 것은?

> 남태평양의 어느 섬에서 바나나는 매달 5톤씩 딸 수
> 있는데, 파파야는 1톤밖에 수확할 수 없다고 가정하자.
> 이 섬의 주민들에게는 어떤 것이 더 희소할까? 파파야보
> 다 바나나를 원하는 주민이 많아 바나나가 부족하다면
> 바나나가 더 희소하다.

─〈 보기 〉─
ㄱ. 자원의 희소성은 존재량과 관련 없다.
ㄴ. 자원의 희소성은 인간의 욕구 크기와 관련 있다.
ㄷ. 자원의 희소성은 인간의 욕구와 존재량으로 결정된다.
ㄹ. 존재량이 적은 것이 존재량이 많은 것보다 인간에게
　유용하다.

① ㄱ, ㄴ　　②ㄱ, ㄷ　　③ ㄴ, ㄷ
④ ㄴ, ㄹ　　⑤ ㄷ, ㄹ

03. 기본적인 경제 문제에 대한 설명으로 옳지 <u>않은</u> 것은?

① 시대와 장소에 관계없이 모든 사회에서 나타난다.
② 인간의 욕구에 비해 자원이 한정되어 있기 때문에 발생
　한다.
③ 기본적인 경제 문제를 해결하는 방식이 제도적으로 정
　착된 것이 경제 체제이다.
④ 한 사회가 어떤 경제 체제를 선택하든지 경제 문제를
　해결하는 방법은 동일하다.
⑤ 한 사회가 경제 문제를 어떻게 해결하느냐에 따라 그
　사회의 경제생활 모습은 달라진다.

04. 다음과 같은 헌법 조항을 통해 실현하고자 하는 바를
〈보기〉에서 있는 대로 고른 것은?

> 제23조 ① 모든 국민의 재산권은 보장된다.
> 제119조 ① 대한민국의 경제 질서는 개인과 기업의 경제상의 자
> 유와 창의를 존중함을 기본으로 한다.

─〈 보기 〉─
ㄱ. 사적 이익의 추구 보장
ㄴ. 사회적 약자의 우선 보호
ㄷ. 경제 주체 간의 경쟁 유도
ㄹ. 시장 가격에 의한 자원 배분 보장

① ㄱ, ㄴ　　②ㄱ, ㄹ　　③ ㄴ, ㄷ
④ ㄱ, ㄷ, ㄹ　　⑤ ㄴ, ㄷ, ㄹ

05. 다음 사례에 나타난 기본적인 경제 문제로 옳은 것은?

> 인쇄업체를 운영 중인 갑은 자동화 기계를 도입하여
> 생산할 것인지, 노동자를 늘릴 것인지 고민하고 있다.

① 누가 생산할 것인가?
② 무엇을 생산할 것인가?
③ 어떻게 생산할 것인가?
④ 얼마나 생산할 것인가?
⑤ 누구에게 분배할 것인가?

06. 합리적 선택을 위한 방법에 대해 옳게 진술한 학생만을
〈보기〉에서 있는 대로 고른 것은?

─〈 보기 〉─
갑: 같은 비용이 드는 일이라면 편익이 가장 큰 것을 선
　택해야 합니다.
을: 같은 편익을 얻는 일이라면 비용이 가장 적게 드는
　것을 선택해야 합니다.
병: 선택으로 인해 포기하게 되는 기회비용이 가장 큰
　것을 선택해야 합니다.
정: 가장 적은 비용으로 가장 큰 편익을 얻을 수 있는 대
　안을 선택해야 합니다.

① 갑, 을　　② 갑, 병　　③ 병, 정
④ 갑, 을, 정　　⑤ 을, 병, 정

07. 그림은 경제 주체 간의 상호 작용을 나타낸 것이다. 경제 주체 (가)~(다)에 대한 설명으로 옳지 <u>않은</u> 것은?

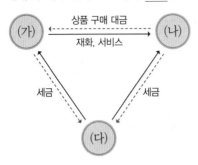

① (가)는 이윤 극대화를 추구한다.
② (가)는 소비 활동을 하는 경제 주체이다.
③ (나)는 생산 요소를 제공하고 소득을 얻는다.
④ (다)는 공공재를 생산하여 공급한다.
⑤ (가)는 (나)가 제공하는 생산 요소를 구입하여 사용한다.

08. 다음 발표 과제에 대해 옳지 <u>않은</u> 내용을 말한 학생은?

① 갑: 시장 경제 체제는 가계와 기업의 자유로운 경제 활동을 보장합니다.
② 을: 오늘날 대부분의 국가는 시장 경제 체제보다 계획 경제 체제를 채택하고 있습니다.
③ 병: 계획 경제 체제에서는 중앙 정부가 직접 경제 문제 해결을 위한 결정을 내립니다.
④ 정: 경제 문제를 해결하는 방식에 따라 시장 경제 체제와 계획 경제 체제로 구분할 수 있습니다.
⑤ 무: 경제 문제를 해결하기 위해 자원을 어떻게 사용하고 분배할지를 결정하는 방식을 경제 체제라고 합니다.

09. 다음 사례에 대한 설명으로 옳은 것은?

소희는 중국 음식을 먹으러 중국집을 방문하였다. 중국집에는 자장면, 짬뽕, 볶음밥을 팔고 있었다. 자장면, 짬뽕, 볶음밥의 가격은 모두 5천 원으로, 소희는 볶음밥을 가장 좋아하고, 그 다음으로 짬뽕을, 그 다음으로는 자장면을 좋아한다. 소희는 지금 가진 5천 원으로는 세 가지 중 한 가지만 먹을 수 있어 무엇을 먹을지 고민이 되었다.

① 자장면을 선택하는 것이 가장 합리적이다.
② 기회비용이 편익보다 크도록 선택해야 합리적이다.
③ 합리적 선택을 위한 소희의 고민은 자원의 희소성과 관련 없다.
④ 짬뽕을 선택했을 때의 기회비용은 자장면 선택 시 얻을 수 있는 만족감이다.
⑤ 볶음밥을 선택했을 때의 기회비용은 짬뽕 선택 시 얻을 수 있는 만족감이다.

10. 그림과 같은 방법으로 경제 문제를 해결하는 경제 체제에 대한 설명으로 옳은 것은?

① 빈부 격차가 심화될 수 있다.
② 자유로운 경제 활동이 보장된다.
③ 개인의 창의성이 최대한 발휘된다.
④ 시장 가격을 통해 경제 문제를 해결한다.
⑤ 경제 활동에의 참여 동기가 작아 경제적 효율성이 낮다.

11. 그림은 경제 주체 간의 상호 작용을 나타낸 것이다. (가)의 역할로 옳지 <u>않은</u> 것은?

① 경제 성장을 촉진한다.
② 고용과 소득을 창출한다.
③ 소비의 주체로 경제 활동에 참여한다.
④ 세금을 납부함으로써 국가 재정에 기여한다.
⑤ 재화와 서비스의 생산을 통해 소비자의 만족을 증진시킨다.

12. 그림은 생애 주기에 따른 경제생활의 변화를 나타낸 것이다. 이에 대한 설명으로 옳은 것을 〈보기〉에서 고른 것은?

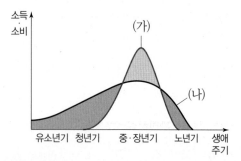

〈 보기 〉
ㄱ. (가)는 소득 곡선, (나)는 소비 곡선이다.
ㄴ. 유소년기에는 주택 마련을 위한 소비가 늘어난다.
ㄷ. 중·장년기에는 부모의 소득에 의존하여 소비 활동을 한다.
ㄹ. 노년기에는 이전에 모아 둔 자금이나 연금 등을 통해 생활한다.

① ㄱ, ㄴ　　②ㄱ, ㄹ　　③ㄴ, ㄷ
④ ㄴ, ㄹ　　⑤ㄷ, ㄹ

13. 다음 대화를 통해 알 수 있는 개념으로 가장 적절한 것은?

A 기업은 다문화 가정과 소외 계층을 지원하고 있어.

B 기업은 장애인, 노인 등을 위한 공동생활 시설을 마련해 주고 있어.

① 기업의 역할　　② 기업의 의무
③ 기업가 정신　　④ 기업의 경제성
⑤ 기업의 사회적 책임

14. 다음에서 올바른 신용 관리 자세를 가진 사람은?

갑: 신문 결제 대금은 되도록 연체하고 있어요.
을: 친구에게 빌린 돈을 제때 갚지 못하고 있어요.
병: 꾸준히 소득을 넘어서는 소비를 하고 있어요.
정: 신용 등급을 가능한 한 낮게 유지하고 있어요.
무: 소득을 고려하여 신용 카드를 이용하고 있어요.

① 갑　　② 을　　③ 병　　④ 정　　⑤ 무

15. 다음 신문 기사에 나타난 A 기업의 성장 요인으로 가장 적절한 것은?

○○신문　　20△△년 △월 △일

　A 기업은 작년에 이어 올해에도 폭발적인 성장세를 이어 갔다. 이는 장기적인 연구 개발을 통해 신제품을 출시하고, 참신한 온라인 홍보를 통해 청년층을 신규 고객으로 확보하는 데 성공하였기 때문인 것으로 분석되고 있다. 또한 자동화 설비를 도입하여 생산비를 절감하여 성장에 큰 도움이 되었을 것으로 분석되고 있다.

① 기업가의 창조적 파괴 행위
② 단위당 생산성이 높은 새로운 원료의 공급
③ 기업의 사회적 책임을 중시하는 경영 철학
④ 불확실성을 배제하려는 기업가의 경영 전략
⑤ 수평적 의사 소통이 가능한 새로운 경영 조직 형성

16. (가)~(다)는 자산 관리의 고려 원칙이다. 이에 대한 진술에 모두 옳게 답한 학생은?

> (가) 원금과 이자가 보장되는 정도
> (나) 현금으로 쉽고 빠르게 바꿀 수 있는 정도
> (다) 투자한 금액에 비해 이익을 낼 수 있는 정도

내용	갑	을	병	정	무
주식은 예금에 비해 (나)가 높다.	○	○	×	○	×
(다)가 가장 높은 금융 상품은 적금이다.	×	○	×	×	×
일반적으로 (가)가 높을수록 (다)는 낮다.	○	×	○	○	×
(가), (나)보다 (다)를 고려하는 것이 합리적이다.	×	○	×	○	○

(○: 그렇다, ×: 그렇지 않다)

① 갑　② 을　③ 병　④ 정　⑤ 무

17. 그림의 사람에게 추천해 줄 수 있는 금융 상품으로 적절한 것을 〈보기〉에서 고른 것은?

> 저는 안전한 투자 성향을 가지고 있어서 수익률이 조금 낮더라도 원금 손실 가능성이 없는 상품에 가입하고 싶어요. 위험성이 큰 것은 항상 걱정되고 마음이 안정되지 않아요.

〈보기〉
ㄱ. 예금　　ㄴ. 채권　　ㄷ. 적금　　ㄹ. 주식

① ㄱ, ㄴ　　② ㄱ, ㄷ　　③ ㄴ, ㄷ
④ ㄴ, ㄹ　　⑤ ㄷ, ㄹ

18. 금융 상품에 대한 설명으로 옳은 것을 〈보기〉에서 고른 것은?

〈보기〉
ㄱ. 주식은 예금보다 수익성이 높은 편이다.
ㄴ. 주식은 예금과 달리 금융 자산에 해당한다.
ㄷ. 주식과 예금 모두 부동산보다 안전성이 낮은 편이다.
ㄹ. 안전한 목돈 마련이 목적이라면 주식 투자보다 예금을 하는 것이 바람직하다.

① ㄱ, ㄴ　　② ㄱ, ㄹ　　③ ㄴ, ㄷ
④ ㄴ, ㄹ　　⑤ ㄷ, ㄹ

서술형

19. 다음은 갑이 작성한 농사 계획표이다. 합리적 선택을 위해 갑이 재배해야 할 농작물을 쓰고, 그 이유를 서술하시오.(단, 갑은 하나의 농작물만 재배하고, 각 작물의 재배 비용은 모두 같다.)

종류	고추	양파	배추	감자
예상 판매 수입	2,000만 원	1,500만 원	1,000만 원	3,000만 원

_____

_____

_____

서술형

20. 자산 관리와 관련하여, 다음과 같은 조언이 의미하는 바를 서술하시오.

> 달걀을 한 바구니에 모두 담아서는 안 됩니다. 만일 바구니를 떨어뜨리면 모든 달걀이 한 번에 깨지기 때문입니다.

_____

_____

_____

Ⅳ. 시장 경제와 가격

실전모의고사(1회)

01. (가), (나) 시장에 해당하는 사례를 바르게 연결한 것은?

> (가) 시장은 일반 소비자가 사용하는 상품이 거래되는 시장이고, (나) 시장은 생산 요소가 거래되는 시장이다.

	(가)	(나)
①	상설 시장	정기 시장
②	주식 시장	가구 시장
③	외환 시장	농산물 시장
④	소매 시장	도매 시장
⑤	의류 시장	노동 시장

02. 시장에 관한 질문에 모두 옳게 응답한 학생은?

질문	갑	을	병	정	무
재래시장이나 대형 마트와 같은 구체적인 장소만을 시장이라고 하는가?	○	×	×	○	×
시장은 재화나 서비스를 팔려는 사람과 사려는 사람이 만나 거래하는 곳인가?	×	○	×	×	○
시장이 생겨난 후 거래에 드는 시간과 비용이 줄어들어 쉽게 거래할 수 있게 되었는가?	○	○	○	×	○
오늘날 정보·통신 기술의 발달로 시장의 범위가 확대되고 있는가?	×	○	×	○	×

(○: 예, ×: 아니요)

① 갑　② 을　③ 병　④ 정　⑤ 무

03. ㉠, ㉡에 들어갈 말을 바르게 연결한 것은?

> 시장에서 일정한 가격을 지급하고 재화나 서비스를 사려는 욕구를 (㉠)(이)라고 하며, 어떤 가격에 소비자가 사려고 하는 재화와 서비스의 양을 (㉡)(이)라고 한다.

	㉠	㉡		㉠	㉡
①	수요	수요량	②	수요	공급량
③	공급	수요량	④	공급	공급량
⑤	수요량	수요			

04. 공급 변화에 대해 옳게 진술한 사람만을 〈보기〉에서 있는 대로 고른 것은?

> ── 〈 보기 〉 ──
> 갑: 공급이 감소하면 균형 가격이 상승합니다.
> 을: 공급이 증가하면 균형 거래량이 증가합니다.
> 병: 상품의 가격이 상승하면 공급이 증가합니다.
> 정: 공급이 증가하면 공급 곡선이 오른쪽으로 이동합니다.

① 갑, 을　② 갑, 병　③ 병, 정
④ 갑, 을, 정　⑤ 을, 병, 정

05. 다음은 A재 시장의 변화를 나타낸다. 이에 대한 설명으로 옳지 **않은** 것은?

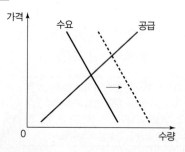

① 가격은 상승한다.
② 거래량은 증가한다.
③ 수요 곡선상의 점이 이동한다.
④ 선호도 증가는 이러한 변화의 요인이 될 수 있다.
⑤ 대체재의 가격 상승은 이러한 변화의 요인이 될 수 있다.

06. 수요 변동 요인에 해당하는 것만을 〈보기〉에서 있는 대로 고른 것은?

〈 보기 〉
ㄱ. 소득　　　　　　　　ㄴ. 생산 비용
ㄷ. 기호의 변화　　　　　ㄹ. 대체재의 가격

① ㄱ, ㄴ　　　② ㄱ, ㄹ　　　③ ㄴ, ㄷ
④ ㄱ, ㄷ, ㄹ　　　⑤ ㄴ, ㄷ, ㄹ

07. 시장 가격의 변동에 대한 설명으로 옳은 것은?

① 대체재 가격이 하락하면 공급 곡선이 왼쪽으로 이동한다.
② 보완재 가격이 상승하면 수요 곡선이 오른쪽으로 이동한다.
③ 생산 요소 가격이 상승하면 공급 곡선이 오른쪽으로 이동한다.
④ 공급이 감소하면 균형 가격은 상승하고 균형 거래량은 감소한다.
⑤ 수요가 감소하면 균형 가격은 상승하고 균형 거래량은 증가한다.

08. 그림은 A재 시장의 공급 변동을 나타낸 것이다. 이에 대한 설명으로 옳지 <u>않은</u> 것은?

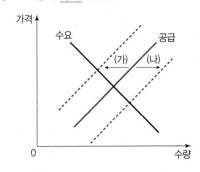

① (가)가 나타나면 균형 가격은 상승한다.
② (가)가 나타나면 균형 거래량은 감소한다.
③ (나)가 나타나면 균형 가격은 하락한다.
④ (나)가 나타나면 균형 거래량은 증가한다.
⑤ 생산 기술의 발달은 (나)가 아닌 (가)의 변동 요인에 해당한다.

09. ㉠에 들어갈 개념의 사례로 옳은 것은?

한 재화의 가격이 상승하면 그와 (㉠) 관계에 있는 재화의 수요가 감소하고, 반대로 가격이 하락하면 (㉠) 관계에 있는 재화의 수요가 증가한다.

① 샤프와 샤프심　　　② 커피와 녹차
③ 자장면과 짬뽕　　　④ 사이다와 콜라
⑤ 소고기와 돼지고기

10. 그림에 나타난 A재 시장 변화의 요인으로 옳은 것은?

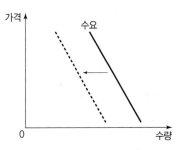

① 기술 혁신　　　② 인구의 감소
③ 대체재 가격 상승　　　④ 보완재 가격 하락
⑤ 미래 가격 상승 예상

11. 그림은 A재 시장의 수요와 공급을 나타낸다. 이에 대한 설명으로 옳은 것을 〈보기〉에서 고른 것은?

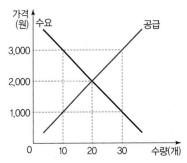

〈 보기 〉
ㄱ. 가격이 1,000원일 때 수요량은 30개이다.
ㄴ. 가격이 1,000원일 때 초과 공급이 발생한다.
ㄷ. 가격이 2,000원일 때 수요량과 공급량이 일치한다.
ㄹ. 가격이 3,000원일 때 공급량은 10개이다.

① ㄱ, ㄴ　　　② ㄱ, ㄷ　　　③ ㄴ, ㄷ
④ ㄴ, ㄹ　　　⑤ ㄷ, ㄹ

12. 다음은 시장의 종류를 구분한 것이다. 이에 대한 설명으로 옳은 것을 〈보기〉에서 고른 것은?

구분 기준		거래되는 상품의 종류에 따라	
		생산물 시장	생산 요소 시장
거래 형태에 따라	보이는 시장	A	B
	보이지 않는 시장	C	D

〈 보기 〉

ㄱ. 재래시장은 A에 해당한다.
ㄴ. 노동 시장은 B에 해당한다.
ㄷ. 온라인 쇼핑몰은 C에 해당한다.
ㄹ. 백화점은 D에 해당한다.

① ㄱ, ㄴ   ② ㄱ, ㄷ   ③ ㄴ, ㄷ
④ ㄴ, ㄹ   ⑤ ㄷ, ㄹ

13. 다음 글에서 알 수 있는 닭고기의 균형 가격과 균형 거래량의 변화로 적절한 것은?

> 돼지고기 가격이 오르자 돼지고기를 먹던 사람들 가운데 닭고기를 찾는 사람들이 많아졌다.

① 가격이 내리고 거래량이 많아진다.
② 가격이 내리고 거래량도 줄어든다.
③ 가격이 오르고 거래량도 많아진다.
④ 가격이 오르고 거래량이 줄어든다.
⑤ 가격과 거래량 모두 변하지 않는다.

14. 표는 라면 시장에서의 수요량과 공급량을 나타낸 것이다. 이에 대한 설명으로 옳지 <u>않은</u> 것은?

가격(원)	900	1,000	1,100	1,200	1,300
수요량(개)	800	700	600	500	400
공급량(개)	400	500	600	700	800

① 균형 가격은 1,100원이다.
② 균형 거래량은 600개이다.
③ 가격이 900원일 때 수요량이 공급량보다 적다.
④ 가격이 1,000원일 때에는 초과 수요가 발생한다.
⑤ 가격이 1,200원일 때에는 초과 공급이 발생한다.

15. 시장 균형 가격이 하락하는 경우에 대해 옳게 진술한 학생은?

① 갑: 공급자 수가 감소했어.
② 을: 생산 기술이 발달했어.
③ 병: 보완재 가격이 하락했어.
④ 정: 생산 요소의 가격이 상승했어.
⑤ 무: 제품에 대한 선호도가 증가했어.

16. 빵 시장에서 나타나는 수요의 변동 결과가 <u>다른</u> 하나는?

① 빵에 대한 사람들의 관심이 높아졌다.
② 빵의 대체재인 떡의 가격이 상승했다.
③ 빵을 사려는 사람들의 소득이 증가했다.
④ 빵의 보완재인 우유의 가격이 상승했다.
⑤ 사람들이 빵 가격이 오를 것으로 예상했다.

17. 밑줄 친 가격의 기능에 해당하는 사례로 적절하지 않은 것은?

> 시장 가격은 소비자와 생산자에게 경제 활동을 어떻게 조절할 것인지 알려 주는 신호등과 같은 기능을 합니다.

① 마늘 가격이 하락하자 농민들이 마늘 생산을 줄였다.
② 수박 가격이 크게 오르자 소비자들은 수박 소비를 줄였다.
③ 장미 가격이 오르자 화훼업자들이 장미의 공급을 늘렸다.
④ 정부는 재래시장 보호를 위해 대형 마트의 영업을 규제하였다.
⑤ 소고기 가격이 내리자 소비자들은 돼지고기 대신에 소고기 소비를 늘렸다.

18. 다음과 같은 상황이 동시에 발생하였을 경우 블루베리 시장의 균형점 E가 이동할 영역으로 옳은 것은?

> • 블루베리 농사에 드는 인건비가 상승하였다.
> • 블루베리가 눈 건강에 도움이 된다는 연구 결과가 발표되었다.

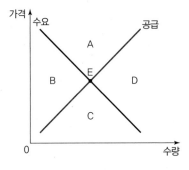

① A   ② B   ③ C
④ D   ⑤ 이동 없음

서술형
19. 다음을 통해 추론할 수 있는 국내 돼지고기 시장의 가격과 거래량의 변화를 수요 및 공급 측면과 연결지어 서술하시오.

> ○○신문   20△△년 △월 △일
>
> **돼지고기 대란 우려**
> 중국에서 시작된 아프리카 돼지 열병이 주변국으로 확산 중이다. 이에 국제 돼지 가격 상승세는 장기화될 가능성이 높다. 이와 같은 현상은 국내 돼지고기 수입 물량 감소로 이어져 …

_____

_____

_____

서술형
20. 다음 (가), (나) 상황이 발생할 경우 자동차 시장에서 나타날 수요의 변화를 각각 서술하시오.

> (가) 휘발유 가격의 상승세가 계속되고 앞으로도 이어질 전망이다.
> (나) 경기가 좋아지면서 사람들의 평균 소득이 증가하였다.

_____

_____

Ⅳ. 시장 경제와 가격

실전모의고사(2회)

01. ㉠에 해당하는 시장의 사례로 적절한 것은?

> 시장은 눈에 보이는 일정한 장소를 차지하는 구체적 시장과 상품이 거래되지만 눈에 보이는 장소가 없는 (㉠)으로 구분할 수 있어요.

① 편의점   ② 대형 마트
③ 전통 시장   ④ 전자 상거래 시장
⑤ 농수산물 시장

02. 밑줄 친 ㉠~㉣ 중 옳지 않은 것은?

> 시장은 물건을 사려는 사람과 팔려는 사람을 연결해 주어 교환에 드는 시간과 비용, 즉 ㉠ <u>거래 비용을 줄이는 기능</u>을 한다. 또 시장에는 많은 사람과 상품이 모이기 때문에 ㉡ <u>상품에 관한 정보가 많다.</u>
> 한편, 시장은 ㉢ <u>분업을 촉진하여 생산성을 증대시켰다.</u> 시장이 발달하면서 ㉣ <u>교환이 일상화되자,</u> 각자 특정 분야를 전문화하여 생산하는 사람들이 늘어났다. 그 결과 질 좋은 제품을 더 ㉤ <u>평등하게 생산할 수 있게 되</u>었으며, 사회 전체의 생산량도 늘어나게 되었다.

① ㉠   ② ㉡   ③ ㉢   ④ ㉣   ⑤ ㉤

03. 생산 요소 시장에 대한 설명으로 옳지 않은 것은?

① 자본이 거래되는 시장이 포함된다.
② 일반 소비자가 사용하는 상품이 판매된다.
③ 물건을 만드는 데 필요한 생산 요소가 거래된다.
④ 공장을 짓기 위한 땅을 거래하는 모습이 나타나는 시장이 포함된다.
⑤ 일자리를 찾는 사람과 기업이 만나 노동의 거래가 이루어지는 시장을 예로 들 수 있다.

04. 수요에 관한 질문에 대해 모두 옳게 응답한 학생은?

질문	갑	을	병	정	무
어떤 상품의 가격이 올라가면 수요량은 감소하는가?	○	○	○	○	×
가격과 수요량은 양(+)의 관계에 있는가?	×	○	×	×	○
수요 곡선은 우상향하는가?	○	○	×	×	×
수요는 공급자가 일정한 가격에 어떤 상품을 판매하고자 하는 욕구인가?	×	×	×	○	○

(○: 예, ×: 아니요)

① 갑   ② 을   ③ 병   ④ 정   ⑤ 무

05. 다음을 통해 알 수 있는 시장 가격의 기능으로 옳은 것은?

> 한우 가격이 상승하자 수요자는 수요량을 줄이고, 공급자는 공급량을 늘렸습니다.

① 신호등 역할   ② 가치 저장의 기능
③ 소득의 재분배 기능   ④ 자원의 비효율적 배분
⑤ 불공정 거래 행위 규제

06. 밑줄 친 부분에 영향을 주는 요인으로 옳은 것은?

> ## ○○신문   20△△년 △월 △일
>
> 밀, 콩 등 주요 식품 원자재의 국제 가격이 크게 오르고 있다. 특히 국제 콩 가격은 35년 만에 최고치를 경신하면서 콩 공급 부족 현상이 심화되어 두유의 공급이 줄어들고 있다.

① 생산 기술의 발전   ② 공급자 수의 증가

③ 대체재의 가격 상승   ④ 생산 요소 가격 상승

⑤ 미래 가격 하락 예상

07. 다음 상황에서 나타날 김밥 시장의 변화를 바르게 예측한 것은?

> 김밥 재료의 가격이 크게 올라 걱정이네.

① 공급이 감소한다.

② 공급량이 증가한다.

③ 균형 가격이 하락한다.

④ 균형 거래량이 증가한다.

⑤ 균형 가격과 균형 거래량 모두 변함 없다.

08. 표는 포도 시장의 수요량과 공급량을 나타낸 것이다. 균형 가격과 균형 거래량으로 옳은 것은?

가격(원)	1,500	2,000	2,500	3,000	3,500
수요량(개)	40	35	30	25	20
공급량(개)	30	35	40	45	50

	균형 가격	균형 거래량
①	1,500원	30개
②	2,000원	35개
③	2,500원	40개
④	3,000원	45개
⑤	3,500원	50개

09. 다음 글에 나타난 텔레비전 시장의 변화로 옳은 것은?

> 최근 텔레비전의 화질을 개선하는 기술이 개발되어 고화질 텔레비전을 대량으로 생산할 수 있게 되었다.

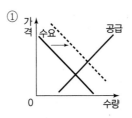
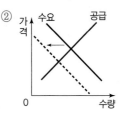
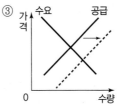
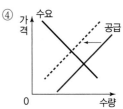
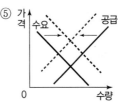

10. 그림은 A재 시장의 수요와 공급을 나타낸다. 이에 대한 분석으로 옳은 것은?

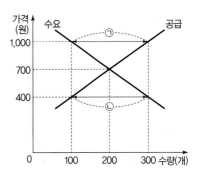

① ㉠은 초과 수요 상태이다.

② ㉠에서는 수요자 간에 경쟁이 발생한다.

③ ㉡은 초과 공급 상태이다.

④ ㉡에서는 공급자 간에 경쟁이 발생한다.

⑤ ㉡에서는 균형을 이룰 때까지 가격이 상승한다.

11. 그림은 A재의 수요 변화를 나타낸다. 이러한 변화 요인으로 옳은 것은?

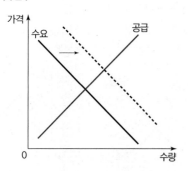

① 인구 감소
② 기호의 감소
③ 생산 기술의 발달
④ 보완재의 가격 하락
⑤ 대체재의 가격 하락

12. 다음 사례에 나타난 야외용 장난감 시장의 변화에 대한 추론으로 옳은 것은?

> 미세 먼지의 기승으로 야외 활동이 줄어들면서 야외용 장난감의 선호도가 떨어졌다.

	균형 가격	균형 거래량
①	하락	증가
②	하락	감소
③	하락	불변
④	상승	증가
⑤	상승	감소

13. (가), (나)에 대한 설명으로 옳은 것은?

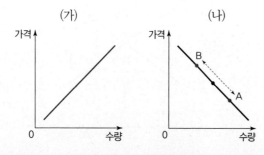

① (가)는 수요 곡선, (나)는 공급 곡선이다.
② (가)는 가격과 수요량 간의 비례 관계를 나타낸다.
③ (나)는 가격과 공급량 간의 관계를 나타낸다.
④ (나)에서 가격이 오르면 A 방향으로 이동할 것이다.
⑤ (나)에서 가격이 내리면 A 방향으로 이동할 것이다.

14. 다음은 사회 시간에 모둠별 발표를 정리한 것이다. 발표 내용이 적절한 모둠만을 있는 대로 고른 것은?

	• 사과 가격이 하락할 경우 나타날 수 있는 현상에 대해 발표하기
1모둠	수요자는 사과 대신 다른 과일을 살 것이다.
2모둠	사과 가격 하락으로 사과의 공급량이 감소할 것이다.
3모둠	사과 가격 하락으로 수요자는 사과를 더 많이 사려고 할 것이다.
4모둠	사과 가격의 변화는 수요자의 행동에 아무런 영향을 미치지 못할 것이다.

① 1모둠
② 2모둠
③ 1모둠, 4모둠
④ 2모둠, 3모둠
⑤ 3모둠, 4모둠

15. 밑줄 친 ㉠~㉤ 중 옳지 않은 것은?

> 시장이 균형을 이루지 않고 어떤 상품의 수요량이 공급량보다 많아 ㉠ 초과 수요가 발생할 경우, 시장에서 상품이 부족하여 ㉡ 수요자들 간의 경쟁으로 상품 가격이 상승하며, 이에 따라 수요량은 ㉢ 감소하고, 공급량도 ㉣ 감소하여 시장 가격은 ㉤ 균형 상태로 변한다.

① ㉠　② ㉡　③ ㉢　④ ㉣　⑤ ㉤

16. 다음 ㉠, ㉡에 대한 설명으로 옳지 않은 것은?

㉠ 초과 공급	㉡ 초과 수요

① ㉠이 발생하면 가격 하락 압력이 발생한다.
② ㉠은 공급자가 팔고자 하는 수량을 모두 팔 수 없는 것이다.
③ ㉡이 발생하면 가격 상승 압력이 발생한다.
④ ㉡은 시장 가격이 균형 가격보다 높은 상태에서 나타난다.
⑤ ㉠과 ㉡이 없어져야 균형 상태에 도달한다.

17. 그림은 A재 시장의 수요와 공급을 나타낸다. 이에 대한 설명으로 옳은 것은?

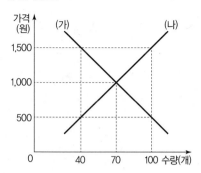

① (가)는 공급 곡선, (나)는 수요 곡선이다.

② (가)는 어떤 재화의 가격이 하락하면 수요량이 감소하는 것을 보여 준다.

③ (나)는 어떤 재화의 공급량이 증가하면 가격이 상승함을 보여 준다.

④ 가격이 500원일 경우에는 사려는 사람보다 팔려는 사람이 많다.

⑤ 가격이 1,500원에서 1,000원으로 하락하면 공급량은 30개만큼 감소한다.

18. 표는 치킨 시장에서의 수요량과 공급량을 나타낸 것이다. 이에 대한 설명으로 옳은 것은?

가격(원)	수요량(만 마리)	공급량(만 마리)
5,000	20	12
7,000	18	14
9,000	16	16
11,000	14	18
13,000	12	20

① 가격이 5,000원일 때 8만 마리의 초과 공급이 발생한다.

② 가격이 7,000원일 때 4만 마리의 초과 수요가 발생한다.

③ 가격이 9,000원일 때 16만 마리의 초과 공급이 발생한다.

④ 가격이 11,000원일 때 수요자 간에 경쟁이 발생한다.

⑤ 가격이 13,000원일 때 8만 마리의 초과 수요가 발생한다.

서술형

19. 다음 상황에서 돼지고기 시장에 나타날 균형 가격과 균형 거래량의 변화를 서술하시오.

_____

_____

_____

_____

서술형

20. 다음 대화를 통해 추론할 수 있는 커피 시장의 변화를 서술하시오.

커피의 대체재인 녹차의 가격이 상승하고 있대.

그래? 커피를 공급하는 기업의 수도 증가하고 있다던데.

_____

_____

_____

_____

실전모의고사(1회)

---

01. 밑줄 친 ㉠~㉤에 대한 설명으로 옳지 <u>않은</u> 것은?

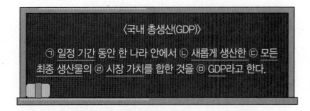

〈국내 총생산(GDP)〉
㉠ 일정 기간 동안 한 나라 안에서 ㉡ 새롭게 생산한 ㉢ 모든 최종 생산물의 ㉣ 시장 가치를 합한 것을 ㉤ GDP라고 한다.

① ㉠은 보통 1년을 말한다.
② ㉡에는 재고품의 가치가 포함된다.
③ ㉢의 최종 생산물에는 중간 부품의 가치를 포함하지 않는다.
④ ㉣은 시장 가격의 가치를 의미한다.
⑤ ㉤은 생산자의 국적과 관계없이 국내에서 생산한 모든 제품을 포함한다.

02. 우리나라의 올해 국내 총생산에 포함되는 것을 〈보기〉에서 고른 것은?

〈 보기 〉
ㄱ. 동네 마트에서 구입한 홍시
ㄴ. 매달 한 번씩 대가 없이 참여하는 봉사 활동
ㄷ. 누나가 올 가을에 구입한 3년 된 중고 자동차
ㄹ. 외국의 다국적 기업이 경기도에 있는 공장에서 생산한 운동화

① ㄱ, ㄴ   ② ㄱ, ㄹ   ③ ㄴ, ㄷ
④ ㄴ, ㄹ   ⑤ ㄷ, ㄹ

03. 다음은 갑국의 2019년 경제 활동을 나타낸 것이다. 갑국의 국내 총생산은?

> 농부는 쌀을 200만 원어치 생산하여 제분업자에게 모두 팔았다. 제분업자는 이 쌀로 쌀가루를 만들어 떡집에 250만 원을 받고 팔았다. 떡집은 이 쌀가루로 350만 원어치의 떡을 만들어 팔았다.

① 200만 원   ② 250만 원
③ 350만 원   ④ 450만 원
⑤ 700만 원

04. 다음 자료에 대한 분석으로 옳은 것은?

구분	국내 총생산(억 달러)	1인당 국내 총생산(달러)
A국	11,635	23,679
B국	59,809	46,972
C국	156,096	49,601
D국	2,700	50,323
E국	2,275	2,329

① A국의 평균 생활 수준이 가장 낮다.
② B국의 경제 규모가 가장 크다.
③ C국의 경제 성장 속도는 B국보다 빠르다.
④ D국의 인구수는 A국보다 적다.
⑤ D국의 최종 생산물의 시장 가치의 합은 E국보다 작다.

05. 국내 총생산에 대한 설명에 모두 옳게 답한 학생은?

내용	갑	을	병	정	무
시장에서 거래되는 품목만 포함한다.	○	×	×	○	×
국민이 누리는 삶의 질이나 복지 수준을 완벽하게 반영한다.	×	○	○	×	×
지하 경제에서의 경제 행위를 포함하지 않는다.	○	○	×	×	○

(○: 그렇다, ×: 그렇지 않다)

① 갑   ② 을   ③ 병   ④ 정   ⑤ 무

06. 경제 성장에 대한 학생들의 진술로 옳지 <u>않은</u> 것은?

① 갑: 경제 성장은 경제 규모의 양적 확대를 말합니다.
② 을: 기업의 투자가 증가하면 경제 성장에 도움이 됩니다.
③ 병: 실질 GDP는 기준이 되는 연도의 가격을 적용하여 구한 국내 총생산입니다.
④ 정: 경기가 나빠지면 사람들의 소득이 감소하고 기업의 생산 활동이 위축됩니다.
⑤ 무: 경제 성장률은 명목 국내 총생산이 작년보다 얼마나 증가했는지를 계산한 것입니다.

07. 그림에 나타난 상황이 발생하는 원인으로 적절한 것을 〈보기〉에서 고른 것은?

─〈 보기 〉─
ㄱ. 시중에 유통되는 통화량이 늘어나고 있다.
ㄴ. 가계의 소비와 기업의 투자가 줄어들고 있다.
ㄷ. 해외 원자재 가격이 하락하여 상품의 생산비가 하락하고 있다.
ㄹ. 재화와 서비스에 대한 경제 전체의 수요가 경제 전체의 공급보다 많아지고 있다.

① ㄱ, ㄴ   ② ㄱ, ㄹ   ③ ㄴ, ㄷ
④ ㄴ, ㄹ   ⑤ ㄷ, ㄹ

08. 인플레이션이 발생할 경우 나타날 수 있는 현상으로 적절한 것을 〈보기〉에서 고른 것은?

─〈 보기 〉─
ㄱ. 채무자보다 채권자가 유리해질 것이다.
ㄴ. 수출이 감소하고 수입이 증가할 것이다.
ㄷ. 건전한 투자보다 부동산 투기가 증가할 것이다.
ㄹ. 매월 급여를 받는 근로자들은 유리해질 것이다.

① ㄱ, ㄴ   ② ㄱ, ㄷ   ③ ㄴ, ㄷ
④ ㄴ, ㄹ   ⑤ ㄷ, ㄹ

09. 물가 안정을 위한 방안에 대해 옳게 진술하지 <u>않은</u> 학생은?

┌─────────────────────────────┐
│ 갑: 가계는 과소비와 사재기를 자제해야 합니다.
│ 을: 노동자는 생산성 향상을 위해 노력해야 합니다.
│ 병: 정부는 생활필수품의 가격 상승을 규제해야 합니다.
│ 정: 기업은 기술 개발, 경영 혁신 등을 통해 생산 비용을 절감해야 합니다.
│ 무: 중앙은행은 이자율을 인하하여 사람들이 저축을 적게 하도록 유도해야 합니다.
└─────────────────────────────┘

① 갑   ② 을   ③ 병   ④ 정   ⑤ 무

10. 구조적 실업에 해당하는 사례를 〈보기〉에서 고른 것은?

─〈 보기 〉─
ㄱ. 석탄 산업의 쇠퇴로 실직한 광부
ㄴ. 경기 침체로 회사가 부도가 나서 일을 하지 못하는 사람
ㄷ. 더 나은 근로 조건을 위해 직장을 그만두고 잠시 쉬고 있는 사람
ㄹ. CD와 MP3 보급으로 카세트테이프 생산 회사가 문을 닫아 일자리를 잃은 노동자

① ㄱ, ㄴ   ② ㄱ, ㄹ   ③ ㄴ, ㄷ
④ ㄴ, ㄹ   ⑤ ㄷ, ㄹ

11. 그림은 고용 지표 인구를 나타낸 것이다. 이에 대한 설명으로 옳지 <u>않은</u> 것은?

① (가)는 15세 이상 인구에 해당한다.
② (나)는 일할 의사와 능력이 없는 사람이다.
③ 학업에 전념하고 있는 학생은 (나)에 해당한다.
④ (다)는 일할 의사와 능력은 있으나 일자리를 찾지 못한 사람이다.
⑤ 경기 침체로 일자리를 구하는 것을 포기한 사람은 (다)에 해당한다.

12. 실업이 개인에게 미치는 영향을 적절하게 말한 사람만을 있는 대로 고른 것은?

> 갑: 자아실현의 기회를 상실할 수 있어요.
> 을: 사회 계층 간의 갈등이 심화될 수 있어요.
> 병: 소득의 감소로 생계유지가 곤란해질 수 있어요.
> 정: 가족 해체와 생계형 범죄 등의 사회적 문제가 발생할 수 있어요.

① 갑, 을   ② 갑, 병   ③ 을, 정
④ 갑, 병, 정   ⑤ 을, 병, 정

13. 경기적 실업을 극복하기 위한 정부의 노력으로 가장 적절한 것은?

① 세율 및 금리를 인상한다.
② 비경제 활동 인구의 수를 늘린다.
③ 공공사업에 대한 정부 지출을 확대한다.
④ 새로운 산업에 적응하도록 직업 훈련을 확대한다.
⑤ 계절 변화에 상관없이 소득을 얻을 수 있도록 수입원을 다양화한다.

14. 밑줄 친 ㉠~㉣ 중 옳지 <u>않은</u> 것은?

> 국제 거래는 ㉠ 국경을 넘을 때 관세를 부과하고 별도의 통관 절차를 거친다. 하지만 나라마다 화폐 가치가 다르고 법과 제도가 달라 ㉡ 거래량이 지속적으로 감소하고 있다. 국제 거래는 거래 대상이 재화 중심에서 서비스, 자본, 노동에 이르기까지 다양해지고 있어 ㉢ 노동, 자본 등의 생산 요소 이동도 점차 늘어나고 있다. 국제 거래가 활발해지면 기업의 입장에서는 상품 판매 시장을 넓힐 수 있으며, ㉣ 대규모 생산으로 생산 단가가 저렴해지는 장점이 있다. 또한 소비자 입장에서는 ㉤ 거래되는 품목과 수량이 증가하여 상품 선택의 폭이 넓어지는 장점이 있다.

① ㉠   ② ㉡   ③ ㉢   ④ ㉣   ⑤ ㉤

15. 다음 글을 통해 파악할 수 있는 세계화 시대의 국제 경제 모습으로 가장 적절한 것은?

> A국은 B국산 닭고기 제품이 부당하게 싼 가격에 판매되고 있다면서 최고 200%가 넘는 반덤핑 관세를 부과하였다. 이에 대한 보복으로 B국은 A국산 철강 제품에 10~30%의 관세를 부과하기로 결정하였다.

① 상품이 국경을 넘어 자유롭게 이동한다.
② 세계의 공동 문제에 함께 관심을 가진다.
③ 국가 간 경쟁과 갈등이 나타나기도 한다.
④ 선진국과 개발도상국 간의 무역 분쟁이 감소하고 있다.
⑤ 국가 경쟁력을 향상시키기 위해 연구 개발에 대한 투자를 늘리고 있다.

16. 그림과 같은 환율 변동으로 인해 유리해지는 사람은?

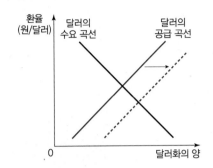

① 한국을 여행하는 미국인
② 미국에서 유학 중인 한국 학생
③ 미국으로 가구를 수출하는 가구 회사 사장
④ 미국에서 한국으로 공부하러 온 미국 학생
⑤ 미국에서 활동하면서 번 소득을 국내로 송금하는 한국인 선수

17. 달러화의 수요 증가 요인에 해당하는 것은?

① 미국 상품의 수입 증가
② 한국 상품의 미국 수출 증가
③ 한국에 유학 오는 미국 학생의 증가
④ 한국 여행을 오는 미국인 여행객 증가
⑤ 미국으로 연수를 떠나는 한국 학생의 감소

18. 환율이 하락하는 경우에 해당하는 것은?

① 외국인 관광객이 증가하였다.
② 국내 상품의 수출이 감소하였다.
③ 외국으로 유학 가는 사람이 증가하였다.
④ 다른 나라에 투자하는 사람들이 늘어났다.
⑤ 우리나라 사람들의 해외 관광이 증가하였다.

서술형

19. 다음 (가), (나)에 나타난 실업의 유형을 각각 서술하시오.

(가)

○○일보

휴대 전화의 대중화로 무선 호출기 판매가 급격히 줄어들어 문을 닫는 회사가 증가하고 있어 일자리를 잃은 사람들이 많아졌다.

(나)

□□일보

요즘 더 나은 근무 조건을 제공하고 더 높은 보수를 주는 직장으로 이직하기 위해 회사를 그만두고 쉬는 사람들이 증가하고 있다.

서술형

20. 다음 (가), (나) 상황이 외화의 수요와 공급에 미치는 영향과 이에 따른 환율의 변화를 서술하시오.

(가) 우리나라 제품의 수출 증가
(나) 국내 외국인 관광객 증가

실전모의고사(2회)

01. 국내 총생산에 대해 옳게 진술한 학생을 〈보기〉에서 고른 것은?

〈 보기 〉

갑: 각종 재료나 부품의 가격도 최종 생산물에 더해서 계산합니다.

을: 가족끼리 먹기 위해 집에서 요리하는 것은 포함되지 않습니다.

병: 작년 재고품은 제외한 1년 동안 새로 생산한 것만을 포함합니다.

정: 우리나라 사람이 국내와 외국에서 생산한 최종 생산물의 가치를 더한 것입니다.

① 갑, 을   ② 갑, 병   ③ 을, 병
④ 을, 정   ⑤ 병, 정

02. 올해 우리나라의 국내 총생산에 포함되는 것은?

① 갑은 미국에서 한국어를 가르쳐 월급을 받았다.
② 을은 영국 방송국에서 공연을 하고 출연료를 받았다.
③ 병은 국내 식당에서 손님들을 위해 음식을 만들었다.
④ 정은 목재로 강아지 집을 만들어 유기견 보호 센터에 기부하였다.
⑤ 무는 작년에 산 스마트폰을 올해 중고 거래 사이트에서 판매하였다.

03. 다음은 갑국의 경제 활동을 나타낸 것이다. 갑국의 국내 총생산은?

• 갑국에서 갑국 기업이 만든 반도체 20억 원
• 갑국에서 생산한 을국 기업의 자동차 20억 원
• 갑국에 근무하는 병국 사람의 임금 1억 원
• 갑국 국민이 정국 여행에서 쓴 돈 1억 원

① 2억 원   ② 20억 원
③ 21억 원   ④ 41억 원
⑤ 42억 원

04. 그림은 국내 총생산과 국민 총생산을 나타낸 것이다. A+B의 영역에 대한 설명으로 옳은 것을 〈보기〉에서 고른 것은?

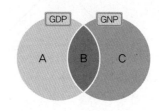

〈 보기 〉

ㄱ. 우리나라 가수의 해외 공연 수입은 포함하지 않는다.
ㄴ. 우리나라에 진출한 미국 다국적 회사의 매출액을 포함한다.
ㄷ. 각 생산 단계에서 생산된 중간 생산물의 시장 가치를 모두 합산한다.
ㄹ. 미국에 진출하여 미국 공장에서 생산한 우리나라 자동차 회사의 매출액을 합산한다.

① ㄱ, ㄴ   ② ㄱ, ㄷ   ③ ㄴ, ㄷ
④ ㄴ, ㄹ   ⑤ ㄷ, ㄹ

05. 밑줄 친 부분에 해당하는 사례로 적절한 것은?

국내 총생산만으로는 국민의 후생이나 복지 수준을 정확히 나타내기 어렵습니다. 간혹 국내 총생산이 증가함에도 불구하고, 국민의 후생 수준이 저하되는 경우도 있습니다.

① 지하 경제 활동이 국내 총생산에 포함된다.
② 국내 총생산이 증가할수록 1인당 GDP가 증가한다.
③ 가정 주부의 가사 노동은 국내 총생산에 반영되지 않는다.
④ 환경 오염을 발생시키는 생산 활동은 국내 총생산에 반영된다.
⑤ 무료 누리 소통망 서비스(SNS)는 국내 총생산에 반영되지 않는다.

06. 다음 물가와 물가 지수에 대한 질문에 모두 옳게 답한 학생은?

질문	갑	을	병	정	무
물가는 개별 상품의 가치를 화폐로 나타낸 것인가?	○	×	×	○	×
물가 지수는 비교하려는 해의 물가를 10으로 놓고 계산한 것인가?	×	×	×	×	○
한 상품의 가격이 급격히 상승하면 물가 지수도 반드시 상승하는가?	○	×	×	×	×
물가 지수는 물가 변동을 한눈에 알아보기 쉽게 수치로 표현한 것인가?	○	○	×	○	○
물가가 상승하였다는 것은 모든 상품의 가격이 상승하였음을 의미하는가?	×	×	○	○	○

(○: 예, ×: 아니요)

① 갑   ② 을   ③ 병   ④ 정   ⑤ 무

07. 인플레이션이 발생할 경우 유리해지는 사람만을 있는 대로 고른 것은?

① 갑, 을   ② 갑, 병   ③ 을, 정
④ 갑, 병, 정   ⑤ 을, 병, 정

08. 물가 상승이 지속될 경우 나타날 수 있는 경제 현상에 대해 옳게 진술한 학생은?

① 갑: 부와 소득이 불평등하게 분배될 수 있습니다.
② 을: 경제가 성장하여 국내 총생산이 증가할 수 있습니다.
③ 병: 저축이 늘어나고 건전한 투자가 활성화될 수 있습니다.
④ 정: 화폐 가치가 상승하여 금융 자산 소유자가 유리해질 수 있습니다.
⑤ 무: 우리나라 상품의 가격 경쟁력이 향상되어 수출이 늘어날 수 있습니다.

09. ㉠에 들어갈 답변으로 가장 적절한 것은?

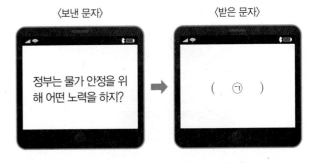

〈보낸 문자〉 정부는 물가 안정을 위해 어떤 노력을 하지?
〈받은 문자〉 (㉠)

① 이자율을 낮춰 민간의 소비가 줄어들도록 유도해.
② 과소비를 자제하고 합리적인 소비 생활을 하고자 해.
③ 생산성 향상을 위해 전문적인 지식을 학습하고자 해.
④ 재정 지출을 줄이고 공공요금의 인상을 억제하고자 해.
⑤ 새로운 생산 설비를 마련해 생산 비용을 절감하고자 해.

10. 다음 사례의 갑, 을이 처한 실업의 유형을 바르게 연결한 것은?

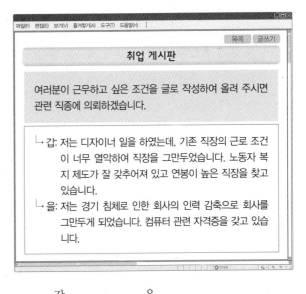

취업 게시판

여러분이 근무하고 싶은 조건을 글로 작성하여 올려 주시면 관련 직종에 의뢰하겠습니다.

└ 갑: 저는 디자이너 일을 하였는데, 기존 직장의 근로 조건이 너무 열악하여 직장을 그만두었습니다. 노동자 복지 제도가 잘 갖추어져 있고 연봉이 높은 직장을 찾고 있습니다.
└ 을: 저는 경기 침체로 인한 회사의 인력 감축으로 회사를 그만두게 되었습니다. 컴퓨터 관련 자격증을 갖고 있습니다.

	갑	을
①	경기적 실업	마찰적 실업
②	경기적 실업	계절적 실업
③	경기적 실업	구조적 실업
④	마찰적 실업	경기적 실업
⑤	마찰적 실업	구조적 실업

11. 그림은 갑국의 인구 구성을 나타낸 것이다. 갑국의 실업률은?

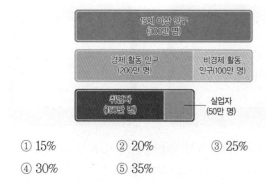

① 15%   ② 20%   ③ 25%
④ 30%   ⑤ 35%

12. 다음 사례의 실업 유형에 대한 대책으로 가장 적절한 것은?

> 갑은 현재 다니는 회사의 연봉이 적어 사표를 내고 새로운 일자리를 알아보고 있다.

① 농촌에 농공 단지를 건설한다.
② 기업의 비정규직 비중을 대폭 늘린다.
③ 다양한 취업 정보를 효율적으로 제공한다.
④ 경기 회복을 위해 기업의 투자를 유인한다.
⑤ 산업 구조 변화에 대응하기 위해 새로운 분야에 대한 직업 교육을 실시한다.

13. 국제 거래에 대한 학생들의 진술로 옳지 <u>않은</u> 것은?

① 갑: 국내 거래에 비해 제약이 많고 복잡합니다.
② 을: 국제 거래에 참여하는 국가는 모두 이익을 얻을 수 있습니다.
③ 병: 각국은 비교 우위에 있는 상품에 특화하여 생산하고 거래를 할 수 있습니다.
④ 정: 자국에서는 전혀 생산되지 않는 상품이 있어 국제 거래가 이루어지기도 합니다.
⑤ 무: 어떤 나라가 비교 우위를 가진 재화에 특화하면 세계적으로 그 재화의 생산량은 감소합니다.

14. 그림은 우리나라 외환 시장에서의 변화를 나타낸다. 이와 같은 현상의 원인으로 옳은 것은?

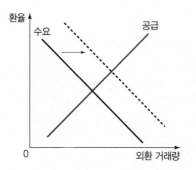

① 국내 상품의 수출이 증가하였다.
② 국내로 오는 외국인 유학생 수가 증가하였다.
③ 달러화 외채를 가진 기업이 외채를 상환하였다.
④ 외국인이 한국 기업에 대해 많은 투자를 하였다.
⑤ 국내를 여행하려는 외국인 관광객이 증가하였다.

15. 다음과 같은 환율 변화가 미칠 영향으로 옳은 것은?

○○**신문**   20△△년 △월 △일

원/달러 환율 지속적으로 하락해 …

① 수출이 증가한다.
② 수입이 증가한다.
③ 한국인의 해외여행이 감소한다.
④ 외국인의 국내 여행이 증가한다.
⑤ 달러 표시 외채 상환 부담이 증가한다.

16. 다음은 모둠별 발표를 정리한 것이다. 발표 내용이 적절한 모둠만을 있는 대로 고른 것은?

• 환율이 상승할 경우 유리한 사람의 사례 조사하기	
1모둠	외국 유학생 자녀를 둔 학부모
2모둠	우리나라에 관광을 오려는 외국인
3모둠	외국에서 활동하는 우리나라 운동선수
4모둠	우리나라에서 번 돈을 본국에 송금하려는 외국인 근로자

① 1모둠   ② 2모둠
③ 1모둠, 4모둠   ④ 2모둠, 3모둠
⑤ 3모둠, 4모둠

17. 그림은 우리나라 외환 시장의 변화를 나타낸 것이다. 환율 변화에 따른 원화 가치와 국내 물가의 변화에 대한 설명으로 옳은 것은?

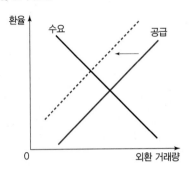

	원화 가치	국내 물가
①	상승	하락
②	상승	상승
③	하락	안정
④	하락	하락
⑤	하락	상승

18. 다음 자료는 원/달러 환율 변동 상황을 나타낸 것이다. 이와 같은 원/달러 환율 변동 상황이 지속될 경우 합리적으로 대처한 사람은?

〈원/달러 환율 변동 상황〉

6월 1일	1,100원	9월 1일	1,200원
7월 1일	1,150원	10월 1일	1,210원
8월 1일	1,180원	11월 1일	1,250원

① 갑: 수출 상품의 생산을 대폭 줄여야겠군.

② 을: 외채를 갚을 날짜를 좀 더 늦춰야겠군.

③ 병: 원자재 수입 날짜를 좀 더 미뤄야겠군.

④ 정: 친구들과 계획했던 미국 여행을 서둘러 가야겠군.

⑤ 무: 미국인 관광객을 상대로 하는 사업을 축소해야겠군.

서술형

19. 다음 대화를 통해 알 수 있는 GDP의 한계를 서술하시오.

주제: GDP의 한계 탐구하기

코로나19로 인해 마스크 생산업체의 매출이 500%나 증가했다던데?

맞아. 그리고 범죄가 증가해서 경비업체의 매출이 40% 증가했다고 하더라.

_____

_____

_____

서술형

20. 다음과 같은 상황에서 나타나는 외화의 수요 곡선과 공급 곡선의 변화와 이에 따른 환율의 변화를 서술하시오.

개발 도상국의 경제 성장 속도가 빨라지면서 해외에 투자하려는 국내 기업들의 움직임이 빨라지고 있다. 최근 국내 기업들은 해외의 기업을 사들이거나 현지에 직접 공장을 짓는 등 대규모 해외 투자에 열을 올리고 있다.

_____

_____

_____

실전모의고사(1회)

01. A에 대한 설명으로 옳지 않은 것은?

> A는 세계 여러 나라들이 서로 밀접한 관계를 맺으며 영향을 주고받는 사회이다.

① 개별 주권을 가진 국가를 기본 단위로 한다.
② 강제력을 가진 중앙 정부가 존재하지 않는다.
③ 자국의 이익 추구로 국가 간 협력은 나타나지 않는다.
④ 개별 국가 외에도 다양한 행위 주체들이 활동하고 있다.
⑤ 경제력과 군사력이 큰 강대국이 더 많은 영향력을 행사한다.

02. 다음에서 설명하고 있는 국제기구로 옳은 것은?

제2차 세계 대전 이후 국제 사회의 전쟁 방지 및 국제 평화 유지를 위해 설립되었으며, 190개 국이 넘는 회원국이 가입되어 있다.

① 국제 연합(UN)   ② 유럽 연합(EU)
③ 국제 통화 기금(IMF)   ④ 국경 없는 의사회
⑤ 세계 무역 기구(WTO)

03. 다음에 해당하는 국제 사회의 행위 주체로 옳은 것은?

▲ 그린피스   ▲ 국경 없는 의사회

① 국가 원수   ② 다국적 기업
③ 개별 주권 국가   ④ 정부 간 국제기구
⑤ 국제 비정부 기구

[04~05] 다음 신문 기사를 보고 물음에 답하시오.

> **○○신문**   20△△년 △월 △일
>
> 영국 국민, '브렉시트' 선택 … 43년 만에 EU 탈퇴
>
> EU 탈퇴 국민 투표에서 영국 국민의 51.9%가 찬성해 영국의 ㉠ EU(유럽 연합) 탈퇴가 확정됐다. 영국이 43년 만에 '유럽 공동체'에서 이탈하면서 전 세계 정치·경제 지형에 큰 변동이 불가피해졌다. 영국은 이민자 문제, 주권 침해 문제, 분담금 문제 등이 자국에 불리하다고 판단하고 탈퇴하기로 하였다.

04. 신문 기사에 나타난 국제 사회의 특징으로 가장 적절한 것은?

① 힘의 논리가 작용한다.
② 강력한 중앙 정부가 존재하지 않는다.
③ 각국은 자국의 이익을 최우선으로 추구한다.
④ 정부 간 국제기구의 영향력이 확대되고 있다.
⑤ 국제 사회는 전 지구적 문제에 대해 협력한다.

05. 밑줄 친 ㉠과 같은 국제 사회 행위 주체에 대한 설명으로 옳은 것을 〈보기〉에서 고른 것은?

> ── 〈 보기 〉──
> ㄱ. 정부 간 국제기구에 해당한다.
> ㄴ. 각국 정부를 회원으로 하는 국제기구이다.
> ㄷ. 국제 사회를 구성하는 기본적인 단위이다.
> ㄹ. 국경을 초월하여 활동하는 민간단체를 회원으로 하는 국제기구이다.

① ㄱ, ㄴ   ② ㄱ, ㄷ   ③ ㄴ, ㄷ
④ ㄴ, ㄹ   ⑤ ㄷ, ㄹ

06. 다음에서 설명하고 있는 개념으로 옳은 것은?

> 국가 간 합의에 따라 국가 간의 관계를 규칙으로 정해 놓은 법으로 국가 간 조약, 국제 관습법 등이 대표적이다.

① 헌법
② 국제법
③ 국제 협약
④ 보편적 윤리
⑤ 국제 사법 재판소

07. 다음을 통해 알 수 있는 국제 사회의 특성으로 가장 적절한 것은?

> 아시아 태평양 경제 협력체(APEC) 회원국들이 코로나19 상황에서 식량 안보를 확보하기 위한 노력을 강화하기로 했다. 아시아 태평양 지역 21개 회원국 간 안전과 식량 안보, 안정적인 농식품 공급망을 유지하기 위한 공감대를 형성하고 유엔 산하 국제기구, 민간과 공동 대응을 제시했다.

① 공동의 문제를 해결하기 위해 서로 협력한다.
② 지역화로 인해 국제 사회의 갈등이 증대한다.
③ 국제 사회에서 자국의 이익을 최우선으로 추구한다.
④ 경쟁력 있는 다국적 기업을 지원하여 협력을 강화한다.
⑤ 강제력이 있는 중앙 정부를 설립하여 갈등을 해결한다.

08. (가), (나)에 해당하는 행위 주체로 옳은 것은?

> (가) 국경을 초월하여 활동하는 개인이나 민간단체로 구성된 국제기구
> (나) 국제 사회에서 독립적인 주권을 행사하며 공식적인 활동을 수행하는 행위 주체

	(가)	(나)
①	국가	정부 간 국제기구
②	정부 간 국제기구	국가
③	정부 간 국제기구	국제 비정부 기구
④	국제 비정부 기구	국가
⑤	국제 비정부 기구	정부 간 국제기구

09. 밑줄 친 (가)에 들어갈 수 있는 학생의 답변만을 〈보기〉에서 있는 대로 고른 것은?

국제 사회 행위 주체에 대해 발표해 볼까요?

(가)

〈보기〉
ㄱ. 국제적 규모의 다국적 기업도 국제 사회의 행위 주체입니다.
ㄴ. 국가는 국제 비정부 기구에 가입하여 외교 활동을 수행합니다.
ㄷ. 정부 간 국제기구는 국제 사회의 가장 기본적인 행위 주체입니다.
ㄹ. 강대국의 국가 원수는 개인이지만 국제 사회의 행위 주체가 될 수 있습니다.

① ㄱ, ㄴ
② ㄱ, ㄹ
③ ㄴ, ㄷ
④ ㄱ, ㄷ, ㄹ
⑤ ㄴ, ㄷ, ㄹ

10. A에 해당하는 국제 사회 행위 주체로 옳은 것은?

A는 해외 여러 국가에 자회사, 지점, 제조 공장 등을 두고 생산과 판매 등의 경제 활동을 하는 행위 주체로 국적과 국경은 큰 의미가 없습니다.

① 국가 원수
② 다국적 기업
③ 개별 주권 국가
④ 정부 간 국제기구
⑤ 국제 비정부 기구

실전모의고사(1회)

11. 다음 사례에 공통적으로 나타난 갈등 유형으로 가장 적절한 것은?

> • 세계 3대 석유·가스 매장 지역인 카스피해 연안에 인접한 국가들 간에 자원 개발과 송유관 건설을 둘러싸고 영유권 분할에 대한 분쟁이 벌어지고 있다. 지난 20년간 협상을 해 왔으나 현재까지 공식적인 합의는 이루어지지 않고 있다.
> • 기후 변화로 인한 해빙 효과로 해상 운송업과 광업, 어업, 유전 및 천연가스 개발 등을 기대할 수 있게 됨으로써 한스섬의 지정학적·경제적 가치가 더욱 커졌다. 이에 따라 덴마크와 캐나다는 섬의 영유권이 자국에 있음을 강조하고 있다.

① 인종 분쟁   ② 종교 분쟁
③ 자원 확보 분쟁   ④ 환경 오염 분쟁
⑤ 소수 민족 분쟁

12. 다음 자료에 나타난 분쟁에 대한 설명으로 옳은 것은?

① 자원의 개발을 둘러싸고 나타난 갈등이다.
② 종교 갈등으로 인한 영토 영유권 갈등이다.
③ 다국적 기업의 시장 확보를 위한 갈등이다.
④ 국가 간 문제이므로 국제기구는 개입하지 않는다.
⑤ 자유 진영과 공산 진영의 갈등이 심화된 지역이다.

13. 다음과 같은 현상이 발생하는 원인으로 적절하지 <u>않은</u> 것은?

> 오늘날 국제 사회는 경제뿐만 아니라 정치, 사회, 문화의 다양한 영역에서 국가 간의 경쟁이 더욱 치열해지고 있다. 이러한 경쟁이 지나칠 경우 갈등과 분쟁으로 확산되기도 한다.

① 종교의 차이
② 민족과 인종의 차이
③ 국가적 이념 대립의 심화
④ 자국의 이익 최우선 추구
⑤ 자원에 대한 소유권 문제

14. A에 대한 설명으로 옳은 것은?

> A는 한 국가가 자국의 이익을 달성하기 위해 다른 나라와 국제 사회 전체를 상대로 펼치는 대외 활동이다.

① 국가 원수 및 정부를 통한 활동만을 의미한다.
② 자국의 이익보다 국제적 공익을 우선 추구한다.
③ 무력을 통한 강제적인 방법으로 주로 이루어진다.
④ 정치 영역은 포함되나 경제 영역은 포함되지 않는다.
⑤ 협상 및 설득, 타협 등의 다양한 방법을 통해 이루어진다.

15. (가), (나) 사례의 공통적인 갈등 원인으로 가장 적절한 것은?

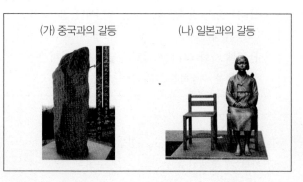

① 자원 확보 문제   ② 역사 왜곡 문제
③ 환경 오염 문제   ④ 영유권 분쟁 문제
⑤ 군사적 충돌 문제

16. 우리나라와 주변 국가 사이의 갈등에 대한 설명으로 옳은 것은?

① 중국과 동해 표기 문제로 갈등을 겪고 있다.
② 중국은 야스쿠니 신사 참배를 정당화하고 있다.
③ 일본은 고구려와 발해를 자국의 역사라고 주장하고 있다.
④ 우리나라 서해에서 일본의 불법 조업으로 분쟁이 커지고 있다.
⑤ 일본은 일본군 위안부 문제에 관한 사과와 보상을 회피하고 있다.

17. 교사의 질문에 대한 답변으로 옳은 것을 〈보기〉에서 고른 것은?

〈학습 주제〉 중국과의 분쟁과 갈등

중국은 (가)를 통해 고조선, 고구려, 발해 등 우리나라 역사를 고대 중국의 지방 정부로 인식하고, 이를 모두 중국사에 포함시키고 있음.

중국이 (가)를 하는 목적을 발표해 볼까요?

〈 보기 〉
ㄱ. 풍부한 지하 자원을 확보하기 위해서입니다.
ㄴ. 중국 내 소수 민족의 독립을 막기 위해서입니다.
ㄷ. 군사 및 교통의 요충지를 차지하기 위해서입니다.
ㄹ. 한반도 통일 이후 발생할 수 있는 영토 분쟁에 대비하기 위해서입니다.

① ㄱ, ㄴ   ② ㄱ, ㄷ   ③ ㄴ, ㄷ
④ ㄴ, ㄹ   ⑤ ㄷ, ㄹ

18. 우리나라와 일본 간에 나타나는 갈등으로 볼 수 없는 것은?

① 동해 표기 문제
② 독도 영유권 분쟁
③ 역사 교과서 왜곡 문제
④ 센카쿠 열도 영유권 분쟁
⑤ 일본군 위안부 사과 및 배상 문제

서술형

19. 밑줄 친 부분을 통해 추론할 수 있는 국제 사회의 특성을 서술하시오.

국제 연합(UN) 안전 보장 이사회는 국제 연합의 가장 강력한 기관으로 5개의 상임 이사국(미국, 러시아, 영국, 프랑스, 중국)과 10개의 비상임 이사국으로 구성되며, 국제 평화와 안전 유지에 일차적 책임을 진다. 이사국은 1개의 투표권을 갖는데 안보리의 주요 결정은 상임 이사국 5개국을 모두 포함한 9개국 이상의 찬성으로 이루어진다.

서술형

20. (가), (나)에 해당하는 국제 사회 행위 주체의 명칭을 쓰고, (가)와 (나)의 공통점과 차이점을 서술하시오.

행위 주체	사례
(가)	그린피스, 국경 없는 의사회 등
(나)	애플, 삼성, 코카콜라, 맥도날드 등

실전모의고사(2회)

01. 다음은 국제 사회의 특성에 관한 진술이다. 각 진술에 대해 모두 옳게 응답한 학생은?

진술 \ 학생	갑	을	병	정	무
중앙 정부가 존재한다.	○	×	×	×	○
경쟁과 협력이 공존한다.	○	○	○	×	○
자국의 이익을 최우선으로 추구한다.	×	○	○	○	○
강대국과 약소국의 영향력이 동일하게 작용한다.	○	×	○	○	×

(○: 그렇다, ×: 그렇지 않다)

① 갑　　② 을　　③ 병　　④ 정　　⑤ 무

02. 국제 사회에 대한 설명으로 옳지 <u>않은</u> 것은?

① 국력에 따른 힘의 논리가 작용한다.
② 각국은 자국의 이익 추구를 위해 외교 활동을 한다.
③ 개별 국가를 강제할 힘과 권위를 가진 중앙 정부가 없다.
④ 세계화로 인한 경쟁과 갈등의 심화로 상호 협력이 불가능하다.
⑤ 국가뿐만 아니라 국제기구, 다국적 기업 등 다양한 행위 주체들이 활동한다.

03. (가)에 들어갈 내용으로 가장 적절한 것은?

국제 사회에서 (가)의 원인은 민족·영토·종교의 차이, 영토 영유권 주장 등 자국의 이익을 최우선으로 추구하기 때문입니다.

[학습 주제]
국제 사회의 _____(가)_____

① 협력　　② 갈등　　③ 안전
④ 공존　　⑤ 평화

04. 다음에 해당하는 국제 사회를 바라보는 관점으로 옳은 것은?

> 인간은 기본적으로 이기적이고 인간이 모여 만든 국가 역시 자국의 이익을 추구하기 때문에 국가 간의 힘의 관계에 따라 국제 사회의 모든 것이 결정된다.

① 이상주의　　② 자유주의　　③ 현실주의
④ 사회주의　　⑤ 민주주의

05. 다음에 해당하는 국제 사회의 행위 주체로 옳지 <u>않은</u> 것은?

> 각국 정부를 회원으로 하는 국제기구로, 협상을 통해 자국의 이익과 회원국 전체 이익의 조화를 추구한다.

① 국제 연합　　　　② 유럽 연합
③ 국제 통화 기금　　④ 세계 무역 기구
⑤ 국제 사면 위원회

06. (가)에 들어갈 학습 목표로 가장 적절한 것은?

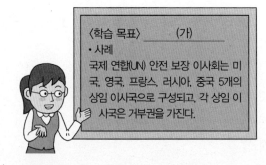

〈학습 목표〉 _____(가)_____
• 사례
국제 연합(UN) 안전 보장 이사회는 미국, 영국, 프랑스, 러시아, 중국 5개의 상임 이사국으로 구성되고, 각 상임 이사국은 거부권을 가진다.

① 국제 사회에서 국가의 중요성을 파악한다.
② 국제 사회에서 국가 간 협력의 중요성을 인식한다.
③ 국제 사회에서 힘의 논리가 작용하는 것을 이해한다.
④ 국제 사회에서 갈등과 경쟁의 해결 방안을 모색한다.
⑤ 국제 사회는 평등한 주권 국가로 구성됨을 이해한다.

07. 국제 사회 행위 주체에 대한 설명으로 옳은 것을 〈보기〉에서 고른 것은?

〈 보기 〉
ㄱ. 국제 비정부 기구는 각국 정부를 회원으로 한다.
ㄴ. 다국적 기업은 각국의 경제 정책에만 영향을 미친다.
ㄷ. 강대국 국가 원수도 국제 사회 행위 주체가 될 수 있다.
ㄹ. 가장 기본적인 행위 주체는 독립적 주권을 행사하는 국가이다.

① ㄱ, ㄴ ② ㄱ, ㄷ ③ ㄴ, ㄷ
④ ㄴ, ㄹ ⑤ ㄷ, ㄹ

08. 다국적 기업에 대한 설명으로 옳은 것은?

① 정부를 회원으로 한다.
② 국제 사회의 가장 기본적인 행위 주체이다.
③ 국제 사회에서 공식적 외교 활동을 수행한다.
④ 세계화로 인해 그 영향력과 규모가 커지고 있다.
⑤ 영리를 추구하지 않는 국제 사회 행위 주체이다.

09. (가), (나)에 해당하는 행위 주체의 사례로 옳은 것은?

(가) 국제 사회에서 각국 정부를 회원으로 하는 국제기구
(나) 국경을 초월하여 활동하는 개인이나 민간단체로 구성된 국제기구

	(가)	(나)
①	대한민국	국제 연합
②	국제 연합	그린피스
③	세계 무역 기구	대한민국
④	국경 없는 의사회	다국적 기업
⑤	국제 사면 위원회	경제 협력 개발 기구

10. 다음 국제기구들의 공통점으로 옳은 것은?

• 국경 없는 의사회: 전쟁·기아·질병·자연 재해 등으로 고통받는 세계 각지 주민들을 구호하기 위해 설립된 민간 의료 구호 단체
• 그린피스: 국제 환경 보호 단체로서 핵 실험 반대와 자연 보호 운동을 통하여 지구의 환경을 보존하고 평화를 증진하기 위한 활동을 하는 국제 사회 행위 주체

① 국제 비정부 기구이다.
② 정부를 회원으로 하는 국제기구이다.
③ 국제 사회의 환경 보호를 위해 설립되었다.
④ 국제 사회에서 자국의 이익을 위해 경쟁한다.
⑤ 세계 자유 무역을 강화하기 위해 설립되었다.

11. 다음 사례에서 공통적으로 추론할 수 있는 국제 사회의 특징으로 가장 적절한 것은?

• 갑국은 온실가스 감축을 골자로 하는 기후 변화 협약에 가입했지만, 국가별로 감축 목표가 설정되자 자국의 산업을 보호하기 위해 이 협약에서 탈퇴했다.
• 을국은 ○○국 내전 중 발생한 대량 학살에 대응하기 위한 국제 공조 체제에 참여하지 않기로 했다. ○○국이 경제적으로 중요한 위치에 있지 않다고 판단한 것이다.

① 갈등과 경쟁이 공존한다.
② 자국의 이익을 최우선으로 추구한다.
③ 경쟁력 있는 다국적 기업을 지원하여 협력을 강화한다.
④ 강제력이 있는 중앙 정부를 설립하여 갈등을 해결한다.
⑤ 국제 사회 문제를 해결하기 위해 국가 간 협력이 증대된다.

정답과 해설 54쪽

12. 국제 사회의 공존을 위한 노력으로 가장 적절한 것은?

① 정부 간 국제기구를 통해서만 해결한다.

② 자국의 이익을 최우선하여 협력을 추구한다.

③ 평화적 방법과 무력을 통해 분쟁을 해결한다.

④ 국제법을 준수하며 국제 분쟁 해결을 위해 노력한다.

⑤ 분쟁 당사국의 문제이므로 다른 나라는 개입하지 않는다.

13. 다음 설명에 해당하는 용어로 옳은 것은?

> 한 국가가 자국의 이익을 위하여 다른 국가에 취하는 모든 공식적인 활동으로 동맹, 조약, 협력 등이 있다.

① 경쟁　　　② 외교　　　③ 무역

④ 군사력　　　⑤ 경제력

14. 우리나라와 주변국 간의 갈등 사례로 옳은 것은?

	중국과의 갈등	일본과의 갈등
①	동북 공정 문제	동해 표기 문제
②	독도 영유권 문제	역사 교과서 왜곡 문제
③	동해 표기 문제	불법 조업 문제
④	미세 먼지 문제	동북 공정 문제
⑤	위안부 사과 및 배상 문제	야스쿠니 신사 참배 문제

15. 국제 사회의 갈등을 해결하기 위한 방안으로 가장 적절한 것을 〈보기〉에서 고른 것은?

> ──〈 보기 〉──
> ㄱ. 국제 평화주의를 지향하는 자세를 함양한다.
> ㄴ. 객관적 근거와 상호 존중의 자세로 접근한다.
> ㄷ. 논리적 접근보다는 감정적 대응 자세를 갖춘다.
> ㄹ. 정부의 공식 외교보다 민간 외교를 확대하여 해결한다.

① ㄱ, ㄴ　　　② ㄱ, ㄷ　　　③ ㄴ, ㄷ

④ ㄴ, ㄹ　　　⑤ ㄷ, ㄹ

서술형

16. ㉠에 해당하는 개념을 쓰고, 중국이 ㉠을 추진하는 의도를 두 가지 서술하시오.

> 사진은 중국 랴오닝성 장하현 소재 고구려 성산산성 입구에 세워진 표지석이다. 이 표지석에는 "고구려 민족이 고대로부터 중화 민족을 구성하는 일원이었다."라는 문구와 "고구려 정권은 중국 동북 소수 민족 지방정권"이라는 문구가 새겨져 있다. 이 문구는 중국 정부가 새긴 것으로, 중국은 (㉠) 사업을 통해 중국 영토 안에서 전개된 모든 역사를 중국의 역사라고 주장하고 있다.

_____

_____

_____

EBS

사회를 한 권으로
가뿐하게!

사뿐

실전모의고사

중학 사회 ②-1

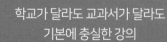

중학도 EBS!

EBS중학의 무료강좌와 프리미엄강좌로 완벽 내신대비!

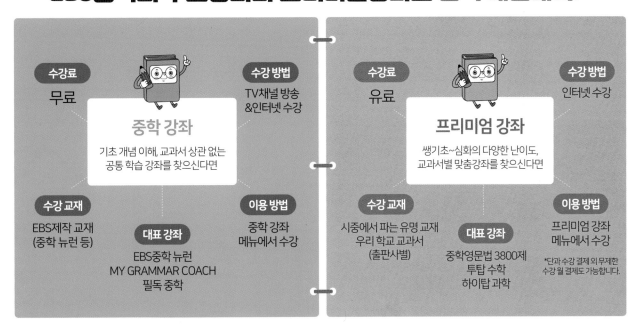

수강료 무료

수강 방법 TV채널 방송 &인터넷 수강

중학 강좌
기초 개념 이해, 교과서 상관 없는
공통 학습 강좌를 찾으신다면

수강 교재 EBS제작 교재 (중학 뉴런 등)

대표 강좌 EBS중학 뉴런 MY GRAMMAR COACH 필독 중학

이용 방법 중학 강좌 메뉴에서 수강

수강료 유료

수강 방법 인터넷 수강

프리미엄 강좌
쌩기초~심화의 다양한 난이도,
교과서별 맞춤강좌를 찾으신다면

수강 교재 시중에서 파는 유명 교재 우리 학교 교과서 (출판사별)

대표 강좌 중학영문법 3800제 투탑 수학 하이탑 과학

이용 방법 프리미엄 강좌 메뉴에서 수강

*단과 수강 결제 외 무제한 수강 월 결제도 가능합니다.

프리패스 하나면 EBS중학프리미엄 전 강좌 무제한 수강

내신 대비 진도 강좌

☑ 국어/영어: 출판사별 국어7종/ 영어9종 우리학교 교과서 맞춤강좌

☑ 수학/과학: 시중 유명 교재 강좌 모든 출판사 내신 공통 강좌

☑ 사회/역사: 개념 및 핵심 강좌 자유학기제 대비 강좌

영어 수학 수준별 강좌

☑ 영어: 영역별 다양한 레벨의 강좌 문법 5종/독해 1종/듣기 1종 어휘 3종/회화 3종/쓰기 1종

☑ 수학: 실력에 딱 맞춘 수준별 강좌 기초개념 3종/ 문제적용 4종 유형훈련 3종/ 최고심화 3종

시험 대비 / 예비 강좌

· 중간, 기말고사 대비 특강
· 서술형 대비 특강
· 수행평가 대비 특강
· 반배치 고사 대비 강좌
· 예비 중1 선행 강좌
· 예비 고1 선행 강좌

왜 EBS중학프리미엄 프리패스를 선택해야 할까요?

현직 교사들이 직접 참여하는 강의

타사 대비 60% 수준의 합리적 수강료

프리패스 회원만을 위한 특별한 혜택

자세한 내용은 EBS중학 > 프리미엄 강좌 > 무한수강 프리패스(http://mid.ebs.co.kr/premium/middle/index) 에서 확인할 수 있습니다.

*사정상 개설강좌, 가격정책은 변경될 수 있습니다.

중학도 EBS! 최고의 강의, 합리적인 가격
프리패스 구매 문의 : 1588-1580 / 연중무휴 EBS중학프리미엄

중학도 EBS!

EBS중학의 무료강좌와 프리미엄강좌로 완벽 내신대비!

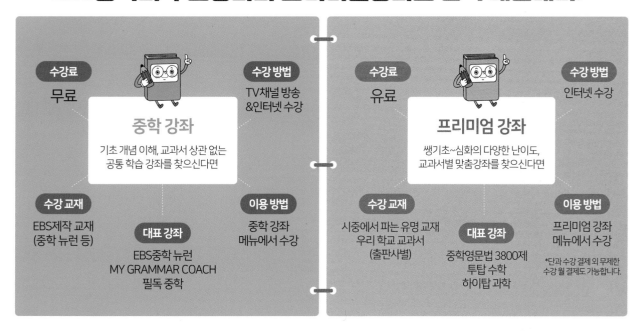

수강료
무료

중학 강좌
기초 개념 이해, 교과서 상관 없는
공통 학습 강좌를 찾으신다면

수강 방법
TV채널 방송
&인터넷 수강

수강 교재
EBS제작 교재
(중학 뉴런 등)

대표 강좌
EBS중학 뉴런
MY GRAMMAR COACH
필독 중학

이용 방법
중학 강좌
메뉴에서 수강

수강료
유료

프리미엄 강좌
쌩기초~심화의 다양한 난이도,
교과서별 맞춤강좌를 찾으신다면

수강 방법
인터넷 수강

수강 교재
시중에서 파는 유명 교재
우리 학교 교과서
(출판사별)

대표 강좌
중학영문법 3800제
투탑 수학
하이탑 과학

이용 방법
프리미엄 강좌
메뉴에서 수강

*단과 수강 결제 외 무제한
수강 월 결제도 가능합니다.

프리패스 하나면 EBS중학프리미엄 전 강좌 무제한 수강

내신 대비 진도 강좌

☑ 국어/영어: 출판사별 국어7종/영어9종
우리학교 교과서 맞춤강좌

☑ 수학/과학: 시중 유명 교재 강좌
모든 출판사 내신 공통 강좌

☑ 사회/역사: 개념 및 핵심 강좌
자유학기제 대비 강좌

영어 수학 수준별 강좌

☑ 영어: 영역별 다양한 레벨의 강좌
문법 5종/독해 1종/듣기 1종
어휘 3종/회화 3종/쓰기 1종

☑ 수학: 실력에 딱 맞춘 수준별 강좌
기초개념 3종/ 문제적용 4종
유형훈련 3종/ 최고심화 3종

시험 대비 / 예비 강좌

· 중간, 기말고사 대비 특강
· 서술형 대비 특강
· 수행평가 대비 특강
· 반배치 고사 대비 강좌
· 예비 중1 선행 강좌
· 예비 고1 선행 강좌

왜 EBS중학프리미엄 프리패스를 선택해야 할까요?

**현직 교사들이
직접 참여하는 강의**

**타사 대비 60% 수준의
합리적 수강료**

60%

**프리패스 회원만을
위한 특별한 혜택**

자세한 내용은 EBS중학 > 프리미엄 강좌 > 무한수강 프리패스(http://mid.ebs.co.kr/premium/middle/index) 에서 확인할 수 있습니다.

*사정상 개설강좌, 가격정책은 변경될 수 있습니다.

중학도 EBS! 최고의 강의, 합리적인 가격
프리패스 구매 문의 : 1588-1580 / 연중무휴 EBS중학프리미엄

중학도 역시 **EBS**

사뿐

정답과 해설

사회를 한 권으로
가뿐하게!

중학 사회
②-1

사회를 한 권으로
가뿐하게!

사뿐

정답과 해설

I. 인권과 헌법

01 인권 보장과 기본권

본문 10~11쪽

간단 체크
1 (1) ○ (2) ○ (3) × (4) × (5) ○
2 (1) 행복 추구권 (2) 참정권 (3) 법률
3 (1) ㄹ (2) ㄷ (3) ㄴ (4) ㄷ (5) ㄱ
4 (1) 보편적 (2) 청구권 (3) 없다.

기본 문제
01 ③	**02** ⑤	**03** ①	**04** ②	**05** ④	**06** ③
07 ④	**08** ⑤	**09** ①	**10** ④		

01 인권은 누구나 보장받아야 할 보편적인 권리로 인간이 태어나면서부터 갖게 되는 권리이며, 국가의 법으로 보장받기 전부터 인간에게 자연적으로 주어진 권리이다.

02 제시된 내용은 헌법에 대한 정의이다. 헌법은 국가의 통치 조직과 운영 원리 및 국민의 기본권을 규정한 국가의 최고법이다.

03 제시된 헌법 조항은 인간의 존엄과 가치 및 행복 추구권을 규정하고 있다. 인간의 존엄과 가치 및 행복 추구권은 모든 기본권이 궁극적으로 추구하는 가치이다.

오답 피하기
ㄷ. 다른 기본권의 보장을 위한 수단적 성격의 권리는 청구권이다.
ㄹ. 인간의 존엄과 가치 및 행복 추구권은 우리나라 국민뿐만 아니라 모든 사람들에게 적용되는 기본적 인권이다.

04 신체의 자유, 통신 비밀의 자유, 재산권의 보장은 자유권에 해당하는 권리로, 국민이 국가의 간섭을 받지 않고 자유롭게 생활할 수 있는 권리이다.

오답 피하기
① 평등권, ③ 참정권, ④ 청구권, ⑤ 사회권에 대한 설명이다.

05 평등권은 다른 사람에게 양도할 수 없으며, 모든 국민이 성별, 종교 등에 의해 부당하게 차별받지 않고 동등하게 대우받을 권리로 다른 기본권 보장을 위한 전제 조건이다.

오답 피하기
③ 국가의 공무를 담당할 수 있는 공무 담임권은 참정권에 해당한다.
⑤ 최소한의 인간다운 생활을 보장받기 위한 권리는 사회권이다.

06 제시된 그림은 국가 기관의 주요 공무원을 선출하기 위해 투표를 하는 모습으로, 국민이 정치 과정에 참여할 수 있는 권리인 참정권에 해당한다.

07 공무원의 직무상 불법행위로 손해를 입은 국민은 국가 또는 공공 단체에 정당한 배상을 청구할 수 있다. 갑은 손해 배상을 받기 위해 재판을 청구하였으므로 청구권을 행사하였음을 알 수 있다.

08 근로의 권리, 교육받을 권리, 쾌적한 환경에서 살 권리(환경권)는 사회권에 속한다.

09 갑은 신체의 자유를 구속당할 때 필요한 권리를 전달받지 못했기 때문에 자유권을 침해받았고, 을은 장애 때문에 동등하게 대우받지 못했으므로 평등권, 교육받을 권리가 제한되었으므로 사회권을 침해받았다.

10 헌법 제37조 ②항에 의하면 국민의 자유와 권리는 국가 안전 보장, 질서 유지 또는 공공복리를 위하여 필요한 경우에 한하여 법률로써 제한할 수 있다.

본문 12~13쪽

01 ④	**02** ③	**03** ④	**04** ③	**05** ④	**06** ③
07 ⑤	**08** ①	**09** 해설 참조		**10** 해설 참조	

01 인권은 인간이 마땅히 누려야 할 기본적 권리로 사람이라면 누구나 가지는 기본적이고 보편적인 권리이다.

오답 피하기
ㄷ. 인권은 자국민뿐만 아니라 모든 사람에게 동등하게 적용되는 권리이다.

02 세계 인권 선언은 1948년 국제 연합(UN) 총회에서 채택되어 인권 보장의 국제 기준을 제시하고, 인권 보장이 인류가 보편적으로 추구해야 할 가치임을 선포한 것이다. ③ 인권은 국가에서 법이나 제도로 보장하기 이전에 자연적으로 주어진 권리임을 제1조에서 확인할 수 있다.

03 제시문은 청구권에 대한 설명이다. 청구권에는 청원권, 재판 청구권, 국가 배상 청구권 등이 있으며, 수단적 성격을 가진다.

04 제시문은 사회권에 대한 설명이다. 사회권에는 근로의 권리, 교육받을 권리, 쾌적한 환경에서 살 권리 등이 있다.

05 (가)는 자유권, (나)는 참정권이다. ④ 참정권은 국민이 정치 과정에 참여할 수 있는 능동적 권리이다.

오답 피하기
① 법 앞에서 차별받지 않을 권리는 평등권이다.
② 국가에 인간다운 생활을 요구할 수 있는 권리는 사회권이다.
③ 역사가 가장 오래된 기본권은 자유권이다.

⑤ 자유권, 참정권 등 기본권은 국가 안전 보장, 질서 유지, 공공복리를 위하여 필요한 경우에 한하여 법률로써 제한할 수 있다.

06 A는 자유권, B는 참정권이다. ③ 국민이 국가나 지방 자치 단체의 구성원이 되어 공무를 담당할 수 있는 공무 담임권은 참정권에 해당한다.

오답 피하기
① 재판 청구권은 청구권에 해당한다.
② 정치 과정에 자유롭게 참여할 수 있는 권리는 참정권이다.
④ 가장 최근에 등장한 현대적 권리는 사회권이다.
⑤ 다른 기본권 보장을 위한 수단적 성격의 권리는 청구권이다.

07 최저 생계비 이하의 절대 빈곤층의 국민에게 생계, 교육, 의료, 주거 등의 기본적 생활을 국가가 보장하는 국민기초생활보장법은 최소한의 인간다운 생활을 보장하기 위한 제도이므로 사회권과 관련된다.

08 개발 제한 구역은 환경 보호(공공복리)를 위해 개인의 재산권을 제한하는 것이므로 자유권이 제한되는 사례에 해당한다.

서술형 문제

09 [예시 답안] A는 사회권으로, 적극적 성격을 가지며 현대 사회에 등장한 기본권이다. B는 청구권으로, 다른 기본권이 침해되었을 때 그 구제를 요구할 수 있는 권리이다.

[평가 기준]

상	사회권(A)과 청구권(B)을 쓰고, 그 특징을 모두 바르게 서술한 경우
중	사회권(A)과 청구권(B)은 쓰고, 그 특징에 대한 서술이 미흡한 경우
하	사회권(A)과 청구권(B)만 서술한 경우

10 [예시 답안] 국가 권력의 남용을 방지하여 국민의 자유와 권리를 최대한 보장하기 위해 헌법에 기본권 제한에 대한 규정을 명시하였다.

[평가 기준]

상	국가 권력의 남용 방지와 국민의 자유 및 권리 보장을 서술한 경우
중	국가 권력의 남용 방지를 서술한 경우
하	핵심 내용을 넣지 않고 서술한 경우

02 인권 침해와 구제

기본 문제

간단 체크
1 (1) × (2) ○ (3) ○ (4) × (5) ○
2 (1) 자유권 (2) 위헌 법률 심판 (3) 행정 재판
3 (1) ⓒ (2) ㉠ (3) ⓛ
4 (1) 민사 재판 (2) 언론 중재 위원회 (3) 재판

기본 문제
01 ①	02 ⑤	03 ⑤	04 ④	05 ①	06 ③
07 ③	08 ②	09 ⑤	10 ④		

01 인권 침해는 국가 또는 타인에 의해 인권의 내용이 훼손되는 것으로, 합리적 이유 없이 사람을 차별하는 것도 인권 침해이다.

오답 피하기
ㄷ, ㄹ. 인권 침해는 개인 또는 국가 기관에 의해서 모든 사람들에게 발생할 수 있다.

02 밑줄 친 '이것'은 인권 침해이다. 인권 침해는 불합리한 법과 제도, 사회의 잘못된 관습, 불법적인 공권력의 행사, 사람들의 편견과 고정 관념 등으로 발생할 수 있다. 인권 침해를 줄이고 인권이 보장되는 사회를 위해서는 타인의 권리를 소중히 여기는 인권 감수성을 높여야 한다.

03 나이, 장애, 피부색 등으로 합리적 이유 없이 차별하는 행위는 인권 침해라고 할 수 있다. ⑤ 안전이라는 합리적 이유로 일정 신장 이하인 사람의 놀이 기구 탑승을 제한하는 것이므로 인권 침해라고 할 수 없다.

04 개인에 의해 인권 침해를 당한 경우에는 법원의 민사 소송을 통하여 구제받을 수 있으며, 인권 침해 행위가 범죄에 해당하면 경찰, 검찰에 고소하여 처벌받도록 할 수 있다. 또한 타인이 성별, 종교, 장애 등을 이유로 차별하면 국가 인권 위원회에 진정할 수 있다.

오답 피하기
ㄹ. 행정 심판은 행정 기관의 잘못된 처분 등으로 권리나 이익이 침해된 국민이 제기하는 권리 구제 절차이다.

05 법원은 권리를 침해당한 사람이 소를 제기하면 재판을 통해 국가 기관 또는 개인에 의해 침해된 인권을 구제해 준다.

06 헌법 재판소는 사전 검열 제도가 국민의 예술 활동의 독창성과 창의성을 침해할 뿐만 아니라 권력자에게 불리한 내용의 표현을 사전에 억제함으로써 예술의 자유와 표현의 자유를 침해한다고 심판하였다. 따라서 ㉠은 표현의 자유이다.

07 헌법 소원 심판은 공권력에 의하여 기본권을 침해당한 국

민이 헌법 재판소에 그 권리의 구제를 청구하는 것이다. 따라서 헌법 소원 심판권을 가진 국가 기관은 헌법 재판소이다.

08 국가 인권 위원회는 인권 침해나 차별 행위를 조사하여 구제하는 독립적인 국가 기관이다.

오답 피하기
ㄴ. 대한 법률 구조 공단에 해당하는 진술이다.
ㄷ. 법원에 해당하는 진술이다.

09 국민 권익 위원회는 행정 기관의 잘못된 법 집행 등으로 침해된 권리를 구제하는 기관이다. 따라서 밑줄 친 '이 기관'은 국민 권익 위원회이다.

10 (가)는 행정 재판으로 행정 기관의 처분에 대해 무효나 취소를 주장하는 분쟁을 해결하는 재판이고, (나)는 형사 재판으로 범죄 행위로 다른 사람의 권리를 침해한 사람을 처벌하고 범죄 예방을 통해 인권을 보호하는 재판이다.

오답 피하기
민사 재판은 개인 간에 발생하는 분쟁을 재판을 통해 해결하는 재판이다.

실전 문제

본문 18~19쪽

| **01** ② | **02** ① | **03** ③ | **04** ③ | **05** ⑤ | **06** ① |
| **07** ③ | **08** ② | **09** 해설 참조 | | **10** 해설 참조 | |

01 A는 인권 침해이다. 인권 침해는 개인 및 국가 기관에 의해 발생하며 법원, 헌법 재판소, 국민 권익 위원회 등을 통해 그 권리를 구제받을 수 있다. ② 성적표를 학교 게시판에 공개한 것은 인권 침해 사례에 해당한다.

오답 피하기
① 인권 침해는 사람들의 편견 및 고정 관념, 불합리한 사회 제도 등에 의해 발생한다.
③ 인권이 보장되는 사회일수록 인권 감수성이 높다.
④ 회사 채용 기준을 미혼으로 한정한 것은 인권 침해 사례이다.

02 갑은 인터넷 실명제(본인 확인 제도)는 인터넷상에서 표현의 자유를 침해한다며 헌법 재판소에 헌법 소원을 청구하였다.

오답 피하기
② 위헌 법률 심판은 법원의 청구로 이루어진다.

03 ㉠은 헌법 재판소, ㉡은 위헌 법률 심판이다. 헌법 재판소는 재판 과정에서 적용된 법률의 위헌 여부를 심판하는 권한을 갖는다.

04 제시된 사례는 한국 소비자원의 조정 결정 내용이다. 한국 소비자원은 물건을 구입한 소비자가 피해를 입어 소비자의 권리가 침해되었을 때 피해를 구제하거나 분쟁을 조정하는 역할을 한다.

05 일상생활에서 차별 등의 인권 침해를 당할 경우 권리 구제를 위해 국가 인권 위원회에 진정을 제기할 수 있다. 국가 인권 위원회는 인권과 관련된 전반적인 업무를 수행하는 독립된 국가 기관으로 인권 침해 행위나 차별 행위를 조사하여 문제점을 찾아 개선을 권고한다.

06 미란다 원칙은 범죄 피의자의 자유권을 보장하기 위한 원칙이다.

07 A는 국가 인권 위원회이다. 국가 인권 위원회는 인권 침해 행위를 조사하고 시정할 사항을 해당 기관에 권고함으로써 인권 보장을 위해 노력하는 인권 전담 기관이다.

오답 피하기
① 법률을 제정하는 국가 기관은 국회이다.
② 재판을 통해 침해된 권리를 구제하는 국가 기관은 법원이다.
⑤ 국가 인권 위원회는 법이나 제도의 문제점을 찾아 개선을 권고하는 기관이다.

08 A는 헌법 재판소로, 헌법 소원 심판과 위헌 법률 심판 등을 통해 국민의 침해된 권리를 구제한다.

서술형 문제

09 [예시 답안] 제시된 사례에서 남성이 침해당한 기본권은 평등권이고, A는 국가 인권 위원회이다. 국가 인권 위원회는 인권 침해나 차별 행위를 조사하여 구제하고, 인권 침해의 우려가 있는 법이나 제도를 조사하여 개선을 권고한다.

[평가 기준]

상	평등권을 쓰고, 국가 인권 위원회의 역할을 바르게 서술한 경우
중	평등권을 쓰고, 국가 인권 위원회의 역할에 대한 서술이 미흡한 경우
하	평등권만 서술한 경우

10 [예시 답안] A는 헌법 재판소이며, 갑은 헌법 소원을 통해 자신의 권리를 구제받을 수 있다.

[평가 기준]

상	헌법 재판소와 헌법 소원을 모두 바르게 서술한 경우
중	헌법 재판소나 헌법 소원 중 하나만 서술한 경우
하	헌법 재판소와 헌법 소원을 모두 서술하지 못한 경우

03 근로자의 권리와 보호

간단 체크

1 (1) ◯ (2) ◯ (3) × (4) ◯ (5) ◯
2 (1) 근로자 (2) 30일 (3) 최저 임금
3 (1) ㉡ (2) ㉢ (3) ㉠
4 (1) 근로 기준법 (2) 부당 노동 행위 (3) 문서

기본 문제

01 ② **02** ⑤ **03** ④ **04** ③ **05** ② **06** ③
07 ⑤ **08** ③ **09** ④ **10** ④

01 분식집 사장은 근로를 대가로 임금을 받는 노동자가 아니라 노동자를 고용하는 사용자에 해당한다.

02 근로자는 사용자에게 근로를 제공하고 임금을 받는 사람으로 근로 기준법에 근로 조건의 최저 기준을 명시하고 있다. 임금, 근로 시간, 휴일 및 휴가, 기타 근로 조건에 대한 사항을 근로 계약서로 작성해야 한다.

오답 피하기
① 우리나라는 근로자의 적정 임금 보장을 위해 최저 임금제를 시행하고 있다.
② 사용자는 근로자를 정당한 사유 없이 일방적으로 해고할 수 없다.
③ 법에 정한 근로 조건은 최저 기준이며 법률이 정한 기준보다 높아도 된다.
④ 사용자는 1주일에 평균 1일 이상의 유급 휴일을 보장해야 한다.

03 노동 3권에는 노동조합을 결성할 수 있는 단결권, 사용자와 근로 조건을 협의할 수 있는 단체 교섭권, 쟁의 행위를 할 수 있는 단체 행동권이 있다.

오답 피하기
ㄷ. 부당 해고를 당하지 않을 권리는 노동권을 보호하기 위한 것이다.

04 제시문은 단체 행동권에 대한 설명이다. 단체 행동권은 단체 교섭이 원만하게 이루어지지 않을 경우 근로자가 쟁의 행위를 할 수 있는 권리이다.

05 근로 기준법은 근로자의 최소한의 근로 조건을 정함으로써 근로자의 권리와 이익 향상을 위해 제정되었다.

06 우리나라 헌법 제32조 ⑤항은 연소자의 근로는 특별한 보호를 받는다고 명시하고 있다. ③ 청소년도 성인과 동일한 최저 임금의 적용을 받는다.

오답 피하기
① 청소년의 근로도 근로 기준법이 적용된다.
② 청소년의 근로 계약은 부모가 대신 작성할 수 없으며 본인이 직접 작성해야 한다.
④ 청소년은 1일 7시간을 초과하여 일할 수 없다.

⑤ 1주일을 개근하고 15시간 이상 근무를 하면 유급 휴일을 받을 수 있다.

07 부당 노동 행위는 사용자가 노동조합의 결성 또는 가입을 방해하거나 정당한 이유 없이 단체 교섭을 거부하는 등 근로자의 노동 3권을 침해하는 사용자의 행위이다.

오답 피하기
①, ② 최저 임금을 보장받지 못한 경우와 임금 체불은 노동 3권의 침해가 아니다.
③ 결혼을 이유로 회사를 그만두게 하는 것은 부당 해고에 해당한다.
④ 휴게 시간을 주지 않은 것은 근로 기준법 위반에 해당한다.

08 ㉠에는 부당 해고의 사례가 들어가야 한다. ③ 해고 30일 전에 문서로 해고를 알린 경우는 정당한 해고에 해당한다.

오답 피하기
①, ②, ④, ⑤는 부당 해고에 해당한다.

09 노동 위원회는 노사 문제를 공정하고 신속하게 처리하기 위해 만들어진 행정 기관으로 노동 쟁의의 조정 및 중재, 부당 해고 및 부당 노동 행위 등의 심판 등의 활동을 한다.

10 노동권 침해에 대한 일반적인 침해 구제 방법으로는 고용 노동부에 신고, 노동 위원회에 구제 요청, 법원에 소 제기 등이 있다.

01 ④ **02** ③ **03** ② **04** ① **05** ③ **06** ①
07 ③ **08** ④ **09** 해설 참조 **10** 해설 참조

01 A는 근로자, B는 사용자이다. 근로자와 사용자는 근로 조건에 대해 근로 계약서를 작성해야 한다. ④ 사용자는 정당한 사유 없이 근로자를 해고할 수 없다.

오답 피하기
② 공립 학교 교사도 근로를 제공하고 임금을 받는 근로자이다.
③ 최소한의 근로 조건을 보장받는 사람은 근로자이다.
⑤ 노동조합을 결성·운영할 수 있는 권리는 근로자에게만 있다.

02 우리나라 헌법 제32조 ⑤항에서는 연소자의 근로는 특별한 보호를 받는다고 명시하고 있다. 근로 기준법상 청소년의 근로 시간은 1일 7시간을 초과할 수 없으며, 청소년의 근로에 대해서도 최저 임금은 보장되어야 하며, 최저 임금에 미치지 못한 계약을 했더라도 최저 임금을 요구할 수 있다.

오답 피하기
ㄱ. 청소년의 근로 계약은 부모가 대신하여 작성할 수 없다.
ㄹ. 청소년의 근로도 근로 기준법이 적용된다.

03 노동권 침해 사례로는 부당 해고, 부당 노동 행위, 임금

체불 및 최저 임금액 미만의 지급, 근로 계약서 미작성, 근로 기준법에 위배되는 근로 조건 강요 등을 들 수 있다.

04 헌법 제32조에서는 근로자의 근로의 권리와 최저 임금제를 명시하고 있다. 따라서 ㉠은 근로, ㉡은 최저 임금제이다.

05 (가)는 부당 노동 행위이다. 사용자가 정당한 이유 없이 단체 교섭에 응하지 않는 경우는 근로자의 노동 3권을 침해하는 부당 노동 행위에 해당한다.
오답 피하기
①, ② 노동권에 대한 침해이지만, 부당 노동 행위에 해당하지 않는다.
④ 스스로 노동조합에 가입하지 않은 것은 부당 노동 행위가 아니다.
⑤ 단순히 회사에 입사한 기간을 기준으로 해고당한 것은 부당 해고에 해당한다.

06 임금 체불의 경우 고용 노동부에 진정하거나 법원에 민사 소송을 제기하여 구제받는다.

07 노동 3권에는 노동조합을 결성할 수 있는 단결권, 사용자와 근로 조건을 협의할 수 있는 단체 교섭권, 쟁의 행위를 할 수 있는 단체 행동권이 있다. ③ 노동 3권은 근로자에게만 주어지는 권리이다.

08 정당한 사유 없이 해고한 것은 부당 해고에 해당하며, 갑은 법원에 부당 해고에 대한 해고 무효 확인 소송을 제기할 수 있고, 노동 위원회에 그 구제를 신청할 수도 있다.
오답 피하기
ㄷ. 부당 노동 행위는 노동 3권을 침해한 사용자의 행위이므로 갑에 대한 해고는 부당 노동 행위가 아니다.

🖋 서술형 문제

09 [예시 답안] 사용자에 비해 사회적·경제적 약자인 근로자의 권리와 이익을 보장하고자 한다.
[평가 기준]

상	근로자의 권익 보호라는 목적을 바르게 서술한 경우
하	근로자의 권익 보호라는 목적을 미흡하게 서술한 경우

10 [예시 답안] 근로자가 행사한 노동 3권은 단체 행동권이며, 단체 행동권은 단체 교섭이 원만하게 이루어지지 않을 경우 쟁의 행위를 할 수 있는 권리이다.
[평가 기준]

상	단체 행동권을 쓰고, 그 의미를 바르게 서술한 경우
중	단체 행동권을 쓰고, 그 의미에 대한 서술이 미흡한 경우
하	단체 행동권만 서술한 경우

대단원 마무리
본문 28~31쪽

01 ②	02 ⑤	03 ⑤	04 ①	05 ①	06 ③
07 ②	08 ②	09 ④	10 ④	11 ③	
12 ㉠ 공무 담임권(참정권), ㉡ 헌법 재판소, ㉢ 헌법 소원				13 ⑤	
14 ④	15 ⑤	16 ①	17 ①	18 ②	19 ⑤
20 ③	21 ②	22 ②	23 ⑤	24 해설 참조	

01 인권은 인간이라면 마땅히 누려야 할 기본적 권리로 인종, 성별, 연령, 국적 등에 상관없이 인간이라면 누구나 가지는 보편적인 권리이다.

02 시민 혁명은 계몽사상, 천부 인권 사상을 바탕으로 시민들이 자신의 자유와 권리를 쟁취한 사건이다.
오답 피하기
①, ② 시민 혁명 이후 현대 사회에 들어와서야 모든 시민에게 참정권이 부여되고 사회권을 보장받게 되었다.
③ 시민 혁명 이후 왕권은 약화되고 기본권은 강화되었다.
④ 계몽사상의 영향으로 시민 혁명이 일어났다.

03 쾌적한 환경에서 살 권리, 교육받을 권리는 사회권에 해당한다.

04 명예 살인은 여성에 대한 편견과 고정 관념으로 인간의 생명권을 빼앗아 가는 잘못된 문화로 인한 인권 침해의 사례이다. 인권 침해는 사람들의 편견과 고정 관념이 원인이 될 수 있다.
오답 피하기
ㄷ. 청구권, ㄹ. 사회권에 대한 설명이다.

05 우리나라 헌법 제21조에서는 '모든 국민은 언론·출판·집회·결사의 자유를 가진다.'라고 명시하고 있다. 집회 및 시위의 자유는 자유권에 해당한다.

06 참정권은 국가의 의사 결정과 정치 과정에 참여할 수 있는 능동적 권리이다.
오답 피하기
① 모든 기본권의 토대가 되는 포괄적 권리는 인간의 존엄과 가치 및 행복 추구권이다.
② 어떠한 조건에 상관없이 평등하게 대우받을 권리는 평등권이다.
④ 국가 권력에 의해 간섭받지 않고 자유롭게 생활할 권리는 자유권이다.
⑤ 다른 기본권이 침해되었을 때 구제하기 위한 수단이 되는 권리는 청구권이다.

07 밑줄 친 기본권은 청구권으로 청원권, 재판 청구권, 국가 배상 청구권 등이 있다.

08 제시된 사례는 성별에 따라 채용의 차별이 이루어진 경우로 평등권이 침해되었다.

09 헌법 제37조 ②항에 의하면 국민의 기본권을 제한하려면

원칙적으로 법률로써 제한할 수 있다.

10 국가 인권 위원회는 인권 침해 및 차별 행위를 조사하고 구제하기 위한 권고를 하는 국가 기관으로 인권 보호와 향상을 위한 모든 사항을 다루는 종합적인 전담 기구이다.

11 (가)는 언론에 의해 개인의 정보가 침해되었으므로 언론 중재 위원회, (나)는 국가의 관리 소홀로 발생한 재산권의 침해로 국가에 배상을 청구하는 소송을 법원에 제기할 수 있다.

12 제시문의 갑은 공무 담임권(참정권)이 침해되었다며 헌법 재판소에 헌법 소원을 청구하였다.

13 헌법 제32조와 제34조는 근로자의 권리 및 사회적 약자를 보호하는 규정으로, 이는 최소한의 인간다운 생활의 보장을 요구할 수 있는 사회권에 해당한다.

14 A는 인권 침해이다. 장애인이라는 이유만으로 보험 가입을 할 수 없는 경우와 묵비권 행사를 알려 주지 않은 경우는 인권 침해의 사례이다.

오답 피하기
ㄱ, ㄷ. 차이에 따른 합리적 차별에 해당하므로 인권 침해라고 볼 수 없다.

15 A는 대한 법률 구조 공단으로, 법률 지식이 부족하면서도 경제적으로 어려워 법의 보호를 받지 못하는 사람들에게 법률 상담 및 소송 절차를 지원하는 역할을 한다.

16 갑은 건강 기능 식품과 관련된 법이 자신의 표현의 자유를 침해했다고 보고 헌법 소원 심판을 청구하였다. A는 헌법 재판소이다.

오답 피하기
② 갑은 표현의 자유(자유권)를 침해받았다.
③ 갑은 헌법 재판소에 심판을 제기하였다.
④, ⑤ A는 헌법 재판소이며, 헌법 재판소가 위헌 결정을 내린 것은 갑이 표현의 자유를 침해받았다고 심판한 것이다.

17 사용자와 근로자는 근로 조건에 관해 근로 계약서를 작성해야 하며, 우리나라는 근로자의 적정 임금 보장을 위해 최저 임금제를 실시하고 있다.

오답 피하기
ㄷ. 근로 조건은 법률이 정한 기준보다 낮아서는 안 된다.
ㄹ. 근로자의 기본적 생활 보장을 위해 최소한의 근로 조건을 법률로 정하고 있다.

18 (가)는 근로자의 쟁의 행위 중 파업으로 단체 행동권에 해당하고, (나)는 사용자의 쟁의 행위인 직장 폐쇄이다.

19 부당 노동 행위에 의해 부당 해고를 당한 경우에는 노동 위원회에 구제를 신청할 수 있다. 또한 법원에 해고 무효 확인 소송을 제기할 수 있으며, 고용 노동부나 국가 인권 위원회에 신고 및 진정을 낼 수 있다. ⑤ 헌법 재판소는 공권력에 의한 기본권 침해에 대한 구제 및 법률의 위헌 여부를 심판하여 권리를 구제하는 국가 기관이다.

20 근로자를 해고하려면 정당한 요건을 갖추어야 한다. 사용자는 해고의 사유와 시기를 반드시 문서로 해고 30일 전에 알려줘야 하며, 결혼을 이유로 해고한 경우와 정당한 파업을 이유로 해고한 경우는 부당 해고에 해당한다. 따라서 1과 3문항의 경우가 맞는 답변이다.

21 제시된 내용은 노동 위원회이다. 노동 위원회는 노사 문제를 신속하고 공정하게 처리하기 위해 만들어진 행정 기관으로 관련 사실을 조사하여 근로자의 권리를 구제해 준다.

오답 피하기
① 국가 인권 위원회, ③ 언론 중재 위원회, ④ 법원, ④ 한국 소비자원에 해당하는 진술이다.

22 청소년의 근로도 근로 기준법의 적용을 받으며, 청소년은 1일 7시간을 초과하여 근무할 수 없다.

오답 피하기
ㄴ. 청소년은 위험한 일이나 유해 업종에서 일을 할 수 없다.
ㄷ. 근로 계약서는 반드시 본인이 직접 작성해야 한다.

23 노동 3권, 최저 임금제, 근로 기준법 등은 사용자에 비해 상대적으로 사회적 약자인 근로자의 인간다운 생활을 보장하기 위한 것이다.

✎ 서술형 문제

24 [예시 답안] 갑의 해고는 부당 노동 행위에 해당하므로 갑은 노동 위원회에 구제를 신청하거나 법원에 소송을 제기함으로써 침해된 노동권을 구제받을 수 있다.

[평가 기준]

상	노동 위원회에 구제 신청, 법원에 소송 제기를 모두 바르게 서술한 경우
중	노동 위원회에 구제 신청, 법원에 소송 제기 중 한 가지만 서술한 경우
하	노동 위원회에 구제 신청, 법원에 소송 제기 모두 서술하지 못한 경우

Ⅱ. 헌법과 국가 기관

 국회

기본 문제

본문 36~37쪽

간단 체크

1 (1) × (2) ○ (3) ○ (4) ○ (5) ○
2 (1) 4년 (2) 과반수 (3) 입법 기능
3 (1) ⓒ (2) ㉠ (3) ⓛ
4 (1) 정기회 (2) 상임 위원회 (3) 국정 감사

기본 문제

01 ① 　　**02** ③ 　　**03** ② 　　**04** ⑤ 　　**05** ④
06 A – 지역구 국회 의원, B – 비례 대표 국회 의원
07 ① 　　**08** ② 　　**09** ④ 　　**10** ⑤

01 국회는 국민의 대표 기관으로서 국민의 선거로 선출된 국회 의원으로 구성되며, 입법 기능, 재정 기능, 국정 통제 및 감시 기능을 수행한다.

02 국회는 행정부, 사법부 등 다른 국가 기관을 견제하고 감시함으로써 국가 권력의 남용을 방지하고 국민의 기본권을 보장하는 국가 권력의 견제 기관이다.

오답 피하기
① 법을 집행하는 기관은 행정부이다.
② 법률안 거부권은 대통령의 권한이다.
④ 국회 의원의 임기는 4년이다.
⑤ 국회는 국민이 선출한 지역구 국회 의원과 정당별 득표율에 따라 의석이 배분되는 비례 대표 국회 의원으로 구성된다.

03 ㉠은 본회의이며, 위원회의 심사를 거친 법률안, 예산안 등은 본회의를 통해 최종적으로 의결한다.

04 ㄷ. 국회의 상임 위원회는 효율적인 의사 진행을 위한 심의 기관이다. ㄹ. 국회에는 국회 의사 진행에 필요한 중요 안건을 협의하는 교섭 단체가 있다.

오답 피하기
ㄱ. 국회의 의사 결정은 본회의에서 표결을 통해 이루어지는데, 본회의는 1년에 한 번 열리는 정기 국회와 대통령이나 국회 의원의 요구로 열리는 임시 회의로 나누어진다.
ㄴ. 회의는 공개를 원칙으로 하되, 특별한 경우 비공개한다.

05 법률안은 국회 의원 10명 이상이나 정부가 발의할 수 있고, 상임 위원회의 심사를 거쳐 본회의에 상정되면 재적 의원 과반수의 출석과 출석 의원 과반수의 찬성으로 의결된다. 의결된 법률안은 대통령이 공포한다.

06 우리나라 국회는 지역구에서 선출된 지역구 국회 의원과

정당별 득표율에 따라 의석이 배분되는 비례 대표 국회 의원으로 구성된다.

07 국회가 매년 정기회에서 정기적으로 행정 전반에 대해 상임 위원회별로 국정 전반을 감사하는 권한을 국정 감사라고 한다.

08 국정 조사권은 특정한 사안에 대해 국회가 조사할 수 있는 권한으로 국정 통제 기능에 해당한다.

오답 피하기
①, ③, ⑤ 입법에 관한 권한에 해당한다.
④ 재정에 관한 권한이다.

09 국회는 국무총리, 감사원장, 대법원장, 헌법 재판소장, 대법관에 대한 임명 동의권을 가진다.

오답 피하기
ㄷ. 국회 의장은 국회에서 선출한다.

10 국회는 정부가 제출한 국가 예산안을 심의·확정하고, 예산 집행에 대한 결산을 심사하는 재정에 관한 권한을 가진다.

오답 피하기
①, ③은 국정 통제에 관한 권한, ②, ④는 입법에 관한 권한에 해당한다.

실전 문제

본문 38~39쪽

01 ④ 　**02** ③ 　**03** ② 　**04** ③ 　**05** ④ 　**06** ②
07 ④ 　**08** ④ 　**09** 해설 참조 　　**10** 해설 참조

01 A는 국회, B는 국회 의원이다. ㄴ. 국회는 국정을 통제하고 감시하는 역할을 한다. ㄹ. 국회 의원은 각 지역구에서 선거를 통해 선출된 지역구 국회 의원과 각 정당의 득표율에 비례하여 선출된 비례 대표 국회 의원으로 구성된다.

오답 피하기
ㄱ. 국회 의장은 국회에서 국회 의원들에 의해 선출된다.
ㄷ. 국회 의원은 국민의 대표로서 4년 동안 직무를 수행하며, 연임할 수 있다.

02 (가)는 헌법 개정안 의결, (나)는 환부 거부된 법률안 재의결을 나타낸다. ㄴ. 헌법 개정안은 국회 재적 의원 3분의 2 이상 찬성으로 의결된다. ㄷ. 재의 요구된 법률안은 국회 재적 의원 과반수의 출석과 출석 의원 3분의 2 이상의 찬성으로 의결된다.

오답 피하기
ㄱ. 헌법 개정안은 국회 재적 의원 과반수 또는 대통령이 제안할 수 있다.
ㄹ. 재의결된 법률안은 5일 이내 대통령이 공포한다.

03 제시된 사진은 국회이다. 국회는 정부가 제출한 국가 예산안을 심의·확정하는 권한을 가진다.

오답 피하기
①은 헌법 재판소, ③은 감사원, ④는 대법원, ⑤는 대통령에 해당한다.

04 정기회는 100일을 넘지 못하고, 교섭 단체는 국회 의원 20명 이상으로 구성된다. 따라서 ㉠은 100, ㉡은 20이므로 120이 정답이다.

05 일정 수 이상의 의원을 가진 정당에 의해 구성되는 것은 교섭 단체이다.

오답 피하기
① 법률안은 국회 의원 10명 이상 발의 또는 정부가 제안할 수 있다.
② 20명 이상의 국회 의원은 하나의 교섭 단체를 구성할 수 있다.

06 헌법 개정안은 국회 재적 의원 과반수 또는 대통령이 제안할 수 있고, 헌법 개정안의 공고와 공포는 대통령이 한다.

오답 피하기
③ 헌법 개정안이 국회에서 의결되기 위해서는 국회 재적 의원 3분의 2 이상의 찬성이 필요하다.

07 A는 국회, B는 탄핵 소추, C는 헌법 재판소이다. ④ 3심제의 최종심을 담당하는 기관은 대법원이다.

오답 피하기
① 국회는 국민이 직접 선출한 의원들로 구성된 국민의 대표 기관이다.
② 대통령, 국무총리, 국무 위원, 행정 각부의 장, 헌법 재판소 재판관, 감사원장 등이 그 직무 집행에 있어서 헌법이나 법률을 위배한 때에는 국회는 탄핵의 소추를 의결할 수 있다.
③ 국회의 탄핵 소추권은 국정 통제 기능에 해당한다.
⑤ 헌법 재판소장은 국회의 동의를 얻어 대통령이 임명한다.

08 조세 법률주의는 조세의 종목과 세율은 법률에 근거해야 한다는 것으로, 국민의 재산권 보장에 목적이 있다. 이는 국회의 재정에 관한 기능이다.

서술형 문제

09 [예시 답안] A는 교섭 단체, B는 상임 위원회이다. 교섭 단체와 상임 위원회는 국회의 효율적인 운영을 목적으로 운영된다.

[평가 기준]

상	교섭 단체와 상임 위원회를 쓰고, 목적을 바르게 서술한 경우
중	교섭 단체와 상임 위원회를 쓰고, 목적에 대한 서술이 미흡한 경우
하	교섭 단체와 상임 위원회만 서술한 경우

10 [예시 답안] (가)에는 예산안 심의·확정권, 결산 심사권, 조세의 종목과 세율 결정권이 들어갈 수 있으며, (나)에는 국정 감사 및 조사권, 국가 기관 구성권, 탄핵 소추 의결권이 들어갈 수 있다.

[평가 기준]

상	(가)와 (나)를 모두 바르게 서술한 경우
하	(가)와 (나) 중 하나만 바르게 서술한 경우

02 행정부와 대통령

기본 문제

본문 42~43쪽

간단 체크
1 (1) ○ (2) × (3) ○ (4) × (5) ×
2 (1) 심의 (2) 국가 원수 (3) 행정부
3 (1) ㉡ (2) ㉠ (3) ㉣ (4) ㉢
4 (1) 행정부 (2) 감사원 (3) 국가 원수로서의 권한

기본 문제
01 ⑤	02 ③	03 ④	04 ①	05 ②	06 ①
07 ④	08 ④	09 ②	10 ⑤		

01 행정은 국회에서 제정 및 개정된 법률을 집행하는 적극적인 국가 작용으로 현대 복지 국가에서 그 역할이 점점 확대되고 있다.

오답 피하기
ㄱ은 국회, ㄴ은 법원에 대한 설명이다.

02 행정은 법률을 집행하고 정책을 수립하여 실행하는 적극적인 국가 작용을 가리킨다. 주정차 위반 차량에 대한 과태료 부과, 무료 예방 접종 실시, 출산율을 높이기 위한 출산 보조금 지급, 새로운 대학 입시 제도를 위한 교육 제도 개선 등은 행정의 사례로 볼 수 있다.

오답 피하기
③ 범죄자에 대한 재판 진행은 법원에서 한다.

03 대통령은 국가 원수로서 대외적으로 국가를 대표할 뿐만 아니라 행정부 수반으로서 행정 작용에 대한 최종적인 책임을 진다.

오답 피하기
① 대통령은 국무 회의의 의장이다.
② 대통령은 국민의 직접 선거로 선출된다.
③ 대통령의 임기는 5년이고 중임할 수 없다.
⑤ 대통령은 국무총리의 요청을 받아 행정 각부의 장관을 임명한다.

04 제시문은 국무총리에 대한 설명이며, 국무총리는 국무 회의 부의장으로 행정 각부를 통할하여 관리·감독한다.

05 (가)는 국무총리로 대통령을 보좌하며 행정 각부를 통할한다. (나)는 국무 회의로 정부의 중요 정책을 심의하는 행정부의 최고 심의 기관이다.

06 행정부 수반으로서 대통령은 행정부를 지휘·감독하며, 국군을 통수하고 공무원을 임면하며, 대통령령을 발할 수 있다.

07 국무 위원은 국무총리의 제청으로 대통령이 임명한다.

08 국가 원수로서 대통령은 외국과의 조약 체결 등 외교에 관한 권한을 행사하고 대법원장, 헌법 재판소장 등을 임명하여 헌법 기관을 구성할 수 있다. 또한 위급한 상황에는 긴급 조치를 명령하는 긴급 명령권을 행사할 권한이 있다.

오답 피하기
ㄴ. 대통령은 국무 회의의 의장으로 정책을 최종적으로 결정하고 책임을 진다. 이는 행정부 수반으로서의 권한이다.

09 A는 감사원으로 국가의 세입·세출에 대한 결산 검사, 공무원에 대한 직무 감찰 등의 권한을 가진다.

10 (가)는 국가 원수, (나)는 행정부 수반이다. 우리나라 대통령은 국가 원수와 행정부 수반의 지위를 동시에 가지며 그에 따른 역할을 수행한다. 행정부 수반으로서의 권한에는 행정부 지휘·감독권, 국군 통수권, 공무원 임면권, 대통령령 발포권 등이 있고, 국가 원수로서의 권한에는 대외적 국가 대표권, 헌법 기관 구성권, 국가와 헌법 수호권, 국정 조정 권한이 있다.

실전 문제

본문 44~45쪽

| 01 ⑤ | 02 ④ | 03 ① | 04 ② | 05 ⑤ | 06 ④ |
| 07 ⑤ | 08 ④ | 09 해설 참조 | | 10 해설 참조 | |

01 A는 행정으로, 현대 복지 국가에서는 그 역할이 광범위해지고 전문화되고 있다.

오답 피하기
① 행정을 담당하는 국가 기관은 행정부이다.
② 행정권은 대통령을 수반으로 하는 정부에 속하는 적극적인 국가 작용이다.
③ 범죄인에 대한 재판은 사법의 사례이다.
④ 법률을 제정하거나 개정하는 국가 기관은 국회이다.

02 A는 국무 회의, B는 대통령이다. ④ 대통령은 국가 원수와 행정부 수반으로서의 지위를 가진다.

오답 피하기
①은 감사원의 권한, ②는 국회의 권한, ③은 헌법 재판소의 권한이다.
⑤ 대통령을 도와 행정 각부를 총괄하는 것은 국무총리이다.

03 A는 국무총리이다. 국무총리는 국회의 동의를 얻어 대통령이 임명하고, 국무 회의의 부의장으로 국무 위원에 대한 임명 제청 및 해임 건의권을 가진다.

오답 피하기
ㄷ. 조약의 체결·비준권은 대통령의 권한이다.
ㄹ. 행정 각부 장관은 대통령이 임명한다.

04 A는 감사원이다. 감사원은 국가 세입·세출의 결산 검사, 공무원의 직무에 대한 감찰을 담당한다.

05 대통령은 국무 회의의 의장으로 행정부의 최고 책임자이다.

오답 피하기
① 대통령의 임기는 5년이다.
② 대통령은 국민의 직접 선거로 선출된다.
③ 감사원장은 국회의 동의를 얻어 임명된다.
④ 탄핵은 헌법 재판소의 심판에 의해 이루어진다.

06 대통령의 행정부 수반으로서의 권한에는 행정부 지휘·감독권, 국군 통수권, 공무원 임면권, 대통령령 발포권 등이 있고, 국가 원수로서의 권한에는 대외적 국가 대표권, 헌법 기관 구성권, 국가와 헌법 수호권, 국정 조정 권한이 있다. 따라서 1, 2, 4의 진술은 맞는 답변이다.

오답 피하기
대법원장 임명권은 헌법 기관 구성권으로 대통령의 국가 원수로서의 권한에 해당한다.

07 대통령은 행정부 수반의 지위와 국가 원수의 지위를 동시에 갖는다. 공무원 임면권은 대통령의 행정부 수반으로서의 권한에 해당한다.

오답 피하기
갑, 을, 병, 정은 대통령의 국가 원수로서의 권한에 대한 답변이다.

08 A는 행정 각부이다. 행정 각부의 장은 국무 위원 중에서 국무총리의 제청으로 대통령이 임명한다.

오답 피하기
①, ② 국무 위원의 임기는 정해져 있지 않으며, 임명에 있어 국회의 동의는 필요하지 않다.
③ 국무총리 해임 건의권은 국회의 권한이다.
⑤ 공무원의 직무에 대한 감찰권은 감사원의 권한이다.

서술형 문제

09 [예시 답안] 신문 기사에 나타난 대통령의 지위는 대외적으로 우리나라를 대표하는 국가 원수로서의 지위이다. 국가 원수로서의 지위에 따른 권한에는 대외적 국가 대표권, 헌법 기관 구성권, 국가와 헌법 수호권, 국정 조정 권한이 있다.

[평가 기준]

상	국가 원수로서의 지위와 그 권한을 모두 바르게 서술한 경우
중	국가 원수로서의 지위는 서술하였으나 그 권한에 대한 서술이 미흡한 경우
하	국가 원수로서의 지위만 서술한 경우

10 [예시 답안] 국정 처리에 신중을 기하고, 책임을 명백히 하며, 국민적 정당성을 확보하고 독재를 방지하기 위한 것이다.

[평가 기준]

상	예시 답안의 내용을 모두 바르게 서술한 경우
중	예시 답안의 내용 중 두 가지만 서술한 경우
하	예시 답안의 내용 중 한 가지만 서술한 경우

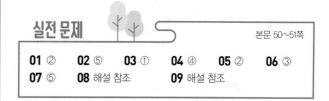

03 법원과 헌법 재판소

본문 48~49쪽

기본 문제

간단 체크
1 (1) ○ (2) × (3) ○ (4) × (5) ○
2 (1) 헌법 재판소 (2) 항소 (3) 대통령
3 (1) ㉣ (2) ㉠ (3) ㉡ (4) ㉢ (5) ㉤
4 (1) 사법권 (2) 대법원 (3) 위헌 법률 심판

기본 문제
| 01 ③ | 02 ① | 03 ② | 04 ④ | 05 ② | 06 ⑤ |
| 07 ③ | 08 ④ | 09 ④ | 10 ⑤ | | |

01 사람들 간의 다툼이나 범죄가 발생했을 때 국가가 그 분쟁을 해결하고 사회 질서를 유지하기 위해 법을 해석하고 구체적인 사건에 적용하는 것을 사법이라고 한다.

02 고등 법원은 지방 법원 1심 판결에 대한 항소 사건을 담당한다. ① 상고 사건의 판결을 담당하는 법원은 대법원이다.

03 공정한 재판을 위해서는 사법권의 독립이 필요하다. 사법권 독립은 법관의 독립, 법원의 독립, 법관의 신분 보장 등을 통해 이루어진다.
오답 피하기
ㄴ. 재판은 원칙적으로 공개하는 것이 원칙이다.
ㄹ. 대통령의 명에 따라 법원이 조직되면 사법권의 독립이 침해된다.

04 1심 판결에 불복하여 2심을 청구하는 것을 항소라고 하며, 항소 사건은 2심으로 고등 법원이나 지방 법원 본원 합의부에서 담당한다.

05 (가)는 대법원, (나)는 고등 법원이다. ② 대법원은 명령·규칙의 위헌·위법에 대해 최종적으로 심사한다.
오답 피하기
③ 법률의 위헌 여부 심판은 헌법 재판소에서 담당한다.
④ 상고 사건의 재판은 대법원에서 담당한다.
⑤ 대법원장은 국회의 동의를 얻어 대통령이 임명한다.

06 헌법 재판소는 헌법 해석과 관련한 분쟁을 해결함으로써 헌법을 수호하고 국민의 기본권을 보장하는 역할을 한다.

07 헌법 소원 심판은 공권력의 행사 또는 불행사로 인하여 헌법상 보장된 기본권을 침해받은 국민의 청구에 의해 해당 공권력의 행사 또는 불행사가 기본권을 침해하였는지 여부를 결정하는 심판이다.

08 사법부가 입법부를 견제하는 권한에는 국회에서 제정된 법률이 헌법에 위배되는지를 심판해 달라는 위헌 법률 심판 제

청권이 있다.
오답 피하기
①, ② 탄핵 소추권과 국정 감사권은 입법부가 행정부를 견제하는 권한이다.
③ 대법관 임명권은 행정부가 사법부를 견제하는 권한이다.
⑤ 명령·규칙·처분 심사권은 사법부가 행정부를 견제하는 권한이다.

09 헌법 재판소는 헌법 소원 심판, 위헌 법률 심판, 권한 쟁의 심판, 정당 해산 심판, 탄핵 심판의 권한을 가진다.
오답 피하기
ㄱ은 특허 법원, ㄷ은 대법원이 담당한다.

10 헌법 재판소의 권한 중 (가)는 위헌 법률 심판, (나)는 권한 쟁의 심판에 해당한다.

실전 문제

본문 50~51쪽

| 01 ② | 02 ⑤ | 03 ① | 04 ④ | 05 ② | 06 ③ |
| 07 ⑤ | 08 해설 참조 | | 09 해설 참조 | | |

01 A는 사법, B는 법원이다. 법원은 대법원과 각급 법원으로 조직된다.
오답 피하기
ㄴ. 공익을 위해 법을 집행하는 국가 작용은 행정이다.
ㄹ. 헌법에 위반되는 법률을 심판하는 권한은 헌법 재판소의 권한이다.

02 (가)는 대법원, (나)는 고등 법원이다. ⑤ 2심 판결에 불복하여 3심 재판을 요구하는 것을 상고라고 하며, 상고 사건 재판은 대법원에서 담당한다.
오답 피하기
①, ② 헌법 재판소에 해당한다.
③ 명령·규칙·처분에 대한 최종 심사권은 대법원이 담당한다.
④ 대법원장은 국회의 동의를 얻어 대통령이 임명한다.

03 A는 상고심을 담당하는 법원으로 대법원이다.

04 소년 보호 사건을 담당하는 법원은 가정 법원이다.

05 위헌 법률 심판은 재판의 전제가 되는 법률이 헌법에 위반되는지 여부를 심판하는 것으로, 법원의 제청으로 이루어진다.

06 A는 헌법 재판소로, 국가 기관 사이에 발생한 다툼을 심판하는 권한 쟁의 심판권을 가진다.
오답 피하기
①은 법원, ④, ⑤는 대법원의 권한이다.
② 헌법 재판소 재판관의 임기는 6년이며 연임할 수 있다.

07 법원의 청구로 이루어지는 (가)는 위헌 법률 심판, 국회의 소추로 이루어지는 (나)는 탄핵 심판에 해당한다.

08 [예시 답안] 제시된 헌법 조항은 사법권의 독립을 규정하고 있다. 이는 공정한 재판을 통해 사회 질서를 유지하고 국민의 권리를 보장하는 것을 목적으로 한다.

[평가 기준]

상	예시 답안 내용을 모두 바르게 서술한 경우
중	사법권의 독립과 공정한 재판만을 서술한 경우
하	사법권의 독립만을 서술한 경우

09 [예시 답안] (가)에는 위헌 법률 심판 제청권, (나)에는 명령·규칙·처분 심사권이 들어갈 수 있다.

[평가 기준]

상	(가)와 (나) 모두 옳게 서술한 경우
하	(가)와 (나) 중 한 가지만 옳게 서술한 경우

대단원 마무리

본문 54~57쪽

01 ⑤	**02** ②	**03** ③	**04** ②	**05** ②	**06** ④
07 ③	**08** ②	**09** ①	**10** ②	**11** ④	
12 해설 참조		**13** ③	**14** ①	**15** ④	**16** ③
17 ④	**18** ④	**19** ⑤	**20** ①	**21** ⑤	**22** ②
23 ⑤	**24** 해설 참조				

01 A는 국회이다. 국회는 국민의 대표 기관으로 각 지역구에서 선출된 지역구 의원과 정당 득표율에 의해 의석이 배분된 비례 대표 의원으로 구성된다.

오답 피하기
① 국회 의장은 국회에서 국회 의원들에 의해 선출된다.
② 법원에 대한 설명이다.
③ 법을 집행하는 국가 기관은 행정부이다.
④ 국회 의원의 임기는 4년이며, 연임이 가능하다.

02 사진은 국회의 본회의 장면으로 국회 의원 전원이 참석하여 국회의 최종적인 의사를 결정한다.

오답 피하기
① 정기회는 1년에 1회 개회된다.
⑤ 국회 의결 정족수는 일반적으로 재적 의원 과반수 출석과 출석 의원 과반수 찬성이 필요하다.

03 교섭 단체는 20명 이상의 의원들로 구성되며, 국회의 원활한 의사 진행을 위해 국회 의원들의 의사를 사전 통합하고 조정하는 역할을 한다.

04 법률안은 국회 의원 10명 이상 또는 정부가 제안할 수 있으며, 법률안은 재적 의원 과반수 출석과 출석 의원 과반수 찬성으로 의결된다.

오답 피하기
ㄴ. (나)는 상임 위원회에서 진행된다.
ㄹ. (라)는 대통령의 권한으로 법률안이 통과되면 대통령이 15일 이내 공포해야 한다.

05 헌법 개정안의 공고는 대통령이 하도록 규정되어 있다.

06 국회는 국무총리, 감사원장, 헌법 재판소장, 대법원장 임명에 대한 동의권을 가진다. ④ 국회 의장은 국회 의원에 의해 선출된다.

07 대법관 임명 동의권은 국회의 국가 기관 구성권에 해당하며, 이는 국회의 국정 통제 및 감시·견제 기능에 해당한다.

오답 피하기
① 정기 국회의 회기는 100일 이내이다.
② 법률안이 본회의에서 의결되려면 국회 재적 의원 과반수 출석과 출석 의원 과반수의 찬성이 있어야 한다.
④ 교섭 단체에 대한 설명이다.
⑤ 결산 심사권은 국회의 재정에 관한 권한이다.

08 (가)는 행정, (나)는 사법이다. 행정은 국방, 치안, 교통, 건설, 교육, 환경 등 우리의 생활 전반과 관련이 있다.

오답 피하기
① 행정은 행정부에서 담당한다.
③ 현대 복지 국가에서는 사회 복지, 교육 등에 대한 요구 증가로 행정부의 역할이 증대되고 있다.
④ 외국과의 조약을 체결하는 것은 대통령의 권한이다.

09 외교 사절을 접견하는 것은 국가 원수로서의 대통령 권한이다. ① 공무원 임면권은 행정부 수반으로서의 대통령 권한이다.

10 A는 국무총리로 국회의 동의를 얻어 대통령이 임명하고, 국무총리는 국무 회의의 부의장이다. B는 국무 회의로 행정부 최고 심의 기관이다.

11 A는 대통령이다. ④ 국가의 세입 및 세출 결산 검사는 감사원이 담당한다.

12 [예시 답안] A는 감사원이다. 감사원은 국가의 세입·세출의 결산 검사, 국가 및 법률이 정한 단체의 회계 검사와 공무원의 직무에 대한 감찰을 담당한다.

[평가 기준]

상	감사원을 쓰고, 감사원의 권한 두 가지를 바르게 서술한 경우
중	감사원을 쓰고, 감사원의 권한 중 한 가지만 바르게 서술한 경우

하	감사원만 서술한 경우

13 A는 국무총리, B는 대통령이다. ㄴ. 대통령은 행정부의 최고 책임자이다. ㄷ. 국무총리는 대통령의 자리가 공석일 경우 그 권한을 대행한다.

오답 피하기
ㄱ. 국무 회의의 의장은 대통령이다.
ㄹ. 국무총리는 국무 위원의 임명을 대통령에게 제청할 수 있지만 행정 각부의 장을 임명할 때 국무총리의 동의가 반드시 필요한 것은 아니다.

14 대통령의 권한 행사에 있어 국회의 동의를 받도록 하는 것과 부서 제도는 대통령 권한 행사를 신중하게 하기 위한 것이다.

15 특허와 관련된 사건을 담당하는 법원은 특허 법원이다.

16 A는 2심 법원(지방 법원 합의부 또는 고등 법원), B는 대법원이다. ③ 가사 및 소년 사건을 전문적으로 처리하는 법원은 가정 법원이다.

17 법원의 독립, 법관의 독립, 법관의 신분 보장은 사법권의 독립을 위한 것으로, 이는 공정한 재판을 통해 사회 질서를 유지하고 국민의 권리를 보장하는 것을 목적으로 한다.

18 A는 국회, B는 대통령, C는 대법원이다. 공무원 임면권은 행정부 수반으로서 대통령이 갖는 권한이다.

오답 피하기
①, ⑤ 탄핵 심판권과 정당 해산 심판권은 헌법 재판소의 권한이며, ② 법률안 거부권은 대통령의 권한, ③ 국정 조사권은 국회의 권한이다.

19 A는 헌법 재판소로 위헌 법률 심판권을 가진다. 위헌 법률 심판은 재판의 전제가 되는 법률이 헌법에 위배되는지를 심판하는 것이다.

20 위헌 법률 심판 제청권은 법원의 권한이며, 법원이 위헌 법률 심판 제청을 하면 헌법 재판소는 법률이 헌법에 위반되는지 여부를 심판한다.

21 A는 대통령, B는 국회, C는 헌법 재판소이다. ⑤ 헌법 재판소장은 국회의 동의를 얻어 대통령이 임명한다.

오답 피하기
① 예산안을 심의하고 확정하는 권한은 국회의 권한이다.
② 정당의 해산 심판은 헌법 재판소에서 담당한다.
③ 3심제의 최종심을 담당하는 기관은 대법원이다.
④ 탄핵 소추권은 국회의 권한이다.

22 A는 대법원, B는 국회, C는 대통령이다. ② 국가 예산안 심의 · 확정권은 국회에 있다.

오답 피하기
① 법률 제정 · 개정권은 국회에 있다.

③ 재판은 법원에서 담당한다.
④ 대법원은 대법원장과 대법관으로 구성되는데, 국민의 선거로 선출되는 것이 아니다.
⑤ 대통령과 대법원장 모두 국회의 탄핵 소추의 대상이 될 수 있다.

23 사법부는 위헌 법률 심판 제청권으로 입법부를 견제할 수 있다.

✏️ **서술형 문제**

24 [예시 답안] 위헌 법률 심판, 헌법 재판관 9명은 대통령이 임명하는데, 이 중 3명은 국회에서 선출하고, 3명은 대법원장이 지명한다.

[평가 기준]

상	위헌 법률 심판을 쓰고, 헌법 재판소 재판관 9명의 임명에 대해 바르게 서술한 경우
중	위헌 법률 심판을 쓰고, 헌법 재판소 재판관 9명의 임명에 대한 서술이 미흡한 경우
하	위헌 법률 심판만 서술한 경우

Ⅲ. 경제생활과 선택

01 경제 활동과 경제 체제

기본 문제

본문 62~63쪽

간단 체크

1 (1) 경제 활동 (2) 희소성 (3) 기회비용 (4) 합리적 선택 (5) 계획

2 (1) × (2) ○ (3) ○ (4) ○ (5) ○

3 (1) ㉡ (2) ㉠ (3) ㉢

4 (1) 생산 활동 (2) 가계 (3) 생산물의 종류와 수량 결정 (4) 시장 경제 체제

기본 문제

01 ⑤	**02** ⑤	**03** ③	**04** ⑤	**05** ①	**06** ④
07 ④	**08** ③	**09** ②			

01 경제 활동의 종류에는 생산, 소비, 분배가 있다. 생산은 생활에 필요한 재화와 서비스를 만들어 내거나 그 가치를 높이는 활동을 말하고, 분배는 생산 과정에 참여한 대가를 나누어 가지는 활동을 말하며, 소비는 재화나 서비스를 사용하여 만족감을 얻는 활동을 말한다. ⑤ 정비 공장에서 고장난 자동차를 수리한 것은 생산 활동에 해당한다.

오답 피하기

①, ②, ③, ④ 소비 활동에 해당한다.

02 재화는 인간의 필요와 욕구를 충족시켜 주는 구체적인 형태가 있는 물건을 말한다. ㉤ 택배는 인간의 필요와 욕구를 충족시켜 주는 인간의 가치 있는 활동인 서비스에 해당한다.

03 자원의 희소성이란 인간의 욕구에 비해 이를 충족시켜 줄 자원의 양이 상대적으로 부족한 상태를 의미한다. ㄷ. 자원의 희소성은 자원의 절대적인 양보다는 이를 사용하고자 하는 인간의 욕구와 관련이 있다.

오답 피하기

ㄱ. 인간의 욕구에 비해 자원의 양이 상대적으로 적을수록 희소성이 크다.

ㄹ. 자원의 희소성은 시대와 장소에 따라 달라질 수 있다.

04 제시된 신문 기사에는 아이스크림 제조업체가 아이스크림 생산량을 증가시키기로 결정한 내용이 나타나 있다. 이를 통해 기본적인 경제 문제 중 '무엇을, 얼마나 생산할 것인가?', 즉 생산물의 종류와 수량을 결정하는 문제가 나타났음을 알 수 있다.

오답 피하기

①, ② 기본적인 경제 문제에 해당하지 않는다.

③ 생산 방법을 결정하는 문제에 해당한다.

④ 생산물의 분배와 관련 있는 문제에 해당한다.

05 대가를 지불해야 얻을 수 있는 재화는 경제재이다. ① 존

재량이 무한하여 희소성이 없는 공기, 햇빛과 같이 대가를 치르지 않고도 얻을 수 있는 재화를 무상재라고 한다.

오답 피하기

②, ③, ④, ⑤ 희소성이 있어 대가를 치러야만 얻을 수 있는 경제재에 해당한다.

06 (가)는 자원의 희소성이고, (나)는 합리적 선택이다. ㄴ. '바다는 메워도 사람 욕심은 못 메운다.'는 속담은 인간의 무한한 욕구를 표현한 것이므로 희소성과 관련 있다. ㄷ. '같은 값이면 다홍치마'는 같은 비용이면 편익이 가장 큰 것을 선택하는 것이 낫다는 것으로, 합리적 선택과 관련 있다.

오답 피하기

ㄹ. 합리적 선택은 기회비용이 작은 것을 선택하는 것이다.

07 합리적 선택이란 최소의 비용을 들여 최대의 편익을 얻을 수 있도록 선택하는 것을 말한다. 즉, 가장 작은 비용으로 가장 큰 편익을 얻을 수 있는 대안을 선택하는 것을 말한다. ④ 편익에서 비용을 뺀 것이 가장 큰 대안을 선택하는 것이 합리적 선택이다.

08 참외를 재배할 때의 기회비용은 2,500만 원이고, 수박과 토마토를 재배할 때의 기회비용은 각각 3,000만 원이다. 각 작물의 재배 비용이 같으므로 기회비용이 가장 작은 참외를 재배하는 것이 합리적이다. ③ 토마토를 재배할 때의 기회비용은 3,000만 원이다.

09 제시된 경제 체제는 시장 경제 체제이다. ② 시장 경제 체제에서는 빈부 격차가 심화되며, 지나친 사익 추구로 환경이 파괴되고 공익이 훼손되는 등의 문제점이 발생할 수 있다.

오답 피하기

①, ③, ⑤ 계획 경제 체제에서 나타날 수 있는 문제점에 해당한다.

실전 문제

본문 64~65쪽

01 ①	**02** ②	**03** ③	**04** ⑤	**05** ③	**06** ⑤
07 ②	**08** ⑤	**09** 해설 참조		**10** 해설 참조	

01 밑줄 친 '이것'은 분배 활동이다. ① 회사원이 성과급을 받은 것은 노동을 제공하고 임금을 받은 것이므로, 이는 분배 활동의 사례에 해당한다.

오답 피하기

②, ⑤ 소비 활동의 사례에 해당한다.

③, ④ 생산 활동의 사례에 해당한다.

02 ② 아르바이트 급여는 현우가 지인이 운영하는 가계에서 노동을 제공하고 그 대가로 받은 것이다.

① 아르바이트는 생산 활동에 해당한다.
③ 지하철을 타는 것은 서비스를 소비한 것이다.
④ 참고서는 형태가 있는 물건인 재화이다.
⑤ 안과 진료는 인간의 가치 있는 활동인 서비스이다.

03 재화와 서비스를 소비하는 경제 주체는 가계이고, 생산 활동의 경제 주체는 기업이며, 경제 활동을 규제하고 조정하는 역할을 하는 경제 주체는 정부이다. 따라서 A는 가계, B는 정부, C는 기업이다. ㄴ. 공공재를 생산하는 경제 주체는 정부이다. ㄷ. 가계는 생산에 필요한 생산 요소인 노동, 자본, 토지 등을 기업에 제공한다.

ㄱ. 세금을 바탕으로 경제 활동을 하는 경제 주체는 정부이다.
ㄹ. 기업은 가계가 제공하는 생산 요소를 구입하여 사용하고 임금, 이자, 지대 등을 가계에 지급한다.

04 제시된 사례에서 두 발 가재는 외발 가재에 비해 양이 많은데 소비자에게 더 비싼 가격으로 팔리고 있다. 이는 인간의 욕구를 충족시켜 줄 수 있는 두 발 가재의 양이 외발 가재의 양보다 상대적으로 부족하기 때문이다. 이를 통해 두 발 가재가 외발 가재에 비해 희소성이 더 큼을 알 수 있다.

05 기회비용은 선택에 따른 비용뿐만 아니라 선택으로 포기한 것의 가치까지 포함한다. ③ 갑은 개인 병원을 개업하여 1년 동안 3억 원의 수입을 올렸으나, 비용으로 2억 원을 지출하였고 종합 병원에서 받았던 연봉 8천만 원을 포기하였다. 따라서 갑의 병원 개업에 따른 기회비용은 2억 8천만 원(2억 원+8천만 원)이다.

06 제시문은 남은 용돈 2만 원으로 책과 옷 모두를 살 수 없고 한 가지밖에 살 수 없어 선택의 문제가 발생하였음을 알 수 있다. 즉, 용돈이 한정되어 있어 선택의 문제가 발생하였다. ⑤ 합리적 선택을 위해서는 비용과 편익을 고려하여 가장 작은 비용으로 가장 큰 편익을 얻을 수 있는 대안을 선택해야 한다.

07 제시된 사례에서 갑은 종업원의 수를 감축하고 기계를 더 도입하고자 하였으므로 이는 의류의 생산 방법의 결정 문제에 대한 고민으로 볼 수 있다. 즉, 기본적인 경제 문제 중 '어떻게 생산할 것인가?'와 관련 있다. 기본적인 경제 문제는 자원의 희소성으로 나타난다.

ㄴ. 기본적인 경제 문제는 경제 체제의 유형과 상관없이 모든 경제 체제에서 나타난다.

08 정부의 계획이나 명령에 의해 경제 문제를 해결하는 경제 체제는 계획 경제 체제이고, 시장 가격의 원리에 의해 경제 문제를 해결하는 경제 체제는 시장 경제 체제이다. 따라서 A는 계획 경제 체제, B는 시장 경제 체제이다.

ㄱ, ㄴ. 시장 경제 체제에 대한 설명이다.

✏️ 서술형 문제

09 [예시 답안] 자원의 희소성 때문에 다양한 선택의 문제에 직면하게 된다. / 인간의 욕구는 무한한 데 비해 이를 충족시켜 줄 자원은 한정되어 있기 때문에 발생한다.

[평가 기준]

상	제시된 문제의 발생 이유를 자원의 희소성 개념을 이용하여 정확하게 서술한 경우
중	제시된 문제의 발생 이유를 서술하였으나, 논리성이 부족한 경우
하	자원의 희소성 이외의 다른 개념으로 서술한 경우

10 [예시 답안] 갑의 선택에 따른 기회비용은 치킨 가게에서 아르바이트를 2시간 동안 해서 벌 수 있는 20,000원이다.

[평가 기준]

상	갑의 선택에 따른 기회비용을 정확하게 계산하여 서술한 경우
하	갑의 선택에 따른 기회비용을 잘못 계산한 경우

02 기업의 역할과 사회적 책임

기본 문제

본문 68~69쪽

간단 체크

1 (1) 사회적 책임 (2) 사회적 기업 (3) 기업가 정신 (4) 혁신
2 (1) ✕ (2) ○ (3) ○ (4) ✕
3 (1) ㉠ (2) ㉢ (3) ㉡
4 (1) 임금 (2) 만족감 (3) 확대

기본 문제

01 ③　　**02** ③　　**03** 사회적 기업　　**04** ④　　**05** ⑤
06 기업　　**07** ④　　**08** ②　　**09** ①

01 기업은 이윤을 얻기 위해 재화나 서비스를 만들어 이를 판매한다. 기업이 이윤을 극대화하기 위해 질 좋은 상품을 적은 비용으로 생산하고자 노력하는 과정에서 소비자의 만족감과 삶의 질이 향상된다.

02 기업은 정부에 세금을 납부하여 국가를 운영하거나 국민을 위한 복지 정책을 시행하는 데 필요한 재원을 제공함으로써 국가 재정에 기여한다.

03 제시된 대화에 나타난 기업은 사회적 기업이다. 사회적

기업은 공익을 우선적으로 추구하면서 이윤을 추구하는 기업이다.

04 기업의 사회적 책임이란 기업이 이윤 추구 활동 이외에 법령과 윤리를 준수하고, 기업의 유지 기반인 소비자, 주주, 지역 사회 등에 대한 역할을 다하는 것을 말한다. ④ 기업은 사회적 책임을 다하기 위해 생산 과정에서 생태계를 보호하고 환경 오염을 최소화해야 한다.

05 제시된 신문 기사에는 공통적으로 이윤 추구와 함께 사회 구성원으로서의 역할을 다하는 기업의 사회적 책임이 나타나 있다.

06 제시문과 같은 역할을 하는 경제 주체는 기업이다. 기업은 이윤 추구를 목적으로 생산 활동을 하지만, 좋은 품질의 재화와 서비스를 생산하여 이윤을 극대화시키기 위해 노력한다.

07 혁신은 이제까지 이루어지지 않았던 새로운 방법을 도입하여 관습, 조직 등을 획기적으로 바꿔 새롭게 하는 것으로, 새로운 제품 개발, 비용을 절감하는 새로운 생산 방식의 도입, 새로운 시장의 개척 등을 말한다. ④ 할인 판매로 손님이 늘어나자 영업 시간을 연장한 것은 기존의 영업 방식을 토대로 시간만 연장한 것이므로 이는 혁신의 사례에 해당하지 않는다.

08 기업가 정신은 미래의 불확실성과 위험을 감수하며 혁신과 창의성을 바탕으로 생산 활동을 하면서 기업을 성장시키려는 도전 정신을 말한다. ㄱ, ㄹ. 시장의 변화에 능동적으로 대처하고, 생산비 절감을 통해 새로운 수익을 창출하는 것은 기업가 정신의 내용에 해당한다.

09 ㄱ, ㄴ. 생산 과정에서 환경 오염을 최소화하고, 기부를 통해 사회에 공헌한 것은 기업이 사회적 책임을 다한 사례로 적절하다.

오답 피하기
ㄷ. 소비자의 권익을 침해한 것이므로 기업이 사회적 책임을 다한 사례로 적절하지 않다.
ㄹ. 근로자의 권익을 침해한 것이므로 기업이 사회적 책임을 다한 사례로 적절하지 않다.

실전 문제

본문 70~71쪽

| 01 ④ | 02 ④ | 03 ① | 04 ④ | 05 ② | 06 ⑤ |
| 07 ④ | 08 해설 참조 | | 09 해설 참조 | | |

01 생산 활동의 주체이며 이윤의 극대화를 추구하는 경제 주체는 기업이다. ④ 기업은 생산 활동을 위해 가계로부터 노동, 자본, 토지 등의 생산 요소를 구입한다.

오답 피하기
①, ② 가계에 대한 설명이다.
③, ⑤ 정부에 대한 설명이다.

02 제시된 신문 기사에서 A 기업은 저소득층을 위해 컴퓨터 교육을 지원하는 공익 사업을 하여 기업의 사회적 책임을 다하고 있다.

03 기업의 역할에는 생산 활동, 고용과 소득 창출, 소비자 만족 증진, 국가 재정 기여, 경제 성장 촉진 등이 있다. ① 생산 요소의 제공은 가계의 역할에 해당한다. 가계는 노동, 토지, 자본 등의 생산 요소를 기업에 제공하고, 기업은 생산 요소를 제공한 가계에 그에 대한 대가인 임금, 지대, 이자 등을 지급한다.

04 갑은 기업이 공공성을 추구해야 함을 강조하고 있다. ④ 지역 사회를 위해 복지 시설을 설립하여 운영하는 것은 기업이 공공성을 추구하는 모습에 해당한다.

오답 피하기
① 혁신의 사례에 해당한다.
②, ③ 기업이 사적인 이윤을 추구하는 사례에 해당한다.

05 사회적 기업은 공익을 우선적으로 추구하면서 영업 활동을 수행하는 기업으로, 사회적 서비스를 확충시키며, 지역 사회에 지속 가능한 일자리를 제공한다.

오답 피하기
ㄴ, ㄹ. 사회적 기업의 특징으로 적절하지 않다.

06 밑줄 친 '이것'은 기업가 정신이다. ⑤ 기업가 정신은 여러 분야에서 위험을 무릅쓰고 새롭게 도전하는 것을 말한다. 이러한 도전을 통해 기업은 이윤을 극대화하고 성장할 수 있다.

07 A 기업의 경우는 사회적 기업의 일종으로 유료로 잡지를 판매하지만, 판매 수익의 상당 부분을 노숙자들의 자활을 위해 사용하고 있다. ㄴ. A 기업과 같이 사회적 책무를 생각하고 중요한 사회 문제 해결이나 사회적 약자를 도우면서 기업 활동을 하는 기업을 사회적 기업이라고 한다. ㄹ. 기업이 사회의 소외 계층에 관심을 갖고 솔선수범해야 사회 구성원들의 관심을 높이는 데 긍정적 영향을 미칠 수 있다.

오답 피하기
ㄱ. 사회적 기업은 사익과 공익을 동시에 추구하나, 공익 추구에만 집중해야 하는 것은 아니다.
ㄷ. 제시된 사례의 기업은 효율성 증대에만 집중한다고 볼 수 없다.

📝 서술형 문제

08 [예시 답안] 상품 생산을 통해 일자리와 소득을 창출한다.

[평가 기준]

상	제시문에 나타난 기업의 역할로 일자리와 소득 창출 두 가지를 모두 서술한 경우

중	제시문에 나타난 기업의 역할로 일자리와 소득 창출 중 한 가지만 서술한 경우
하	제시문과 관련 없는 기업의 역할을 서술한 경우

09 [예시 답안] 기업가 정신, 기업가 정신은 미래의 불확실성과 위험을 감수하며, 혁신과 창의성을 바탕으로 생산 활동을 하면서 기업을 성장시키려는 도전 정신을 말한다.

[평가 기준]

상	(가)에 들어갈 개념과 그 의미를 모두 정확하게 서술한 경우
중	(가)에 들어갈 개념은 정확히 서술하였으나, 그 의미에 대한 설명이 미흡한 경우
하	(가)에 들어갈 개념만 서술한 경우

03 금융 생활의 중요성

기본 문제

본문 74~75쪽

간단 체크

1 (1) 생애 주기 (2) 재무 계획 (3) 분산(포트폴리오) (4) 채권 (5) 신용

2 (1) × (2) ○ (3) × (4) ○

3 (1) © (2) © (3) ⊙

4 (1) 유소년기 (2) 예금 (3) 주식 (4) 신용

기본 문제

01 ②	02 ⑤	03 ④	04 ③	05 ②	06 ③
07 ③	08 ①	09 신용			

01 소비 생활은 평생 이루어지지만, 소득을 얻을 수 있는 기간은 한정되어 있다. ㄱ. 유소년기에는 주로 부모의 소득에 의존한 소비 생활을 한다. ㄹ. 노년기에는 은퇴 이후 소득이 크게 줄거나 없어져 노후 대비 자금이나 연금으로 생활해야 한다.

오답 피하기

ㄴ. 청년기에는 본격적인 생산 활동에 참여하여 소득을 형성하지만 그 크기가 작다.

ㄷ. 중·장년기에는 자녀 양육과 자녀 결혼 등으로 소비가 늘어나지만 일생 중 소득이 가장 많아 소득이 소비보다 많은 시기이다.

02 자산은 예금이나 주식처럼 수입의 원천이 되기도 하고, 자동차나 주택과 같이 사람들에게 편리함과 즐거움을 제공해 주기도 한다. ⑤ 실물 자산에는 자동차, 아파트, 토지 등이 있다. 실물 자산은 금융 자산에 비해 현금으로 쉽고 빠르게 바꾸기가 어려우므로 유동성이 낮은 편이다.

03 부동산은 예금, 주식에 비해 현금화가 어렵고 거래에 많은

비용이 발생한다는 단점이 있다. 따라서 현금이 필요한 경우를 대비한다면 부동산 대신 예금이나 적금 등 유동성이 높은 자산을 선택하는 것이 합리적이다.

04 자산 관리의 기본 원칙에는 안전성, 수익성, 유동성이 있다. 안전성은 투자한 원금이 손실되지 않고 보장되는 정도를 말하고, 수익성은 투자를 통해 수익을 얻을 수 있는 가능성의 정도를 말하며, 유동성은 쉽고 빠르게 현금으로 전환할 수 있는 정도를 말한다.

05 ㄱ. 수익성은 투자를 통해 수익을 얻을 수 있는 가능성의 정도를 말한다. 주식은 예금보다 수익성이 높다. ㄹ. 유동성은 쉽고 빠르게 현금으로 전환할 수 있는 정도를 말한다. 부동산은 거래하는 데 시간이 많이 걸리고 가격이 높아 팔기가 쉽지 않으므로 유동성이 낮다.

오답 피하기

ㄴ. 적금은 채권에 비해 안전성이 높으므로 위험성이 높다고 볼 수 없다.

ㄷ. 예금은 주식에 비해 안전성이 높다.

06 자산 관리 시 자신의 소득이나 재산 상태, 미래의 지출 규모 등을 고려하고, 수익성, 안전성, 유동성 모두를 고려하여 금융 상품을 선택해야 한다. ③ 안정적인 경제생활을 지속하려면 생애 주기를 고려하여 합리적으로 자산을 운영해야 한다.

오답 피하기

① 자산 관리는 일생 동안 필요하다.

② 안전성과 수익성 모두를 고려해야 한다.

④ 금융 자산과 실물 자산 모두에 골고루 분산시켜 관리하는 것이 바람직하다.

⑤ 수익성뿐만 아니라 안전성, 유동성을 고려하여 분산 투자하는 것이 바람직하다.

07 그림과 같은 거래 방식은 신용 거래에 해당한다. 오늘날에는 신용을 중시하고 있고 이에 따라 신용 거래가 확대되고 있다.

08 (가)에 들어갈 검색어는 채권이다. 채권은 정부나 기업 등이 자금을 마련하기 위해 이자 지급을 약속하고 발행하는 차용 증서를 말한다.

09 밑줄 친 '이것'은 신용이다. 신용이란 장래 어느 시점에 지불하기로 약속하고 현재 돈을 빌릴 수 있는 능력을 말한다.

실전 문제

본문 76~77쪽

| 01 ③ | 02 ② | 03 ④ | 04 ④ | 05 ③ | 06 ④ |
| 07 ② | 08 ⑤ | 09 해설 참조 | | 10 해설 참조 | |

01 생애 주기는 시간의 흐름에 따라 개인의 삶이나 가족의 삶의 변화를 단계별로 나타낸 것을 말한다. ③ B는 소득이 소비보다 많은 부분으로, 소득이 줄어드는 노년기의 소비에 대비하여 저축할 수 있는 부분이다.

오답 피하기
① ㉠은 수입 곡선, ㉡은 지출 곡선이다.
② A는 소득보다 소비가 많은 부분이다.
④ C는 소비가 소득보다 많은 부분이다.
⑤ 소비 생활은 평생 이루어지지만, 소득을 얻을 수 있는 기간은 한정되어 있다.

02 ㄱ, ㄷ. 제시문은 자산 관리 시 안전성을 고려하지 않고 주식에만 집중적으로 투자한 결과 발생한 문제점을 보여 준다. 갑은 안전성, 수익성 등을 고려하여 다양한 형태의 자산을 적절하게 분산하여 운영하는 합리적인 자산 관리를 하지 못했다.

오답 피하기
ㄴ. 주식 투자를 한 지 3개월이 지났으므로 장기적으로만 운용한 것은 아니다.
ㄹ. 자산 관리의 기본 원칙 중 수익성만을 중시한 결과이다.

03 자산 관리는 일생에 걸쳐 소득과 소비, 저축 등을 고려하여 자산을 확보하고 운영하는 것을 말한다. 자신의 소득이나 재산 상태, 미래의 지출 규모 등을 고려하고, 수익성, 안전성, 유동성 등을 고려하여 금융 상품을 선택해야 한다.

오답 피하기
병. 자산 관리 시 수익성과 안전성 모두를 고려해야 한다.

04 자산 관리 시 안전성, 수익성, 유동성 등을 고려하여 금융 상품을 선택해야 하며, 지속 가능한 경제생활을 위해 일생 동안의 소득과 소비를 고려한 자산 운영이 필요하다.

오답 피하기
ㄷ. 주식은 기업이나 사업 자금을 마련하기 위해 회사 소유권의 일부를 투자자에게 주는 증표로, 원금 손실이 발생할 수 있고, 안전성이 낮은 금융 자산이다.

05 안전성 정도는 '예금>채권>주식' 순이고, 수익성 정도는 '주식>채권>예금' 순이다. 따라서 A는 예금, B는 채권, C는 주식이다. ③ 예금이 채권보다 유동성이 높은 편이다.

오답 피하기
① A는 예금이다.
② 예금은 원금을 손실할 위험이 없으나, 주식은 원금을 손실할 위험이 크다.
④ 예금은 주식보다 쉽고 빠르게 현금으로 전환할 수 있다.
⑤ 원금 보장을 중시하는 사람은 예금을 선택할 것이다.

06 신용을 이용하면 현재의 지불 능력보다 많은 소비를 할 수

있지만, 지불해야 할 시점에서는 갚아야 할 빚이 된다. 따라서 소득, 지불 능력을 고려하여 신용 구매를 해야 한다.

07 신용 거래는 미래의 소득을 앞당겨 활용할 수 있으므로 현재의 소득보다 더 많은 소비가 가능하다. 따라서 물건을 충동적으로 구매할 우려가 있고, 과소비가 나타날 수 있다.

오답 피하기
① 신용 거래는 언젠가는 갚아야 할 빚이므로 미래의 경제생활에 큰 부담이 될 수 있다.
③ 신용 거래는 현금 없이도 상품 구매가 가능하다.
④ 신용 거래는 현재의 소득을 초과하는 소비를 할 수 있다.
⑤ 신용 거래 시 소득이나 지불 능력을 고려해야 한다.

08 밑줄 친 '이것'은 신용이다. 신용은 소비자 개인만의 문제가 아니라 기업이나 국가에게도 매우 중요하다. ⑤ 개인의 신용은 국민 경제에 영향을 미친다.

서술형 문제

09 [예시 답안] 자산 관리의 목적은 행복한 삶을 꾸리고 노후에 안정적인 경제생활을 하기 위해서이다.
[평가 기준]

상	자산 관리의 목적을 정확하게 서술한 경우
중	자산 관리의 목적을 서술하였으나, 내용이 부족한 경우
하	자산 관리의 의미를 서술한 경우

10 [예시 답안] 예금으로, 안전성은 높으나 수익성이 낮다.
[평가 기준]

| 상 | 자산의 유형과 특징을 모두 정확하게 서술한 경우 |
| 하 | 자산의 유형과 특징 중 한 가지만 서술한 경우 |

대단원 마무리

본문 80~81쪽

| 01 ④ | 02 ④ | 03 ④ | 04 ④ | 05 ③ | 06 ④ |
| 07 ⑤ | 08 ④ | 09 ③ | 10 ② | 11 해설 참조 | |

01 ㄱ, ㄴ, ㄹ. 제시문은 과거에 자유재였던 물이 산업화의 영향을 받아 경제재로 바뀐 경우를 보여 준다. 이를 통해 시대에 따라 자원의 희소성이 달라짐을 알 수 있고, 경제재를 얻기 위해서는 비용을 지불해야 함을 알 수 있다.

오답 피하기
ㄷ. 희소성이 없어 무상으로 사용할 수 있는 자유재는 교환 가치가 없다.

02 기본적인 경제 문제는 여러 경제 문제 중 모든 사회에서 공통으로 해결해야 할 경제 문제를 말한다. ④ (나)는 '무엇을, 얼마나 생산할 것인가?', (다)는 '어떻게 생산할 것인가?', (라)

는 '누구를 위해 생산할 것인가?'와 관련 있다.

03 정부의 시장 개입을 허용하지 않는 경제 체제는 시장 경제 체제이고, 정부의 시장 개입을 허용하면서 시장 가격의 기능을 부정하지 않는 경제 체제는 혼합 경제 체제이며, 정부의 시장 개입을 허용하면서 시장 가격의 기능을 부정하는 경제 체제는 계획 경제 체제이다. 따라서 (가)는 시장 경제 체제, (나)는 혼합 경제 체제, (다)는 계획 경제 체제이다. ④ 사유 재산 제도와 사익 추구를 인정하는 경제 체제는 시장 경제 체제이다.

04 제시된 사례들은 모두 개인과 사회의 기준에 따라 하나를 선택함으로써 다른 것을 포기한 상황들이다. 즉, 제시된 사례를 통해 한 가지를 선택하면 포기해야 하는 것이 나타남을 알 수 있다.

05 제시된 용돈 기입장에서 병원 진료비와 영화 관람료는 서비스를 소비하는 데 지출한 비용이고, 볼펜 구입비와 참고서 구입비는 재화를 소비하는 데 지출한 비용이다. ③ 서비스를 소비하는 데 지출한 총비용은 병원 진료비 3,500원과 영화 관람료 5,500원을 합한 9,000원이다.

06 영화 관람에 대한 기회비용은 90, 탁구에 대한 기회비용은 100, 쇼핑에 대한 기회비용은 100이다. ④ 탁구에 대한 기회비용과 쇼핑에 대한 기회비용은 각각 100으로 같다.

오답 피하기
① 기회비용은 '탁구=쇼핑>영화 관람' 순이다.
② 탁구에 대한 기회비용은 영화 관람에 대한 편익이다.
③ 쇼핑에 대한 기회비용은 영화 관람에 대한 편익이다.
⑤ 영화 관람에 대한 기회비용은 90, 탁구에 대한 기회비용은 100이다. 따라서 영화 관람에 대한 기회비용은 탁구에 대한 기회비용보다 작다.

07 소희는 2일 동안 시험 공부하는 것을 선택하였다. 이러한 선택을 위해 소희는 2일 동안 패밀리레스토랑에서 아르바이트를 하는 것과 편의점에서 일을 하는 것을 포기하였다. 2일 동안 패밀리레스토랑에서 아르바이트를 하게 될 경우의 편익은 10만 원이고, 2일 동안 편의점에서 일을 할 경우의 편익은 6만 원이다. 따라서 소희가 2일 동안 시험 공부를 하는 것에 대한 기회비용은 2일 동안 패밀리레스토랑에서 아르바이트를 하게 될 경우의 편익인 10만 원이다.

08 제시문은 소비자의 주권이 강화되고 생산 과정에 소비자가 적극 개입하는 모습으로 변화되고 있음을 보여 준다. 이러한 경제 환경 변화에 대응하기 위해 기업은 연구 개발과 제품의 품질 향상, 기업가 정신 발휘 등을 통해 국제 경쟁력을 키워야 한다. ④ 노동자의 임금을 줄이고 노동 시간을 늘려 생산비를 줄이는 것은 기업의 대응 방안으로 적절하지 않다.

09 자산 관리는 자신의 소득이나 재산을 활용하여 언제, 얼마만큼 소비할지, 어떻게 자산을 보호하고 처분할지 미리 계획하는 것을 말한다. ③ 소비 생활은 평생 지속되지만 생산 활동을 통해 소득을 얻는 기간은 한정되어 있기 때문에 자산 관리가 필요하다.

10 제시된 자료에 나타난 거래 방식은 신용 거래이다. ② 신용 거래는 현재의 소득보다 더 많은 소비가 가능하기 때문에 충동구매나 과소비에 빠질 위험성이 있다.

서술형 문제

11 [예시 답안] 시장 경제 체제에서는 소득 분배의 불균형이 발생하여 빈부 격차가 심화될 수 있다.

[평가 기준]

상	제시문에 나타난 시장 경제 체제의 문제점으로 빈부 격차 심화를 정확히 서술한 경우
중	제시문에 나타난 문제점이 아닌 일반적인 시장 경제 체제의 문제점을 서술한 경우
하	제시문에 나타난 시장 경제 체제의 문제점이 아닌 특징이나 장점을 서술한 경우

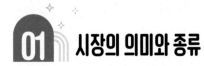

IV. 시장 경제와 가격

01 시장의 의미와 종류

기본 문제

본문 86~87쪽

간단 체크

1 (1) 시장 (2) 특화 (3) 보이는 (4) 생산물 시장
2 (1) ○ (2) × (3) ○ (4) × (5) ×
3 (1) ㉠, ㉣ (2) ㉡, ㉢
4 (1) 분업 (2) 자급자족 (3) 보이지 않는 (4) 생산물

기본 문제

01 ②   02 ⑤   03 ㄴ → ㄷ → ㄱ → ㄹ   04 ④
05 ④   06 ③   07 ④   08 ④
09 거래하는 상품의 종류

01 제시된 그림에 나타난 사회는 물물 교환 경제의 모습을 보여 준다. 물물 교환은 물건과 물건을 직접 거래하는 형태인데, 이 경우 거래 상대방을 찾는 데 시간과 노력이 많이 든다.

오답 피하기

ㄴ. 필요한 물건을 자기가 스스로 만들어 내는 사회는 자급자족 경제이다.
ㄹ. 신용 화폐를 이용하여 원하는 상품을 시장에서 살 수 있는 사회는 시장 경제이다.

02 제시된 대화에 나타난 생산 방법은 분업이다. 분업은 효과적인 생산을 위해 각 분야를 여러 사람이 나누어 맡는 것을 말한다. ⑤ 분업은 전문성과 효율성을 증가시켜 생산성을 증대시키는 데 기여한다.

03 화폐는 곡물, 직물, 소금 등과 같은 물품 화폐에서 금, 은과 같은 금속 화폐로 변화하였으며, 이후 금속 화폐보다 가벼운 지폐가 등장하였고, 현대 사회에서는 신용 화폐가 사용되고 있다.

04 제시된 시장은 생산 요소 시장이다. 생산 요소 시장에서 가계는 생산 요소를 공급하고 기업은 생산 요소를 수요한다.

오답 피하기

① 생산 요소 시장은 경제가 발달할수록 거래가 활발하게 이루어진다.
② 생산 요소 시장에서는 토지, 노동, 자본 등의 생산 요소가 거래된다.
③ 문구점, 농수산물 시장 등은 생산물 시장에 해당한다.
⑤ 수요자와 공급자의 거래가 구체적인 장소에서만 이루어지는 것은 아니다.

05 해외 직구 시장은 거래 과정이 컴퓨터로 이루어져 눈에 보이지 않는 시장이고, 거래하는 상품의 종류에 있어서는 생산물 시장에 해당한다.

06 상품의 생산 과정에서 필요한 생산 요소가 거래되는 시장

은 생산 요소 시장이고, 거래가 이루어지는 모습이 구체적으로 드러나지 않는 시장은 보이지 않는 시장이다. ③ 주식 시장은 생산 요소 시장이자 보이지 않는 시장에 해당한다.

오답 피하기

① 홈 쇼핑은 생산물 시장이자 보이지 않는 시장에 해당한다.
②, ④, ⑤ 재래시장, 대형 마트, 수산물 시장은 생산물 시장이자 보이는 시장에 해당한다.

07 갑. 시장은 경제생활에 필요한 재화와 서비스의 수요와 공급을 연결해 주는 기능을 한다. 을. 시장은 거래에 참여하는 사람들에게 상품의 종류 및 가격, 품질 등의 다양한 정보를 제공해 준다. 병. 시장은 사람들이 거래하려는 물건과 거래 조건에 맞는 상대방을 찾는 데 필요한 시간과 노력 등을 줄여 준다.

오답 피하기

정. 시장이 생겨나면서 사람들은 자신이 필요로 하는 상품을 모두 다 생산할 필요가 없어졌다.

08 보이지 않는 시장은 거래가 이루어지는 모습이 구체적으로 드러나지 않는 시장을 말한다. 주식 시장, 노동 시장, 외환 시장 등은 보이지 않는 시장의 사례에 해당한다.

오답 피하기

ㄹ. 농산물 시장은 거래가 이루어지는 모습이 구체적으로 드러나므로 보이는 시장의 사례에 해당한다.

09 (가) 시장과 (나) 시장을 구분하는 기준은 거래하는 상품의 종류이다. (가) 시장은 생산 활동에 필요한 노동, 자본, 토지와 같은 생산 요소를 거래하는 시장이고, (나) 시장은 생산 활동의 결과물인 생산물을 거래하는 시장이다.

실전 문제

본문 88~89쪽

01 ④   02 ②   03 ②   04 ⑤   05 ⑤   06 ①
07 ②   08 ③   09 해설 참조   10 해설 참조

01 시장은 물건을 사려는 사람인 수요자와 팔려고 하는 사람인 공급자가 만나서 거래하는 곳을 의미한다. 시장에서의 가격은 수요자와 공급자의 상호 작용을 통해 형성되며, 시장이 생겨남으로써 거래에 드는 비용이 줄어들게 되었다.

오답 피하기

ㄷ. 시장은 재래시장 같은 구체적인 장소만을 의미하는 것이 아니라 수요자와 공급자의 거래가 이루어지는 모든 곳 또는 형태를 의미한다.

02 원시 시대에는 자급자족하였지만, 농사를 짓기 시작한 이후 잉여 생산물이 생기면서 이를 자신에게 필요한 다른 물건과 바꾸는 물물 교환이 이루어졌다. 사람들이 교환을 통해 더 큰 만족을 얻게 되자 일정한 시기와 장소를 정해 모여 거래하는 시장이 생겨났다.

03 시장은 수요와 공급을 연결시켜 주고, 상품의 거래 비용을 감소시켜 주며, 상품에 대한 정보를 제공해 주고, 교환과 분업을 촉진시켜 사회 전체의 생산성을 증대시켜 준다. ② 시장은 자신이 가장 잘 생산할 수 있는 상품만을 특화하여 생산할 수 있게 도와주므로 자급자족이 아닌 교환과 분업을 촉진시켜 준다.

04 (가)에는 시장과 관련 있는 내용이 들어갈 수 있다. 시장은 경제생활에 필요한 재화와 서비스의 수요와 공급을 연결시켜 주고, 사람들이 거래하는 물건과 거래 조건에 맞는 상대방을 찾는 데 필요한 시간과 노력 등을 줄여 준다.

오답 피하기
ㄱ. 시장을 통해 잉여 생산물을 교환함으로써 자원의 희소성을 감소시킬 수 있다.
ㄴ. 시장은 반드시 구체적인 장소와 시설을 갖추어야 하는 것은 아니다. 특정 장소 없이 상품에 대한 수요와 공급이 모여 거래가 이루어지는 눈에 보이지 않는 시장도 존재한다.

05 시장의 등장으로 물건을 사려는 사람과 팔려는 사람이 모두 시장에 모여 거래를 함으로써 거래에 드는 시간과 비용을 줄일 수 있게 되었다. ⑤ 시장은 자원을 효율적으로 배분하는 데 기여하지만, 빈부 격차 문제를 해결해 주지는 못한다.

06 시장은 거래 형태에 따라 보이는 시장과 보이지 않는 시장으로 구분된다. 증권 거래소, 외환 시장, 인터넷 서점, 홈 쇼핑은 모두 거래가 이루어지는 모습이 구체적으로 드러나지 않으므로 보이지 않는 시장에 해당한다. ① 청과물 시장은 거래가 이루어지는 모습이 구체적으로 드러나므로 보이는 시장에 해당한다.

07 시장은 눈에 보이는 구체적인 장소만을 의미하는 것이 아니라 구체적으로 눈에 보이지 않더라도 거래가 이루어진다면 모두 시장이라고 할 수 있다. 보이는 시장에는 문구점, 편의점, 재래시장, 대형 마트, 수산물 시장, 백화점 등이 있고, 보이지 않는 시장에는 온라인 쇼핑몰, 주식 시장, 전자 상거래, 외환 시장 등이 있다.

08 대형 마트는 거래되는 장소나 상품이 눈에 보이는 시장이며 생활에 필요한 재화가 거래되는 생산물 시장이다. 주식 시장은 거래의 모습이 눈에 보이지 않는 시장이며 생산에 필요한 자본이 거래되는 생산 요소 시장이다.

오답 피하기
① 주식 시장에 대한 설명이다.
② 주식 시장은 거래의 모습이 확실히 드러나지 않는 시장이다.
④ 대형 마트에 대한 설명이다.
⑤ 대형 마트는 눈에 보이는 시장, 주식 시장은 눈에 보이지 않는 시장이다.

✎ 서술형 문제

09 [예시 답안] ㄹ, 화폐의 등장으로 교환이 더욱 활발해지면서 시장은 점차 확대되고 발달하였다.

[평가 기준]

상	옳지 않은 부분을 찾아 해당 부분을 바르게 서술한 경우
하	옳지 않은 부분만 찾은 경우

10 [예시 답안] 상품의 거래 모습이 눈에 보이지 않는 시장이다.

[평가 기준]

상	(가) 시장과 (나) 시장의 공통점이 눈에 보이지 않는 시장임을 서술한 경우
중	(가) 시장과 (나) 시장 각각의 특징에 대해 서술한 경우
하	(가) 시장이 주식 시장이고, (나) 시장이 전자 상거래 시장임을 서술한 경우

02 시장 가격의 결정

기본 문제

본문 92~93쪽

간단 체크
1 (1) 수요 법칙 (2) 수요, 공급 (3) 초과 공급 (4) 균형 가격 (5) 하락
2 (1) × (2) ○ (3) × (4) ○ (5) ×
3 (1) ㉠, ㉢ (2) ㉡, ㉣
4 (1) 공급량 (2) 반비례 (3) 같은 (4) 가격

기본 문제
01 ② 　**02** ⑤ 　**03** ⑤ 　**04** ② 　**05** ④
06 ㉠ 증가, ㉡ 감소, ㉢ 감소, ㉣ 증가 　**07** ⑤ 　**08** ②

01 제시된 그래프는 수요 법칙을 나타낸다. 즉, 가격과 수요량 간의 반비례 관계를 보여 준다.

오답 피하기
ㄴ. 제시된 그래프는 가격 변동에 따른 수요량의 변동을 나타낸다.
ㄹ. 가격과 같은 방향으로 움직이는 공급량의 움직임을 보여 주는 그래프는 공급 곡선이다.

02 공급은 생산자가 일정한 가격 수준에서 어떤 상품을 판매하고자 하는 욕구를 의미한다.

오답 피하기
갑. 가격이 상승하면 공급량은 늘어난다.
을. 수요량은 가격의 영향을 받는다.
병. 가격과 공급량 간에는 비례 관계가 나타난다.
정. 수요 곡선은 가격과 수요량 간의 관계를 나타낸 곡선이다.

03 사과의 균형 가격은 900원이고, 균형 거래량은 34톤이다. ⑤ 사과의 가격이 1,000원일 때에는 초과 공급이 발생하여 공급자들이 원하는 만큼 상품을 팔 수 없다.

04 ㄱ. (가)는 공급량이 수요량보다 많으므로 초과 공급에 해당하고, (나)는 수요량이 공급량보다 많으므로 초과 수요에 해당한다. ㄹ. 초과 수요가 발생하면 수요자 간 경쟁으로 가격 상승 압력이 나타난다.

오답 피하기
ㄴ. ⊙은 균형 가격, ⓒ은 균형 거래량이다.
ㄷ. 초과 공급이 발생하면 공급자 간 경쟁으로 가격 하락 압력이 나타난다.

05 X재의 균형 가격은 600원이고, 균형 거래량은 400개이다. X재 가격이 300원일 때에는 초과 수요가 발생하고, X재 가격이 900원일 때에는 초과 공급이 발생한다. ④ X재 가격이 600원일 때에는 수요량과 공급량이 400개로 일치하므로 초과 공급이 발생하지 않는다.

06 가격이 하락하면 소비자들은 소비량을 늘리지만, 생산자들은 생산량을 줄인다. 반면, 가격이 상승하면 소비자들은 소비량을 줄이지만, 생산자들은 생산량을 늘린다.

07 제시된 그림에서 P*는 균형 가격, Q*는 균형 거래량이다. P*보다 높은 가격에서는 초과 공급이 나타나고, P*보다 낮은 가격에서는 초과 수요가 나타난다. ⑤ P*보다 낮은 가격에서는 수요자들 간의 경쟁에 의해 가격이 높아진다.

08 시장 가격은 경제 주체들에게 어떠한 의사 결정을 해야 하는지를 알려 주며, 사회에서 필요로 하는 상품을 남지도, 모자라지도 않는 수준으로 생산할 수 있게 하여 한정된 자원을 효율적으로 이용하게 한다.

오답 피하기
을. 생산자는 최소 비용을 지불하고 상품을 생산·공급할 수 있다.
정. 재화와 서비스를 상품에 대한 만족감이 가장 큰 소비자에게 돌아가게 해 준다.

실전 문제

본문 94~95쪽

01 ②	02 ⑤	03 ③	04 ①	05 ⑤	06 ④
07 ③	08 해설 참조		09 해설 참조		

01 수요 법칙은 어떤 상품의 가격이 상승하면 그 상품의 수요량은 감소하고, 가격이 하락하면 수요량이 증가하는 현상을 말한다. 즉, 수요 법칙은 가격과 수요량의 반비례 관계를 나타낸 것이다. ② 백화점의 할인 판매로 인해 상품의 가격이 하락하자 상품의 소비량이 증가한 것은 수요 법칙의 사례에 해당한다.

오답 피하기
①, ④, ⑤ 가격 이외의 요인으로 수요 곡선 자체가 이동하는 모습을 띤다.
③ 수요 법칙이 적용되지 않는 사례에 해당한다.

02 제시된 X재 시장에서 균형 가격은 300원이고, 균형 거래

량은 500개이다. ⑤ 600개가 모두 팔리려면 수요자들이 600개를 모두 사 주어야 하는데, 가격이 200원 이하일 경우 수요자는 600개를 모두 살 의향이 있다. 따라서 600개가 모두 팔리려면 가격은 200원 이하에서 형성되어야 한다.

03 수요 법칙은 가격과 수요량이 반비례 관계로 나타나고, 공급 법칙은 가격과 공급량이 비례 관계로 나타난다. ③ 지우개 가격이 하락하면 공급자 입장에서는 공급량을 줄인다. 지우개 가격이 하락하여 지우개를 더 많이 팔기로 결정한 것은 공급 법칙에 따른 행동으로 볼 수 없다.

오답 피하기
① 운동복 가격이 하락하여 수요량이 증가한 경우이다.
② 한우 고기 가격이 상승하여 수요량이 감소한 경우이다.
④ 사과 가격이 하락하여 수요량이 증가한 경우이다.
⑤ 배추 김치 가격이 상승하여 공급량이 증가한 경우이다.

04 제시된 스마트폰 시장에서는 가격과 공급량 간에 비례 관계가 나타난다. 즉, 스마트폰 가격과 공급량은 같은 방향으로 움직인다. 따라서 스마트폰 시장에서는 공급 법칙이 적용된다.

오답 피하기
ㄷ. 스마트폰 가격이 내리면 공급자는 스마트폰 공급량을 줄일 것이다.
ㄹ. 스마트폰 가격이 오르면 공급자는 스마트폰 생산을 늘릴 것이다.

05 ⑤ 가격이 600원일 때 초과 공급이 발생하므로 공급자는 가격을 낮춰서라도 상품을 판매하고자 한다.

오답 피하기
① ⊙은 초과 공급, ⓒ은 초과 수요이다.
② 초과 수요가 발생하면 수요자 사이의 경쟁에 의해 가격이 상승한다.
③ 초과 공급과 초과 수요가 발생하면 자원이 비효율적으로 배분된다.
④ 균형 가격은 300원이고, 균형 거래량은 60개이다.

06 밑줄 친 '보이지 않는 손'은 시장 가격을 의미한다. 시장 가격은 소비자와 생산자에게 경제 활동을 어떻게 조절해야 할지를 알려 주는 신호등 역할을 한다. ④ 시장 가격은 시장에서 가장 큰 만족을 얻을 수 있는 소비자가 상품을 구입하게 함으로써 소비자의 합리적 소비의 방법을 제시해 준다.

07 시장 가격은 생산자와 소비자에게 생산과 소비를 늘려야 할지, 줄여야 할지를 알려 준다. 즉, 시장 가격은 경제 주체들에게 어떠한 의사 결정을 해야 하는지를 알려 주는 안내자 역할을 한다. ③ 정부가 재래시장 보호를 위해 대형 마트의 영업을 규제한 것은 시장 가격의 신호등 역할을 보여 주는 사례로 적절하지 않다.

서술형 문제

08 [예시 답안] X재 시장의 균형 가격은 1,000원이고, 균형 거래량은 100개이다. X재 가격이 2,000원일 때 120개의 초과 공급이 발생한다.

[평가 기준]

상	X재의 균형 가격, 균형 거래량 및 X재 가격이 2,000원일 때 발생하는 현상 모두를 정확하게 서술한 경우
중	X재 가격이 2,000원일 때 발생하는 현상에 대해서만 서술한 경우
하	X재의 균형 가격과 균형 거래량만 서술한 경우

09 [예시 답안] 가격은 경제 활동의 안내자 역할을 한다. / 가격은 경제 주체들의 경제적 의사 결정의 방향을 알려 주는 신호등 역할을 한다.

[평가 기준]

상	제시된 신문 기사를 통해 파악할 수 있는 가격의 기능을 정확하게 서술한 경우
중	제시된 신문 기사를 통해 파악할 수 있는 가격의 기능 이외의 내용을 서술한 경우
하	가격의 기능을 서술하지 못한 경우

03 시장 가격의 변동

기본 문제

본문 98~99쪽

간단 체크

1 (1) 증가 (2) 보완재 (3) 증가 (4) 감소 (5) 오른쪽
2 (1) ○ (2) × (3) × (4) ○ (5) ○
3 (1) ㉢ (2) ㉣ (3) ㉠ (4) ㉡
4 (1) 오른쪽 (2) 대체재 (3) 하락 (4) 감소

기본 문제

01 ⑤	**02** ④	**03** ②	**04** ③	**05** ④	**06** ③
07 ⑤	**08** ①	**09** (가) 대체재, (나) 보완재			

01 밑줄 친 다양한 요인은 수요 변동의 요인을 의미한다. 수요 변동의 요인에는 인구수, 가계의 소득 수준, 소비자의 기호, 연관 상품의 가격, 미래에 대한 예상 등이 있다. ⑤ 생산 요소의 가격은 공급 변동의 요인에 해당한다.

02 제시된 그림은 공급 곡선이 오른쪽으로 이동한 모습으로, 이는 공급의 증가를 보여 준다. 공급의 증가 요인에는 생산 기술의 발전이나 생산 요소 가격의 하락, 생산 업체의 증가 등을 들 수 있다. ④ 생산품의 가격 상승은 공급량의 증가 요인에 해당한다.

03 ㄱ. 사과와 귤은 대체 관계에 있다. ㄷ. 사과 가격이 비싸지면서 수요량이 감소한 것을 통해 수요 법칙을 찾아볼 수 있다.

04 제시된 사례는 깻잎이 건강에 좋다는 뉴스로 깻잎에 대한 사람들의 기호가 증가하여 깻잎의 수요가 늘어났음을 보여 준다.

오답 피하기
①, ②, ④, ⑤ 수요의 증가 요인에 해당하지만, 제시된 사례에서 나타난 깻잎의 수요 증가 요인으로 적절하지 않다.

05 제시된 뉴스에서는 생산 기술의 발전으로 제품 생산 비용이 감소했음을 보여 준다. 생산 비용이 감소하면 공급이 증가한다.

06 공급 증가 요인에는 기술 수준의 향상, 공급자 수의 증가, 생산 요소의 가격 하락, 공급자의 미래 가격 하락 예측 등이 있다.

오답 피하기
ㄱ. 생산비 증가는 공급 감소 요인이다.
ㄹ. 소비자의 소득 증가는 수요 증가 요인이다.

07 수요가 증가하거나 공급이 감소하는 경우 시장 가격이 상승한다. 을. 밀가루 가격의 상승으로 과자의 생산비가 늘어나는 것은 원자재 가격의 상승 때문에 공급이 감소하는 경우로, 공급이 감소하면 가격이 상승한다. 병. 학생들이 가방을 많이 사면 수요가 증가하여 가격이 상승한다. 정. 석류에 대한 선호도가 증가하면 수요가 증가하여 가격이 상승한다.

오답 피하기
갑. 생산 기술 발달로 공급이 증가하여 냉장고 가격이 하락한다.

08 자전거 헬멧은 자전거와 보완재 관계에 있다. 보완재인 자전거 가격이 하락하면 자전거 헬멧의 수요는 증가한다. 수요가 증가하면 균형 가격은 상승하고, 균형 거래량은 증가한다.

09 용도가 비슷하여 서로 대신하여 사용할 수 있는 관계에 있는 재화는 대체재이고, 함께 사용할 때 만족도가 더욱 커지는 관계에 있는 재화는 보완재이다.

실전 문제

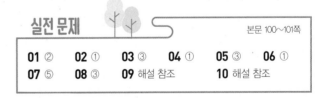

본문 100~101쪽

01 ②	**02** ①	**03** ③	**04** ①	**05** ③	**06** ①
07 ⑤	**08** ③	**09** 해설 참조		**10** 해설 참조	

01 제시된 그림은 수요 증가를 나타낸다. 수요 증가 요인은 보완재 가격 하락, 소득 증가, 소비자 선호도 증가, 대체재 가격 상승 등이 있다. ② 대체재인 깻잎의 가격 상승은 상추의 수요 증가 요인이다.

오답 피하기
① 상추의 종자 가격 상승은 공급 감소 요인이다.
③ 상추 재배 농가의 증가는 공급 증가 요인이다.
④ 보완재인 돼지고기 가격의 상승은 수요 감소 요인이다.
⑤ 수요자들의 소득 감소는 수요 감소 요인이다.

02 원자재 가격 상승과 기술자들의 임금 상승 모두 공급 감소 요인이다.

03 제시된 그림의 콜라와 사이다는 대체재 관계에 있다. 대체재는 용도가 비슷하여 서로 대신하여 사용할 수 있는 관계에 있는 재화를 말한다.

오답 피하기
① 커피와 설탕은 보완재 관계이다.
② 함께 소비할 때 더 큰 만족감을 얻을 수 있는 재화는 보완재이다.
④, ⑤ 두 상품이 서로 대체 관계에 있을 때에는 한 상품의 가격이 오르면 다른 상품의 수요가 증가한다.

04 노트북을 구매하는 사람들이 많아지는 것은 수요 증가에 해당하고, 노트북 제조사들이 생산을 늘리는 것은 공급 증가에 해당한다.

05 수입산 김치에서 유해 물질이 발견되었으므로 수입산 김치에 대한 수요 감소, 국내 소비자들이 김치를 직접 담가 먹는 경우가 늘고 있는 것으로 보아 국내산 배추에 대한 수요 증가, 국내산 김치의 수요 증가를 추론할 수 있다. ③ 제시된 사례를 통해 국내산 김치의 공급 감소는 파악할 수 없다.

오답 피하기
① 김치 대신에 단무지를 찾는 내용을 통해 단무지와 김치가 대체재 관계에 있음을 파악할 수 있다.

06 팥빙수의 대체재인 아이스크림의 가격 상승은 팥빙수의 수요 증가 요인이고, 팥빙수의 원료인 단팥의 가격 상승은 팥빙수의 공급 감소 요인이다.

오답 피하기
ㄷ, ㄹ. 수요가 증가하고 공급이 감소하면 균형 가격은 상승하고, 균형 거래량은 불분명하다.

07 ㄴ. 토마토 가격이 오르자, 오이나 호박을 심던 농가들이 토마토 농사를 짓기 시작한 것을 통해 시장 가격이 자원을 효율적으로 배분시킴을 알 수 있다. ㄷ. 토마토 농사를 짓기 시작한 생산자가 많아진 것은 공급의 증가에 해당한다. ㄹ. 토마토가 건강에 좋다는 뉴스로 토마토를 찾는 사람들이 증가한 것을 통해 상품에 대한 기호 변화가 수요에 영향을 미침을 알 수 있다.

오답 피하기
ㄱ. 공급이 증가하면 가격이 하락한다.

08 배추의 수확량이 줄어드는 것은 배추 시장의 공급이 감소하는 요인이고, 배추를 사려고 하는 사람이 늘어나는 것은 수요가 증가하는 요인이다. 수요가 증가하고 공급이 감소하면 균형 가격은 상승하고, 균형 거래량의 변화는 불분명하다.

09 [예시 답안] 자장면의 원자재인 밀가루의 가격이 상승하여 자장면의 공급이 감소하였기 때문이다.
[평가 기준]

상	자장면의 가격 상승 요인으로 원자재 가격 상승으로 인한 공급 감소를 정확하게 서술한 경우
중	자장면의 가격 상승 요인으로 공급 감소만을 언급한 경우
하	자장면의 가격 상승 요인으로 원자재 가격 상승만을 언급한 경우

10 [예시 답안] (가)는 돼지고기의 수요 감소 요인이고, (나)는 돼지고기의 공급 감소 요인이다. 돼지고기의 수요와 공급이 모두 감소하면 균형점은 B로 이동한다.
[평가 기준]

상	(가), (나)가 돼지고기 시장에 미칠 영향을 수요와 공급 측면을 포함하여 균형점의 이동 영역을 정확하게 서술한 경우
중	(가)와 (나)가 돼지고기 시장에 미칠 영향만을 서술한 경우
하	균형점의 이동 영역만을 서술한 경우

대단원 마무리

본문 104~107쪽

01 ③	**02** ⑤	**03** ②	**04** ②	**05** ②	**06** ④
07 ②	**08** ③	**09** ④	**10** ⑤	**11** ①	**12** ④
13 ②	**14** ③	**15** ④	**16** ②	**17** ①	**18** ③
19 ④	**20** 해설 참조		**21** 해설 참조		

01 시장은 상품을 사고자 하는 사람과 팔고자 하는 사람이 자발적으로 만나 거래가 이루어지는 곳을 말한다. 시장은 자신이 가장 잘 생산할 수 있는 상품만을 특화하여 생산할 수 있게 도와주고, 거래에 참여하는 사람들에게 상품의 종류 및 가격, 품질 등의 다양한 정보를 제공해 준다. ③ 시장은 거래 상대방을 찾는 데 들어가는 시간과 비용을 크게 감소시켰다.

02 제시된 신문 기사에서는 인터넷을 통해 이루어지는 보이지 않는 시장이 나타나 있다. 시장은 거래 형태에 따라 보이는 시장과 보이지 않는 시장으로 구분된다.

03 원시 사회에서는 생활에 필요한 물건을 스스로 만들어 사용하는 자급자족 생활을 주로 하였다. 농경 사회에서 생산성이 증가하면서 발생한 잉여 생산물을 다른 사람과 바꾸는 물물 교환이 이루어졌고, 교환이 활발해지자 사람들은 분업을 통해 자신이 더 잘 만들 수 있는 물건만을 집중적으로 생산할 수 있게 되었다. 이후 화폐를 사용하면서 교환이 더욱 활발해졌고, 시장도 활성화되었다.

04 제시된 학습 내용은 분업과 전문화에 대한 것이다. 분업이란 효과적인 생산을 위해 각 분야를 여러 사람이 나누어 맡는 것이다.

05 시장은 거래 형태에 따라 보이는 시장과 보이지 않는 시장으로 구분된다. 보이는 시장은 거래가 이루어지는 모습이 구체적으로 드러나는 시장이고, 보이지 않는 시장은 거래가 이루어지는 모습이 구체적으로 드러나지 않는 시장이다. 농수산물 시장, 대형 할인점, 재래시장, 백화점은 보이는 시장에 해당하고, 인터넷 쇼핑몰은 보이지 않는 시장에 해당한다.

06 제시된 그림에서 (가)는 수요 곡선, (나)는 공급 곡선이다. 수요 곡선은 가격과 수요량 간의 반비례 관계를 표현한 것이고, 공급 곡선은 가격과 공급량 간의 비례 관계를 표현한 것이다. ④ 공급 곡선을 통해 가격이 하락하면 소비자의 만족감이 높아진다는 것을 알 수 없다.

07 가격과 수요량 간에는 반비례 관계가 나타나고, 가격과 공급량 간에는 비례 관계가 나타난다. 따라서 상품의 가격이 하락하면 수요량은 증가하고 공급량은 감소하며, 상품의 가격이 상승하면 수요량은 감소하고 공급량은 증가한다.

08 시장 가격은 소비자와 생산자에게 경제 활동을 어떻게 조절해야 할지를 알려 주는 신호등 역할을 한다. 즉, 시장 가격은 경제 활동의 신호등과 같은 역할을 하면서 경제 주체들의 경제 활동을 안내한다.

09 신제품이 출시된다는 소식으로 소비자들은 기존 스마트폰의 수요를 감소시킬 것이다. 기존 스마트폰 시장에서 수요가 감소하면 균형 가격은 하락하고 균형 거래량은 감소한다.

10 가격이 7,000원일 때 수요량과 공급량이 일치하므로 균형 가격은 7,000원이고, 균형 거래량은 16만 마리이다.

오답 피하기
① 가격이 5,000원일 때 초과 수요가 발생한다.
② 가격이 6,000원일 때 초과 수요가 발생하므로 수요자 간에 경쟁이 발생한다.
③ 가격이 7,000원일 때 수요량과 공급량이 일치하므로 초과 수요가 발생하지 않는다.
④ 가격이 8,000원일 때 초과 공급이 발생하므로 공급자 간에 경쟁이 발생한다.

11 제시된 그림에서 균형 가격은 P_0이고, 균형 거래량은 Q_0이다. 가격이 P_1일 경우에는 초과 공급이 발생하여 공급자 간에 경쟁이 발생하고, 가격이 P_2일 경우에는 초과 수요가 발생하여 수요자 간에 경쟁이 발생한다.

오답 피하기
ㄷ. 가격이 P_1일 경우에는 공급자 간 경쟁이 발생한다.
ㄹ. 가격이 P_2일 경우에는 가격 상승 압력이 존재한다.

12 소득 증가, 대체재의 가격 상승, 보완재의 가격 하락, 선호(기호)의 증가, 수요자 수 증가, 미래 가격 상승 예상 등의 요인이 있으면 수요가 증가하여 수요 곡선이 오른쪽으로 이동한다. 그 반대의 경우는 수요가 감소하여 수요 곡선이 왼쪽으로 이동한다. ④ 수요자 수가 증가하면 수요 곡선이 오른쪽으로 이동한다.

13 제시된 그림은 공급의 증가를 나타낸다. ㄱ. 우유의 원료 가격 하락으로 인한 생산비 감소는 우유의 공급 증가 요인이다. ㄷ. 최첨단 기술의 도입은 우유의 공급 증가 요인이다.

오답 피하기
ㄴ. 우유가 성장에 도움을 준다는 연구 결과의 발표는 우유의 수요 증가 요인이다.
ㄹ. 우유를 원료로 하는 분유의 소비 감소는 우유의 수요 감소 요인이다.

14 A재와 B재는 보완재 관계에 있다. 보완재는 커피와 설탕, 식빵과 잼, 자동차와 휘발유 등과 같이 함께 사용할 때 더 큰 만족을 얻는 관계에 있는 재화를 말한다. 한 재화의 가격이 상승하면 그와 보완재 관계에 있는 재화의 수요는 감소한다.

오답 피하기
ㄱ. 서로 대신하여 사용할 수 있는 재화는 대체재이다.
ㄹ. 소득이 증가하면 A재와 B재 모두 수요가 증가한다.

15 과일의 수확량이 감소한 것은 공급의 감소에 해당한다. 공급이 감소하면 공급 곡선이 왼쪽으로 이동하는 모습으로 나타난다.

오답 피하기
① 수요 증가, ② 공급 증가, ③ 수요 감소, ⑤ 수요 증가와 공급 감소를 나타낸다.

16 갑. 보완재 가격이 상승하면 해당 재화의 수요가 감소하여 수요 곡선이 왼쪽으로 이동한다. 병. 수요가 감소하면 수요 곡선이 왼쪽으로 이동하여 균형 가격은 하락하고 균형 거래량은 감소한다.

오답 피하기
을. 생산 요소의 가격 상승은 공급의 감소 요인이다. 공급이 감소하면 공급 곡선이 왼쪽으로 이동한다.
정. 공급 곡선이 오른쪽으로 이동하면 균형 가격은 하락하고 균형 거래량은 증가한다.

17 ㄱ. 가계의 소득 감소는 수요 감소 요인이다. 수요가 감소하면 균형 가격은 하락한다. ㄴ. 신기술의 개발은 공급 증가 요인이다. 공급이 증가하면 균형 가격은 하락한다.

오답 피하기
ㄷ. 태풍과 폭우로 인한 농가의 피해는 농산물의 공급 감소 요인이다.
ㄹ. 제주도 여행에 대한 관심 증가는 여행의 수요 증가 요인이다.

18 유해 물질 검출로 해당 캠핑 용품에 대한 수요는 감소한다. 수요가 감소하면 수요 곡선이 왼쪽으로 이동하여 균형 가격은 하락하고 균형 거래량은 감소한다.

① 수요가 감소한다.
② 균형 가격은 하락한다.
④ 수요 곡선이 왼쪽으로 이동한다.
⑤ 공급 곡선의 오른쪽 이동은 공급 증가를 의미한다.

19 제시문은 여름철에 겨울보다 숙박업소에 대한 수요가 증가하여 가격이 비싸다는 것을 보여 준다. 따라서 ㈎에 들어갈 가격 변동 요인은 수요 증가이다. ㄱ. 에어컨은 겨울보다 여름에 수요가 많으므로 여름에 더 비싸다. ㄴ. 비행기에 대한 수요는 평일보다 주말에 더 많기 때문에 주말에 더 비싸다. ㄷ. 평소보다 명절에 과일에 대한 수요가 증가하므로 명절에 더 비싸다.

ㄹ. 산 정상에서 음료수를 더 비싸게 파는 이유는 산 정상까지 음료수를 운반하는 비용이 더 들기 때문이다. 즉, 생산 비용의 증가로 공급이 감소하기 때문이다.

서술형 문제

20 [예시 답안] 공급 감소로 균형 가격은 상승하고, 균형 거래량은 감소한다.

[평가 기준]

상	공급 감소에 따른 균형 가격과 균형 거래량의 변화를 모두 서술한 경우
중	공급 감소에 따른 균형 가격과 균형 거래량의 변화 중 하나만 서술한 경우
하	공급 감소만 언급한 경우

21 [예시 답안] 새싹 보리의 수요가 증가하여 균형 가격이 상승하고, 균형 거래량이 증가한다.

[평가 기준]

상	수요의 증가에 따라 균형 가격이 상승하고 균형 거래량이 증가함을 정확하게 서술한 경우
중	수요의 증가는 언급하지 않고 균형 가격과 균형 거래량의 변화만 서술한 경우
하	수요가 증가하였음을 서술한 경우

V. 국민 경제와 국제 거래

01 국내 총생산과 경제 성장

기본 문제

본문 112~113쪽

간단 체크

1 (1) 국내 총생산 (2) 1 (3) 경제 성장 (4) 경제 성장률 (5) 증가
2 (1) ○ (2) × (3) × (4) × (5) ○
3 (1) ㉠ (2) ㉡ (3) ㉢
4 (1) 국민 총생산 (2) 중고품 (3) 향상

기본 문제

| 01 ④ | 02 ② | 03 ④ | 04 ① | 05 ③ | 06 ④ |
| 07 ④ | 08 ② | 09 ① | | | |

01 국내 총생산은 일정 기간 동안 한 나라 안에서 새롭게 생산된 모든 최종 생산물의 시장 가치를 합한 것이다. ④ 중간재는 생산 과정에서 다른 재화를 생산하기 위해 사용하는 재화를 말한다. 국내 총생산은 중간재의 가치는 제외하고 최종적으로 생산된 것의 가치만을 측정한다.

02 ㄹ. 국내 총생산에는 생산 활동의 과정에서 발생한 환경 오염 등으로 인한 피해 등이 반영되지 않아 환경 오염 정화에 들어가는 비용은 국내 총생산을 증가시킨다.

ㄱ. 국내 총생산에는 주부들의 가사 노동이나 봉사 활동 등과 같이 시장에서 거래되지 않는 활동은 포함되지 않는다.
ㄴ. 국내 총생산에는 1년 동안 새롭게 생산된 것만 포함되므로 그 전에 생산한 재고품이나 중고품은 이미 그 해의 국내 총생산에 계산되었으므로 올해의 국내 총생산에 포함하지 않는다.
ㄷ. 밀수나 사채 등을 통해 거래되는 상품은 국내 총생산에 포함하지 않는다.

03 국내 총생산은 중간재의 가치는 제외하고 최종적으로 생산된 것의 가치만을 측정하며, 보통 1년을 기준으로 한다.

ㄱ. 국내 총생산은 생산자의 국적과 상관없이 그 나라 영토 내에서 생산한 것만을 포함한다. 생산자의 국적을 기준으로 하는 것은 국민 총생산이다.
ㄷ. 국내 총생산은 1년 동안 새로 생산된 것만을 포함하므로 과거에 생산된 물건의 거래는 포함되지 않는다.

04 국내 총생산은 국적이 아닌 영토를 중심으로 한 경제 지표이다. 외국인이 우리나라에서 생산한 것은 우리나라의 국내 총생산에 포함되지만, 우리나라 국민이 외국에서 생산한 것은 우리나라의 국내 총생산에 포함되지 않는다. ① 우리나라 가수의 해외 공연 수입은 우리나라의 국내 총생산에는 포함되지 않고, 우리나라의 국민 총생산에 포함된다.

05 A국의 국내 총생산은 A국 안에서 생산된 것만을 포함한다. A국에서 생산한 외국 기업의 자동차 15억 원과 A국에서 근무한 외국인 노동자의 임금 3억 원은 A국의 국내 총생산에 포함된다. 따라서 A국의 국내 총생산은 18억 원이다.

오답 피하기
A국 기업이 해외 공장에서 만든 반도체 20억 원과 A국 국민이 해외여행에서 지출한 여행비 3억 원은 A국 안에서 거래된 것이 아니므로 이는 A국의 국내 총생산에 포함되지 않는다.

06 제시된 사례를 통해 질병, 범죄 등과 같이 국민의 삶의 질을 저하시키는 문제를 해결하는 데 드는 비용이 국내 총생산을 증가시킴을 알 수 있다.

07 제시된 사례에서 갑국의 최종 생산물은 자동차이므로 갑국의 국내 총생산은 자동차 판매액 1,500만 원이다. 철강, 타이어, 유리 등은 중간재이므로 국내 총생산에 포함되지 않는다.

08 국내 총생산은 한 국가의 경제 활동 규모와 경제 성장 등을 알려 주는 지표이지만, 국민 개개인의 소득 수준은 파악할 수 없다. 국민의 평균적인 소득 수준을 알기 위해서는 1인당 국내 총생산을 이용한다.

09 경제 성장은 한 나라 경제 규모가 지속적으로 커지고 생산 능력이 향상되는 것을 말한다. 경제 성장의 긍정적 측면으로는 일자리 창출, 국민 소득 증가, 물질적 풍요, 교육 수준 향상, 의료 및 문화 시설 보급, 기대 수명 연장, 삶의 질 향상 등이 있다.

오답 피하기
병, 정. 경제 성장의 부정적 영향에 대한 진술이다.

실전 문제

본문 114~115쪽

01 ①	02 ③	03 ④	04 ③	05 ①	06 ④
07 ④	08 ⑤	09 ⑤	10 해설 참조		
11 해설 참조					

01 국내 총생산은 시장에서 거래되는 생산물만을 대상으로 하며 최종적으로 생산된 것의 가치만을 측정한다. ① 갑이 김밥을 만들어 학생들에게 판매한 것은 시장을 통해 재화를 거래한 것이므로 이는 국내 총생산에 포함된다.

오답 피하기
②, ③, ④ 시장에서 거래되지 않았으므로 이는 국내 총생산에 포함되지 않는다.
⑤ 중고품의 거래는 국내 총생산에 포함되지 않는다.

02 제시된 경제 지표는 국내 총생산이다. 국내 총생산은 생산자의 국적에 상관없이 한 국가의 국경 안에서 생산된 것을 의미한다. 또한 중간재의 가치는 제외하고, 최종적으로 생산된

것의 가치만을 측정한다. ③ 국내 총생산은 국적이 아닌 영토를 중심으로 한 경제 지표이므로 국내에서 외국인이 생산한 것은 국내 총생산에 포함된다.

03 ㉠, ㉢ 어린이집에서 아이들을 돌보는 것은 시장 가치가 있으므로 국내 총생산에 포함되고, 사람을 고용하여 아이를 돌보게 하는 것은 시장 거래가 이루어진 것이므로 국내 총생산에 포함된다.

오답 피하기
㉡ 집에서 아이들을 돌보는 것은 국내 총생산에 포함되지 않는다.

04 국내 총생산은 올해에 새롭게 생산된 것만 포함되며, 중간재의 가치는 국내 총생산에 포함되지 않는다. 텃밭에서 키워 직접 소비한 깻잎은 시장에서 거래된 것이 아니므로 국내 총생산에 포함되지 않는다.

05 환경 오염 발생이나 범죄, 교통사고와 같이 국민의 삶의 질을 떨어뜨리는 행위가 국내 총생산을 증가시키는 결과를 빚을 수 있다. 이를 통해 국내 총생산은 국민의 삶의 질을 정확히 반영하지 못한다는 한계가 있음을 알 수 있다.

06 1인당 국내 총생산은 국내 총생산을 인구수로 나누어 구할 수 있다. ㄴ. 1인당 국내 총생산은 갑국의 경우 4,000달러이고, 을국의 경우 3,000달러이다. 따라서 1인당 국내 총생산은 갑국이 을국보다 크다. ㄹ. 국민들의 평균적인 소득 수준은 1인당 국내 총생산을 통해 파악할 수 있다. 1인당 국내 총생산은 갑국이 을국보다 크다.

오답 피하기
ㄱ. 경제 활동 규모는 국내 총생산을 통해 파악할 수 있다. 갑국은 을국보다 국내 총생산이 작으므로 경제 활동 규모가 작다.
ㄷ. 갑국의 1인당 국내 총생산은 4,000달러이다.

07 경제 성장은 한 나라 경제 규모가 지속적으로 커지고 생산 능력이 향상되는 것을 말한다. 이는 실질 국내 총생산의 증가율로 측정한다. ④ 경제 성장이 모든 사회 구성원들의 생활 수준이 균등하게 향상되는 것을 의미하지 않는다.

08 밑줄 친 부분은 경제 성장의 부정적 측면과 관련 있다. 경제 성장의 부정적 측면으로는 자원 고갈, 환경 오염, 경제 활동 시간 증가에 따른 여가 부족, 빈부 격차 및 계층 간 갈등 확대 등을 들 수 있다.

오답 피하기
ㄱ. 경제 성장으로 교육 수준은 향상될 것이다.

09 경제 성장이 우리 생활에 미친 긍정적 영향으로는 일자리 창출, 국민 소득 증가, 물질적 풍요, 교육 수준 향상, 의료 및 문화 시설 보급, 기대 수명 연장, 삶의 질 향상 등을 들 수 있다.

오답 피하기
ㄱ. 경제 성장으로 자원 고갈, 환경 오염, 빈부 격차 및 계층 간 갈등 확

대 등의 사회 문제가 나타날 수 있다.

서술형 문제

10 [예시 답안] 국내 총생산은 시장에서 거래되는 재화와 서비스의 가치만을 포함한다.

[평가 기준]

상	제시된 내용을 통해 알 수 있는 국내 총생산의 한계를 정확하게 서술한 경우
중	일반적인 국내 총생산의 한계를 서술한 경우
하	국내 총생산의 의미를 서술한 경우

11 [예시 답안] 갑국의 국내 총생산은 25만 원이고, 을국의 국내 총생산은 50만 원이다.

[평가 기준]

상	갑국과 을국의 국내 총생산을 정확하게 서술한 경우
중	갑국과 을국 중 한 국가의 국내 총생산만을 정확하게 서술한 경우
하	국내 총생산을 계산하지 못하고 국내 총생산에 대한 개념을 서술한 경우

02 물가와 실업

기본 문제

본문 118~119쪽

간단 체크

1 (1) 물가 (2) 100 (3) 실업 (4) 실업률
2 (1) ○ (2) ○ (3) × (4) ○
3 (1) ㉡ (2) ㉠ (3) ㉣ (4) ㉢
4 (1) 인플레이션 (2) 하락 (3) 경기적 실업

기본 문제

01 ⑤ **02** ③ **03** ③ **04** ② **05** ① **06** ⑤
07 ② **08** ④ **09** 20%

01 물가는 시장에서 거래되는 여러 상품의 가격을 종합하여 평균한 값을 말하고, 물가 지수는 물가 변동을 숫자로 나타낸 지표로 기준 시점의 물가를 100으로 했을 때 비교 시점의 물가 수준을 종합적으로 측정한 값이다. ㄷ. 물가 지수가 100보다 작으면 물가가 기준 연도보다 하락한 것, 100보다 크면 물가가 기준 연도보다 상승한 것을 의미한다. ㄹ. 기준 연도의 물가 지수가 100이므로 물가 지수가 120이라는 것은 기준 연도보다 물가가 20% 상승한 것을 의미한다.

오답 피하기
ㄱ. 물가 지수는 기준 연도를 알아야 파악할 수 있다.

02 제시된 내용은 물가가 상승하는 요인에 해당한다. 통화량이 많아지거나 임금, 원자재 가격 등이 올라 기업의 생산 비용이 증가하는 경우 물가가 상승한다.

03 인플레이션이 발생하면 실물의 가치는 상승하고 화폐 자산의 가치는 하락하므로 실물 자산 소유자, 채무자, 수입업자 등은 유리해지고, 화폐 자산 소유자, 봉급 및 연금 생활자, 채권자, 수출업자 등은 불리해진다.

오답 피하기
ㄱ. 인플레이션이 발생하면 채권자인 갑은 불리해진다.
ㄷ. 인플레이션이 발생하면 연금 생활자인 병은 불리해진다.

04 제시된 상황은 인플레이션을 나타낸다. ② 물가 안정을 위해 소비자는 과소비, 충동구매, 사재기 등을 자제하고 건전하고 합리적인 소비를 해야 한다.

05 산업 구조의 변화나 기술 발달로 관련 부문의 일자리가 사라져 발생하는 실업은 구조적 실업이다. 구조적 실업 발생 시에는 체계적인 직업 교육을 실시하고, 인력 개발 프로그램을 마련하는 등의 대책이 필요하다.

06 (가)는 비경제 활동 인구, (나)는 실업자이다. ⑤ 경기가 침체되면 일반적으로 실업자가 증가한다.

오답 피하기
② 비경제 활동 인구는 15세 이상 인구 중 일할 의사가 없는 사람이다.
③ 전업주부는 비경제 활동 인구에 해당한다.

07 실업이 발생하면 가계의 소득이 감소하여 가계의 소비가 줄어들게 되고, 가계의 소비 감소는 기업의 생산 위축으로 이어져 경기가 침체될 수 있다.

08 갑은 더 나은 조건의 일자리를 찾기 위해 기존의 직장을 그만두었다. 이는 마찰적 실업과 관련 있다. 마찰적 실업은 다른 실업과 달리 자발적 실업으로, 더 나은 일자리를 찾을 수 있게 취업 정보 등을 제공하여 실업을 해결할 수 있다.

09 실업률은 경제 활동 인구에서 실업자가 차지하는 비율을 말한다. 갑국의 경제 활동 인구는 150만 명, 실업자 수는 30만 명이므로 실업률은 (30만 명/150만 명)×100=20%이다.

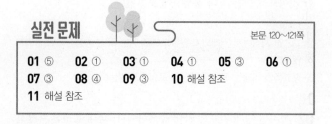

실전 문제

본문 120~121쪽

01 ⑤ **02** ① **03** ① **04** ① **05** ③ **06** ①
07 ③ **08** ④ **09** ③ **10** 해설 참조
11 해설 참조

01 물가는 시장에서 거래되는 여러 상품의 가격을 종합하여 평균한 값을 의미하고, 물가 지수는 물가 변동을 숫자로 나타

낸 지표로, 기준 시점의 물가를 100으로 했을 때 비교 시점의 물가 수준을 종합적으로 측정한 값이다. ⑤ 기준 연도인 작년에 비해 올해 물가가 20% 상승했다면 올해의 물가 지수는 120으로 표현한다.

02 제시된 신문 기사는 시중의 통화량 증가로 화폐 가치가 하락하고 인플레이션이 발생하였음을 보여 준다.

오답 피하기
②, ③, ④, ⑤ 물가 상승의 원인에 해당하지만, 제시된 신문 기사에 나타난 물가 상승의 원인으로 적절하지 않다.

03 제시된 그림은 물가 상승을 보여 준다. 물가가 상승하면 화폐 가치가 하락하고 부동산, 귀금속 등 실물 자산의 가치가 상승한다. 이에 따라 인플레이션이 지속되면 사람들은 저축을 꺼리고 열심히 일하기보다는 부동산 투기와 같은 불건전한 거래에 집중할 수 있다.

04 물가 안정을 위해 정부는 재정 지출을 축소하고, 조세를 증가시키며, 생활필수품의 가격 및 공공요금의 인상을 억제시켜야 한다.

오답 피하기
병. 물가 안정을 위해 소비자는 과소비, 충동구매, 사재기 등을 자제하고 건전하고 합리적인 소비를 해야 한다.
정. 물가 안정을 위해 중앙은행은 이자율을 높여 저축을 유도하고 통화량을 줄여야 한다.

05 물가 안정을 위해 정부는 재정 지출을 축소하고 조세를 증가시켜야 하고, 중앙은행은 이자율을 인상시켜 저축을 유도해야 하며, 기업은 기술 개발, 경영 혁신을 통해 생산성을 향상시켜야 하고, 근로자는 과도한 임금 인상 요구를 자제하고 자기 계발을 통해 생산성 향상에 노력해야 한다.

06 (가)는 비경제 활동 인구, (나)는 실업자이다. ㄱ. 중학생은 비경제 활동 인구에 해당한다. ㄴ. 취업을 위해 은행에 이력서를 낸 을은 일할 의사와 능력을 가지고 있으나 일자리가 없는 실업자에 해당한다.

오답 피하기
ㄷ. 비경제 활동 인구에 해당한다.
ㄹ. 취업자에 해당한다.

07 경제 활동 인구는 취업 여부에 따라 취업자와 실업자로 나뉜다. 이전 직장이 마음에 들지 않아 잠시 쉬면서 다른 직장을 알아보는 사람은 실업자에 해당한다. 실업률은 경제 활동 인구 중에서 실업자가 차지하는 비율을 측정한 것이다.

08 갑과 같은 유형의 실업은 경기적 실업, 을과 같은 유형의 실업은 마찰적 실업, 병과 같은 유형의 실업은 구조적 실업이다. ④ 구조적 실업에 대한 대책으로는 체계적인 직업 교육 실시, 인력 개발 프로그램 마련 등을 들 수 있다.

오답 피하기
② 마찰적 실업은 경기가 좋을 때에도 발생할 수 있다.
③ 계절적 요인에 의해 발생하는 실업은 계절적 실업이다.
⑤ 마찰적 실업은 자발적 실업, 경기적 실업과 구조적 실업은 비자발적 실업에 해당한다.

09 ㄴ. 마찰적 실업이 발생하면 빠르고 정확한 취업 정보를 제공하여 필요한 곳에 인력을 배치할 수 있도록 해야 한다. ㄷ. 경기적 실업이 발생하면 정부는 재정 지출을 늘려 소비와 투자를 활성화시키며, 이를 통해 기업의 생산을 증가시키고 일자리를 창출하게 한다.

오답 피하기
ㄱ, ㄹ. 기술 교육 확대는 구조적 실업에 대한 대책에 해당하고, 농공 단지 조성을 통한 계절 일자리 제공은 계절적 실업에 대한 대책으로 적절하다.

🖊 서술형 문제

10 [예시 답안] 제시된 상황은 인플레이션 상황이다. 인플레이션이 발생하면 실물 자산 소유자, 채무자, 수입업자 등은 유리해지고, 화폐 자산 소유자, 채권자, 수출업자 등은 불리해진다.

[평가 기준]

상	인플레이션 상황임을 쓰고, 유리해지는 사람과 불리해지는 사람 모두를 정확하게 서술한 경우
중	인플레이션 상황임을 쓰고, 유리해지는 사람과 불리해지는 사람 중 일부분만 서술한 경우
하	인플레이션 상황인 것만을 서술한 경우

11 [예시 답안] 갑국의 경제 활동 인구는 6,000만 명이고, 실업자 수는 3,000만 명이므로 갑국의 실업률은 (3,000만 명/6,000만 명)×100=50%이다.

[평가 기준]

상	경제 활동 인구, 실업자 수, 실업률을 모두 정확하게 서술한 경우
중	실업률만 서술한 경우
하	경제 활동 인구와 실업자 수만 서술한 경우

03 국제 거래와 환율

기본 문제

본문 124~125쪽

간단 체크

1 (1) 국제 거래 (2) 환율 (3) 감소 (4) 공급 (5) 하락

2 (1) × (2) ○ (3) × (4) ○ (5) ○

3 (1) ㉠, ㉢ (2) ㉡, ㉣

4 (1) 확대 (2) 특화 (3) 수요 (4) 상승

기본 문제

01 ⑤ **02** ④ **03** ⑤ **04** ③ **05** ④ **06** ④

07 ① **08** ② **09** (가) 국제 거래, (나) 관세, (다) 수입, (라) 환율

01 세계화로 국제 거래가 증가하고 있으며, 재화뿐만 아니라 서비스와 생산 요소의 거래도 활발해지고 있다. ⑤ 세계화가 진행됨에 따라 경쟁력 확보를 위해 경제적 이해관계가 같은 국가들 간에 지역 경제 협력체를 결성하고 있다.

02 국가 간에 거래가 이루어지는 이유는 각 나라가 처한 조건, 즉 자연환경, 보유한 자원 및 기술 수준, 생산 요소의 양과 질 등이 서로 다르기 때문이다. ④ 각국이 거래를 통해 반드시 동일한 이득을 얻을 수 있는 것은 아니다.

03 국제 거래를 통해 각국은 자기 나라에 없거나 부족한 상품 및 생산 요소 등을 사용할 수 있고, 거래되는 상품과 수량이 증가하여 소비자 입장에서는 선택의 폭이 넓어진다.

오답 피하기

㉠ 국경을 넘을 때 관세를 부과하고 별도의 통관 절차를 거친다.

㉡ 거래량이 지속적으로 증가하고 있다.

㉢ 노동, 자본 등의 생산 요소 이동이 점차 늘어나고 있다.

㉣ 대규모 생산으로 생산 단가가 저렴해지는 장점이 있다.

04 환율이 상승하면 외화의 가치가 상승하고, 원화의 가치가 하락하므로 환율이 상승하면 수출업자, 외국인의 국내 여행, 외국인의 국내 유학, 외국인의 국내 투자 등이 유리해진다.

오답 피하기

ㄱ, ㄷ. 원유를 수입하는 우리나라 정유 회사와 해외여행을 떠나려는 우리나라 여행객은 환율이 상승하면 불리해진다.

05 우리나라의 외국산 상품 수입 증가는 외화의 수요 증가 요인이다. 외화의 수요가 증가하면 환율이 상승한다.

06 제시된 그림은 외환 시장에서의 공급 감소에 따른 환율 상승을 나타낸다. 원/달러 환율의 상승은 달러화의 가치 상승, 원화의 가치 하락을 의미한다. ④ 상품 수출 증가는 외환 시장에서 공급 증가 요인이다.

07 수입 증가와 해외 투자 증가는 외화의 수요 증가 요인이다.

오답 피하기

ㄷ. 수출 증가는 외화의 공급 증가 요인이다.

ㄹ. 외국인의 국내 여행 감소는 외화의 공급 감소 요인이다.

08 미국 기업의 한국산 원자재 수입 증가와 미국 글로벌 기업의 국내 투자 증가는 외화의 공급 증가 요인이다. 외환의 공급이 증가하면 외환의 공급 곡선이 오른쪽으로 이동하여 환율이 하락한다.

09 (가) 국제 거래는 국가 간에 상품이나 생산 요소 등이 국경을 넘어 거래되는 것을 말한다. (나) 관세는 국외에서 수입하는 상품에 대해 부과하는 세금을 말한다. (다) 수입은 외국에서 상품을 구입하는 것을 말한다. (라) 환율은 두 나라의 화폐가 교환되는 비율을 말한다.

실전 문제

본문 126~127쪽

01 ④ **02** ③ **03** ② **04** ⑤ **05** ② **06** ③

07 ③ **08** ③ **09** 해설 참조 **10** 해설 참조

01 국가 간에 재화, 서비스, 생산 요소 등이 거래되는 것을 국제 거래라고 한다. 나라마다 법과 제도, 문화 등이 다르므로 국제 거래는 국내 거래에 비해 재화, 서비스, 생산 요소의 이동이 자유롭지 못하다.

02 국제 거래를 통해 각국은 자기 나라에는 없거나 부족한 상품과 서비스 등을 사용할 수 있고, 기업은 외국 기업과 경쟁하면서 기술 혁신을 통해 생산성을 높일 수 있고 소비자는 상품 선택의 폭을 넓힐 수 있다. ③ 교역으로 모두 동일한 이익을 얻는 것은 아니다.

03 외국으로 어학 연수를 떠나는 우리나라 학생의 수 감소는 외환의 수요 감소 요인이다. 외환의 수요가 감소하면 외환의 수요 곡선이 왼쪽으로 이동하여 환율이 하락한다.

04 제시된 그림은 외환의 공급 증가로 인한 환율 하락을 보여준다. ㄷ. 해외 취업 근로자들의 국내 송금 증가는 외환의 공급 증가 요인이다. ㄹ. K-POP 열풍으로 인한 문화 콘텐츠 수출 증가는 외환의 공급 증가 요인이다.

오답 피하기

ㄱ, ㄴ. 한국 기업의 해외 투자 증가와 해외 명품 가방의 구입 증가는 외환의 수요 증가 요인이다.

05 제시된 상황은 원/달러 환율 하락이다. ② 원/달러 환율 하락이 지속될 것으로 예상될 경우 원화로 표시되는 수입품의 가격이 하락할 것이므로 원자재 수입을 나중으로 미루는 것이 합리적이다.

06 제시된 그림은 외환의 수요 증가를 보여 준다. ③ 자국민의 해외여행 증가는 외환의 수요 증가 요인이다.

07 제시된 자료는 환율 상승을 보여 준다. ㄴ. 달러화 예금을 보유한 한국인의 경우 자산의 가치가 높아지므로 유리하다. ㄷ. 환율이 상승하면 수출품의 외화 표시 가격이 하락하여 수출이 증가한다.

08 원/달러 환율이 하락하면 수입 원자재 가격이 하락하여 국내 물가가 안정되고, 외국 화폐로 표시되는 수출품 가격이 상승하여 수출이 감소하고, 자국 화폐로 표시되는 수입품 가격이 하락하여 수입이 늘어나며, 해외여행 경비 부담이 감소하여 우리나라 국민의 해외여행이 증가한다. ③ 원/달러 환율이 하락하면 외국에 갚아야 할 외화 금액이 감소하여 외채 상환 부담은 감소할 것이다.

서술형 문제

09 [예시 답안] (가)는 외환의 공급 감소 요인, (나)는 외환의 수요 증가 요인, (다)는 외환의 수요 감소 요인이다.

[평가 기준]

상	(가)~(다)의 상황이 외환의 수요와 공급에 미치는 영향을 모두 바르게 서술한 경우
중	(가)~(다)의 상황이 외환의 수요와 공급에 미치는 영향을 두 가지만 바르게 서술한 경우
하	(가)~(다)의 상황이 외환의 수요와 공급에 미치는 영향을 한 가지만 바르게 서술한 경우

10 [예시 답안] A국 정부의 외채 상환 결정과 A국 국민의 해외 투자 증가는 모두 외환의 수요 증가 요인이므로 A국 외환 시장에서 환율은 상승한다.

[평가 기준]

상	각각의 상황이 외환의 수요와 공급에 미치는 영향을 서술하고, 이에 따른 환율의 변동을 정확하게 서술한 경우
중	각각의 상황이 외환의 수요와 공급에 미치는 영향만을 서술한 경우
하	환율의 변동 상황에 대해서만 서술한 경우

대단원 마무리

본문 130~133쪽

01 ②	02 ③	03 ④	04 ④	05 ⑤	06 ⑤
07 ④	08 ⑤	09 ②	10 ②	11 ④	12 ⑤
13 ⑤	14 ③	15 (가) 계절적 실업, (나) 구조적 실업			
16 ④	17 ③	18 ⑤	19 ①	20 ④	21 ①
22 ①	23 해설 참조	24 해설 참조			

01 국내 총생산에는 그 해에 새롭게 생산된 것의 가치만을 포함하고, 국적이 아닌 영토를 중심으로 하므로 외국인이 우리나라 안에서 생산한 것은 국내 총생산에 포함된다.

02 A는 우리나라 국민이 국내에서 벌어들인 소득에 해당한다. ㄴ, ㄷ. 국내 제과점의 국내에서의 빵 매출액과 우리나라 축구 선수가 K 리그에서 뛴 후에 받은 연봉은 모두 우리나라 국민이 국내에서 벌어들인 소득에 해당하므로 A의 사례로 적절하다.

03 국내 총생산은 일정 기간 동안 한 국가 내에서 새롭게 생산된 최종 생산물의 시장 가치를 합한 것이다. A국에서 최종 생산물은 빵으로, 2020년 A국의 국내 총생산은 빵의 가치인 500만 원이다. 중간재인 밀과 밀가루는 최종 생산물이 아니므로 국내 총생산에 포함되지 않는다.

04 국내 총생산은 가사 활동과 봉사 활동의 가치를 포함하지 않으며, 삶의 질 수준과 소득 분배 상태를 파악할 수 없다는 한계를 지닌다.

05 국내 총생산은 국적인 아닌 영토를 중심으로 한 경제 지표

이다. ⑤ 외국 기업이 우리나라에서 생산한 제품은 우리나라 안에서 이루어진 것이므로 이는 국내 총생산에 포함된다.

오답 피하기
① 전업주부의 가사 노동은 시장을 통해 거래된 것이 아니므로 국내 총생산에 포함되지 않는다.
② 올해 새롭게 생산된 것만 국내 총생산에 포함된다.
③ 국내 총생산은 시장에서 거래된 것만을 포함한다.
④ 국내 총생산에는 한 국가의 국경 안에서 생산한 제품만을 포함한다.

06 경제 성장률은 실질 GDP의 증가율을 통해 구할 수 있다. 2021년 갑국의 경제 성장률은 {(600억 달러−400억 달러)/400억 달러}×100=50%이다.

07 경기가 나빠지면 국민 소득이 감소하여 소비와 생산 및 투자 활동이 위축된다.

오답 피하기
① 국내 총생산이 증가하면 경제가 성장한다.
② 기업의 투자 증가는 경제 성장에 도움이 된다.
③ 경제 성장이 반드시 국민의 삶의 질 향상으로 이어지는 것은 아니다.
⑤ 경제 성장률은 실질 국내 총생산이 작년보다 얼마나 증가했는지를 계산한 것이다. 실질 국내 총생산이란 기준이 되는 연도의 가격을 적용하여 계산하는 국내 총생산이다.

08 제시된 상황에서는 한 나라 국민들의 평균적인 생활 수준을 나타내는 1인당 국내 총생산이 필요하다.

09 빈칸에 들어갈 경제 상황은 인플레이션이다. ㄱ. 물가가 상승하면 재화와 서비스를 구입하기 위해 더 많은 돈을 지불해야 하는데, 이는 화폐 가치가 하락함을 의미한다. ㄹ. 물가가 상승하면 미래 경제 상황에 대한 예측이 어려워 부동산 투기와 같은 불건전한 경제 활동이 확산된다.

오답 피하기
ㄴ. 물가가 지속적으로 상승하면 같은 돈으로 살 수 있는 상품이 줄어들게 되어 소비자들의 부담이 증가한다.
ㄷ. 물가 상승은 부와 소득을 불공평하게 재분배한다.

10 물가가 지속적으로 상승하는 인플레이션이 발생하면 화폐 가치가 하락하며 부동산 등의 실물 자산의 가치가 상승한다. 또한 국내 상품의 가격이 수입 상품에 비해 비싸져 수출은 불리해지고 수입은 유리해진다.

11 물가 안정을 위해 정부는 세금을 인상하고 재정 지출을 줄여야 한다. 가계는 불필요한 소비를 줄이고 기업은 생산성을 향상시켜 공급을 늘려야 한다. ④ 인플레이션이 발생하거나 우려될 경우 중앙은행은 물가 안정을 위해 이자율을 높여 가계의 저축을 유도하고 시중의 통화량을 줄여야 한다.

12 물가가 상승하면 외국 상품에 비해 자국 상품의 가격이 상대적으로 비싸져 수출은 감소하고 수입은 증가한다.

오답 피하기
① 총수요가 총공급보다 많으면 물가는 상승한다.

② 경제 전반에 생산비가 상승하면 물가는 상승한다.
③ 물가가 지속적으로 상승하는 현상을 인플레이션이라고 한다.
④ 물가가 상승하면 돈을 빌렸을 때의 화폐 가치보다 돈을 갚을 때의 화폐 가치가 하락하므로 돈을 빌린 채무자의 부담이 감소하고 채권자는 경제적으로 불리해진다.

13 중앙은행은 물가 안정을 위해 이자율을 인상하여 저축을 유도하고 시중에 유통되는 통화량을 감소시키는 정책을 실시해야 한다.

오답 피하기
① 물가가 상승하면 화폐 가치는 하락하고 상대적으로 실물 가치는 상승한다.
② 물건이나 부동산을 보유하는 것은 유리하고 일정한 봉급을 받거나 연금으로 생활하는 사람, 돈을 빌려 준 사람은 불리해진다.
③ 수출은 감소하고 수입은 증가한다.
④ 정부는 물가 안정을 위해 재정 지출을 줄이고 공공요금 인상을 억제해야 한다.

14 을. 물가가 지속적으로 상승하는 인플레이션이 발생하면 화폐 가치가 하락하고, 부동산 등의 실물 자산의 가치가 상승한다. 병. 인플레이션이 발생하면 국내 상품의 가격이 수입 상품에 비해 비싸져 수출은 불리해지고 수입은 유리해진다.

오답 피하기
갑. 인플레이션이 발생하면 매달 고정적인 월급을 받는 사람은 불리해진다.
정. 인플레이션이 발생하면 국내 상품 가격의 상승으로 수출이 감소하므로 수출업자는 불리해진다.

15 (가)는 계절의 변화로 고용이 줄어들면서 발생하는 계절적 실업에 해당하고, (나)는 산업 구조의 변화로 기존 기술이 필요하지 않아 관련 일자리가 사라지면서 발생하는 구조적 실업에 해당한다.

16 제시된 신문 기사에 나타난 상황은 경기 침체이다. ㄴ. 정부는 재정 지출을 확대하고 조세를 감소시키는 총수요 증가 정책을 실시해야 한다. ㄹ. 중앙은행은 이자율을 인하하는 등 통화량을 증가시키는 정책을 실시해야 한다.

오답 피하기
ㄱ. 이자율 인하는 중앙은행이 실시하는 정책으로 적절하다.
ㄷ. 경기 침체 시 정부는 공공사업을 확대하고 세율을 인하해야 한다.

17 실업률은 경제 활동 인구 중에서 실업자 수가 차지하는 비율을 말한다. A국에서 경제 활동 인구는 250만 명이고, 실업자 수는 50만 명이므로 실업률은 (50만 명/250만 명)×100=20%이다.

18 질문 1. 비슷한 상품이라도 나라마다 생산비가 다르다. 질문 2. 국가 간에 상품과 생산 요소가 모두 거래된다. 질문 3. 나라마다 법과 제도가 다르기 때문에 상품에 대한 수입이 금지 또는 제한될 수 있다. 질문 4. 나라마다 서로 다른 화폐를 사용하므로 환율에 따라 상품의 가격이 변한다.

19 제시된 그림은 외환의 수요 증가를 보여 준다. ㄱ. 미국 상품의 수입 증가는 외환의 수요 증가 요인이다. ㄴ. 미국 여행을 하는 한국인 증가는 외환의 수요 증가 요인이다.

오답 피하기
ㄷ. 한국에 유학 오는 미국 학생 증가는 외환의 공급 증가 요인이다.
ㄹ. 미국 대학에 진학하는 한국 학생 감소는 외환의 수요 감소 요인이다.

20 '달러화 환전을 서두르라.'는 내용에서 원/달러 환율이 상승하고 있음을 파악할 수 있다. 환율이 상승하면 수출품의 외화 표시 가격 하락으로 수출품의 가격 경쟁력이 높아져 수출이 증가한다.

오답 피하기
①, ② 환율이 상승하면 수입 소비재의 가격이 상승하는 한편 수입 원자재와 부품의 가격이 오르기 때문에 관련 기업의 생산비가 증가하여 물가 상승으로 이어질 수 있다.
③ 환율이 상승하면 외채 상환 부담이 증가한다.
⑤ 환율이 상승하면 수출 의존도가 높은 국내 경제에 긍정적인 영향을 준다.

21 제시된 자료는 원/달러 환율이 하락하고 있음을 보여 준다. ① 환율이 하락하면 원자재 등의 가격 하락으로 국내 물가는 안정된다.

오답 피하기
② 환율이 하락하면 원자재 수입 가격은 하락한다.
③ 환율이 하락하면 외채 상환의 부담은 감소한다.
④ 환율이 하락하면 수출은 감소하고 수입은 증가한다.
⑤ 환율이 하락하면 한국인의 미국 여행 경비는 감소한다.

22 재화와 서비스의 수출 증가와 외국인 관광객의 증가는 모두 외환의 공급 증가 요인이다. 외환의 공급이 증가하면 외환의 공급 곡선이 오른쪽으로 이동한다.

오답 피하기
② 외환의 수요 증가를 나타낸다.
③ 외환의 수요 감소를 나타낸다.
④ 외환의 공급 감소를 나타낸다.
⑤ 외환의 수요와 공급의 변화가 없음을 나타낸다.

🖋 서술형 문제

23 [예시 답안] 세율 인하, 공공사업 확대, 보조금 지급 등의 경기 회복 정책을 실시한다.

[평가 기준]

상	제시된 글에 나타난 실업에 대한 정부의 대책을 정확하게 서술한 경우
중	제시된 글에 나타난 실업에 대한 정부의 대책을 서술하였으나 조금 미흡한 경우
하	제시된 글에 나타난 실업의 특징을 서술한 경우

24 [예시 답안] 원화의 가치는 하락하고, 국내 물가는 상승한다.

[평가 기준]

상	원화의 가치 변동과 국내 물가의 변동 모두를 정확히 서술한 경우
중	원화의 가치 변동과 국내 물가의 변동 중 하나만을 서술한 경우
하	환율의 변화만을 서술한 경우

Ⅵ. 국제 사회와 국제 정치

01 국제 사회의 특성과 행위 주체

기본 문제
본문 138~139쪽

간단 체크

1 (1) × (2) ○ (3) × (4) ○ (5) ×
2 (1) 국제법 (2) 현실주의 (3) 국제 비정부 기구
3 (1) ㄹ (2) ㄴ (3) ㄷ (4) ㄱ
4 (1) 국제 사회 (2) 어렵다 (3) 다국적 기업

기본 문제

01 ③	02 ④	03 ④	04 ②	05 ①	06 ③
07 ②	08 ④	09 ③	10 ④		

01 A는 국제 사회이다. 국제 사회는 주권을 가진 국가를 기본 요소로 하여 서로 영향을 주고받으며 공존하는 사회를 의미한다.

02 국제 사회에는 강제력을 지닌 중앙 정부가 존재하지 않기 때문에 분쟁이나 갈등이 발생했을 때 조정이나 해결이 쉽지 않다.

03 지구 온난화, 생물 다양성 보존 등 전 지구적 문제를 해결하기 위해 국가 간 협력이 증대되고 있다.

04 세계화와 지구 공동의 문제 해결을 위해 국제 사회에서의 행위 주체는 다양해지고 그 영향력도 커지고 있다.

오답 피하기
① 국제 비정부 기구는 개인이나 민간단체를 회원으로 한다.
③ 세계화로 다국적 기업의 영향력은 커지고 있다.
④ 가장 기본적인 국제 사회의 행위 주체는 국가이다.
⑤ 강대국의 원수, 세계적인 종교 지도자 등 영향력 있는 개인도 국제 사회의 행위 주체가 될 수 있다.

05 제시된 사례의 ○○국은 자국의 이익을 위해 국제기구에서 탈퇴하였다. 이는 국제 사회에서 개별 국가는 자국의 이익을 최우선으로 추구한다고 볼 수 있다.

06 국제 사회에서 가장 기본적인 행위 주체는 주권을 가진 국가이다. 국가는 여러 국제기구에 참여하여 자국의 안전과 이익을 위한 공식적인 활동을 한다.

07 A는 다국적 기업이다. 세계화로 국제 사회에서 다국적 기업의 활동과 영향력은 점점 증대되고 있다.

08 국경 없는 의사회는 국제 비정부 기구로 개인과 민간단체를 회원으로 하는 국제기구이다.

09 세이브 더 칠드런은 국제 비정부 기구에 해당한다.

오답 피하기
①, ②, ④, ⑤는 정부 간 국제기구이다.

10 국제 사면 위원회는 국제 비정부 기구이다. 국제 비정부 기구는 개인과 민간단체를 회원으로 하는 국제기구로 그린피스, 국경 없는 의사회가 대표적이다.

오답 피하기
ㄱ, ㄷ. 정부 간 국제기구이다.

실전 문제
본문 140~141쪽

01 ②	02 ③	03 ⑤	04 ④	05 자유주의적 관점
06 ②	07 ⑤	08 ②	09 해설 참조	
10 해설 참조				

01 국제 사회는 국가 간에 갈등과 협력이 공존하며 개별 주권을 가진 국가를 기본 단위로 한다.

오답 피하기
ㄴ. 국제 사회에는 강제력을 가진 중앙 정부가 존재하지 않는다.
ㄹ. 국제 사회에서 각국은 자국의 이익을 최우선으로 추구한다.

02 제시된 신문 기사의 내용은 갑국이 자국의 이익을 위해 국제 사회의 여러 국제기구에서 탈퇴하고 있다. 이를 통해 국제 사회에서 개별 국가는 자국의 이익을 우선으로 추구함을 알 수 있다.

03 정부 간 국제기구는 국가를 회원으로 하며, 국제적으로 영향력 있는 개인도 국제 사회의 행위 주체가 될 수 있다.

04 국제 연합은 국제 사회 행위 주체 중 정부 간 국제기구에 해당한다. 따라서 A는 정부 간 국제기구이다.

05 자유주의적 관점은 인간은 이성을 가진 존재이므로 이기적 욕망을 제어하고 공동의 이익을 추구할 수 있기 때문에 국가 간 약속과 국제기구를 통해 국제 평화를 이룰 수 있다고 보는 관점이다.

06 유럽 연합, 경제 협력 개발 기구, 세계 무역 기구는 정부를 회원으로 하는 정부 간 국제기구이다.

07 국제 사회는 표면적으로는 각국이 평등한 것으로 간주되지만, 실제로는 힘의 논리가 작용한다. 국제 연합 안전 보장 이사회의 거부권 행사는 대표적인 사례이다.

08 A는 그린피스이다. 그린피스는 국경을 넘어 활동하는 환경 보호 단체로 국제 비정부 기구에 해당한다.

오답 피하기
① 정부 간 국제기구에 대한 설명이다.
③ 세계화로 그 활동 규모가 점점 확대되고 있다.
④ 국제적인 규모로 상품을 생산하고 판매하는 조직은 다국적 기업이다.
⑤ 국제 사회를 구성하는 가장 기본적인 행위 주체는 국가이다.

✏️ 서술형 문제

09 [예시 답안] 국제 사회 전체의 이익보다 자국의 이익을 우선으로 한다.

[평가 기준]

상	'자국의 이익을 우선으로 한다.'라고 바르게 서술한 경우
하	'자국의 이익을 우선으로 한다.'라는 서술이 미흡한 경우

10 [예시 답안] A는 국제 비정부 기구이고, B는 정부 간 국제기구이다.

[평가 기준]

상	국제 비정부 기구, 정부 간 국제기구 모두 바르게 서술한 경우
하	국제 비정부 기구, 정부 간 국제기구 중 하나만 서술한 경우

02~03 국제 사회의 다양한 모습 ~ 우리나라의 국제 관계

기본 문제

본문 144~145쪽

간단 체크

1 (1) ○ (2) × (3) ○ (4) × (5) ○
2 (1) 국제법 (2) 동해 (3) 중국
3 (1) ㉠, ㉢ (2) ㉡, ㉣
4 (1) 갈등, 협력 (2) 외교 (3) 국제 사법 재판소

기본 문제

01 ④　　**02** ④　　**03** ③　　**04** ②　　**05** ③　　**06** ⑤
07 ④　　**08** ②　　**09** ②

01 ㉠은 경쟁으로, 국제 사회는 자국의 이해관계에 따라 다른 나라와 경쟁하면서 갈등이 발생한다.

02 오늘날 국제 사회의 경쟁과 갈등은 국가적 이념보다 경제적 실리 추구로 갈등이 심화되고 있다.

03 동중국해(센카쿠 열도, 댜오위다오) 분쟁은 해양 자원을 확보하기 위한 영유권 분쟁에 해당한다.

04 국제 사회의 공존을 위해서는 국가 간 합의에 의해 만들어진 국제법을 준수하고 다양한 국제기구를 통해 협력한다.

오답 피하기
ㄴ, ㄹ. 국제 분쟁은 평화적 방법으로 해결해야 하며, 자국 이익을 최우선으로 하는 것은 국제 사회에서 갈등의 원인이 된다.

05 카슈미르 분쟁은 영국령 인도 제국이 인도와 파키스탄으로 분리되면서 주민 대다수가 이슬람교도였던 카슈미르 지역이 이슬람 국가인 파키스탄에 포함되지 않고 힌두 국가인 인도에 포함되면서 시작된 종교 및 영토 영유권 분쟁이다.

06 독도는 역사적 및 지리적으로 명백한 우리나라 영토이며 합리적 근거로 논리적으로 대처해야 한다.

07 파리 기후 변화 협약은 국제 사회가 지구촌 문제를 협력적으로 해결하고자 하는 사례이다.

08 ㉠은 동북 공정이다. 중국은 동북 공정을 통해 우리 고대 역사를 왜곡하고 있다.

09 위안부 문제, 독도 영유권 문제, 동해 표기 문제 등은 일본과의 갈등 문제이며, 동북 공정 문제, 불법 조업 문제, 미세먼지 문제 등은 중국과의 갈등 문제이다.

실전 문제

본문 146~147쪽

01 ②　　**02** ⑤　　**03** ①　　**04** ④　　**05** ④　　**06** ②
07 ③　　**08** ③　　**09** 해설 참조　　**10** 해설 참조

01 국제 사회에서의 경쟁과 갈등은 당사국뿐만 아니라 주변국에도 영향을 미친다.

02 갑국이 국제적 협약을 탈퇴한 이유는 자국 경제에 악영향을 준다고 판단했기 때문이다. 이처럼 국제 사회에서 각국은 자국의 경제적 실리를 추구한다.

03 남중국해 영토 분쟁은 중국, 대만, 베트남, 필리핀, 말레이시아, 브루나이 등 6개국이 남중국해상의 해양 지형물에 대한 영유권 분쟁으로 해저 천연자원이 풍부한 것으로 추정되어 분쟁이 심화되고 있다.

오답 피하기
ㄷ. 국제 분쟁은 국가 및 민간단체가 함께 노력해야 한다.
ㄹ. 국제 분쟁의 평화적 해결을 위해서는 독립된 주권 국가들이 평등한 관계에서 서로 협력해야 한다.

04 오늘날에는 각국이 경제적 실리를 추구하기 때문에 이념 갈등은 줄어들고 있다.

05 외교는 국제 사회에서 자국의 이익을 평화적으로 달성하기 위한 대외 활동이다.

06 제시된 자료는 중국의 동북 공정(㉠) 사업으로, 중국은 동북 공정을 통해 우리 고대 역사를 왜곡하고 있다. 이는 중국 내 소수 민족의 독립을 막고, 한반도 통일 이후 발생할 수 있는 한중 간의 영토 분쟁을 사전에 막겠다는 중국의 정치적 의도이다.

07 G20 정상 회담, 유엔 평화 유지군 활동은 국제 평화를 위해 국제 사회에서 국가 간 협력을 증진하는 모습이다.

08 우리나라와 주변국 간의 갈등을 해결하기 위해서는 정부 차원의 외교 정책과 민간 차원의 외교 모두 중요하다.

서술형 문제

09 [예시 답안] 국제 사회에서 각국이 자국의 이익을 최우선으로 추구하기 때문에 경쟁과 갈등이 발생한다.

[평가 기준]

상	자국의 이익을 최우선으로 하기 때문이라고 바르게 서술한 경우
하	자국의 이익을 최우선으로 하기 때문이라는 서술이 미흡한 경우

10 [예시 답안] 한국이나 중국 등을 침략했던 역사적인 잘못을 반성하지 않고 있으며, 침략 전쟁을 정당화한다.

[평가 기준]

상	역사적 반성과 침략 전쟁의 정당화를 모두 바르게 서술한 경우
하	역사적 반성과 침략 전쟁의 정당화 중 하나만 서술한 경우

대단원 마무리

본문 150~151쪽

01 ④	**02** ③	**03** ②	**04** ⑤	**05** ②	**06** ④
07 ③	**08** ④	**09** ④	**10** ③	**11** 해설 참조	

01 국제 사회는 주권을 가진 개별 국가를 기본 단위로 형성되며, 강대국에 의한 힘의 논리가 작용한다. 또한 국제 사회는 자국의 이익을 최우선으로 하고, 중앙 정부가 존재하지 않아 갈등 해결이 용이하지 않다.

02 갑국은 자국의 이익을 우선하기 때문에 국제 사회의 약속인 협약을 탈퇴하였다. 이를 통해 국제 사회에서 각국은 자국의 이익을 최우선시 함을 알 수 있다.

03 지구 온난화로 인한 기상 이변, 남북문제 등은 전 지구적 문제로 이러한 국제 사회의 문제를 해결하기 위해서는 국제 사회의 많은 나라들의 협력이 필요하다.

04 국제 사회를 바라보는 관점 중 갑은 현실주의적 관점, 을은 자유주의적 관점에 해당한다. ⑤ 자유주의적 관점은 국가

간 협력을 중시하여 국제법과 국제기구 등을 통해 국제 평화를 이룰 수 있다고 본다.

05 ㉠은 국가, ㉡은 정부 간 국제기구이다. ② 국가는 국제 사회에서 평등하고 독립된 주권을 행사한다.

오답 피하기
⑤ 국가나 정부 간 국제기구 모두 다양한 영역에서 활동한다.

06 A는 다국적 기업이다. 세계화로 국제 사회에서 다국적 기업의 활동과 영향력은 점점 증대되고 있다.

오답 피하기
① 다국적 기업은 공익보다는 기업의 영리를 추구한다.
⑤ 다국적 기업은 국가 간 분쟁 해결에 많은 영향력을 행사하지 않는다.

07 ㉠은 외교로, 한 나라는 외교 정책을 통해 대외적 위상 및 자국의 이익을 실현시킬 수 있으며, 정부의 공식적인 외교 활동뿐만 아니라 민간 차원의 외교도 오늘날에는 중시되고 있다.

08 제시된 내용은 중국의 동북 공정 사업으로, 이는 고조선, 고구려, 발해의 역사를 중국의 역사로 편입하여 중국 내 소수 민족의 독립 방지, 한반도 통일 이후 한중 간의 영토 분쟁 사전 방지 등의 정치적 의도가 있다.

09 일본은 독도를 국제 사회에서 분쟁 지역화하여 일본에게 유리한 입장을 확보하려 하고 있다. 독도는 역사적·지리적으로 우리 영토이므로 논리적이고 합리적으로 대응해야 한다.

10 반크는 민간 외교관 역할을 하는 시민 사회의 활동이다.

서술형 문제

11 [예시 답안] 일본은 독도의 해양 자원을 선점하고 독도 주변 지역을 군사적 거점으로 활용할 목적으로 독도 영유권을 주장하고 있다.

[평가 기준]

상	해양 자원 선점, 군사적 거점 확보를 모두 바르게 서술한 경우
하	해양 자원 선점, 군사적 거점 확보 중 하나만 서술한 경우

Ⅰ. 인권과 헌법

실전모의고사(1회)   본문 2~5쪽

01 ③	**02** ⑤	**03** ①	**04** ④	**05** ①	**06** ②
07 ④	**08** ②	**09** ⑤	**10** ④	**11** ②	**12** ②
13 ③	**14** ④	**15** ④	**16** ⊙ 단결권, ⓒ 단체 교섭권,		
ⓒ 단체 행동권		**17** ③	**18** ③	**19** 해설 참조	
20 해설 참조					

01 인권은 인간이 태어나면서부터 마땅히 누려야 할 기본적인 권리로 천부 인권이라고도 한다.

오답 피하기
① 우리나라에서는 국가 안전 보장, 질서 유지, 공공복리를 위하여 필요한 경우에 한하여 제한할 수 있다.
④, ⑤ 인권은 국적과 상관없이 인간이라면 누구나 보장받는 보편적 권리이다.

02 우리나라 헌법 제10조는 인간의 존엄 및 행복 추구권을 명시하고 있다. ⑤ 다른 기본권의 보장을 위한 수단적 성격을 지닌 기본권은 청구권이다.

03 적법 절차의 원리와 변호인의 조력을 받을 권리는 신체의 자유를 보장하기 위한 것이다.

04 청원권은 국민이 국가에 일정한 행위를 요구할 수 있는 청구권에 해당한다.

05 사회권에는 근로의 권리, 교육받을 권리, 쾌적한 환경에서 살 권리 등이 있다.

오답 피하기
ㄷ, ㄹ. 청구권에 해당한다.

06 신체 조건을 이유로 결혼 정보 회사에서 가입을 거절한 것은 합리적인 이유 없이 용모를 이유로 불리하게 대우하는 차별 행위에 해당한다.

07 갑은 장애인으로 투표권을 제대로 행사할 수 없는 환경에 대해 문제 제기를 하고 있다. 투표권은 참정권에 해당한다.

오답 피하기
①, ③ 자유권, ② 청구권, ⑤ 사회권에 대한 설명이다.

08 A는 인권 침해로 일상생활에서 개인뿐만 아니라 국가 기관에 의해서도 발생한다.

오답 피하기
ㄴ. 인권 침해를 당한 국민은 국가 인권 위원회에 진정을 통해 구제받을 수 있다.

09 1970년대의 장발족 및 미니스커트 단속은 국가 권력에 의해 신체의 자유가 과도하게 제한되어 인간의 존엄 및 행복 추구권이 침해된 사례이다. ⑤ 국가에 인간답게 살 권리를 요구할 수 있는 권리는 사회권이다.

10 A는 국가 인권 위원회이다. 국가 인권 위원회는 인권의 전반적인 문제를 다루는 독립적인 국가 기관으로 피해자가 진정을 신청하면 인권 침해를 한 개인이나 기관에 시정, 개선, 구제 조치 등을 권고한다.

11 법원은 헌법 재판소에 위헌 법률 심판을 제청하고 헌법 재판소는 그에 대한 위헌 여부를 심판한다. 따라서 A는 헌법 재판소이다.

12 국가 인권 위원회는 인권의 전반적인 문제를 다루는 독립적인 국가 기관으로 인권 침해나 차별 행위에 대한 진정을 하면 조사하여 시정하도록 권고한다.

오답 피하기
① 헌법 소원 심판은 헌법 재판소에 청구해야 한다.
③ 재판을 통한 권리 구제는 법원에 해당한다.
④ 법원은 국가 기관뿐만 아니라 개인에 의한 인권 침해에 대해서도 권리 구제를 한다.
⑤ 법원은 헌법 재판소에 위헌 법률 심판을 제기할 수 있다.

13 A는 국민 권익 위원회로, 행정 기관의 잘못된 법 집행 등으로 침해된 권리를 구제하는 기관이다.

14 사용자에게 임금을 받기 위해 근로를 제공하는 사람을 근로자라고 하며 사용자와 근로자는 근로 조건에 대해 근로 계약서를 작성해야 한다. 따라서 A는 근로자, B는 근로 계약서이다. ④ 근로 기준법은 근로자의 근로 조건의 최저 기준을 제시하고 있으며, 근로 계약서상의 근로 조건은 법률이 정한 기준보다 낮으면 안 된다.

15 근로 기준법과 최저 임금법은 근로자의 기본적 생활을 보장하고 향상시키며 균형 있는 국민 경제 발전을 위해 제정된 법이다.

16 노동 3권에는 ⊙ 단결권, ⓒ 단체 교섭권, ⓒ 단체 행동권이 있다.

17 부당 노동 행위는 사용자가 노동조합의 결성 또는 가입을 방해하거나 정당한 이유 없이 단체 교섭을 거부하는 등 근로자의 노동 3권을 침해하는 사용자의 행위이다. 쟁의 행위는 노동 3권 중 단체 행동권에 해당하므로 이를 이유로 불이익을 주는 것은 사용자의 부당 노동 행위에 해당한다.

오답 피하기

①, ②, ④, ⑤는 근로 조건 및 노동권 침해 사례이다.

18 사용자가 근로자를 해고하려면 적어도 한 달 이전에 해고의 사유를 서면으로 알려야 한다. 해고의 요건을 갖추지 못한 경우 부당 해고라고 하며 노동 위원회에 그 구제를 신청할 수 있고, 노동 위원회를 거치지 않고 바로 법원에 해고 무효 확인 소송을 제기할 수 있다. 노동 위원회는 노사 문제를 공정하고 신속하게 처리하기 위해 만들어진 행정 기관이다.

서술형 문제

19 [예시 답안] A는 부당 노동 행위이며, ㉠ 부당 노동 행위에 의한 부당 해고를 당한 경우 노동 위원회에 구제를 신청하거나, 법원에 해고 무효 확인을 위한 민사 소송을 제기하여 구제받을 수 있다.

[평가 기준]

상	부당 노동 행위를 쓰고, 노동 위원회와 법원에 의한 구제 방법을 모두 바르게 서술한 경우
중	부당 노동 행위를 쓰고, 노동 위원회와 법원에 의한 구제 방법에 대한 서술이 미흡한 경우
하	부당 노동 행위만 서술한 경우

20 [예시 답안] ㉠ 국가 안전 보장, 공공복리, 질서 유지, 헌법 제37조 ②항의 목적은 국가 권력의 남용을 방지하고 국민의 자유와 권리를 최대한 보장하기 위해서이다.

[평가 기준]

상	제한 사유 세 가지를 쓰고, 국가 권력 남용 방지와 국민의 자유와 권리 보장을 모두 바르게 서술한 경우
중	제한 사유 세 가지를 쓰고, 국민의 자유와 권리 보장에 대한 서술이 미흡한 경우
하	제한 사유 세 가지만 서술한 경우

실전모의고사(2회)

본문 6~9쪽

01 ⑤	02 ③	03 ⑤	04 ①	05 ⑤	06 ②
07 ②	08 ④	09 ⑤	10 ①	11 ④	12 ③
13 ③	14 ④	15 ②	16 ⑤	17 ④	18 ④
19 해설 참조		20 해설 참조			

01 ㉠은 인권으로, 이는 인간이 태어나면서부터 마땅히 누려야 할 기본적인 권리로 자연적·보편적 권리의 특성을 가진다.

02 A는 세계 인권 선언이다. 세계 인권 선언은 인권 보장의 국제 기준을 제시하고, 인권 보장이 인류가 보편적으로 추구해야 할 가치임을 선포한 것이다. ③ 인권은 국가에서 법이나 제도로 보장하기 이전에 자연적으로 주어진 권리이다.

03 생존권이라고도 하는 사회권은 국가로부터 인간다운 생활을 보장받을 권리로 교육받을 권리, 근로의 권리, 노동 3권 등이 있다.

04 일조권은 쾌적한 환경에서 살 권리에 해당하므로 사회권에 속한다. 법원은 갑 건설 회사가 주민들의 일조권을 침해한다고 판결하였다.

오답 피하기

ㄷ. 청구권에 대한 설명이다.
ㄹ. 국가 인권 위원회는 기본권을 침해당한 국민이 진정을 통해 그 권리를 구제받을 수 있는 국가 기관이다.

05 갑은 약식 명령에 불복하여 정식 재판을 청구하고자 한다. 재판을 청구할 수 있는 권리는 다른 기본권이 침해되었을 때 구제를 요구할 수 있는 청구권에 해당한다.

오답 피하기

① 평등권에 대한 설명이다.
② 기본권은 보편적 권리에 해당한다.
③ 기본권은 타인에게 양도할 수 없는 권리이다.
④ 참정권에 대한 설명이다.

06 갑은 흡연할 자유, 즉 자유권을 주장하고 있고, 을은 쾌적한 환경에서 살 권리, 즉 사회권을 주장하고 있다.

07 ㄱ, ㄷ은 합리적 이유 없이 차별을 받은 경우에 해당하므로 인권 침해라고 볼 수 있다.

오답 피하기

ㄴ, ㄹ. 합리적 이유가 있는 경우에 다르게 대우하는 것은 인권 침해가 아니다.

08 A는 국가 인권 위원회이다. 국가 인권 위원회는 인권의 전반적인 문제를 다루는 독립적인 국가 기관으로, 피해자가 진정을 신청하면 인권 침해를 한 개인이나 기관에 시정, 개선, 구제 조치 등을 권고한다.

09 우리 헌법 제37조 ②항은 국가 권력이 국민의 기본권을 함부로 침해할 수 없도록 국가 안전 보장, 공공복리, 질서 유지를 위하여 필요한 경우 법률로써 제한할 수 있으며, 제한하는 경우에도 자유와 권리의 본질적인 내용은 침해할 수 없다고 규정하고 있다.

오답 피하기

갑. 국가 권력의 보장을 위해서는 기본권을 제한할 수 없다.
을. 기본권의 제한은 원칙적으로 법률로써 해야 한다.

10 유도 선수들이 운동선수라는 이유로 식당 출입을 거부당한 것은 부당한 차별에 해당하므로 평등권의 침해라고 볼 수 있다.

오답 피하기

②, ⑤ 참정권, ③ 청구권, ④ 사회권에 대한 설명이다.

11 A는 국가 인권 위원회로 인권 침해 및 차별 행위를 조사하고, 제도 개선을 권고하는 역할을 수행한다.

오답 피하기
① 재판을 통해 침해된 권리를 구제하는 기관은 법원이다.
③ 법률을 제정하는 기관은 국회이다.
⑤ 경제적 약자에게 법률적 지원을 하는 기관은 대한 법률 구조 공단이다.

12 누군가에게 고용되지 않고 스스로 사업을 하는 자영업자는 근로자가 아니다.

13 언론 중재 위원회는 잘못된 언론 보도로 분쟁이나 피해가 발생했을 경우 이를 조정·중재함으로써 권리를 구제한다.

14 헌법 재판소는 위헌 법률 심판과 헌법 소원 심판을 통해 국민의 기본권을 구제하며, 국민 권익 위원회는 행정 기관의 잘못된 법 집행으로 인한 국민의 권리 침해에 대해 구제한다.

오답 피하기
ㄱ. 재판은 법원의 권한이며, 법률 구조 공단은 사회적 약자에 대한 법률 지원을 한다.
ㄷ. 헌법 소원을 통한 권리 구제는 헌법 재판소에서 담당한다.

15 사용자는 근로자에게 1주일에 평균 1회 이상의 유급 휴일을 보장해야 한다.

16 사용자로부터 정당한 이유 없이 해고를 당한 경우 근로자는 노동 위원회에 구제를 신청을 하거나 법원에 해고 무효 확인 소송을 제기할 수 있다.

17 임금이 체불된 경우 고용 노동부에 진정서를 제출하거나 법원에 소송을 제기하여 권리를 구제받을 수 있고, 부당 해고는 노동 위원회에 구제를 신청하거나 해고 무효 확인 소송을 제기하여 권리를 구제받을 수 있다.

18 청소년의 근로 시간은 1일 7시간을 초과할 수 없으며, 청소년은 유해한 업소에 취업할 수 없다.

오답 피하기
ㄱ, ㄷ. 청소년의 근로도 근로 기준법을 적용해야 하고, 청소년의 근로 계약서는 본인이 직접 작성해야 한다.

서술형 문제

19 [예시 답안] 갑이 침해당한 기본권은 자유권(직업 선택의 자유)이며, (가)에는 '헌법 재판소에 헌법 소원을 제기한다.'가 들어갈 수 있다.

[평가 기준]

상	자유권을 쓰고, 헌법 소원 제기에 대해 바르게 서술한 경우
중	자유권을 쓰고, 헌법 소원 제기에 대한 서술이 미흡한 경우
하	자유권만 쓴 경우

20 [예시 답안] ㉠은 부당 해고이며, 밑줄 친 부분에 해당하는 내용으로는 해고 30일 전에 알리지 않은 경우, 문서로 해고의 사실을 알리지 않은 경우 등이 있다.

[평가 기준]

상	부당 해고를 쓰고, 절차 위반 두 가지를 모두 바르게 서술한 경우
중	부당 해고를 쓰고, 절차 위반 한 가지만 서술한 경우
하	부당 해고만 쓴 경우

Ⅱ. 헌법과 국가 기관

실전모의고사(1회)

본문 10~13쪽

01 ①	**02** ④	**03** ③	**04** ④	**05** ④	**06** ⑤
07 ②	**08** ②	**09** ④	**10** ②	**11** ④	**12** ②
13 ②	**14** ③	**15** ⑤	**16** ①	**17** ④	**18** ④
19 해설 참조		**20** 해설 참조			

01 국회는 국민이 선출한 대표로 구성된 국민의 대표 기관으로 국민의 의견을 수렴하여 법률을 제·개정하고, 행정부 및 사법부와 함께 국가 최고 기관으로 국정을 통제하고 감시하는 기능을 수행한다.

02 국회는 국민이 직접 선거로 선출한 지역구 의원과 정당별 득표율에 따라 의석이 배분되는 비례 대표 의원으로 구성된다.
오답 피하기
① 국회 의원의 임기는 4년이고 연임할 수 있다.
②, ③ 국회 의장은 국회에서 선출되며, 교섭 단체는 20명 이상의 소속 의원으로 구성된다.
⑤ 국회의 최종적인 의사 결정은 본회의에서 이루어진다.

03 특정 사안에 대해 조사할 수 있는 국정 조사권은 국회가 국정을 통제하고 감시하는 기능이다.
오답 피하기
① 입법 기능, ② 행정부의 역할, ④ 감사원의 권한이다.
⑤ 탄핵 소추권은 국회의 국정 감시 및 견제 기능에 해당한다.

04 법률은 법률안 제안 – 상임 위원회 심의 – 본회의 의결 – 대통령 공포의 과정을 거쳐 제정된다.

05 상임 위원회는 효율적이고 전문적인 심의를 위해 본회의에서 심의할 법률안을 미리 조사하고 심의하는 합의체이다.
오답 피하기
ㄱ. 교섭 단체에 대한 설명이다.
ㄷ. 법률안이 의결되려면 재적 의원 과반수 출석과 출석 의원 과반수 찬성이 필요하다.

06 국정 감사권은 국정 통제 및 감시 권한으로, 이와 성격이 유사한 권한으로는 국무총리·국무 위원에 대한 해임 건의권, 탄핵 소추권 등이 있다.

07 헌법 개정안 공고는 대통령이 한다.
오답 피하기
① 헌법 개정안은 대통령 및 국회 의원 과반수가 제안할 수 있다.
③ 헌법 개정안은 국회의 권한으로 재적 의원 3분의 2 이상의 찬성으로 의결된다.
④ (라)는 국민 투표이다.

⑤ 헌법 개정안 공포는 대통령이 한다.

08 입법부가 만든 법률을 집행하는 국가 작용 A는 행정이다. 대통령은 행정부의 최고 책임자로 행정부를 지휘·감독한다. 또한 행정은 국민 복지 향상을 위해 그 역할이 점점 커지고 있다.
오답 피하기
ㄴ. 사법부에 해당한다.
ㄷ. 사법에 해당한다.

09 A는 대통령, B는 국무총리이다. 국무 위원을 임명하고 해임할 수 있는 권한은 대통령의 권한이다. 국무총리는 국무 위원 임명 제청 및 해임 건의권을 가진다.

10 A는 감사원으로 국가의 세입 및 세출에 관한 검사권을 가진다.
오답 피하기
① 감사원장은 국회의 동의를 받아 대통령이 임명한다.
③, ⑤는 국회의 권한이다.
④ 공무원의 직무 감찰은 감사원의 권한이고 재판은 법원의 권한이다.

11 조약 체결 및 비준권은 대통령이 국가 원수로서 가지는 권한이다.
오답 피하기
①, ②, ③, ⑤는 행정부 수반으로서의 권한이다.

12 국무 회의는 행정부 최고 심의 기관으로, 대통령, 국무총리, 국무 위원으로 구성된다. 국무 회의의 의장은 대통령, 부의장은 국무총리이다.
오답 피하기
ㄴ. 조약에 대한 비준 동의권은 국회가 가진다.
ㄹ. 국무 위원은 대통령이 임명한다.

13 대통령의 권한 행사 방식에 부서주의, 자문 기관의 자문 등을 하는 목적은 국정 처리를 신중하게 하기 위함이다.

14 법을 해석하고 적용하여 분쟁을 해결하는 국가 작용을 사법이라 하고, 우리 헌법에 사법권은 법관으로 구성된 법원에 속한다고 명시하고 있다.

15 ㄷ. 대법원은 3심 재판의 최종심을 담당하며, 명령·규칙·처분에 대한 최종 심사권을 가진다. ㄹ. 가사 사건과 소년 보호 사건은 주로 가정 법원에서 담당한다.
오답 피하기
ㄱ. 상고 사건의 판결은 대법원에서 담당한다.
ㄴ. 고등 법원은 민형사 사건의 2심 판결을 담당한다.

16 상고심을 담당하는 법원은 대법원이다.

17 헌법 재판소는 헌법 재판을 담당하는 기관으로서 재판을 통해 헌법 질서를 수호하고 국민의 기본권을 보장한다. ④ 고

위 공직자에 대한 탄핵 소추권은 국회의 권한이다. 국회에서 탄핵 소추가 의결되면 헌법 재판소가 탄핵 심판을 한다.

18 갑은 해당 법률 조항이 헌법상 보장된 기본권을 침해하였다고 판단하여 헌법 재판소에 위헌 확인을 구하는 헌법 소원 심판을 청구하였다. 따라서 ㉠에 들어갈 헌법 재판은 헌법 소원 심판이다.

📝 서술형 문제

19 [예시 답안] 공정한 재판을 보장하기 위해 법원에 급을 두어 여러 번 재판을 받을 수 있도록 하는 심급 제도를 두고 있다.

[평가 기준]

상	심급 제도를 두는 목적을 바르게 서술한 경우
하	심급 제도를 두는 목적에 대한 서술이 미흡한 경우

20 [예시 답안] (가)는 위헌 법률 심판, (나)는 헌법 소원 심판이다. 두 심판이 공통적으로 추구하는 목적은 헌법을 수호하고 국민의 기본권을 보장하는 것이다.

[평가 기준]

상	(가), (나)에 해당하는 심판의 종류를 쓰고, 이들 심판이 공통적으로 추구하는 목적을 모두 바르게 서술한 경우
중	(가), (나)에 해당하는 심판의 종류를 쓰고, 이들 심판이 공통적으로 추구하는 목적에 대한 서술이 미흡한 경우
하	(가), (나)에 해당하는 심판의 종류만 서술한 경우

실전모의고사(2회)

본문 14~17쪽

01 ④	**02** ②	**03** ⑤	**04** ②	**05** ③	**06** ③
07 ②	**08** ③	**09** ③	**10** ③	**11** ①	**12** ③
13 ④	**14** ①	**15** ③	**16** ②	**17** ①	**18** ①
19 해설 참조		**20** 해설 참조			

01 사진은 우리나라 국회이다. 국회는 국민의 대표 기관으로서, 국민의 선거로 선출된 국회 의원으로 구성된다. ④ 법을 적용하여 분쟁을 해결하는 국가 기관은 법원이다.

02 국회는 대통령 등 고위 공무원이 직무를 집행하면서 헌법이나 법률을 위반하면 탄핵의 소추를 의결할 수 있고, 행정부가 제출한 예산안을 심의·확정하는 역할을 한다.

오답 피하기
ㄴ. 대법원, ㄹ. 대통령의 권한이다.

03 우리나라 국회는 효율적인 국회 운영을 위해 교섭 단체와 상임 위원회를 두고 있다.

04 A는 법률 제·개정 절차이고, B는 헌법 개정 절차이다.

ㄱ. 법률안 발의는 국회 의원 10명 이상 또는 정부가 할 수 있으며, 헌법 개정안 발의는 국회 재적 의원 과반수 또는 대통령이 할 수 있다. ㄹ. 국회 본회의에서 의결된 법률안 공포, 헌법 개정안 공고와 공포는 대통령의 권한이다.

오답 피하기
ㄴ. (라)는 국민 투표로 진행된다.
ㄷ. 법률안이 의결되려면 국회 재적 의원 과반수 출석과 출석 의원 과반수 찬성이 필요하지만, 헌법 개정안이 의결되려면 국회 재적 의원 3분의 2 이상의 찬성이 필요하다.

05 법률안은 국회 재적 의원 과반수 출석에, 출석 의원 과반수 찬성으로 의결된다.

오답 피하기
① 정기회는 매년 1회 실시된다.
② 예산안 심의는 재정에 관한 권한이다.
④ 국정 조사에 대한 설명이다.
⑤ 대법원은 상고심을 담당한다.

06 ㉠은 행정에 대한 설명이고, ㉡은 사법에 대한 설명이다.

07 대통령의 행정부 수반으로서의 권한에는 행정부 지휘·감독권, 국군 통수권, 공무원 임면권, 대통령령 발포권 등이 있고, 국가 원수로서의 권한에는 대외적 국가 대표권, 헌법 기관 구성권, 국정 조정 권한 등이 있다.

08 A는 국회, B는 대통령이다. 국회 의장은 국회에서 선출한다. ③ 대통령을 보좌하며 행정 각부를 통할하는 것은 국무총리이다.

09 도로를 건설하고 무료로 예방 접종하는 것은 행정부의 역할이다.

오답 피하기
ㄱ. 법원에 대한 설명이다.
ㄹ. 복지 국가를 추구하면서 행정부의 역할은 증대되고 있다.

10 ㉠은 국무 회의로, 행정부의 최고 심의 기관이며 대통령이 의장으로 회의를 주재한다.

오답 피하기
ㄹ. 국회의 권한이다.

11 우리나라 헌법에는 사법권의 독립을 위해 법원의 독립과 법관의 독립을 규정하고 있다. 따라서 (가)에 들어갈 학습 주제는 사법권의 독립이 적절하다.

12 지방 법원은 민사 사건 및 형사 사건의 1심을 주로 담당한다.

오답 피하기
① 헌법 재판은 헌법 재판소의 권한이다.
② 특허 법원은 특허와 관련된 재판을 담당한다.
④ 고등 법원은 1심 판결에 불복한 항소 사건을 담당한다.

13 위헌 법률 심판권은 헌법 재판소의 권한이며, 명령·규칙·처분의 최종적인 심사권은 대법원에 있다.

14 대통령은 국무 회의 의장으로 회의를 주재한다. 또한 헌법 재판관 임명장 수여는 헌법 기관 구성권으로 국가 원수로서의 지위에 해당하는 권한이다.

오답 피하기
ㄹ. 국회에서 의결된 법률안을 대통령이 공포하면 20일 후 발효된다.

15 탄핵 심판은 국회의 탄핵 소추로, 위헌 법률 심판은 법원의 위헌 법률 심판 제청으로, 헌법 소원은 기본권을 침해당한 국민이, 정당 해산 심판은 정부의 제소로 이루어진다.

16 A는 헌법 재판소이며, 사법부 최고 법원으로 최종심을 담당하는 국가 기관은 대법원이다.

17 국회는 국정 감사권, 국정 조사권, 탄핵 소추권을 통해 행정부를 견제하고, 사법부는 위헌 법률 심판 제청권을 통해 입법부를 견제하며, 행정부는 대법원장 임명권, 사면권을 통해 사법부를 견제한다.

18 표에 나타난 국가 기관에 대한 진술은 모두 옳은 진술이다. 국회, 대통령, 대법원에 대한 진술에 모두 옳게 응답한 학생은 갑이다.

서술형 문제

19 [예시 답안] (가)는 대법원, (나)는 고등 법원이다. 대법원은 2심 사건에 대한 상고심을 담당하며, 고등 법원은 1심 판결에 대한 항소심을 담당한다.

[평가 기준]

상	(가) 대법원, (나) 고등 법원을 쓰고, 대법원과 고등 법원이 담당하는 재판을 모두 바르게 서술한 경우
중	(가) 대법원, (나) 고등 법원을 쓰고, 대법원과 고등 법원이 담당하는 재판에 대한 서술이 미흡한 경우
하	(가) 대법원, (나) 고등 법원만 서술한 경우

20 [예시 답안] A는 헌법 소원이다. 본회의에서 법안이 의결되려면 국회 재적 의원 과반수 출석과 출석 의원 과반수 찬성이 필요하다.

[평가 기준]

상	A 헌법 소원을 쓰고, 본회의에서 법안이 의결되기 위한 정족수를 모두 바르게 서술한 경우
중	A 헌법 소원을 쓰고, 본회의에서 법안이 의결되기 위한 정족수에 대한 서술이 미흡한 경우
하	A 헌법 소원만 서술한 경우

Ⅲ. 경제생활과 선택

실전모의고사(1회)
본문 18~21쪽

01 ③	**02** ②	**03** ②	**04** ⑤	**05** ④	**06** ②
07 ③	**08** ④	**09** ④	**10** ⑤	**11** ③	**12** ④
13 ⑤	**14** ②	**15** ④	**16** ①	**17** ④	**18** ①
19 해설 참조		**20** 해설 참조			

01 제시된 내용은 서비스에 대한 설명이다. 서비스는 의사의 진료, 가수의 공연 등과 같은 인간의 활동을 말한다. ③ 매점의 음료수는 인간의 욕구와 필요를 충족시켜 주는 구체적인 형태가 있는 물건이므로 재화에 해당한다.

02 가계는 만족 극대화를 추구하고, 기업에 노동, 토지, 자본 등의 생산 요소를 제공하여 그 대가로 임금, 지대, 이자 등을 받아 소비 활동을 한다. ② 경제 활동에 필요한 제도와 정책을 실행하는 경제 주체는 정부이다.

03 기회비용은 어떤 것을 선택함으로써 포기하는 대안 중 가장 가치가 큰 것을 말한다. 편익이 같다면 기회비용이 작은 것을 선택하는 것이 합리적이다.

오답 피하기
ㄴ. 경제 활동에서 선택에 따른 기회비용이 모두 같다고 단정할 수 없다.
ㄹ. 기회비용은 선택하지 않은 것들 중 가장 아쉬운 것의 가치를 말한다.

04 제시된 사례에는 분배 문제가 나타나 있다. 이는 생산된 재화와 서비스를 누구에게 얼마만큼 나누어 줄 것인지를 선택하는 문제로, '누구를 위해 생산할 것인가?'와 관련 있다.

오답 피하기
②, ④ '무엇을, 얼마나 생산할 것인가?'는 생산물의 종류와 수량의 결정 문제에 해당한다.
③ '어떻게 생산할 것인가?'는 생산 방법의 결정 문제에 해당한다.

05 제시된 사례는 계획 경제 체제에서 시장의 수요에 따라 옷이 생산되지 않고 국가의 명령에 따라 생산 활동이 이루어진 결과 부작용이 발생하고 있는 상황을 보여 준다.

오답 피하기
② 시장 경제 체제에 해당한다.

06 ㄱ. 요리할 때의 기회비용은 친구를 만날 때 얻는 즐거움인 150이다. ㄹ. 컴퓨터 게임을 할 때의 기회비용과 요리할 때의 기회비용은 모두 친구를 만날 때 얻는 즐거움인 150이다.

오답 피하기
ㄴ. 친구를 만날 때의 기회비용은 컴퓨터 게임을 할 때 얻는 즐거움인 120이다.
ㄷ. 친구를 만날 때의 편익이 가장 크다.

07 밑줄 친 '이것'은 기업가 정신이다. 기업가 정신은 새로운 상품과 기술 개발, 새로운 시장의 개척, 새로운 생산 방법 및 판매 방법 도입, 새로운 경영 조직 구성 등으로 나타난다. ③ 새로운 제품의 개발이 아닌 기존 제품에 대한 생산량을 증가시키는 것은 기업가 정신의 사례로 적절하지 않다.

08 (가)는 서비스의 생산에 해당하고, (나)는 재화의 생산에 해당하며, (다)는 분배에 해당한다.

09 갑, 을, 병. 경제 주체가 자신의 이익을 위해 자유롭게 경제 활동을 하고 있으므로, 이는 시장 경제 체제에서의 의사 결정 모습에 해당한다.

오답 피하기
정. 정부가 경제 문제의 해결과 관련된 의사를 결정하여 경제 주체의 행위를 통제하고 있으므로 이는 계획 경제 체제에서의 의사 결정 모습에 해당한다.

10 제시문은 극지방의 에어컨은 희소성이 없는 반면 열대 지방의 에어컨은 희소성이 있음을 보여 준다. 희소성은 장소에 따라 다르게 나타날 수도 있고, 시대에 따라 변화할 수도 있다. 같은 자원이라고 하더라도 어떤 장소에 놓이느냐에 따라 그 자원은 희소할 수도 있고 그렇지 않을 수도 있다.

오답 피하기
①, ②, ③ 자원의 희소성은 자원의 절대적인 양에 의해서만 결정되는 것이 아니라 인간의 욕구 정도에 따라 달라진다.
④ 자원의 희소성은 자원의 가격을 결정하는 중요한 요인이다. 자원의 희소성이 재화의 가치와 반비례 관계에 있다고 볼 수 없다.

11 존재량이 무한하고 비용을 지불하지 않아도 얻을 수 있는 재화는 희소성이 없는 재화이다. 공기는 존재량이 무한하고, 인간의 행위나 활동이 아니며, 비용을 치르지 않아도 원하는 만큼 얻을 수 있는 재화에 해당한다.

오답 피하기
①, ②, ④, ⑤ 전기, 신발, 생수, 스마트폰은 모두 존재량이 무한하지 않으며, 비용을 지불해야 얻을 수 있다.

12 기업이 이윤 추구 활동 이외에 법령과 윤리를 준수하고, 기업의 유지 기반인 소비자, 주주, 지역 사회 등에 대한 역할을 다하는 것을 기업의 사회적 책임이라고 한다. ⓒ 기업의 사회적 책임이 기업의 이익 추구보다 사회 구성원으로서의 역할을 우선하여 수행하는 것을 의미하지는 않는다.

13 합리적 의사 결정에 따른 선택은 최소 비용으로 최대의 편익을 얻도록 하는 것이다.

오답 피하기
갑. 기회비용이 작은 것을 선택하는 것이 합리적이다.
을. 가방을 사러 갔다가 구입 계획에 없던 운동화를 구입하였으므로 합리적 의사 결정으로 볼 수 없다.

14 (가)는 안전성이 낮고 수익성이 높은 금융 상품으로, 주식

이 이에 해당한다. 주식은 주식회사가 자금 마련을 위해 투자자에게 돈을 받고 발행하는 증표로, 원금 손실의 우려가 커 안전성이 낮다.

15 제시문은 신용에 대한 설명이다. 신용은 나중에 대가를 지불할 것을 약속하고 현재 상품을 이용하거나 돈을 빌릴 수 있는 능력을 말한다. 신용 거래의 사례로는 할부 거래, 은행 대출, 신용 카드 사용 등을 들 수 있다.

오답 피하기
ㄴ. 적금 가입은 신용을 사용한 사례로 적절하지 않다.

16 (가)는 유소년기, (나)는 청년기, (다)는 중년기, (라)는 장년기, (마)는 노년기이다. ① 유소년기에는 경제적 자립이 어려워 주로 부모의 소득에 의존하여 소비 생활을 한다.

오답 피하기
② 노년기에 대한 설명이다.
③, ④ 청년기에 대한 설명이다.
⑤ 장년기에 대한 설명이다.

17 자신의 소득과 지불 능력을 고려하여 신용을 이용해야 하고, 돈을 갚기로 하거나 상품 대금을 지불하기로 한 약속을 준수하며, 높은 신용도를 유지하도록 꾸준히 관리해야 한다.

오답 피하기
ㄴ. 현재의 소득보다 더 많은 소비를 하는 것은 바람직하지 않은 신용 관리이다. 올바른 신용 관리를 위해서는 소득을 초과하는 소비는 자제해야 한다.

18 제시된 자료는 갑이 신용 카드 대금을 연체하여 신용을 상실하게 된 상황을 보여 준다. 이를 통해 신용 관리의 중요성을 파악할 수 있다. 신용이 낮아지면 개인의 경제생활에 지장을 초래하고 나아가 국가의 경제 성장에 장애 요인으로 작용한다.

✏️ 서술형 문제

19 [예시 답안] 소비 활동으로, 재화나 서비스를 구입하여 사용하는 활동을 의미한다.

[평가 기준]

상	소비 활동을 쓰고, 그 의미를 정확하게 서술한 경우
중	소비 활동은 쓰지 않았으나 그 의미만 정확하게 서술한 경우
하	소비 활동이라고만 쓴 경우

20 [예시 답안] 우리나라는 기본적으로 시장 경제 체제를 원칙으로 하면서, 필요한 경우에 정부가 시장에 개입하여 경제에 대한 규제와 조정을 할 수 있도록 하는 혼합 경제 체제를 채택하고 있다.

[평가 기준]

상	시장 경제 체제를 기본으로 하고 계획 경제 체제의 요소가 혼합되어 있는 혼합 경제 체제를 채택하고 있음을 서술한 경우

중	혼합 경제 체제라고만 서술한 경우
하	시장 경제 체제를 기본으로 하고 있다고만 서술한 경우

실전모의고사(2회)

본문 22~25쪽

01 ②	02 ③	03 ④	04 ④	05 ③	06 ④
07 ②	08 ②	09 ⑤	10 ⑤	11 ③	12 ②
13 ⑤	14 ⑤	15 ①	16 ③	17 ②	18 ②
19 해설 참조		20 해설 참조			

01 (가)에는 생활에 필요한 재화를 만들어 판매하는 생산 활동이 나타나 있고, (나)에는 생활에 필요한 재화를 구입하여 사용하는 소비 활동이 나타나 있다.

오답 피하기
분배는 생산 과정에 참여한 사람들이 노동, 토지, 자본 등의 생산 요소를 제공한 대가를 나누어 가지는 것을 말한다.

02 자원의 희소성은 자원의 절대적인 양이 인간의 욕구에 비해 상대적으로 적을 때 발생한다. 즉, 희소성은 자원의 절대적인 양에 의해서만 결정되는 것이 아니라 인간의 욕구 정도에 따라 달라진다.

오답 피하기
ㄱ. 자원의 희소성은 존재량에 비해 인간의 욕구가 상대적으로 클 때 발생한다.
ㄹ. 존재량의 여부로 재화의 유용성을 판단할 수 없다.

03 기본적인 경제 문제는 자원의 희소성으로 모든 사회에서 공통적으로 나타나는 선택의 문제를 말한다. ④ 한 사회가 어떤 경제 체제를 선택하는가에 따라 경제 문제를 해결하는 방법은 달라진다.

04 제시된 헌법 제23조는 사유 재산의 보장을 명시하고 있고, 헌법 제119조는 경제 활동의 자유 및 사적 이익 추구 보장을 명시하고 있다. ㄱ, ㄷ, ㄹ. 사적 이익 추구 보장, 경제 주체 간 경쟁 유도, 시장 가격에 의한 자원 배분 보장은 제시된 헌법 조항을 통해 실현하고자 하는 바로 적절하다.

오답 피하기
ㄴ. 제시된 헌법 조항은 사회적 약자의 보호와 관련 없다.

05 제시문에는 '어떻게 생산할 것인가?' 즉, 생산 방법의 선택 문제가 나타나 있다.

06 합리적 선택은 가장 적은 비용으로 가장 큰 편익을 얻을 수 있는 선택을 말한다. 같은 비용이 든다면 편익이 가장 큰 것, 같은 편익을 얻는다면 비용이 가장 적게 드는 것을 선택하는 것이 합리적이다.

오답 피하기
병. 기회비용이 가장 작은 것을 선택하는 것이 합리적이다.

07 (가)는 기업, (나)는 가계, (다)는 정부에 해당한다. ② 기업은 생산 활동의 주체로, 재화와 서비스를 생산하여 공급한다. 주로 재화와 서비스를 구매하여 사용하는 소비 활동을 하는 경제 주체는 가계이다.

08 경제 체제는 기본적인 경제 문제를 해결하는 방식이 제도적으로 정착된 것을 말한다. 시장 경제 체제는 시장 가격을 통해 경제 문제를 해결하는 반면, 계획 경제 체제는 국가의 계획이나 명령에 의해 경제 문제를 해결한다. ② 오늘날 많은 국가들은 시장 경제 체제와 계획 경제 체제의 특징이 섞여 있는 혼합 경제 체제를 채택하고 있다.

09 자장면, 짬뽕, 볶음밥의 가격은 모두 같고, 소희의 만족감의 크기는 볶음밥>짬뽕>자장면 순이다. 볶음밥을 선택하는 것이 가장 합리적이며, 볶음밥을 선택했을 때의 기회비용은 짬뽕 선택 시 얻을 수 있는 만족감이다.

오답 피하기
① 만족감이 가장 큰 볶음밥을 선택하는 것이 가장 합리적이다.
② 기회비용이 편익보다 작은 것을 선택하는 것이 합리적이다.
③ 합리적 선택을 위한 소희의 고민은 자원의 희소성과 관련 있다.
④ 짬뽕을 선택했을 때의 기회비용은 볶음밥 선택 시 얻을 수 있는 만족감이다.

10 제시된 그림에는 정부가 배추 생산량을 결정하는 모습이 나타나 있다. 이는 계획 경제 체제와 관련 있다. 계획 경제 체제에서는 국가가 경제 활동에 대한 계획을 세우고, 개인과 기업에 명령함으로써 경제 문제를 해결하므로 이윤을 추구하려는 동기가 부족하여 경제적 효율성이 떨어진다.

오답 피하기
①, ②, ③, ④ 시장 경제 체제에 대한 설명이다.

11 (가)는 기업이다. 기업은 재화와 서비스의 생산 활동을 통해 이윤의 극대화를 추구하는 경제 주체로, 경제 성장을 촉진하고, 고용과 소득을 창출하며, 세금을 납부함으로써 국가 재정에 기여한다. ③ 소비의 주체로 경제 활동에 참여하는 주체는 가계이다.

12 ㄱ. (가)는 소득 곡선, (나)는 소비 곡선이다. ㄹ. 노년기에는 직장에서 은퇴한 후 소득이 크게 줄어들거나 없어져 이전에 모아 둔 노후 대비 자금이나 연금으로 생활한다.

오답 피하기
ㄴ. 유소년기에는 부모의 소득에 의존하여 소비 생활을 한다.
ㄷ. 중·장년기에는 주택 마련을 위한 소비가 늘어난다.

13 A 기업과 B 기업은 모두 사회 전체의 복지 증진에 기여하고 있다. 이를 통해 기업의 사회적 책임을 파악할 수 있다. 기업

의 사회적 책임이란 기업이 이윤 추구 활동 이외에 법령과 윤리를 준수하고 기업의 유지 기반인 소비자, 주주, 지역 사회 등에 대한 역할을 다하는 것을 의미한다.

14 올바른 신용 관리를 위해서는 자신의 소득과 지불 능력을 고려하여 충분히 갚을 수 있는 범위 내에서 신용을 이용해야 한다.

15 A 기업은 신제품 출시를 위한 연구 개발, 온라인 홍보, 자동화 설비 도입 등을 통해 폭발적인 성장을 이루었다. 이를 통해 기업가 정신을 파악할 수 있다. 미래의 불확실성과 위험을 무릅쓰고 신제품 개발, 새로운 생산 방법 도입, 새로운 시장 개척 등의 혁신을 통해 이윤을 창출하려는 기업가의 의지를 기업가 정신이라고 한다. 기술 혁신 등을 통해 기업을 발전시키려는 기업가 정신을 '창조적 파괴'라고도 부른다.

16 (가)는 안전성, (나)는 유동성, (다)는 수익성이다. 주식은 예금에 비해 유동성이 낮은 편이다. 수익성이 가장 높은 금융 상품은 주식이다. 일반적으로 안전성이 높을수록 수익성이 낮다. 안전성, 유동성, 수익성을 모두 고려하는 것이 합리적이다.

17 그림에 나타난 사람은 수익성보다 안전성을 중시하고 있다. 안전성을 중시하는 사람에게는 예금, 적금과 같이 수익성은 낮으나 안전성이 높은 금융 상품을 추천해 주는 것이 적절하다.

오답 피하기
ㄴ. 채권은 예금과 적금에 비해 안전성이 낮은 편이다.
ㄹ. 주식은 예금과 적금에 비해 안전성이 낮고 수익성이 높은 편이다.

18 주식은 예금보다 안전성은 낮고 수익성은 높은 편이다. 따라서 높은 수익이 목적이라면 주식을 선택하는 것이 바람직하고, 안전한 목돈 마련이 목적이라면 예금을 선택하는 것이 바람직하다.

오답 피하기
ㄴ. 주식과 예금 모두 금융 자산에 해당한다.
ㄷ. 예금은 안전성이 높은 편이다.

📝 **서술형 문제**

19 [예시 답안] 감자, 감자 재배의 예상 판매 수입이 가장 크고, 감자 재배의 기회비용이 가장 작으므로 감자를 재배하는 것이 가장 합리적이다.

[평가 기준]

상	감자라고 쓰고, 감자를 선택한 이유를 판매 수입과 기회비용의 모든 측면에서 정확하게 서술한 경우
중	감자라고 쓰고, 감자를 선택한 이유를 판매 수입 측면에서만 서술한 경우
하	감자라고만 쓴 경우

20 [예시 답안] 다양한 자산에 분산해서 투자해야 한다.

[평가 기준]

상	제시된 조언이 의미하는 바를 명확하게 서술한 경우
하	분산 투자라고만 서술한 경우

Ⅳ. 시장 경제와 가격

실전모의고사(1회)

본문 26~29쪽

01 ⑤	**02** ②	**03** ①	**04** ④	**05** ③	**06** ④
07 ④	**08** ⑤	**09** ①	**10** ②	**11** ②	**12** ②
13 ③	**14** ③	**15** ②	**16** ④	**17** ④	**18** ①
19 해설 참조		**20** 해설 참조			

01 (가) 시장은 재화와 서비스가 거래되는 시장인 생산물 시장이고, (나) 시장은 토지, 노동, 자본 등이 거래되는 시장인 생산 요소 시장이다. 의류 시장은 생산물 시장에 해당하고, 노동 시장은 생산 요소 시장에 해당한다.

02 시장에는 구체적인 장소가 있는 보이는 시장뿐만 아니라 거래 모습이 구체적으로 드러나지 않는 보이지 않는 시장도 있다. 시장이 형성되면서 거래 상대방을 찾는 데 시간과 비용이 줄어들었다.

03 재화나 서비스를 사려는 욕구를 수요라고 하고, 수요자가 어떤 가격에 사려고 하는 재화나 서비스의 양을 수요량이라고 한다.

04 갑. 공급이 감소하면 공급 곡선이 왼쪽으로 이동하여 균형 가격이 상승한다. 을. 공급이 증가하면 공급 곡선이 오른쪽으로 이동하여 균형 거래량이 증가한다. 정. 공급 증가는 공급 곡선의 오른쪽 이동으로 나타나고, 공급 감소는 공급 곡선의 왼쪽 이동으로 나타난다.

오답 피하기
병. 상품의 가격이 상승하면 공급이 아닌 공급량이 증가한다.

05 제시된 그림은 수요 곡선이 오른쪽으로 이동한 모습으로, 이는 수요 증가를 나타낸다. 수요가 증가하면 수요 곡선이 오른쪽으로 이동하여 균형 가격은 상승하고 균형 거래량은 증가한다. ③ 수요 곡선상의 점의 이동은 수요량 변화에 해당한다.

오답 피하기
④, ⑤ 선호도 증가, 대체재의 가격 상승은 수요 증가 요인에 해당한다.

06 수요 변동에 영향을 주는 요인으로는 소득, 소비자의 기호, 관련 재화 가격, 수요자의 가격 예상, 수요자 수 등이 있다.

07 공급이 감소하면 공급 곡선이 왼쪽으로 이동하므로 균형 가격은 상승하고 균형 거래량은 감소한다.

오답 피하기
① 대체재 가격이 하락하면 수요가 감소하므로 수요 곡선이 왼쪽으로 이동한다.
② 보완재 가격이 상승하면 수요가 감소하므로 수요 곡선은 왼쪽으로 이동한다.
③ 생산 요소 가격이 상승하면 공급이 감소하므로 공급 곡선은 왼쪽으로 이동한다.
⑤ 수요가 감소하면 수요 곡선이 왼쪽으로 이동하므로 균형 가격은 하락하고 균형 거래량은 감소한다.

08 (가)는 공급 감소를, (나)는 공급 증가를 나타낸다. 공급이 감소하면 균형 가격은 상승하고 균형 거래량은 감소한다. 공급이 증가하면 균형 가격은 하락하고 균형 거래량은 증가한다. ⑤ 생산 기술의 발달은 공급 증가 요인이다. 공급이 증가하면 공급 곡선이 오른쪽으로 이동하는 모습으로 나타난다.

09 ㉠에 들어갈 개념은 보완재이다. 보완재는 같이 소비할 때 더 큰 만족감을 느낄 수 있는 재화를 말한다.

오답 피하기
②, ③, ④, ⑤ 대체재의 사례에 해당한다. 대체재는 소비할 때 비슷한 만족감을 느낄 수 있는 재화를 말한다.

10 제시된 그림은 수요의 감소를 나타낸다. 수요의 감소 요인은 소득 감소, 대체재의 가격 하락, 보완재의 가격 상승, 수요자 수의 감소, 선호 감소, 수요자의 미래 가격 하락 예상 등이 있다.

오답 피하기
① 공급 증가 요인에 해당한다.
③, ④, ⑤ 수요 증가 요인에 해당한다.

11 수요 곡선과 공급 곡선이 만나는 지점에서 균형 가격과 균형 거래량이 결정된다. ㄱ. 가격이 1,000원일 때 수요량은 30개이다. ㄷ. 가격이 2,000원일 때 수요량과 공급량이 일치한다.

오답 피하기
ㄴ. 가격이 1,000원일 때 초과 수요가 발생한다.
ㄹ. 가격이 3,000원일 때 공급량은 30개이다.

12 ㄱ, ㄷ. 재래시장은 보이는 시장이자 생산물 시장에 해당하고, 온라인 쇼핑몰은 보이지 않는 시장이자 생산물 시장에 해당한다.

오답 피하기
ㄴ. 노동 시장은 보이지 않는 시장이자 생산 요소 시장에 해당한다.
ㄹ. 백화점은 보이는 시장이자 생산물 시장에 해당한다.

13 닭고기를 찾는 사람이 많아지므로 닭고기 수요가 증가한다. 닭고기의 수요 증가로 닭고기 가격은 오르고 거래량도 많아진다.

14 제시된 라면 시장에서 균형 거래량은 수요량과 공급량이 각각 600개로 일치하는 곳에서 형성되고, 이때의 가격인 1,100원이 균형 가격이 된다. 가격이 균형 가격인 1,100원보다 낮으면 수요량이 공급량보다 많아 초과 수요가 발생하고, 가격이 균형 가격인 1,100원보다 높으면 공급량이 수요량보다 많아 초과 공급이 발생한다. ③ 가격이 900원일 때 수요량은 800개,

공급량은 400개로 수요량이 공급량보다 많다.

15 수요가 감소하거나 공급이 증가할 경우 시장 균형 가격은 하락한다. ② 생산 기술의 발달은 공급 증가 요인이다. 공급이 증가하면 공급 곡선이 오른쪽으로 이동하여 균형 가격은 하락한다.

오답 피하기
① 공급자 수의 감소는 공급 감소 요인이다.
③ 보완재 가격 하락은 수요 증가 요인이다.
④ 생산 요소의 가격 상승은 공급 감소 요인이다.
⑤ 제품에 대한 선호도 증가는 수요 증가 요인이다.

16 소득 증가, 빵에 대한 관심 증가, 대체재인 떡의 가격 상승, 빵 가격이 오를 것이라는 예상은 모두 수요의 증가 요인에 해당한다.

오답 피하기
④ 빵의 보완재인 우유의 가격이 상승하면 빵의 수요는 감소한다.

17 시장 가격은 생산자와 소비자에게 생산과 소비를 늘려야 할지, 줄여야 할지 알려 주는 신호등 역할을 한다. ④ 시장 가격의 기능과 관련 없는 사례이다.

18 블루베리 농사에 드는 인건비의 상승은 공급 감소 요인이고, 블루베리가 눈 건강에 도움이 된다는 연구 결과는 수요 증가 요인이다. 공급이 감소하면 공급 곡선이 왼쪽으로 이동하고, 수요가 증가하면 수요 곡선이 오른쪽으로 이동한다. 이에 따라 균형 가격은 상승하고 균형 거래량은 불분명하다.

서술형 문제

19 [예시 답안] 국내 돼지고기 시장에서 돼지고기의 공급이 감소하여 가격이 상승하고 거래량이 감소할 것이다.

[평가 기준]

상	공급이 감소하여 가격이 상승하고 거래량이 감소할 것임을 정확하게 서술한 경우
중	공급이 감소한 것은 썼으나, 가격이나 거래량의 변화 중 한 가지만 서술한 경우
하	공급이 감소하였다고만 서술한 경우

20 [예시 답안] (가)의 경우 보완재인 휘발유 가격이 상승하므로 자동차의 수요가 감소하고, (나)의 경우 평균 소득이 증가하므로 자동차의 수요가 증가한다.

[평가 기준]

상	(가)와 (나) 모두 수요의 변화를 정확하게 서술한 경우
중	(가)와 (나) 중 하나의 변화만을 서술한 경우
하	수요의 변화가 아닌 다른 변화를 서술한 경우

실전모의고사(2회)
본문 30~33쪽

01 ④	02 ⑤	03 ②	04 ③	05 ①	06 ④
07 ①	08 ②	09 ③	10 ⑤	11 ④	12 ②
13 ⑤	14 ④	15 ④	16 ④	17 ⑤	18 ②
19 해설 참조		20 해설 참조			

01 ㉠은 거래하는 모습이 구체적으로 드러나지 않는 눈에 보이지 않는 시장이다. 눈에 보이지 않는 시장에는 주식 시장, 노동 시장, 외환 시장, 전자 상거래 시장 등이 있다.

오답 피하기
①, ②, ③, ⑤ 눈에 보이는 시장의 사례에 해당한다.

02 시장은 거래에 필요한 시간과 노력을 줄여 주며, 교환의 일상화로 각자 잘 만들 수 있는 물건을 생산하는 데 집중함으로써 분업과 특화를 촉진하였다. 그 결과 질 좋은 제품을 더 다양하고 빠르게 생산할 수 있게 되었으며, 사회 전체의 생산량도 늘어나게 되었다.

03 상품의 생산에 필요한 생산 요소인 노동, 토지, 자본 등이 거래되는 시장을 생산 요소 시장이라고 한다. ② 재화와 서비스가 거래되는 생산물 시장에 대한 설명이다.

04 어떤 상품의 가격이 올라가면 수요량은 감소한다. 가격과 수요량은 음(−)의 관계에 있다. 즉, 수요 곡선은 우하향한다. 공급자가 일정한 가격에 어떤 상품을 판매하고자 하는 욕구를 공급이라고 한다.

05 제시된 내용을 통해 시장 가격의 신호등 역할을 파악할 수 있다. 시장 가격은 경제 주체들에게 신호등과 같은 역할을 한다. 가격이 상승하면 공급자에게는 공급량을 늘려도 된다는 신호로 작용하고, 수요자에게는 수요량을 줄이라는 신호로 작용한다.

06 공급 감소의 요인에는 생산 요소의 가격 상승, 공급자 수의 감소, 미래 가격 상승 예상 등이 있다.

오답 피하기
①, ②, ⑤ 생산 기술의 발전, 공급자 수의 증가, 미래 가격 하락 예상은 공급 증가 요인에 해당한다.
③ 대체재의 가격 상승은 수요 증가 요인에 해당한다.

07 제시된 상황은 김밥 재료가 상승한 상황으로, 이는 김밥의 공급 감소 요인에 해당한다. 김밥 시장에서 공급이 감소하면 공급 곡선이 왼쪽으로 이동하여 균형 가격은 상승하고, 균형 거래량은 감소한다.

08 균형 가격과 균형 거래량은 수요 곡선과 공급 곡선이 만나는 지점에서 결정된다. 제시된 포도 시장에서 수요량과 공급량은 가격이 2,000원일 때 각각 35개로 같다. 따라서 균형 가격

은 2,000원이고, 균형 거래량은 35개이다.

09 화질을 개선하는 기술의 개발은 공급 증가 요인에 해당한다. 공급이 증가하면 공급 곡선이 오른쪽으로 이동하는 모습으로 나타난다.

① 수요 증가를 나타낸 그림이다.
② 수요 감소를 나타낸 그림이다.
④ 공급 감소를 나타낸 그림이다.
⑤ 수요 증가와 공급 감소를 나타낸 그림이다.

10 A재 시장의 균형 가격은 700원, 균형 거래량은 200개이다. ㉠에서는 수요량이 100개, 공급량이 300개로 200개의 초과 공급이 발생하고, ㉡에서는 수요량이 300개, 공급량이 100개로 200개의 초과 수요가 발생한다. ⑤ 초과 수요가 발생하면 초과 수요가 없어질 때까지 가격이 상승하고, 초과 공급이 발생하면 초과 공급이 없어질 때까지 가격이 하락한다.

11 제시된 그림은 수요의 증가에 해당한다. 수요 증가 요인에는 인구 증가, 기호의 증가, 보완재의 가격 하락, 대체재의 가격 상승 등이 있다.

① 인구 감소는 수요 감소 요인에 해당한다.
② 기호의 감소는 수요 감소 요인에 해당한다.
③ 생산 기술의 발달은 공급 증가 요인에 해당한다.
⑤ 대체재의 가격 하락은 수요 감소 요인에 해당한다.

12 미세 먼지의 기승으로 야외용 장난감의 선호도가 떨어지면 야외용 장난감의 수요가 감소한다. 이로써 야외용 장난감 시장의 균형 가격은 하락하고 균형 거래량은 감소한다.

13 (가)는 공급 곡선, (나)는 수요 곡선을 나타낸다. ⑤ (나)에서 가격이 하락하면 수요량의 증가를 가져와 A 방향으로 이동하고, 가격이 상승하면 수요량의 감소를 가져와 B 방향으로 이동한다.

② (가)는 가격과 공급량 간의 비례 관계를 나타낸 것이다.
③ (나)는 가격과 수요량 간의 반비례 관계를 나타낸 것이다.
④ (나)에서 가격이 오르면 B 방향으로 이동한다.

14 사과 가격이 하락하면 수요 법칙에 의해 사과의 수요량은 증가하고, 공급 법칙에 의해 사과의 공급량은 감소한다.

1모둠. 사과 가격이 하락하면 수요자는 다른 과일 대신에 사과를 더 많이 살 것이다.
4모둠. 사과 가격의 하락은 수요자의 행동에 영향을 미쳐 수요량을 증가시킨다.

15 초과 수요가 발생하면 상품이 부족하여 수요자들 간의 경

쟁으로 상품 가격이 상승하며, 이에 따라 수요량은 감소하고 공급량은 증가하여 시장 가격은 균형 상태로 변한다.

16 초과 공급은 시장 가격이 균형 가격보다 높아 공급량이 수요량보다 많은 경우이고, 초과 수요는 시장 가격이 균형 가격보다 낮아 수요량이 공급량보다 많은 경우이다.

①, ② 초과 공급은 공급자가 팔고자 하는 수량을 모두 팔 수 없다는 것을 의미한다. 따라서 공급자는 판매량을 늘리기 위해 가격을 인하한다.
③ 초과 수요는 수요자가 구입하고자 하는 수량을 모두 살 수 없다는 것을 의미한다. 따라서 수요자는 돈을 더 주고라도 사려고 경쟁을 한다.

17 A재 시장의 균형 가격은 1,000원, 균형 거래량은 70개이다. ⑤ 가격이 1,500원일 경우 공급량은 100개이고, 가격이 1,000원일 경우 공급량은 70개이다. 따라서 가격이 1,500원에서 1,000원으로 하락할 경우 공급량은 30개만큼 감소한다.

① (가)는 수요 곡선, (나)는 공급 곡선이다.
② (가)는 어떤 재화의 가격이 하락하면 수요량이 증가하는 것을 보여 준다.
③ (나)는 어떤 재화의 가격이 상승하면 공급량이 증가하는 것을 보여 준다.
④ 가격이 500원일 경우 수요량은 100개, 공급량은 40개로, 사려는 사람보다 팔려는 사람이 적다.

18 수요량과 공급량이 일치하는 균형 가격은 9,000원, 균형 거래량은 16만 마리이다. ② 가격이 7,000원일 때 수요량은 18만 마리이고, 공급량은 14만 마리이므로 4만 마리의 초과 수요가 발생한다.

① 가격이 5,000원일 때 8만 마리의 초과 수요가 발생한다.
③ 가격이 9,000원일 때 균형이 달성된다.
④ 가격이 11,000원일 때 초과 공급이 발생하므로 공급자 간에 경쟁이 발생한다.
⑤ 가격이 13,000원일 때 8만 마리의 초과 공급이 발생한다.

✒ 서술형 문제

19 [예시 답안] 돼지고기의 수요가 증가하여 균형 가격이 상승하고 균형 거래량이 증가한다.

[평가 기준]

상	돼지고기의 수요 변동으로 인한 균형 가격과 균형 거래량의 변화를 모두 서술한 경우
중	돼지고기의 수요 변동으로 인한 균형 가격과 균형 거래량의 변화 중 한 가지만 서술한 경우
하	돼지고기의 수요 변동만 서술한 경우

20 [예시 답안] 커피의 수요와 공급이 모두 증가하므로 커피의 균형 거래량은 증가하고 균형 가격은 불분명하다.

V. 국민 경제와 국제 거래

실전모의고사(1회)

본문 34~37쪽

01 ②	02 ②	03 ③	04 ④	05 ①	06 ⑤
07 ②	08 ③	09 ⑤	10 ④	11 ⑤	12 ②
13 ③	14 ②	15 ③	16 ②	17 ①	18 ①
19 해설 참조		20 해설 참조			

01 국내 총생산은 일정 기간(보통 1년) 동안 새롭게 생산된 것만을 포함하므로 과거에 생산된 재화와 서비스는 시장에서 거래되더라도 국내 총생산에 포함되지 않는다.

02 국내 총생산은 국경을 기준으로 새롭게 생산된 최종 생산물의 가치를 합한 것이다. ㄱ, ㄹ. 동네 마트에서 구입한 홍시와 외국 기업이 경기도 공장에서 생산한 운동화는 우리나라 국내 총생산에 포함된다.

오답 피하기

ㄴ. 매달 한 번씩 대가 없이 참여하는 봉사 활동은 시장에서 거래된 것이 아니므로 국내 총생산에 포함되지 않는다.

ㄷ. 누나가 올 가을에 구입한 3년 된 중고 자동차는 올해에 새롭게 생산된 것이 아니므로 국내 총생산에 포함되지 않는다.

03 국내 총생산은 최종 생산물의 시장 가치 또는 각 생산 단계에서 발생한 부가 가치를 합하여 구할 수 있다. 갑국의 최종 생산물은 떡으로, 이것의 가치는 350만 원이다. 또한 농부가 창출한 부가 가치는 200만 원, 제분업자가 창출한 부가 가치는 50만 원, 떡집이 창출한 부가 가치는 100만 원이므로 이를 모두 합하면 350만 원이 된다.

04 D국의 국내 총생산은 A국보다 작지만, 1인당 국내 총생산은 크다. 1인당 국내 총생산은 국내 총생산을 인구수로 나누어 구하므로 인구가 적으면 국내 총생산이 작더라도 1인당 국내 총생산은 크게 나타날 수 있다.

오답 피하기

① E국의 평균 생활 수준이 가장 낮다.

② C국의 경제 규모가 가장 크다.

③ 제시된 자료만으로는 경제 성장 속도를 파악할 수 없다.

⑤ 국내 총생산은 최종 생산물의 시장 가치를 합한 것이므로 D국의 국내 총생산이 E국보다 크다.

05 국내 총생산은 가사 활동과 봉사 활동의 가치를 포함하지 않으며 삶의 질 수준과 소득 분배 상태를 정확히 파악할 수 없다는 한계점을 지닌다.

06 경제 성장은 한 나라의 국민 경제 규모가 커지는 현상으로, 재화와 서비스의 총 생산량이 증가하는 것을 의미한다. ⑤ 경제 성장률은 실질 국내 총생산이 작년보다 얼마나 증가했는

지를 계산한 것이다. 실질 국내 총생산은 기준이 되는 연도의 가격을 적용하여 계산하는 국내 총생산이다.

07 제시된 그림은 물가 상승, 즉 인플레이션을 보여 주고 있다. ㄱ, ㄹ. 인플레이션은 통화량이 증가하는 경우, 재화와 서비스에 대한 전체적인 수요가 공급보다 큰 경우 나타날 수 있다.

오답 피하기
ㄴ. 가계의 소비와 기업의 투자가 줄어들면 이는 총수요가 감소하는 것을 의미하므로 인플레이션의 발생 원인에 해당하지 않는다.
ㄷ. 해외 원자재 가격이 하락하여 상품의 생산비가 하락하면 총공급이 증가하므로 이는 인플레이션의 발생 원인에 해당하지 않는다.

08 물가가 지속적으로 오르는 인플레이션이 발생하면 화폐 가치가 하락하고 실물 자산의 가치가 상승한다. ㄴ. 인플레이션이 발생하면 국내 물가가 상승하므로 수출이 감소하고 수입이 증가할 것이다. ㄷ. 인플레이션이 발생하면 저축이 감소하고 투기가 증가할 것이다.

오답 피하기
ㄱ. 인플레이션이 발생하면 돈을 빌릴 당시보다 화폐 가치가 하락하므로 돈을 빌린 사람인 채무자는 유리해질 것이다.
ㄹ. 매월 급여를 받는 근로자들의 생활은 화폐 가치가 하락하므로 불리해질 것이다.

09 물가 안정을 위해 가계는 합리적인 소비 계획을 세워 실천해야 하고, 기업은 기술 개발, 경영 혁신 등을 통해 생산 비용을 절감하도록 해야 한다. 정부는 재정 지출을 줄이고 세금을 인상하는 등 국가 재정을 관리하여 수요를 억제하기 위해 노력해야 하고, 근로자는 무리한 임금 인상 요구를 자제하고 생산성 향상을 위해 노력해야 한다. ⑤ 중앙은행은 이자율을 인상하여 사람들이 저축을 많이 하도록 유도함으로써 물가 상승을 막을 수 있다.

10 구조적 실업은 산업 구조의 변화에 따라 나타나는 실업이다. ㄱ, ㄹ. 석탄 산업의 쇠퇴로 일자리를 잃게 된 광부와 CD, MP3 보급으로 카세트테이프 생산 회사가 문을 닫아 일자리를 잃은 노동자는 모두 구조적 실업의 사례에 해당한다.

오답 피하기
ㄴ. 경기적 실업의 사례에 해당한다.
ㄷ. 마찰적 실업의 사례에 해당한다.

11 (가)는 15세 이상 인구를 의미하고, (나)는 비경제 활동 인구, (다)는 실업자에 해당한다. 비경제 활동 인구는 일할 의사와 능력이 모두 없는 사람을 말하고, 실업자는 일할 의사와 능력이 모두 있으나 일자리가 없는 사람을 말한다. ⑤ 경기 침체로 일자리를 구하는 것을 포기한 사람은 비경제 활동 인구에 해당한다.

12 실업은 개인적 측면에서 자아실현의 기회를 잃게 하고, 소득이 없어 생계유지를 곤란하게 할 수 있다.

오답 피하기
을, 정. 실업의 사회적 영향에 해당한다.

13 경기적 실업을 해결하기 위해 정부는 공공사업을 확대하여 경기가 회복되도록 노력해야 한다.

오답 피하기
① 정부는 세율을 인하해야 한다.
② 비경제 활동 인구는 일할 의사와 일할 능력이 없는 사람으로, 비경제 활동 인구를 늘린다고 해서 실업 문제가 해결되는 것은 아니다.
④ 구조적 실업에 대한 해결 방안에 해당한다.
⑤ 계절적 실업에 대한 해결 방안에 해당한다.

14 국제 거래는 생산물이나 생산 요소가 국경을 넘어 거래되는 것을 말한다. 국제 거래에서는 상품의 수출과 수입 과정에서 관세라는 세금이 부과되고, 나라마다 서로 다른 화폐를 사용하므로 화폐의 교환 과정이 필요하다. ② 교통과 통신의 발달로 국제 거래의 규모는 증가하고 있다.

15 제시문에는 A국과 B국 간의 무역 분쟁이 나타나 있다. 즉, 세계화 시대에 국가 간 경쟁과 갈등이 발생한 상황을 보여 준다.

16 제시된 그림은 달러화의 공급이 증가하여 원/달러 환율이 하락하는 모습을 보여 준다. 원/달러 환율이 하락하면 달러화 대비 원화 가치가 상승한다. 이에 수입업자, 자국민의 해외여행과 해외 유학, 외채 상환, 자국민의 해외 투자 등이 유리해진다.

오답 피하기
①, ③, ④, ⑤ 원/달러 환율이 상승할 경우 유리해지는 사람에 해당한다.

17 미국 상품에 대한 수입이 증가하면 달러화의 수요가 증가한다.

오답 피하기
② 한국 상품의 미국 수출이 증가하면 달러화의 공급이 증가한다.
③ 한국에 유학 오는 미국 학생이 증가하면 달러화의 공급이 증가한다.
④ 한국 여행을 오는 미국인 여행객이 증가하면 달러화의 공급이 증가한다.
⑤ 미국으로 연수를 떠나는 한국 학생이 감소하면 달러화의 수요가 감소한다.

18 외화의 수요가 감소하거나 외화의 공급이 증가하면 환율이 하락한다. ① 외국인 관광객의 증가는 외화의 공급 증가 요인에 해당한다.

오답 피하기
② 국내 상품의 수출 감소는 외화의 공급 감소 요인이다.
③ 외국으로의 유학생 증가는 외화의 수요 증가 요인이다.
④ 해외 투자 증가는 외화의 수요 증가 요인이다.
⑤ 우리나라 사람들의 해외 관광 증가는 외화의 수요 증가 요인이다.

◈ 서술형 문제

19 [예시 답안] (가)에는 구조적 실업, (나)에는 마찰적 실업이 나타나 있다.

상	(가), (나)에 나타난 실업의 유형을 모두 정확히 서술한 경우
하	(가)와 (나)에 나타난 실업의 유형 중 하나만 서술한 경우

20 [예시 답안] (가)와 (나)는 모두 외화의 공급 증가 요인으로, 외화의 공급이 증가하면 환율은 하락한다.

[평가 기준]

상	(가)와 (나)가 외화의 공급에 미치는 영향과 이에 따른 환율 변화를 모두 정확히 서술한 경우
중	환율 변화만 서술한 경우
하	(가)와 (나)가 외화의 공급에 미치는 영향만을 서술한 경우

실전모의고사(2회)

본문 38~41쪽

01 ③	02 ③	03 ④	04 ①	05 ④	06 ②
07 ②	08 ①	09 ④	10 ④	11 ③	12 ③
13 ⑤	14 ③	15 ②	16 ④	17 ⑤	18 ④
19 해설 참조		20 해설 참조			

01 국내 총생산은 일정 기간 동안 한 국가 내에서 새롭게 생산된 최종 생산물의 시장 가치를 모두 합한 것을 말한다. 을. 가족끼리 먹기 위해 집에서 요리하는 것은 시장에서 거래된 것이 아니므로 국내 총생산에 포함되지 않는다. 병. 국내 총생산은 정해진 기간 안에 새롭게 생산된 것만을 포함하므로 작년의 재고품은 포함되지 않는다.

오답 피하기
갑. 각종 재료나 부품 등의 중간재는 국내 총생산에 포함되지 않는다.
정. 국내 총생산은 생산자의 국적과 상관없이 국내에서 생산한 최종 생산물의 가치를 더한 것이다.

02 국내 총생산은 국경을 기준으로 하는 경제 지표로, 일정 기간 동안 한 나라 안에서 새롭게 생산된 최종 생산물의 가치를 시장 가격으로 환산한 것이다. ③ 병은 국내 식당에서 음식을 만들었으므로 이는 국내 총생산에 포함된다.

오답 피하기
① 미국에서 받은 월급은 국민 총생산에 포함되지 않는다.
② 외국 방송국에서 받은 출연료는 국내에서 거래된 것이 아니므로 국내 총생산에 포함되지 않는다.
④ 정이 만들어 기부한 강아지 집은 시장 거래가 이루어지지 않았으므로 국내 총생산에 포함되지 않는다.
⑤ 중고 스마트폰은 새롭게 생산된 것이 아니므로 국내 총생산에 포함되지 않는다.

03 제시된 갑국의 경제 활동에서 갑국 국민이 정국 여행에서 쓴 돈 1억 원은 갑국 국경 내에서 거래된 것이 아니므로 이는 갑국 국내 총생산에 포함되지 않는다. 따라서 갑국의 국내 총생산은 20억 원+20억 원+1억 원=41억 원이다.

04 제시된 그림에서 A+B는 국내 총생산(GDP)을 나타낸 것이다. ㄱ, ㄴ. 국내 총생산은 국내에서 생산된 것만을 포함한다.

오답 피하기
ㄷ. 중간 생산물의 시장 가치를 모두 더하면 중복하여 계산되므로 중간 생산물의 시장 가치는 포함하지 않는다.
ㄹ. 국민 총생산에 포함되므로 C에 해당한다.

05 환경 오염, 교통사고, 질병 등 삶의 질을 저하시키는 문제들을 해결하는 데 드는 비용이 오히려 국내 총생산을 증가시킨다. 따라서 국내 총생산으로는 국민의 삶의 질 수준을 정확하게 파악하기가 어렵다.

오답 피하기
① 지하 경제 활동은 국내 총생산에 포함되지 않는다.
② 1인당 GDP는 국내 총생산을 인구수로 나눈 것이므로 국내 총생산이 증가한다고 1인당 GDP가 증가한다고 단정할 수 없다.

06 개별 상품의 가치를 화폐로 나타낸 것이 가격이다. 물가 지수는 기준이 되는 해의 물가를 100으로 놓고 계산한 것이다. 한 상품의 가격이 상승하였다고 해서 물가 지수도 반드시 상승한다고 볼 수 없다. 물가 지수는 물가 변화를 한눈에 알아볼 수 있도록 수치로 표현한 것이다. 물가는 여러 상품의 가격을 종합적으로 평균한 것이므로 물가가 상승하였다고 해서 모든 상품의 가격이 상승한 것은 아니고 가격이 하락한 상품도 있을 수 있다.

07 인플레이션이 발생하면 화폐 가치가 하락하고 상대적으로 실물 자산의 가치는 상승한다. 따라서 돈을 빌린 사람과 실물 자산 소유자는 유리해진다.

오답 피하기
을, 정. 봉급생활자와 예금 이자로 생활하는 사람은 불리해진다.

08 물가가 상승하면 화폐 가치가 하락하여 봉급생활자나 연금 생활자는 일정한 소득으로 구매할 수 있는 상품의 양이 감소하므로 소득이 줄어든 것처럼 되고, 실물 자산 소유자는 실물 자산의 가치가 상승하여 더욱 부유해져 부와 소득이 불평등하게 분배될 수 있다.

오답 피하기
② 물가가 상승하면 국민들의 경제생활이 불안정해져 경제 성장이 저해될 수 있다.
③ 물가가 상승하면 저축이 감소하고 투기가 늘어날 수 있다.
④ 물가가 상승하면 화폐 가치가 하락하여 금융 자산 소유자가 불리해질 수 있다.
⑤ 물가가 상승하면 우리나라 상품의 가격 경쟁력이 약화될 수 있다.

09 정부는 물가 안정을 위해 재정 지출을 축소하고 조세를 인상시키며, 생활필수품의 가격 상승을 규제하는 등의 노력을 한다.

오답 피하기
① 중앙은행은 이자율을 높여 저축을 유도한다.
② 소비자의 노력에 해당한다.
③ 근로자의 노력에 해당한다.

⑤ 기업의 노력에 해당한다.

10 갑은 직장을 바꾸는 과정에서 발생한 일시적 실업인 마찰적 실업에 처해 있고, 을은 경기 불황이 원인이 되는 경기적 실업에 처해 있다.

11 실업률은 (실업자 수/경제 활동 인구)×100으로 구할 수 있다. 갑국의 경우 경제 활동 인구는 200만 명이고, 실업자 수는 50만 명이므로 실업률은 (50만 명/200만 명)×100=25%이다.

12 갑은 더 나은 조건의 일자리를 구하기 위해 새로운 직장을 구하는 동안 일시적으로 발생하는 마찰적 실업 상황에 처해 있다. 마찰적 실업을 해결하기 위해서는 다양한 취업 정보를 제공하고 실업자와 기업이 효율적으로 소통할 수 있는 기회를 마련해야 한다.

오답 피하기
① 계절적 실업의 대책에 해당한다.
② 비정규직의 비중을 늘리는 것은 고용의 불안정성을 높이므로 마찰적 실업을 해결하는 방안으로 적절하지 않다.
④ 경기적 실업의 대책에 해당한다.
⑤ 구조적 실업의 대책에 해당한다.

13 어떤 나라가 비교 우위를 가진 재화에 특화하면 그 재화의 생산량은 증가하고, 이를 무역을 통해 거래하면 각 나라가 소비할 수 있는 양 또한 증가한다.

14 제시된 그림은 외화의 수요 증가를 보여 준다. ③ 달러화 외채 상환은 외화의 수요 증가 요인에 해당한다.

오답 피하기
① 국내 상품의 수출이 증가하면 외화의 공급이 증가한다.
② 국내로 오는 외국인 유학생이 많아지면 외화의 공급이 증가한다.
④ 외국인의 한국 기업에 대한 투자가 증가하면 외화의 공급이 증가한다.
⑤ 국내를 여행하려는 외국인 관광객이 증가하면 외화의 공급이 증가한다.

15 원/달러 환율이 하락하면 수입품의 원화 표시 가격 하락으로 수입품의 가격 경쟁력이 높아져 수입이 증가한다.

오답 피하기
① 환율이 하락하면 수출품의 외화 표시 가격이 상승하여 수출이 감소한다.
③, ④ 환율이 하락하면 자국민의 해외여행 경비 감소로 자국민의 해외여행이 증가하고, 외국인의 국내 여행 경비 증가로 외국인의 국내 여행이 감소한다.
⑤ 환율이 하락하면 외채를 갖고 있는 기업의 상환 부담이 감소한다.

16 환율이 상승하면 외화 대비 원화 가치가 하락하고 원화 대비 외화 가치가 상승한다. 환율이 상승하면 우리나라에 관광을 오려는 외국인 관광객과 외국에서 활동하는 우리나라 운동선수는 유리해진다.

17 제시된 그림은 외화의 공급이 감소하여 원/달러 환율이

상승한 것을 보여 준다. 원/달러 환율이 상승하면 달러화의 가치는 상승하고 원화의 가치는 하락한다. 또한 수입 원자재의 가격이 상승하므로 국내 물가는 상승한다.

18 제시된 상황은 원/달러 환율이 상승하고 있음을 보여 준다. 환율이 지속적으로 상승하면 원화 대비 달러화 가치는 상승하고, 달러화 대비 원화 가치는 하락한다. ④ 환율 상승으로 미국 여행 경비의 원화 표시 가격이 상승하므로 미국 여행을 빨리 다녀오는 것이 유리하다.

오답 피하기
① 환율이 상승하면 수출품의 달러 표시 가격 하락으로 우리나라 제품의 가격 경쟁력이 높아져 수출이 증가하므로 수출 상품의 생산을 대폭 늘려야 한다.
② 환율이 상승할 경우 달러화로 빚을 상환해야 하는 기업의 달러화 표시 외채의 상환 부담은 증가하므로 외채를 좀 더 빨리 갚아야 한다.
③ 환율이 상승하면 원화 표시 가격의 상승으로 비용 부담이 증가하므로 원자재 수입을 서두르는 것이 좋다.
⑤ 원/달러 환율이 상승하면 외국인 관광객의 국내 여행이 유리해지므로 외국인 관광객을 상대로 하는 사업을 확장하는 것이 좋다.

✎ 서술형 문제

19 [예시 답안] GDP로는 국민의 삶의 질을 정확하게 측정하기가 어렵다.

[평가 기준]

상	제시된 대화를 통해 파악할 수 있는 GDP의 한계를 정확하게 서술한 경우
중	제시된 대화를 통해 파악할 수 있는 GDP의 한계 이외의 다른 한계점을 서술한 경우
하	GDP의 한계가 아닌 개념을 설명한 경우

20 [예시 답안] 국내 기업의 해외 투자 증가는 외화의 수요를 증가시켜 외화의 수요 곡선이 오른쪽으로 이동하고, 이에 따라 환율은 상승한다.

[평가 기준]

상	외화의 곡선 변화와 이에 따른 환율 변화를 모두 서술한 경우
하	외화의 곡선 변화와 환율 변화 중 한 가지만 서술한 경우

Ⅵ. 국제 사회와 국제 정치

실전모의고사(1회)

01 ③	02 ①	03 ⑤	04 ③	05 ①	06 ②
07 ①	08 ④	09 ②	10 ②	11 ③	12 ②
13 ③	14 ⑤	15 ②	16 ⑤	17 ④	18 ④
19 해설 참조		20 해설 참조			

01 A는 국제 사회이다. 국제 사회에서는 자국의 이익을 최우선으로 하기 때문에 갈등과 경쟁이 나타나기도 하지만, 전 지구적 문제 해결을 위한 국제 협력도 증가하고 있다.

02 사진은 미국 맨해튼에 있는 국제 연합 건물이다. 국제 연합은 제2차 세계 대전을 겪은 국제 사회가 세계 평화와 국가 간 우호와 협력을 증진하기 위해 설립하였다.

03 그린피스와 국경 없는 의사회는 국제 비정부 기구로 국경을 초월하는 개인이나 민간단체를 회원으로 하는 국제 사회 행위 주체이다.

04 영국은 자국의 이익을 위해 EU를 탈퇴하기로 했다. 이를 통해 자국의 이익을 최우선으로 추구하는 국제 사회의 특성을 알 수 있다.

05 ㉠은 정부 간 국제기구로 각국 정부를 회원으로 하는 국제 기구이다.

오답 피하기
ㄷ. 국제 사회를 구성하는 기본 단위는 국가이다.
ㄹ. 국제 비정부 기구에 대한 설명이다.

06 국제법은 국가 간 합의에 따라 국가 간의 권리·의무에 대하여 규정한 국제 사회의 법률이다.

07 제시된 사례에는 국제 사회에서 정부 간 국제기구를 통해 협력을 강화하는 모습이 나타나 있다.

08 (가)는 국제 비정부 기구에 대한 설명이고, (나)는 국가에 대한 설명이다.

09 ㄱ. 다국적 기업도 국제 사회 행위 주체이다. ㄹ. 강대국의 국가 원수는 영향력 있는 개인으로 국제 사회의 행위 주체가 될 수 있다.

오답 피하기
ㄴ. 국가는 정부 간 국제기구에 가입하여 외교 활동을 수행한다. 국제 비정부 기구는 개인이나 민간단체를 회원으로 한다.
ㄷ. 국제 사회의 가장 기본적인 행위 주체는 국가이다.

10 A는 다국적 기업이다. 다국적 기업은 한 나라에 본사를 두고, 여러 나라에 자회사와 공장을 설립하여 국제적 규모로 상품을 생산하고 판매하는 기업이다.

11 카스피해 연안 분쟁과 한스섬 분쟁은 자원을 확보하기 위한 영유권 분쟁에 해당한다.

12 카슈미르 분쟁은 카슈미르 지역에 대한 이슬람교와 힌두교 간의 영토, 종교 분쟁이다.

13 냉전 체제의 붕괴로 국제 사회는 이념을 둘러싼 경쟁과 갈등에서 벗어나게 되었다.

14 A는 외교이며, 외교는 협상 및 설득, 타협 등의 평화적인 방법으로 펼치는 대외 활동이다.

오답 피하기
① 외교는 정부뿐만 아니라 민간에 의한 외교 활동도 포함한다.
② 외교는 기본적으로 자국의 이익을 추구한다.
③ 외교는 평화적인 방법으로 펼치는 대외 활동이다.
④ 외교는 정치, 경제, 사회, 문화 등 다방면에서 이루어진다.

15 (가)는 동북 공정 문제, (나)는 일본군 위안부 사과 및 배상 문제로 두 갈등의 공통적인 갈등 원인은 역사 왜곡 문제이다.

16 동해 표기 문제, 야스쿠니 신사 참배 문제, 일본군 위안부 문제는 일본과의 갈등이다.

오답 피하기
① 우리나라는 일본과 동해 표기 문제로 갈등이 발생하고 있다.
② 야스쿠니 신사 참배는 일본과의 갈등 문제이다.
③ 동북 공정 문제는 중국과의 갈등 문제이다.
④ 서해의 불법 조업은 중국과의 갈등 문제이다.

17 (가)는 동북 공정으로 중국의 동북 공정은 중국 내 여러 소수 민족의 독립을 막고, 만주 지역에서의 영향력을 강화하여 한반도 통일 이후 발생할 수 있는 영토 분쟁에 대비하기 위한 의도를 가진다.

18 동중국해(센카쿠 열도, 댜오위다오) 분쟁은 해양 자원을 확보하기 위한 중국과 일본 간의 영유권 분쟁에 해당한다.

서술형 문제

19 [예시 답안] 안전 보장 이사회의 상임 이사국이 모두 찬성한다는 것은 한 국가라도 거부하면 의결되지 않는다는 것이다. 이를 통해 국제 사회에서는 강대국의 힘의 논리가 작용함을 알 수 있다.

[평가 기준]

상	국제 사회에서 힘의 논리가 작용한다는 점을 바르게 서술한 경우
하	국제 사회에서 힘의 논리가 작용한다는 점을 미흡하게 서술한 경우

20 [예시 답안] (가)는 국제 비정부 기구, (나)는 다국적 기업이다. 국제 비정부 기구와 다국적 기업의 공통점은 각국 정부의 개입 없이 국제적 활동을 한다는 점이고, 차이점은 국제 비정부 기구는 영리를 추구하지 않지만 다국적 기업은 영리를 추구한다는 것이다.

[평가 기준]

상	(가) 국제 비정부 기구, (나) 다국적 기업을 쓰고, 공통점과 차이점을 모두 바르게 서술한 경우
중	(가) 국제 비정부 기구, (나) 다국적 기업을 쓰고, 공통점과 차이점 중 한 개만 바르게 서술한 경우
하	(가) 국제 비정부 기구, (나) 다국적 기업만 서술한 경우

실전모의고사(2회)

본문 46~48쪽

01 ②	02 ④	03 ②	04 ③	05 ⑤	06 ③
07 ⑤	08 ④	09 ②	10 ①	11 ②	12 ④
13 ②	14 ①	15 ①	16 해설 참조		

01 국제 사회에는 강제력을 지닌 중앙 정부가 존재하지 않으며, 힘의 논리가 작용하여 강대국의 영향력이 더 크다. 따라서 첫 번째 진술과 네 번째 진술에 ×로 응답한 '을'이 모두 옳게 응답한 학생이다.

02 국제 사회에는 경쟁과 갈등도 있지만, 전 지구적 문제에 대해 상호 협력이 증대되고 있다.

03 민족·영토·종교 등의 차이, 자원 확보를 위한 영토 영유권 주장 등 자국의 이익을 추구하기 때문에 국제 사회에서는 경쟁과 갈등이 발생한다.

04 제시문은 국제 사회를 바라보는 관점 중 현실주의적 관점에 해당한다.

05 제시문은 정부 간 국제기구에 대한 설명이다. 국제 사면 위원회(국제 엠네스티)는 국제 비정부 기구로 국제 인권 단체이다.

06 국제 연합 안전 보장 이사회의 거부권 행사는 국제 사회에서 힘의 논리가 작용함을 보여 주는 대표적인 사례이다.

07 강대국의 국가 원수는 국제 사회에서 영향력 있는 개인으로 국제 사회의 행위 주체가 될 수 있으며, 국제 사회에서 가장 기본적인 행위 주체는 주권을 가진 국가이다.

오답 피하기
ㄱ. 각국 정부를 회원으로 하는 국제기구는 정부 간 국제기구이다.
ㄴ. 다국적 기업은 경제뿐만 아니라 각국 정치, 문화 등에도 영향을 미친다.

08 다국적 기업은 영리를 추구하며 세계화로 그 영향력과 규모가 커지고 있다.

오답 피하기
① 정부를 회원으로 하는 국제기구는 정부 간 국제기구이다.
② 국제 사회의 가장 기본적인 행위 주체는 국가이다.
③ 국제 사회에서의 외교는 국가에 의한 공식 외교뿐만 아니라 개인이나 민간에 의한 외교 활동도 포함된다.
⑤ 다국적 기업은 기본적으로 영리를 추구하는 행위 주체이다.

09 (가)는 정부 간 국제기구에 대한 설명이고, (나)는 국제 비정부 기구에 대한 설명이다.

10 국경 없는 의사회와 그린피스는 국제 비정부 기구로 국경을 초월하는 개인이나 민간단체를 회원으로 하는 국제 사회 행위 주체이다.

11 국제 사회는 전 지구적 문제를 공동으로 해결하기 위해 협력하기도 하지만 각국은 자국의 이익을 최우선으로 추구하여 참여를 하지 않는 경우도 있다.

12 국제 분쟁은 평화적 방법으로 해결해야 하며, 국제법을 준수하며 분쟁 해결을 위해 공동으로 노력해야 한다.

13 외교란 한 국가가 국제 사회에서 평화적인 방법으로 자국의 이익을 달성하려는 활동을 말한다.

14 위안부 문제, 독도 영유권 문제, 동해 표기 문제 등은 일본과의 갈등이며 동북 공정 문제, 불법 조업 문제, 미세 먼지 문제 등은 중국과의 갈등이다.

15 국제 사회의 갈등을 해결하기 위해서는 상호 존중의 자세로 논리적으로 접근하고 정부 및 민간단체의 다양한 외교 방법을 사용하여 노력한다.

📝 서술형 문제

16 [예시 답안] ㉠은 동북 공정이다. 중국이 동북 공정 사업을 추진하는 의도는 중국 내 소수 민족의 독립을 막고, 한반도 통일 이후 발생할 수 있는 영토 분쟁에 대비하기 위해서이다.

[평가 기준]

상	동북 공정을 쓰고, 동북 공정 사업 추진 의도를 두 가지 모두 바르게 서술한 경우
중	동북 공정을 쓰고, 동북 공정 사업 추진 의도를 한 가지만 바르게 서술한 경우
하	동북 공정만 서술한 경우

MEMO

EBS

사회를 한 권으로
가뿐하게!

사뿐

정답과 해설

중학 사회 ②-1